कर्म संन्यासी कृष्ण

कर्म संन्यासी कृष्ण

झुन्नीलाला वर्मा

सम्पादक
सत्यमोहन वर्मा

लोकभारती प्रकाशन

लोकभारती प्रकाशन
पहली मंजिल, दरबारी बिल्डिंग, महात्मा गांधी मार्ग
प्रयागराज-211 001
शाखाएँ : 1-बी, नेताजी सुभाष मार्ग, दरियागंज
नई दिल्ली-110 002
अशोक राजपथ, साइंस कॉलेज के सामने
पटना-800 006
1, अनमोल सोराबजी संतुक लेन, धोबी तलाव,
मरीन लाइंस, मुम्बई-400 002
वेबसाइट : www.lokbhartiprakashan.com
ईमेल : info@lokbhartiprakashan.com

मूल्य : ₹ 995

पहला संस्करण : 2014
दूसरा संस्करण : 2025

बी.के. ऑफसेट
नवीन शाहदरा, दिल्ली-110 032
द्वारा मुद्रित

KARAM SANYASI KRISHNA
by Jhunni Lal Verma
Edited by Satya Mohan Verma

ISBN : 978-81-8031-957-0

प्रस्तावना

रामायण और महाभारत सनातन जीवन-प्रणाली के मानक ग्रन्थ हैं। इनमें मानवीय क्रिया-कलापों की प्रक्षिप्त संहिता समाहित है। इसी क्रम में तत्त्वज्ञान के श्रेष्ठतम आविष्कार के रूप में श्रीमद्‌भगवद्‌गीता सम्पूर्ण विश्व का मान्य दस्तावेज है। मर्यादा पुरुषोत्तम राम और लीला पुरुषोत्तम कृष्ण ऐसे प्रेरक पुरुष हैं जिनसे भारतीय समाज ही नहीं वरन् निखिल संसार अनुप्राणित है। भारत की संस्कृति, संगीत और कला की त्रिवेणी तो राम और कृष्ण की अवधारणाओं के बिना रससिक्त ही नहीं होती। कृष्ण की लीलाएँ और लाघव भारतीय साहित्य की अनमोल निधियाँ हैं। कृष्ण के सम्बन्ध में स्पष्ट कहा गया है कि—

"यत्र योगेश्वरः कृष्णो यत्र पार्थो धनुर्धरः
तत्र श्रीर्विजयो भूतिर्ध्रुवा नीतिर्मतिर्मम।"

स्व. बच्चन जी ने जनगीता में इसका प्रभावशील अनुवाद करते हुए लिखा है—

"जहँ कृष्ण जोगेश्वर जहाँ धनु साजि अर्जुन राज ही
तहँ रहहि श्री वैभव, विजय, ध्रुवनीति मम सम्मत सही।"

तात्पर्य यही है कि जहाँ कहीं भी योगेश्वर कृष्ण होंगे वहाँ वह सब उपस्थित होगा जो मनुष्य मात्र के लिए शुभ और हितकर होगा।

मेरे पिता स्वर्गीय झुन्नीलाल जी वर्मा मध्यप्रदेश के जाने-माने विधिवेत्ता थे। उन्होंने लगभग पैंसठ वर्षों तक वकालत की। वे डॉ. ई. राघवेन्द्र राव और स्व. रविशंकर जी शुक्ल के समकालीन थे तथा सी.पी. और बरार की लेजिस्लेटिव-कौंसिल के सक्रिय सदस्य रहे। वे महाकौशल के ख्यातिलब्ध साहित्यकार और जननेता थे। सन् 1956 में उन्होंने 'रामानुज भरत' के जीवन चरित्र पर 'भरत-दर्शन' प्रबन्ध की रचना की थी जो इंडियन प्रेस पब्लिकेशन इलाहाबाद से प्रकाशित हुआ था। सन् 1980 में अपनी मृत्यु से पूर्व वे 'कर्म संन्यासी कृष्ण' की रचना कर चुके थे। मुझे अभी कुछ समय पूर्व ही यह

पांडुलिपि मिली। इसे बाँचने पर इसे प्रकाशित करने का मन हुआ किन्तु इसे जैसा का तैसा प्रकाशित करना सम्भव नहीं था क्योंकि मुद्रित रूप में यह लगभग छह या सात सौ पृष्ठों का ग्रन्थ होता। इसलिए इसे संशोधित करने के पश्चात् इस रूप में प्रस्तुत किया जा रहा है।

अब तक कृष्ण पर अनेक पुस्तकें अनेक रूपों में प्रकाशित हो चुकी हैं। इस ग्रन्थ में कृष्ण की जीवनी और उनकी उपलब्धियों की अन्विति प्रस्तुत है। पिताश्री ने कृष्ण को जैसा समझा उसे विभिन्न द्रष्टान्तों और सन्दर्भों के साथ उपस्थित किया है। उन्होंने एक स्थान पर लिखा भी था (जो तत्पश्चात् सम्भवत: उनका प्राक्कथन होता) कि "श्रीकृष्ण के सम्बन्ध में लिखना मेरी अल्पबुद्धि की धृष्टता ही है। यदि उन्हें पूर्ण अवतार मानें तो 'नेति नेति जेहि वेद पुकारा' को प्रचलित शब्दावली में कैसे बाँधा जा सकता है? यदि उन्हें महान पुरुष मानें तो उनका व्यावहारिक चरित्र इतना जटिल है कि उसका स्पष्ट रेखांकन असम्भव नहीं तो अत्यन्त कठिन जरूर है। फिर भी अनेक मनीषियों के कथनों और आकलनों का आश्रय लेकर जो स्वरूप बुद्धिरूपी नेत्रों के सामने आया, वही प्रस्तुत है। भगवान और महापुरुषों का गुणगान सदैव वांछनीय होता है।"

म.प्र. के भूतपूर्व मुख्यमंत्री और साहित्यकार स्व. द्वारका प्रसाद मिश्र, जो पिताश्री के अभिन्न मित्र थे, ने उन्हें 'कृष्णायन' का दीर्घ अध्ययन और अनुशीलन कर उसे सहज भाषा में रूपान्तरित करने की सलाह दी थी। पिताश्री ने यह प्रयास किया किन्तु वह कार्य उन्हें बहुत ही कठिन प्रतीत हुआ। इसी कारण उन्होंने कृष्ण पर स्वतंत्र रूप से 'कर्म संन्यासी कृष्ण' की रचना की। यह कई वर्षों की साधना और लेखन का परिणाम है। इस प्रायोजना में स्व. द्वारका प्रसाद मिश्र, स्व. कामता प्रसाद श्रीवास्तव, स्व. रामानुजलाल श्रीवास्तव और स्व. शालग्राम द्विवेदी उनके विशेष सलाहकार थे। मैं इन महानुभावों की पुण्य स्मृति को प्रणाम करता हूँ।

मुझे यह कहने में कोई संकोच नहीं है कि यह रचना मेरे पिताश्री के संस्कारों, शिक्षण, साधना और अनुभव का संयुक्त संस्करण है। मैंने अन्यों की अपेक्षा उन्हें बहुत करीब से देखा और परखा है। उन्होंने 'स्वधर्मे निधनं श्रेय: परधर्मे भयावह' के अनुरूप अपने धर्म और गुण-स्वभाव को कभी नहीं छोड़ा।

प्रख्यात पुराणज्ञ श्रीयुत मनोज कुमार श्रीवास्तव और प्रखर सिने पत्रकार-लेखक व मेरे परम मित्र श्री जयप्रकाश चौकसे ने अपनी प्रबुद्ध अनुभूतियाँ

लिखकर उपकृत किया है जिसके लिए मैं हृदय से कृतज्ञता ज्ञापित करता हूँ। इस पुस्तक की पांडुलिपि तैयार करने में अनुजवत् नरेन्द्र दुबे और किशोर तिवारी 'केशू' ने मेरी बहुत सहायता की। मैं उनका आभारी हूँ। मैं नहीं जानता मेरे इस प्रयास और पिताश्री की रचना का कैसा मूल्यांकन होगा? बहरहाल जो है वह सबके सामने है और परिणाम की आशा किए बिना उसे ही अर्पण है जिसकी वह सीख है। यथा—

"ॐ योगेश्वराय श्री कृष्णं वन्दे जगदगुरुम्।"

सत्यमोहन वर्मा

वर्मा-निवास, असाटी वार्ड-2
दमोह (म.प्र.)

एक प्रभावी दखल

भारतीय जीवन को थामनेवाले कथानकों के प्रति एक तरह के अविश्वास का वातावरण बड़े सुनियोजित तरीके से औपनिवेशिक समय में निर्मित किया गया और बाद में स्वातंत्र्योत्तर दौर में कुछ अलग जरूरतों के चलते उसे जारी रखा गया। स्थिति यहाँ तक बिगड़ी कि संसद जैसे महत्त्वपूर्ण मंच पर आधिकारिक स्रोतों द्वारा राम और कृष्ण को कवि कल्पना कहा गया। ऐसे माहौल में 'कर्म संन्यासी कृष्ण' जैसी पुस्तक का आना एक जरूरी प्रति-ध्रुव की तरह आना है। इसके लिए स्व. झुन्नीलाल जी वर्मा हार्दिक बधाई के पात्र हैं। हालाँकि यह बधाई इस अर्थ में विलम्बित है कि श्री वर्मा की इस पुस्तक का यह प्रकाशन मरणोपरान्त है और इसका श्रेय उनके पुत्र श्री सत्यमोहन वर्मा जी को जाता है कि उन्होंने इसका सम्पादन कर प्रकाशन सुनिश्चित करवाया।

मैंने अपनी बात थामने से शुरू की थी क्योंकि साजिश यह थी कि भारत को—आम भारतीय को—उसकी धुरी से स्खलित कर दिया जाए। इस साजिश को विफल भी उसी का पवित्र स्मरण कर सकता था जिसने स्वयं गोवर्धन पर्वत को थामा था। जो भारतीय आत्मविश्वास को अस्थिर कर देना चाह रहे थे, उनके सामने यह व्यक्ति था जो स्थिर को गतिशील और गतिमय को स्थिर कर देने का कौतुक दिखाता था : "जब हरि मुरली अधर धरत / थिर चर, चर थिर, पवन थकित रहैं, जमुना-जल न बहत॥" श्री वर्मा ने उसी कृष्ण के बारे में पैदा किए गए प्रवादों का अध्ययन पूरी गहराई और विश्लेषण की पूरी प्रखरता के साथ कर सशक्त उत्तर अपनी इस कृति में दिया है।

यह कृष्ण वह मनुष्य था जिसके लिए ईश्वर की आराधना करने की फुरसत भी गोपियों को नहीं थी। वे उद्धव से यही तो साफ-साफ कहती थीं : "ऊधौ मन न भए दस बीस / एक हुतो सो गयौ स्याम संग, को आराधै ईस।" लेकिन पश्चिमी साम्राज्यवादियों / औपनिवेशिक लेखकों के लिए कृष्ण का मनुष्य होना तो और बड़ी परेशानी का विषय था। ईश्वर-कृष्ण को

तो फिर भी पहुँच से दूर मानकर टरकाया जा सकता था, लेकिन यह मनुष्य-कृष्ण तो सरासर खतरा था। प्रेरणा के लिए कृष्ण जैसों का इतना तात्कालिक होना तो बड़ी परेशानी का सबब था। लिहाजा जरूरी था कि कृष्ण का ईश्वर होना, उनका अवतार होना ही नहीं नकारा जाए बल्कि उसका मनुष्य होना भी नकार दिया जाए। इस पुस्तक में लुडविग होल्टज्यान, जोजेफडालमान जैसे बहुत से यूरोपीय विद्वानों के उन मतों की दिलचस्प चर्चा की गई है जिनमें कृष्ण को ऐतिहासिक व्यक्ति मानने से इनकार किया गया है। श्री वर्मा भारत के औपनिवेशिक काल में खेले गए इस खेल का पर्दा बेबाकी से फाश करते हैं।

यह पुस्तक किसी तरह की कृष्ण-जीवनी नहीं है। यह उस कृष्ण-तत्त्व की व्याख्या भी नहीं है जिसके बारे में मध्यकाल के महान दार्शनिक मधुसूदन सरस्वती ने कहा था—कृष्णात् परं किमपि तत्वमहं न जाने—कि भगवान श्रीकृष्ण को छोड़कर अन्य किसी भी तत्त्व को मैं नहीं जानता। यह कृष्ण के सन्दर्भ में प्रक्षेप किए गए आधुनिक संशयों का निराकरण एक आधुनिक तरीके से करनेवाली पुस्तक है, दरअसल आज के युग में भारत के बुद्धिजीवियों से हम श्रद्धा की उम्मीद करते नहीं रह सकते। हमें गहरे बुद्धिजीवी लोग चाहिए जो हमारे अवतार-पुरुषों के विरुद्ध पश्चिम के द्वारा खड़े किए तर्कों के घटाक्षेप का ज्यादा प्रखर प्रति-तर्कों के साथ मुँहतोड़ जवाब देने का साहस दिखा सकें। यह पुस्तक ऐसे ही बुद्धिवादी की ओर से किया गया एक प्रभावी दखल है।

मनोज कुमार श्रीवास्तव (आई.ए.एस.)
प्रमुख सचिव, म.प्र. शासन
भोपाल, म.प्र.

श्रीकृष्ण और सत्य

स्वर्गीय झुन्नीलाल जी वर्मा से कभी मेरी मुलाकात नहीं हुई परन्तु उनके पुत्र सत्यमोहन वर्मा आधी सदी से मेरे मित्र हैं और बकौल निदा फाजली कोई भी पिता कभी मरता नहीं, वह बेटों की साँसों में जिन्दा रहता है। कुदरत की सबसे बड़ी विशेषता यह है कि वह डुप्लीकेटिंग मशीन नहीं है और बेटे पिता की छाया नहीं होते परन्तु पुत्र में कहीं-न-कहीं पिता की झलक देखी जा सकती है। बड़ी सरल सी बात यह है कि प्रायः पिता पुत्र का नामकरण करते हैं और इस प्रक्रिया में उनके सोच और आग्रह का कुछ अनुमान लगाया जा सकता है। वर्मा जी ने अपने पुत्र का नाम सत्यमोहन रखा, जाहिर है, सत्य और श्रीकृष्ण के प्रति उनका रुझान रहा है। इसलिए कोई आश्चर्य नहीं कि उनकी किताब में सत्य जानने का प्रयास है और श्रीकृष्ण के तमाम रूपों पर भी प्रकाश डालने की पहल है। पौराणिक पात्रों के मूल के बारे में जानने का प्रयास अँधेरे जंगल में भटकने की तरह है। इस जंगल में कुछ बूढ़े दरख्त नष्ट हो गए हैं और कुछ प्लास्टिक के वृक्ष भी लगे होते हैं जो शोध के नाम पर विघ्नकारी लोग लगा देते हैं। कुछ लोगों पर भारत की महानता को रोपित करने का जुनून सवार होता है, मसलन—कुछ लोग श्रीराम के पुष्पक में आज के जेट को खोजते हैं और यह भी मानते हैं कि द्वापर युग में श्रीकृष्ण ने देह नहीं त्यागी वरन् वे दो हजार साल पहले क्राइस्ट के नाम से पश्चिम में प्रकाश प्रदान करते हुए सूली पर चढ़ाए गए। संस्कृत ग्रन्थों के प्रामाणिक अनुवाद मिलना कठिन है। समय-समय पर कथावाचक स्वरचित छन्द मूल ग्रन्थ में जोड़ देते हैं। इन विषयों पर शोध कठिन है।

पौराणिक पात्रों की ऐतिहासिकता में नहीं उलझते हुए भी उनके जीवन से बहुत प्रेरणा मिल सकती है और अगर कुछ ना भी सीखना हो तो निर्मल आनन्द भी प्राप्त किया जा सकता है। वर्मा जी ने शोध के जंगल से गुजरने के बाद आनन्द ग्रहण किया और साथ ही यह भी गहराई से महसूस किया है कि एक महान विरासत के वारिस होते हुए भी हमने अपनी ऊर्जा खो दी है। साहित्य के

लिए नोबेल पुरस्कार पानेवाले ईरानी साहित्यकार आरहान पामुक ने अपने स्वर्गवासी पिता के कक्ष में एक ट्रंक पाया जिसमें पिता का सारा अप्रकाशित साहित्य रखा था। पिता ने सारी उम्र स्वान्तः सुखाय लिखा था। विश्वविख्यात पुत्र ने पिता की रचनाएँ पढ़ीं तो उसके अहंकार का शमन हो गया। उसे यह भी लगा कि अब वह अनाथ नहीं है। पुराने ट्रंक में पिता की यादें अक्षुण्ण हैं। इस प्रकरण में गौरतलब बात यह है कि अनेक लोग रोटी-रोजी के लिए अथक परिश्रम करते हुए भी, साहित्य सृजन के लिए वक्त निकाल लेते हैं और दुनिया भर में प्रकाशित रचनाओं से ज्यादा प्रमाण में अप्रकाशित रचनाएँ मौजूद हैं। पार्ट टाइम लेखकों का योगदान व्यवसायी लेखकों से ज्यादा है। दूसरी बात यह कि लेखक का पूरा पुरस्कार उसके लिखते समय ही उसे मिल जाता है और प्रकाशित होना या प्रशंसित होना कभी उनका मन्तव्य नहीं रहा। यही रचनाधर्म का मर्म भी है।

श्री झुन्नीलाल जी वर्मा को यह ज्ञात नहीं था कि उनका पुत्र उनकी रचना को सम्पादित करके प्रकाशित करेगा। परन्तु मात्र इतना ही करने से सत्यमोहन अपने पिता के ऋण से मुक्त नहीं होते। जब वे अपने पुत्रों के लिए अप्रकाशित रचनाओं का कोई ट्रंक छोड़ते हैं तब सच्चे रूप से पिता का ऋण चुका पाएँगे क्योंकि व्यक्तिगत प्रतिभा परम्परा से प्रेरणा लेकर अपने मौलिक योगदान द्वारा परम्परा को ही सशक्त बनाती है और इस दिव्य लेन-देन का हिसाब चित्रगुप्त के पास भी नहीं होता। अगर आज झुन्नीलाल जी वर्मा की आत्मा यह सब देख रही है तो उनके मुँह से निकलता कि यह सब तो श्रीकृष्ण की माया है। दरअसल श्रीकृष्ण के विराट चरित्र का यह कमाल है कि संसार के सारे लोगों को अपना अच्छा-बुरा, गुप्त या उजागर सभी कुछ उन्हीं के चरित्र से उत्पन्न लगता है। सच तो यह है कि भारत की तमाम कलाएँ कृष्ण से प्रारम्भ होती हैं। इस तरह का सम्पूर्ण अवतार कोई और नहीं है। श्रीकृष्ण भारतीय संस्कृति की विविधता के प्रतीक होते हुए भी हर व्यक्ति को अपने निजी से लगते हैं। हर सृजनधर्मी के लिए श्रीकृष्ण चुनौती की तरह प्रस्तुत होते हैं। आप सत्य आधारित या काल्पनिक कुछ भी रचिए, श्रीकृष्ण की झलक उसमें मौजूद होती है। सत्यमोहन वर्मा को खत लिखते समय हमेशा प्रारम्भ करने में कष्ट होता रहा है कि प्रिय सत्य कैसे लिखें, सत्य सो हमेशा अप्रिय और निर्मम होता है। बहरहाल, अपने पिता की रचना की खोज और प्रकाशन के बाद प्रिय सत्य लिखा जा सकता है।

जय प्रकाश चौकसे

अनुक्रम

कथा

कौशल

कर्म संन्यासी कृष्ण

कथा

अनुसन्धान और ऐतिहासिकता

अनुसन्धान

श्रीकृष्ण के जीवन व चरित्र के सम्बन्ध में हिन्दू धर्मावलम्बियों को कोई शंका नहीं है। वे कभी यह कल्पना ही नहीं करते कि देवकी और वसुदेव के पुत्र गोकुल और द्वारका के वासी, भारतीय युद्ध के प्रमुख नायक तथा ज्ञानमयी गीता के गायक, कोई काल्पनिक व्यक्ति थे अथवा भारतीय वाङ्मय में उपलब्ध उनका महत्त्वपूर्ण यशोगान, प्राचीन ऋषियों, पौराणिकों तथा कथावाचकों की निरी सूझ या काव्य-कल्पना है। ऐसे विचारों को हिन्दू अग्राह्य व अधार्मिक मानते हैं।

परन्तु जब से प्राचीन भारतीय ज्ञान, संस्कृति, कला व सभ्यता की ओर यूरोपीय अन्वेषकों का ध्यान आकर्षित हुआ और उन विद्वानों ने अपने ऐतिहासिक ज्ञान, भाषाज्ञान एवं तर्क शैली से भारतीय ग्रन्थों का खंड-खंड रूप में परिशीलन प्रारम्भ किया, तब से कृष्ण के सम्बन्ध में कई निराधार, कल्पित और द्वेषपूर्ण विचार प्रतिपादित होने लगे। कई लेखकों व आलोचकों ने श्रीकृष्ण के व्यक्तित्व पर ही नहीं अपितु उनकी ऐतिहासिकता पर भी कुठाराघात कर अपनी विद्वत्ता का परिचय दिया है। पश्चिमी शिक्षा, ज्ञान व विज्ञान में दीक्षित कतिपय भारतीय विद्वान भी उस श्रेणी में सम्मिलित हो गए और वे भी कृष्ण को ऐतिहासिकता की ठोस भूमि से उखाड़कर कथा या कल्पना के वायुमंडल में उड़ा ले गए।

इस ऊहापोह एवं बौद्धिक संघर्ष ने भारतीय विद्वत् समाज का ध्यान उस दिशा में आकृष्ट किया और उनमें अपने प्राचीन आदर्श महापुरुषों के जीवन व कार्यों का यथार्थ रूप व दर्शन करने-कराने की सजग चेष्टा व प्रेरणा जाग्रत् की। कृष्ण के सम्बन्ध में जो शंकाएँ की गई हैं उनका अलग-अलग निराकरण न कर, उन विचार्य विषयों की संक्षिप्त मीमांसा ही यहाँ उपयुक्त होगी।

पौरस्त्य वाङ्मय की आलोचना सबसे प्रथम क्रिश्चियन लासेन ने सन् 1837 में की। उसके पश्चात् अन्य जर्मन, आंग्ल, डेनिश और कतिपय भारतीय लेखकों ने उन विषयों पर अपनी कलम चलाई। पाश्चात्य विचारकों ने भारतीय युद्ध (महाभारत) पर ही विशेष प्रकाश डाला और जिन निष्कर्षों पर पहुँचे वे इस प्रकार हैं—

सन् 1852 में जर्मन विद्वान केबर का ध्यान महाभारत की ओर आकृष्ट हुआ। उसका कथन है कि महाभारत का मूलस्रोत ऋग्वेद की गाथाएँ और दान-स्तुतियाँ हैं। वैदिक गाथाओं में देवताओं ही के नाम आए हैं। बाद में पुराणों के रचयिताओं ने उनके स्थान पर मनुष्यों के नाम बिठा दिए। सन् 1884 में दूसरे जर्मन विद्वान लुडविग ने अपना विचित्र मत प्रतिपादित किया। उनका कहना है कि पांडव कोई ऐतिहासिक व्यक्ति नहीं थे इसलिए महाभारत ऐतिहासिक नहीं कहा जा सकता। वास्तव में उसमें उन देव-देवियों की कथाएँ हैं जिनका सम्बन्ध ऋतु परिवर्तन से है। 'पांडु' से अभिप्राय पीले सूर्य से है और धृतराष्ट्र का शरत्कालीन (शक्तिहीन) सूर्य से। गान्धारी का आँखों में पट्टी बाँधना सूर्य का बादलों में छिप जाना है। द्रौपदी का कृष्ण नाम होने से 'पृथ्वी' का अनुमान होता है। सभा में उसका एकवस्त्रा होना पृथ्वी का शीतकाल में शस्यहीन होना घोषित करता है। विचार की बात है कि भारतवर्ष में शीतकाल में पृथ्वी शस्यहीन नहीं होती। कृष्ण के काले होने का कारण लुडविग महोदय की समझ में न आ सका। माथापच्ची करने के बाद उनके दिमाग में यह बात उठी कि सम्भवत: बसन्तकालीन सूर्य, जो यज्ञों के निरन्तर धुएँ से धुँधला दिखलाई देता है, को कृष्ण नाम दिया गया होगा। उनका यह भी अभिप्राय है कि भारतीय युद्ध व कृष्ण यथार्थता से परे हैं।

होल्टज्यान ने व्यक्त किया कि प्राचीनकाल के सूतों ने किसी बौद्ध राजा सम्भवत: अशोक की प्रशंसा में एक काव्य रच डाला और जब ब्राह्मणों द्वारा बौद्धधर्म का पराभव हुआ तब ब्राह्मणों ने बहुत हेर-फेर करके उस काव्य को अपने साँचे में ढाल लिया। आधुनिक महाभारत अधिक प्राचीन नहीं। एक अन्य जर्मन विद्वान का भी बहुत कुछ ऐसा ही मत है।

जोजेफडालमान नामक लेखक का कथन है कि महाभारत एक रूपक है, जिसमें धर्माधर्म का युद्ध दिखलाया गया है। वास्तविक युद्ध कवि की कल्पना है, जिसका कोई ऐतिहासिक प्रमाण नहीं मिलता। द्रौपदी के पाँच पति केवल ऋतुओं का परिवर्तन या सम्पत्ति के बँटवारे का रूपक हो सकता

है। वार्थ महोदय का कथन है कि 'कृष्ण' कोई ऐतिहासिक पुरुष नहीं, सूर्य की गति के रूपक मात्र हैं।

डॉ. कीथ ने कृष्ण द्वारा गोपालन और गोचारण पढ़कर यह निष्कर्ष निकाल लिया कि वे एक निरामिष भोजी छोटे-से देवता हैं।

हापकिन्स ने पुराणों में वर्णित कृष्ण के बहुविवाहों की कथा पर से यह निश्चय किया कि कृष्ण किसी एक बहुविवाह करनेवाली जंगली जाति के देवता थे।

कई लोगों ने कृष्ण और ईसा मसीह के चरित्रों की कुछ घटनाओं में समानता देखकर यही मान लिया कि कृष्ण कोई ऐतिहासिक व्यक्ति नहीं थे, अपितु भारतीय पंडितों ने ईसा की ही प्रतिमूर्ति रचकर कृष्ण नाम से प्रख्यात कर दी।

कतिपय विद्वान भागवत के गोपाल कृष्ण, महाभारत के वीर श्रीकृष्ण तथा गीता के वक्ता योगेश्वर कृष्ण को भिन्न-भिन्न व्यक्ति मानते हैं।

कोई-कोई तो यहाँ तक कहने की धृष्टता करते हैं कि 'गीता' न तो कृष्ण की कही हुई है और न वह भारतीय युद्ध के समय कही गई। ईसवी सन् के पश्चात् ब्राह्मणों ने उसको रचकर 'गीता' का नाम दे दिया और महाभारत में उसे संकलित कर दिया। वह 'गीता' बाइबिल की छाया है। वैदिक साहित्य में वृष्णिवंशी वसुदेव-पुत्र कृष्ण का कोई आख्यान प्राप्त नहीं होता और न भारत युग का ही कोई विवरण मिलता है। इसलिए प्रचलित 'महाभारत' में वर्णित कौरव-पांडव युद्ध प्रामाणिक नहीं माना जा सकता।

विश्व के इतिहास में यह निश्चित परिपाटी देखी जाती है कि जब कोई राष्ट्र या जाति किसी अन्य राष्ट्र या जाति को जीतकर उस पर अपना स्थायी प्रभुत्व जमाना चाहता है, तो विजयी राष्ट्र विजितों की संस्कृति और सभ्यता की निन्दा करके ही सन्तुष्ट नहीं होता, वरन् विजित की प्रत्येक क्षेत्र की उच्चता ध्वस्त कर उस पर अपनी सभ्यता व संस्कृति को आरोपित करने की भरपूर चेष्टा करता है। भारतीय संस्कृति को ऐसी अनेक क्रान्तियों से कई बार गुजरना पड़ा है। अनेकानेक लुटेरों, विध्वंसकों और विदेशी राष्ट्रों से संघर्ष एवं जय-पराजय सहते हुए भारतीय मूल संस्कृति को ऐसे कई कठोर आघात सहने पड़े हैं। कृष्ण के सम्बन्ध में उपर्युक्त नवीन उक्तियाँ, शोध और अन्वेषण के रूप में प्रतिकूल विचारधाराएँ, इस देश में अंग्रेजों की राजसत्ता स्थापित होने के पश्चात् ही विशेष रूप से प्रारम्भ हुईं और ज्यों-ज्यों भारतवासियों पर अंग्रेजी भाषा, साहित्य, विज्ञान व तर्क शैली ने अपना प्रभाव जमाया, त्यों-त्यों

भारतीय अपने धर्म, कर्म, साधना व पूर्वजों के रूप को भूलने लगे और उनके सम्बन्ध में यूरोपीय विद्वानों के निर्णयों को मान्यता देने लगे। ईसाई धर्म और तज्जनित सभ्यता व संस्कृति को सर्वश्रेष्ठ माननेवाले सत्ताधीशों ने भारतीयों को असभ्य, असंस्कृत, जंगली व मूर्ख प्रमाणित कर अपनी संस्कृति, सभ्यता व ज्ञान से विमोहित कर, उन्हें हिन्दुत्व या आर्य धर्म का परित्याग कर ईसाई धर्म की ओर आकृष्ट करने के लिए जो संगठित प्रयत्न प्रारम्भ किए, उसी शृंखला की एक कड़ी इतिहास-संशोधन के नाम से कार्यरत हुई। उसके परिणाम को लक्षित करते हुए जस्टिस बुडड्राफ महोदय ने लिख ही डाला कि "भारत अपनी जातीय शक्ति भूल चुका है।" तथा सर वेलेंटाइन शिरोल ने अपना आत्म समाधान व्यक्त करते हुए कहा कि—

"भारत की प्राचीन मान्यताओं में विश्वास रखनेवाले लोगों में से हमने एक ऐसे मध्यम वर्गीय दल का निर्माण किया है, जिसका एक पैर कदाचित् भारतीय संस्कृति को छू रहा है, परन्तु उसका दूसरा पैर निश्चयात्मक रूप से पश्चिमी सभ्यता पर आरूढ़ है।"

विचार और भावना का यह संघर्ष सन् 1835 से संगठित रूप में प्रारम्भ हुआ। यही वह समय था जब लॉर्ड विलियम बेंटिक ने ऐलान किया कि भारतवर्ष में शिक्षा का माध्यम अंग्रेजी भाषा हो। इस महत्त्वपूर्ण घोषणा के कारण भारत का मानसिक कायाकल्प हुआ। अनुमान होता है कि अंग्रेजी की शिक्षा भारत में इस उद्देश्य से चलाई गई थी कि यहाँ के अंग्रेजी पढ़े-लिखे लोग, तन से भारतीय किन्तु मन से अंग्रेज हो जाएँ, जिससे अंग्रेजों का विरोध करने की उनकी इच्छा ही न हो। अंग्रेजी शिक्षा-प्रचार के पीछे ईसाई धर्म-प्रचारकों का बहुत अधिक हाथ था। वे भारतीयों के बीच अपने ढंग की शिक्षा पद्धति चलाकर देश को क्रिस्तान बनाना चाहते थे। सरदार के.एम. पानिक्कर का कथन है—

"यह सत्य है कि उस काल में भारतीय समाज विशृंखल हो रहा था और उसमें जो विचार-भावनाएँ भरी जा रही थीं, उसका उद्देश्य यही था कि वह समाज लोप होकर ईसा के भक्तों का समाज बन जाए।

मोनियर विलियम्स जो संस्कृत, अंग्रेजी कोष के रचयिता हैं, अपने उस महाग्रन्थ की भूमिका में लिखते हैं—"मेरे गुरु कर्नल बोडन की अन्तिम इच्छा थी कि ईसाई धर्म ग्रन्थों का अनुवाद संस्कृत में किया जाना चाहिए, जिससे हमारे देशवासी भारतीयों को ईसाइयत में दीक्षित करने के कार्य में प्रगति कर सकें।"

प्रोफेसर मैक्समूलर सरीखे उद्‌भट विद्वान भी, आर्य ग्रन्थ का अध्ययन कर तथा कथाप्राच्य धार्मिक ग्रन्थ-माला का सम्पादन कर, भारतीय व यूरोपीय विद्वत् समाज में प्रशंसा प्राप्त कर कह उठे—"भारतीय मान्यताओं पर इतना आघात होते हुए भी यदि यहाँ ईसाई धर्म प्रचलित न हुआ तो अपराधी कौन ?"

ध्यान रखने की बात है कि लगभग 200 वर्ष पूर्व ईसाई धर्म प्रचारक ए.बी. दुबीय ने सन् 1815 में अपने जो अनुभव लिखे हैं, वे कितने निराशापूर्ण हैं। उसका कथन है—"मैंने आँसू तो बहुत बहाए किन्तु वे नंगे पत्थरों पर गिरे हैं। जो लोग ईसाई हुए थे उनमें से दो-तिहाई ईसाई धर्म को छोड़कर अपने मूलवृत्त में वापिस चले गए हैं। साठ साल से हम लोग प्रचार कर रहे हैं किन्तु उच्चवर्गीय हिन्दुओं पर हमारा कोई प्रभाव नहीं पड़ा है।"

नवीन शिक्षा, उसका माध्यम और उसके प्रसार के पश्चात् लॉर्ड मैकाले को यह कहने की जुर्रत हो गई कि थोड़ी-सी पाश्चात्य शिक्षा से ही बंगाल में कोई मूर्ति-पूजक नहीं रह जाएगा। बेंटिक की घोषणा के पश्चात् डॉ. डफ ने स्वर अलापा कि जिस-जिस दिशा में पाश्चात्य शिक्षा प्रगति करेगी, उस दिशा में हिन्दुत्व के अंग टूटते जाएँगे और अन्त में हिन्दुत्व का कोई भी अंग साबित नहीं रहेगा।

कहने का तात्पर्य यह कि आर्य धर्म के माननेवालों पर जो विद्वेषात्मक प्रहार पश्चिम की ओर से किए जा रहे थे, वे विविध उद्देश्यपूर्ण थे और उनका परिणाम भी दृष्टिगोचर होने लगा था। इतिहास-संशोधन या पुरातत्त्व अन्वेषण के रूप में जो कार्य उन्नीसवीं शताब्दी में अधिकांश यूरोपीय विद्वानों द्वारा प्रारम्भ हुआ, वह शुद्ध शोध या अन्वेषण से उतना सम्बन्धित न था, जितना इस भावना से प्रेरित था कि भारतीय मान्यताओं को किस तरह हिला दिया जाए तथा भारतीयों के आदर्श महापुरुषों को किस तरह लांछित कर हवा में उड़ा दिया जाए। ये संशोधक या प्रचारक यह अच्छी तरह जानते थे कि जिस देश में 'राम', 'कृष्ण' के नाम व गुणगान निर्धनों की झोंपड़ियों से लेकर राजमहलों तक, बच्चों से लेकर बूढ़ों तक की जिह्वा पर विराजमान रहते हैं, उन नाम व चरित्रों को जब तक निर्मूल और काल्पनिक सिद्ध नहीं किया जाएगा तब तक ईसा का चरित्र या धर्म उन रसभीनी आँखों में प्रवेश नहीं पा सकता। इस कारण भारतीय आदर्शों व चरित्रों को नष्ट-भ्रष्ट करने के प्रबल उद्योग होने लगे।

अंग्रेजी शिक्षा प्राप्त भारतीय वर्ग की श्रद्धा खंडित हो चली और कतिपय भारतीय विद्वान भी इन विदेशी संशोधकों के प्रशंसक व भक्त बन गए। इस प्रचंड आघात की प्रतिक्रिया भी प्रारम्भ हुई और कुछ भारतीय विद्वान अपनी

प्राचीन संस्कृति, आदर्श, साहित्य, धर्म व तत्त्वज्ञान की रक्षा के लिए सचेष्ट हुए। उन्होंने नवीन प्रणाली से भारतीय ग्रन्थों का मनन व अध्ययन प्रारम्भ किया तथा प्राचीन पर्यटकों के लेखों, आधुनिक अन्वेषणों और खोजों के आधार पर पश्चिमी विद्वानों के निर्णयों को निर्मूल तथा भ्रान्तिमूलक सिद्ध किया। फिर भी यह तो मानना ही पड़ेगा कि उन प्राचीन आदर्शों के चरित्र विगत सहस्त्रों वर्षों की धूल से धूसरित हो गए हैं। काल की छाया का घना आवरण उन पर पड़ गया है। उसे हटाकर उनका यथार्थ स्वरूप पुनः उद्घाटित करने का कार्य महान कष्टसाध्य है। जो मूल संस्कार भारतीयों के जीवन को अनुप्राणित करते रहते हैं, विदेशी उनसे वंचित रहते हैं। अधिकांश विदेशी विद्वानों का दृष्टिकोण आरम्भ से ही एकांगी व पक्षपातपूर्ण रहता है। जिन ग्रन्थों के पठन-पाठन पर वे अपना निष्कर्ष निकालते हैं, वे उस भाषा में संगृहीत हैं जो उनके लिए दुरूह हैं। संस्कृत ग्रन्थों की पदावलियों का पूर्णार्थ लगाने और घोषित करने में उस भाषा के भारतीय शास्त्री भी चकरा जाते हैं। इन सब कारणों से जिन पश्चिमी विद्वानों ने कृष्ण के सम्बन्ध में जो खोजें कीं, उनके परिश्रम और अध्यवसाय सराहनीय भले ही माने जावें परन्तु उनके निष्कर्ष बहुधा काल्पनिक और भ्रमात्मक हैं। कृष्ण-चरित्र पर शोध और अनुसन्धान करनेवाले आलोचकों ने उस भव्य और दिव्य रूप पर अपने तर्क का ऐसा जाल फैलाया, जिसने उस विशाल चरित्र के गूढ़ तत्त्व को सुलझाने की अपेक्षा उसे अधिक उलझा दिया। आधुनिक विद्वत्ता के नवीन प्रकाश की झलमलाहट में कृष्ण का यथार्थ स्वरूप ही लोप-सा हो गया। हमारी मनोवृति भी कुछ ऐसी हो गई है कि आज हम स्वयं कृष्ण को विदेशियों के चश्मों द्वारा ही देखना पसन्द करते हैं। स्वामी विवेकानन्द जी के वाक्य हैं—

"यदि यूरोपियन चाहते हैं कि कृष्ण रास न करें तो उन्हें रास नहीं करना चाहिए। यदि वे कहते हैं कि कृष्ण ने गौएँ क्यों चराईं तो उन्हें गौएँ नहीं चरानी थीं। एक ग्वाला क्या जाने कि आगे आनेवाले यूरोपियनों से पूछ-पूछकर उसे सब काम करना चाहिए था।"

अस्तु, कृष्ण के व्यक्तित्व और ऐतिहासिकता के सम्बन्ध में जिन आक्षेपों की संक्षिप्त चर्चा ऊपर की गई है, उन पर विचार करने के लिए निम्नांकित प्रश्न उपयुक्त होंगे—

1. क्या कृष्ण मानव रूप धारण करके कभी इस धरा पर विचरे?
2. यदि कृष्ण ने जन्म धारण किया है तो वह काल आज से कितने वर्ष पूर्व था?

3. कृष्ण के सम्बन्ध में यूरोपीय व कतिपय भारतीय विद्वानों ने जो मत अब तक प्रकाशित किए हैं अथवा जो कल्पनाएँ की हैं, वे कहाँ तक उचित व ग्राह्य हैं ?
4. जिन कृष्ण का वर्णन महाभारत, विष्णु पुराण, भागवत आदि ग्रन्थों में पाया जाता है तथा जो गीता के श्रेष्ठ वक्ता माने जाते हैं वे एक ही व्यक्ति थे अथवा भिन्न-भिन्न ?
5. कृष्ण ने अर्जुन को गीता का उपदेश भारतीय युद्ध के समय दिया अथवा गीता पश्चात्काल की रचना है जो महाभारत में बाद में संकलित कर दी गई है ?

ऐतिहासिकता

भारतीय साहित्य और इतिहास में कृष्ण सम्बन्धी विवेचना आकर्षक तथा रहस्यमयी है किन्तु समग्र रूप से ऐसा कोई ग्रन्थ उपलब्ध नहीं है जो समस्त दृष्टिकोणों से कृष्ण सम्बन्धी घटनाओं, प्रश्नों और पक्षों पर निश्चित मन्तव्य प्रकट करता हो। कृष्ण की ऐतिहासिकता का अध्ययन दो प्रकार के प्रमाण बिन्दुओं पर ही किया जा सकता है; प्रथम, लिखित साहित्य जिसमें प्राचीन इतिहास भी सम्मिलित है और द्वितीय, शिलालेख, स्थापत्य, मूर्ति निर्माण तथा पुरातत्त्व अन्वेषणों से प्राप्त सामग्री। साहित्यिक प्रमाण में वेद, ब्राह्मण, उपनिषद्, पुराण, महाभारत आदि ग्रन्थों तथा पाणिनि, पतंजलि आदि ऋषियों की रचनाओं के अतिरिक्त बौद्ध, जैन और प्राचीन विदेशी साहित्य सम्मिलित हैं। बौद्ध और जैन ग्रन्थ ईसा पूर्व छठी या पाँचवीं शताब्दी के हैं। यूरोपीय पर्यटक मेगास्थनीज (Megasthenes) और एरियन (Arriaan) के लेखावशेष ईसा पूर्व चौथी शताब्दी के हैं।

वैदिक साहित्य में 'ऋग्वेद' सबसे प्राचीन संकलन है। आर्यमतानुसार तो, "ऋग्वेद सृष्टि जैसा अतीत है।" लोकमान्य तिलक ने ओरियन (Orian) ग्रन्थ में निश्चित प्रमाणों द्वारा ऋग्वेद का पूर्व मर्यादा काल ईसा से दस हजार से 8000 वर्ष पूर्व तथा उत्तर मर्यादाकाल लगभग चार हजार वर्ष पूर्व निर्धारित किया है। वेदों के उपरान्त ब्राह्माणदि ग्रन्थ और उपनिषदों की रचना हुई। ये रचनाएँ क्रमशः ईसा से तीन हजार और दो हजार पूर्व की गईं। ऋग्वेद में 'कृष्ण' नाम तीन स्थलों पर प्राप्त है। एक जगह वे वैदिक ऋषि के रूप में चित्रित हैं तो दूसरे स्थान पर उनका उल्लेख कृष्ण आंगिरस के नाम से हुआ

है और कृष्ण का तीसरा चित्रण, अंशुमती के किनारे इन्द्र से द्वन्द्वरत और पराजित योद्धा के रूप में है। पंडित भंडारकर इस तीसरे कृष्ण को अनार्य योद्धा के रूप में मान्यता देते हैं। ऋग्वेद के कृष्ण सम्बन्धी तीनों आख्यानों में कृष्ण आंगिरस का ही सारूप्य कृष्ण से स्थापित होता है। पुराणों में भागवतीय कृष्ण के गुरु 'सान्दीपन' अथवा कृष्ण-कुल-आचार्य का नाम गर्ग पाया गया है। गुरु रूप में घोर आंगिरस का स्पष्ट उल्लेख छान्दोग्य-उपनिषद में है। वे देवकी पुत्र कृष्ण को सम्बोधित करते हुए कहते हैं, "घोर आंगिरस ऋषि ने देवकी पुत्र कृष्ण को 'यज्ञ-दर्शन' सुनाया...पुरुष अन्तिम समय पर तीन मंत्रों का जाप करें! तू अक्षत है—तू अच्युत है—तू प्राण संशित है।" छान्दोग्य-3-6-7

इसकी पुष्टि ए.एस.पी. अय्यर ने अपनी पुस्तक श्रीकृष्ण में की है, यथा—"...O Krishana, son of Deoki, you can leave me now. Remember that the whole of life is a sacrifice...Death is an ablution after the sacrificial ceremony. In the final hour one should take refuse in these three thougths-you are the indestructable. you are the unshakable, you are the very essence of life." (Page-26)

छान्दोग्य-उपनिषद 'सामवेद' के अन्तर्गत माना जाता है और 'श्रीमद्भगवद्गीता' में 'वेदानां सामवेदोऽस्मि' प्रतिपादित कर कृष्ण ने सामवेद से अपना तादात्म्य स्थापित किया है। अतः छान्दोग्य में 'कृष्णाय देवकी पुत्राय' का उल्लेख देवकीनन्दन कृष्ण की स्थिति को सहज स्पष्ट करता है। सामवेद का संकलन ईसा पूर्व 3000 वर्ष का है और छान्दोग्य में उसके पश्चात् के वृत्तान्त उपलब्ध हैं जिनमें वे यादववंशी वीर के रूप में सुस्थापित हैं। व्याकरणाचार्य पाणिनि का सूत्र 'वासुदेवार्जुनाम्याम युन्' भी कृष्ण और अर्जुन की स्थापना करता है। बौद्ध ग्रन्थ 'निद्देस' में वासुदेव और बलदेव के उपासकों का उल्लेख है तथा बौद्ध गाथाओं में राधा, यशोदा, नन्द जैसे प्रमुख व्यक्तियों का भी वर्णन पाया जाता है। (राधाकृष्णन-गीता 30-32) जातक में वासुदेव का वर्णन है कि वे उत्तर मधुरा (मथुरा) के राजवंश में उत्पन्न हुए और उनका उपनाम 'कान्हा' विख्यात हुआ। जैन ग्रन्थ 'उत्तराध्यान सूत्र' में वासुदेव क्षत्रिय कुमार वर्णित हैं तथा कान्हा, वासुदेव, बलदेव आदि का वर्णन भी है।

मेगास्थनीज ने लिखा है कि मथुरा व उसके आसपास के लोग शूरवंश के हैं तथा 'हिराक्लीज' (हरि अथवा कृष्ण) की पूजा करते हैं तथा संड्रकोटस

और 'डायोनिसास' के बीच 153 पीढ़ियाँ हुईं जिनका भोगकाल 6042 वर्ष रहा। हिराक्लीज डायोनिसास से 15 पीढ़ी पश्चात् हुआ। 'झंडूकोटस', चन्द्रगुप्त का अपभ्रंश है किन्तु 'डायोनिसास' की निश्चितता नहीं। वैद्य महोदय डायोनिसास से दक्ष-प्रजापति का संकेत मानते हैं। दक्ष से कृष्ण तक की 15 पीढ़ियों का उल्लेख भी उन्होंने किया है, जो निम्न रूपेण है—

(1) दक्ष-कन्या दाक्षायिणी, (2) (विवस्वान) आदित्य, (3) मनु, (4) इला, (5) पुरूरवा, (6) आयु, (7) नहुष, (8) ययाति, (9) यदु, (10) क्रोष्टा, (11) वृजिनीवान्, (12) उषंगु, (13) शूर, (14) वसुदेव, (15) कृष्ण।

उपर्युक्त तथ्यानुसार हिराक्लीज से संड्रकोटस (चन्द्रगुप्त) तक 138 (153-15) पीढ़ियाँ हुईं और आधुनिक ऐतिहासिक सिद्धान्त के अनुसार प्रत्येक पीढ़ी औसतन यदि 20 वर्ष की ही मान ली जाए तो कृष्ण से चन्द्रगुप्त तक 2760 वर्ष हो जाते हैं। चन्द्रगुप्त का समय ईसा पूर्व 312 वर्ष मान लेने पर कृष्ण का समय ईसा पूर्व 3100 मानना पड़ेगा। दुर्योधन और भीम के द्वन्द्व युद्ध के पश्चात् भीम के असभ्य व्यवहार पर कृष्ण ने कहा था कि "प्राप्तं कलियुगं विद्धि" और धर्म ज्योतिषियों का भी यही मत है कि कलयुग ईसा से 3101 वर्ष पूर्व प्रारम्भ हुआ था।

कृष्ण के व्यक्तित्व और चरित्र का उल्लेख बौद्ध और जैन-साहित्य में भी स्पष्टतया उपलब्ध है। बौद्ध ग्रन्थ 'निद्देस' में वासुदेव और बलदेव के उपासकों का उल्लेख है। डॉ. राधाकृष्णन ने अपनी गीता मीमांसा में इसे पुष्ट किया है। अनेकानेक प्रमाणों से यह असन्दिग्ध हो जाता है कि कृष्ण काल्पनिक पुरुष (Mythological person) नहीं हैं और न ही किसी घटना के रूपक या प्रकृति के चक्र के प्रतीक! प्रायः समस्त विवरणों और विश्लेषणों ने कृष्ण को शरीरधारी मानव, राजपुत्र और वृष्णि-वंशी माना है।

कभी-कभी ईसा मसीह और कृष्ण को एक-दूसरे की प्रतिमूर्ति मानने का भ्रम भी गढ़ा जाता है। कतिपय पश्चिमी विद्वान भारतीय पंडितों द्वारा ईसा को अमान्य कर उनके स्थान पर कल्पित कृष्ण की रचना करने के वितर्क प्रस्तुत करते हैं। इस मत के विरोध में भी तीव्र प्रतिक्रियाएँ हैं। 'Christ a Myth' में कहानचंद वर्मा लिखते हैं कि Christ बँगला शब्द ख्रिष्टो या क्रिस्टो का रूपान्तर मात्र है और क्रिस्टो, कृष्ण का अपभ्रंश है। यही क्रिस्टो बौद्ध-धर्म में दीक्षित होकर उसके प्रचार के लिए पश्चिम गया जहाँ के शासकों ने उसकी धार्मिक मान्यताओं को अस्वीकार कर उसे सूली पर चढ़ा

दिया। यही क्रिस्टो समयान्तर में 'क्राइस्ट' नाम से प्रख्यात हो गया। लेखक के मतानुसार ईसा के प्रादुर्भाव और 'क्रूसीफिकेशन' के काल का तत्कालीन ग्रीस और रोमन ग्रन्थों में कोई उल्लेख नहीं है। हाल ही के कुछ शोधों तथा तिब्बती बौद्ध साहित्य के उल्लेखों से यह मान्यता दृढ़ हुई है कि क्राइस्ट या क्रिस्टो नामक विद्वान दीर्घ-काल तक तिब्बत में रहा और बौद्ध धर्म का ज्ञानार्जन करता रहा। इस विवाद के परे विभिन्न प्रमाणों ने यह निश्चित सा ही कर दिया है कि ईसा जन्म के कई वर्षों पूर्व ही 'भागवतीय' धर्म अधिकांश भारतवर्ष में स्थापित हो चुका था। Archaeological survey of India Annual Report में डॉ. डी.आर. साहनी Journal of Indian society of orient Art-Calcutta में श्री अग्रबाल तथा Archaeology and the vaishanava tradition में कई लेखकों ने जिन मूर्तियों, शिलालेखों तथ प्रस्तर झाँकियों की चर्चा की है उससे कृष्ण का ईसा पूर्व अस्तित्व में होना निर्विवाद सा है। इसी प्रकार बेसनगर (विदिशा) में प्राप्त गरुड़ स्तम्भ और उसमें वर्णित Heliodorus का मालवा राज्य में राजदूत के रूप में रहकर उक्त गरुड़ स्तम्भ का निर्माण कराया जाना भी प्रमाणित करता है कि कृष्ण द्वारा भागवत धर्म का प्रसार ईसा जन्म से कई वर्षों पूर्व हो चुका था। इन प्रमाणों से कृष्ण का व्यक्तित्व और उनकी ऐतिहासिकता निश्चित हो जाती है और इस भ्रम का खंडन भी हो जाता है कि कृष्ण का जीवन-चरित्र काल्पनिक अथवा प्रतीकात्मक है।

कृष्ण के व्यक्तित्व के सन्दर्भ में अनेक विद्वानों का मत है कि गोकुल और वृन्दावन का गोचारक, महाभारत का राजनीति-विशारद और गीता के तत्त्वज्ञान का प्रवर्तक एक ही व्यक्ति नहीं था। इन्होंने अपनी शंकाओं के प्रमुख कारण गिनाते हुए बतलाया कि—

(1) महाभारत में कृष्ण के बाल्य-काल का कोई वर्णन नहीं तथा पूर्वकालीन ग्रन्थों में कृष्ण और पांडवों का कोई सम्बन्ध स्थापित नहीं किया गया।

(2) पांडवों और कौरवों का युद्ध काल्पनिक है। यह युद्ध कुरु और पांचालों के मध्य हुआ था। पांडवों का तो प्राचीन भारतीय ग्रन्थों में अस्तित्व ही नहीं है।

(3) महाभारत महर्षि व्यास रचित नहीं है। महर्षि व्यास ने आदि—भारत लिखी थी जो 'जय' नाम से विख्यात थी और इसका कोई प्रमाण नहीं कि 'जय' में गीता संकलित थी।

(4) कुरुक्षेत्र की युद्ध-स्थली गीता के तत्त्वज्ञान का कथन करने का समयोचित तथा उपयुक्त स्थल नहीं था।

किन्तु आक्षेपक यह भूल जाते हैं कि 'महाभारत' कृष्ण-आख्यान का प्रबन्ध काव्य नहीं है। आचार्य विनोबा भावे का कथन है—"रामायण यदि एक मधुर नीति काव्य है तो महाभारत एक व्यापक समाज-शास्त्र है।...व्यासदेव ने इस वृहद् संहिता में असंख्य चित्रों, चरित्रों व चारित्र्यों का यथावत् चित्रण बड़ी कुशलता से किया है। बिल्कुल निर्दोष तो सिवाय परमेश्वर के कोई नहीं है लेकिन उसी तरह इस संसार में केवल दोषमय भी कोई नहीं है—यह बात महाभारत स्पष्टता से बता रहा है। इसमें जहाँ भीष्म और युधिष्ठिर जैसों के दोष दिखाए गए हैं तो दूसरी ओर कर्ण-दुर्योधनादि के गुणों पर भी प्रकाश डाला गया है। महाभारत बताता है कि मानव-जीवन सफेद व काले तन्तुओं का एक पट है। अलिप्त रहकर भगवान व्यास जगत् के—विराट संसार के छाया-प्रकाशमय चित्र दिखलाते हैं। महाभारत ग्रन्थ मानो सोने की एक बड़ी खान बन गया है। उसका शोधन करके भरपूर सोना लूट लिया जाए। महाभारत की रचना कृष्ण चरित्र के उद्घाटन के लिए नहीं थी और न ही कृष्ण के बाल-चरित्र चित्रण का वहाँ कुछ औचित्य ही था। महाभारत के परिशिष्ट और उपसंहार के रूप में 'हरवंश' और 'खिलपर्व' की रचनाएँ हैं। 'हरिवंश' महाभारत का पूरक है और उसमें जिन कृष्ण का बाल-चरित्र वर्णन है वह उन्हें वृष्णिवंश के प्रदीप तथा पांडवों के सखा और पथ-प्रदर्शक रूप में स्थापित करता है। आक्षेपकों का यह कथन भी असत्य है कि महाभारत में गोकुलस्थ कृष्ण का कोई उल्लेख नहीं है, देखनेवाले देखें तो सही। पांडवों के राजसूय यज्ञ की सम्पूर्ति पर 'अंग-पूजा' प्रकरण में चेदिराज शिशुपाल कृष्ण का अनादर करते हुए कंस का चरवाहा, गोप, वर्गपाल आदि शब्दों से तिरस्कृत करता हुआ उनके द्वारा पूतना, केशि तथा वृषभासुर आदि को मारने तथा गोवर्धन गिरि उठाने का व्यंग्यात्मक उल्लेख करता है—

"गोपं संस्तोतु मिच्छसि
यद्यनेन हतो वाल्ये शकु निश्चित्र मन्न किम
तौ वाश्व वृषभौ भीष्म यौन युद्ध विशारदो॥"

इसी सभापर्व में यह स्पष्ट उल्लेख है कि कंस-वध के कारण ही जरासन्ध कृष्ण का शत्रु बना और कृष्ण ने 'हंस' और 'डिम्मक' का बिना युद्ध किए प्राणान्त कर दिया। ये सब कथाएँ महाभारत में संक्षिप्त रूपों में उपलब्ध हैं। द्रौपदी ने भी चीर-हरण के समय कृष्ण का उल्लेख और स्मरण 'गोपी-

जन-वल्लभ' शब्द से किया है। श्री गार्वे ने 'गोपी-जन-वल्लभ' वाला श्लोक प्राचीनतम महाभारत में भी पाया है। यद्यपि 'ब्रह्मवैवर्त' में कृष्ण का गोपियों से अधार्मिक सम्बन्ध दर्शाया है किन्तु प्रचलित 'ब्रह्मवैवर्त' महाभारत, गीता, विष्णु-पुराण तथा हरिवंश आदि के बहुत काल पश्चात् की, यहाँ तक कि श्रीमद्भागवत के भी सैकड़ों वर्ष पश्चात् की रचना है और इस ग्रन्थ की कोई ऐतिहासिक महत्ता नहीं है।

एक आलोचक का कथन है कि गायों को चरानेवाला योद्धा और राजनीतिज्ञ नहीं हो सकता। कितना लचर तर्क है यह। क्लाइव (Clive) सरीखा अनीतिवान और उद्दंड बालक पिता द्वारा तिरस्कृत होकर भारत में अंग्रेजी राज की स्थापना का स्तम्भ बनकर Lord Clive हो सकता है। बालिका के समान मुख और लजीली प्रकृति का बालक नेपोलियन अपने युग का यूरोप को कँपा देनेवाला राजाधिराज बन सकता है किन्तु भारत के ब्रज-मंडल में बाल्यकाल व्यतीत करनेवाला यादव कुमार देश-काल और परिवेश के अनुसार रण-राजनीति विशारद तथा तत्त्वज्ञानी नहीं बन सकता—यह कहाँ का सिद्ध तर्क है? कृष्ण के समग्र जीवन का आद्योपान्त अनुशीलन और मनन गोपाल कृष्ण, चक्रधारी कृष्ण और योगेश्वर कृष्ण को एक ही परम विभूति के विभिन्न अंग होना निर्विवाद घोषित करता है।

इसी भाँति आलोचक महाभारत युद्ध के विषय में भी शंकाएँ उठाते हुए इसे काल्पनिक मानना चाहते हैं। वेबर (Weber) 'ब्राह्मण-काल' का प्रमाण देते हुए कहते हैं—"भारतीय युद्ध काल्पनिक हैं और महाभारत में वर्णित व्यक्ति, कवि-कल्पना द्वारा निर्मित सद्गुणों की मूर्तियाँ हैं।" रमेशचन्द्र दत्त इतना तो स्वीकार करते हैं कि भारतीय युद्ध होना सम्भव है किन्तु वे पांडवों के अस्तित्व को नहीं स्वीकारते। उनके मतानुसार पांडवों की कल्पना केवल सद्गुणों की उत्कर्षता की कल्पना मात्र है। हापकिन्स (Hopkins) और कीथ (Keith) आदि तो पांडवों के साथ कृष्ण के अस्तित्व को भी सन्देहास्पद मानते हैं। ये विद्वान भारतीय युद्ध का प्रमाण माँगते हैं। होमर की इलियड (Illiad) की कथा भी काव्य-बद्ध कल्पना मात्र है—इतिहास नहीं—किन्तु यूरोपीय विद्वान इस कल्प-कथा के आधार पर ही 'इलियड' के पात्रों को यथार्थ मान लेते हैं। 'जय-भारत' या 'महाभारत' के सम्बन्ध में वे ऐसी ही उदारता क्यों नहीं दर्शाते? जबकि महाभारत मात्र काव्य-ग्रन्थ नहीं 'इतिहास प्रदीप' है। वेबर उल्लेखाभाव का कारण सामने रखते हैं। इसी उल्लेखाभाव के कारण ही कहानचन्द्र वर्मा ने ईसा को काल्पनिक सिद्ध

किया है। क्या वेबर महोदय इसे स्वीकार करेंगे? उल्लेखाभाव तभी प्रबल माना जाता है जब सम-सामयिक इतिहास में उस घटना के उल्लेख का अभाव हो और ऐतिहासिक दृष्टिकोण से यह उल्लेख अनिवार्य हो। पांडवों के चित्रण सद्गुणों के प्रतीक थे, भी सही नहीं है। पाँच भाइयों द्वारा एक स्त्री के साथ विवाह, युधिष्ठिर का द्यूत-व्यसन, भीम का दुर्योधन की जंघा पर प्रहार तथा अर्जुन का अपने क्षत्रियत्व का अमित अहंकार कहाँ के सद्गुण हैं। पांडवों का चित्रण सद्गुणों के आकार के रूप में नहीं हुआ है वरन् उनकी भी कमजोरियाँ उद्धृत की गई हैं। यद्यपि ब्राह्मण-ग्रन्थों में युद्ध का वर्णन नहीं किन्तु 'ऐतरेय-ब्राह्मण' में वैचित्रवीर्य-धृतराष्ट्र का उल्लेख है और उपनिषदों में परीक्षित और 'कृष्णाय देवकी पुत्राय' का विवरण है। अत: इसमें किंचित् भी सन्देह नहीं कि भारतीय-युद्ध हुआ और आज से लगभग 4000 वर्ष पूर्व हुआ।

ऋग्वेद में जिन क्षत्रिय राजाओं का वर्णन है उनकी वंश-प्रधानता अस्पष्ट है। पुराणों में तीन राजवंशों को प्रधानता दी गई है, (1) स्वायंभुव मनुवंश, (2) वैवस्वत मनुवंश या सूर्यवंश, (3) ऐलि या चन्द्रवंश।

स्वायंभुव मनु के दो पुत्र प्रियव्रत और उत्तानपाद तथा तीन कन्याएँ— प्रसूति, आकूति और देवहूति थीं। इनसे ही समस्त क्षत्रिय वंशों की उत्पत्ति बतलाई जाती है। प्रियव्रत की शाखा में 'भरत' नाम के प्रजापति हुए जिनसे यह भूखंड 'भारतवर्ष' के नाम से प्रसिद्ध हुआ। इसके पूर्व इसे 'अजनाभ' या 'हिमवर्ष' के नामों से जाना जाता था। ब्रह्मा के पुत्र अत्रि थे और अत्रि के पुत्र थे चन्द्रमा। चन्द्रमा के पुत्र बुध द्वारा इला के गर्भ से पुरूरवा का जन्म हुआ। पुरूरवा से जो वंशोद्भव हुआ वह ऐलिया चन्द्रवंश कहलाया। यद्यपि वैदिक साहित्य में सूर्यवंशी और चन्द्रवंशी नामों का उल्लेख नहीं है तथापि 'महाभारत' में इन क्षत्रियों का वर्णन 'इक्ष्वाकु' और 'ऐल' नामों से किया गया है। सूर्यवंश और चन्द्रवंश नामों का प्रचार कब से हुआ, यह प्रामाणिक रूप से नहीं कहा जा सकता किन्तु यह निर्विवाद है कि पौराणिक काल में इन नामों का प्रचलन हो गया था। ऐल-वंश की उत्पत्ति का वर्णन महाभारत, विष्णु-पुराण, हरिवंश, भागवत आदि ग्रन्थों में थोड़े से हेर-फेर के साथ पाया जाता है।

इसी सन्दर्भ में राजा ययाति द्वारा पुरु से तरुणाई प्राप्त कर उसे वृद्धावस्था प्रदान करने की कथा भी द्रष्टव्य है। ययाति के ज्येष्ठ पुत्र यदु ने यह अनुरोध अस्वीकार कर दिया था। कुछ कालोपरान्त ययाति ने पुरु को तरुणाई लौटा दी

और पितृभक्ति के फलस्वरूप उसे अपने राज्य का उत्तराधिकारी बनाया। ज्येष्ठ पुत्र यदु को ययाति ने शाप दिया, 'तू और तेरी प्रजा (राजवंशज) अराजभाक हों।' इन्हीं यदु का कुल आगे यदु-कुल या यादव-वंश के नाम से प्रख्यात हुआ। विष्णु-पुराण के रचयिता महर्षि पराशर ने यदुवंश की प्रचलित कीर्ति के सम्बन्ध में कहा कि—

''यदोर्वंशं नरः श्रुत्वा सर्व पापैः प्रमुच्यते।
यत्रावतीर्णं कृष्णाख्यं परब्रह्म निराकृति॥''

भागवत्कार के अनुसार यदु के चार पुत्र हुए—(1) सहस्त्रजित, (2) क्रोष्टु, (3) नल और (4) रिपु।

यदु पुत्र के वंशान्तर्गत अन्धक-वंश, भोज-वंश, चेदि-वंश और विदर्भ-वंश आते हैं। अन्धक के द्वितीय पुत्र भजमान से ही उस वंश का प्रादुर्भाव हुआ, जो कृष्ण तक पहुँचता है। यह वंशवृक्ष निम्नानुसार है—

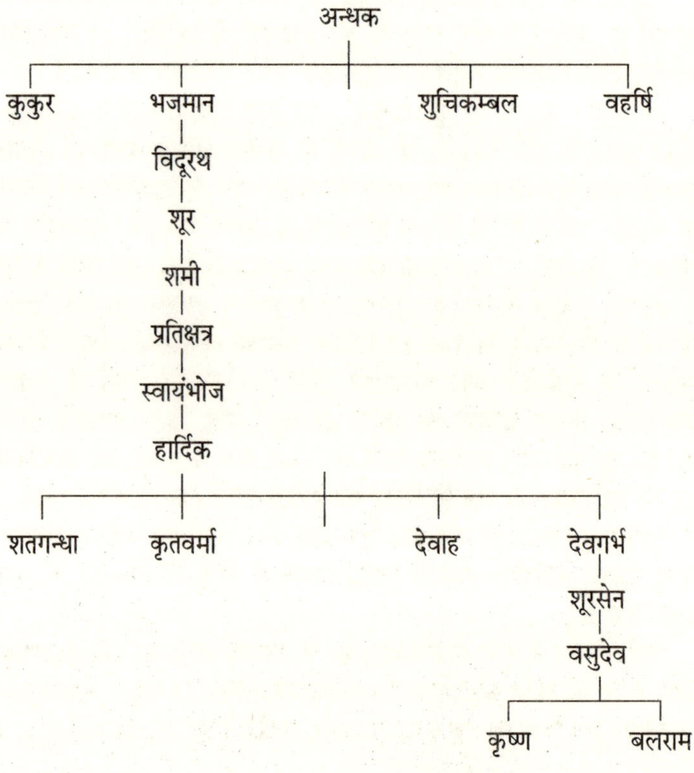

हरिवंश पुराण के अनुसार इक्ष्वाकु-वंश में हर्यश्व राजा ने मधु दैत्य की पुत्री मधुमती से विवाह किया था। हर्यश्व के ज्येष्ठ भ्राता ने हर्यश्व को राज्य से निष्कासित कर दिया। दैत्यराज मधु ने हर्यश्व और मधुवती को अपने पुत्र लवण की संरक्षा में सुराष्ट्र भूमिखंड शासन करने के लिए दिया और कहा :

''यायात मपि वंशस्ते समेष्यति च यादवम्।
अनुवंशंच वंशस्ते सोमस्य भविताकिल॥''

वंश विलीनीकरण के ऐसे कई प्रसंग भागवत तथा पुराणों में उपलब्ध हैं। सदाचारी और बुद्धिमान हर्यश्व को मधुमती से एक ही पुत्र उत्पन्न हुआ जो महायशस्वी यदु के नाम से विख्यात हुआ। यदु ने पाँच नाग कन्याओं से विवाह किया और उन्हें पाँच पुत्र उत्पन्न हुए। जिनके नाम थे मुचुकुन्द, पद्मवर्ण, माधव, सारस और हरित। इन सबको विभिन्न स्थल बाँटकर यदु ने अपने सर्वाधिक प्रिय पुत्र माधव को राजधानी सौंपी और स्वतः भूतल से त्रिविष्टय चले गए।

यहाँ यह कह देना आवश्यक है कि हर्यश्व पुत्र ययाति पुत्र यदु नहीं थे। वे उसी कुल के दूसरे यदु थे। माधव से चलनेवाली इस वंश-बेलि में बलराम और कृष्ण आते हैं। यह वंशवृक्ष-बेलि निम्नानुसार है,

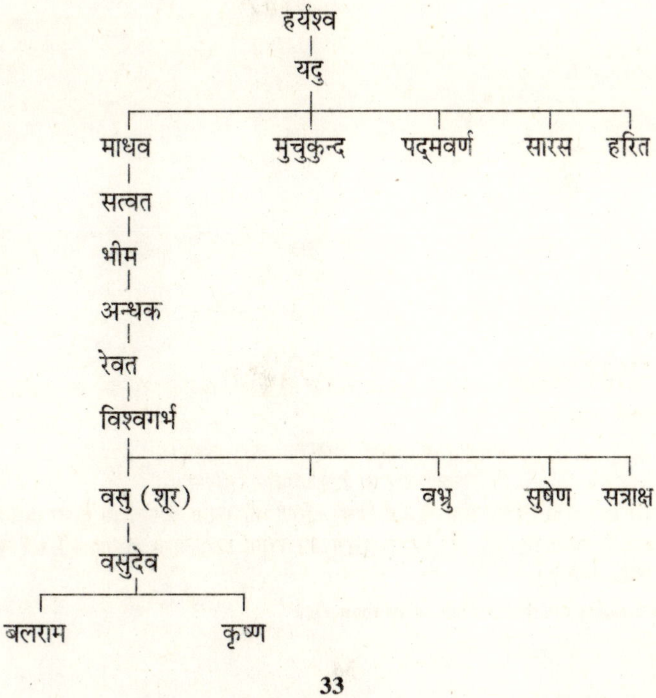

इस तरह प्रतीत होता है कि कृष्ण के पूर्वजों में सूर्यवंशी और चन्द्रवंशी दोनों क्षत्रियों का रक्त सम्मिलित था। यह भी सम्भव है कि उपर्युक्त वर्णित दैत्य मधु ययातिवंशी, यादव कुलीन मधु था। मधु के वृष्णि आदि पुत्र थे। वृष्णि के कारण यह वंश वृष्णि-वंश और मधु के कारण मधु-माधव तथा यदु के कारण यदु-वंश की संज्ञाओं से विभूषित हुआ।

ऐक्ष्वाकु (इक्ष्वाकु) और ऐल कुल के क्षत्रिय भारत के मूल निवासी थे या कहीं से आकर बसे, इस प्रश्न पर भी कई मतभेद हैं। कतिपय विद्वान तो आर्य ही क्या नृवंश की उत्पत्ति ही हिमालय से मानते हैं। जर्मन विद्वान आर्यों का उत्पत्ति स्थान 'राश्न' नदी के कछार को मानते हैं। लोकमान्य तिलक के मतानुसार, आर्य मूलतः उत्तरी ध्रुव के निवासी थे। डॉ. सम्पूर्णानन्द ने आर्यों का मूल प्रदेश 'सप्त-सैन्धव' माना है। निवास का या प्रादुर्भाव का यह प्रश्न गौण है। महत्त्वपूर्ण यह है कि चन्द्रवंशी वैदिक धर्मावलम्बी थे। इनकी कालगणना चान्द्रवर्ष के आधार पर होती थी। ये मल्ल विद्या और गदा-युद्ध में प्रवीण थे। ये उद्योगशील और धर्मशील थे। उद्योग के पक्ष का समर्थन करते हुए महात्मा भीष्म ने कहा भी था : देवता भी अपने कर्म से ही उच्च-स्थिति में पहुँचे हैं।

---

1. त्रिविष्टय सम्भवतः आधुनिक तिब्बत है और हिमालय के उस पार जाने का उद्योग ही स्वर्ग जाना था।

   सयदुर्माध्वे राज्यं विसृज्य यदु पुंगवे।
   त्रिविष्टयं गतो राजा देहन्त्यक्त्वता महीनले॥

   इस श्लोक से विदित होता है कि विष्णु-पुराण की रचना के पूर्व ही कृष्ण अवतार रूप से मान्य हो चुके थे। विष्णु-पुराण की रचना ईसा-जन्म से शताब्दी वर्ष पूर्व मानी जाती है।

2. Himalaya is the craddle of human race

जन्मोदय पूर्व से कंसोदय तक

सूर्यवंशियों में राजन्य संस्था पूर्व से ही प्रचलित थी किन्तु चन्द्रवंश में ययाति के उपरान्त यदुवंशियों में अभिषिक्त राजा की प्रथा लोप हो गई थी। यदु-पुत्रों के वंशजों ने अपने-अपने मंडल या राज्य स्थापित कर लिये थे और शासन प्रबन्ध के लिए छोटे-बड़े गणतांत्रिक तंत्र स्थापित कर दिए थे। ये संघ या गणराज्य दो प्रकार के होते थे। कौटिल्य ने इन्हें 'वार्ता-शास्त्रोप-जीवी' और 'राज-शब्दोप-जीवी' की संज्ञाएँ दी हैं। पूर्व वैदिक-काल में केवल राजसंस्था का वर्णन पाया जाता है किन्तु उत्तर वैदिक-काल में यह वंश परम्परानुगत राज-संस्था कहीं-कहीं विलीन होकर गणतंत्रात्मक हो गई है। इस व्यवस्था में प्रत्येक संघ स्वतंत्र, आत्म-निर्भर और सार्वभौम होता था और उसका घटक संघ की उन्नति व संरक्षण के लिए अपना सर्वस्व बलिदान करने उद्यत रहा करता था। संघ या गण का सबसे प्रबल शत्रु आन्तरिक विद्वेष ही हुआ करता था। इन संघों की स्थिरता व विनाश के सम्बन्ध में कौटिल्य तथा व्यासदेव का एक ही मत है, "भेद से संघ राज्य का नाश होता है। हे केशव, तुम इस संघ राज्य के मुखिया हो! तुम्हारे जैसे नेता के रहते संघ नष्ट हो जाए, यह सम्भव नहीं। युक्ति, सहनशीलता, आत्म-मनोवृत्ति पर विजय और अन्य लोगों के साथ सद्व्यवहार करने की प्रवृत्ति जिस व्यक्ति में होगी, वही संघ का नेतृत्व कर सकता है।" यदुवंशियों ने जो राज्य स्थापित किए वे बहुधा गणराज्य ही थे। उनमें राजा की पदवी प्रचलित हो गई थी। राजा को दक्षिण में भोज, पूर्व में सम्राट और मध्यदेश में केवल राजा ही कहा जाता था।

द्वापर के अन्तिम चरण में भारतवर्ष छोटे-छोटे राज्यों के मंडलों में विभक्त हो चुका था जहाँ के अधिकतर निवासी एकवंशी, एकधर्मी, एकभाषाभाषी और एक ही सत्ता के आश्रित थे। इन अनेक सत्ताधारियों में कुछ नागवंशी थे, कुछ असुर या राक्षसवंशी और कुछ विजातीय विदेशी भी थे।

महाभारत में नाग और सर्प (सरप) जातियों का वर्णन किया गया है। आचार्य चतुरसेन शास्त्री ने तुर्किस्तान को नागलोक और तुर्की निवासियों को नागवंशी माना है। श्री सी.वी. वैद्य के मतानुसार, नागलोक ऐतिहासिक है और नाग जिन्हें ऋग्वेद में 'दस्यु' या 'दास' की संज्ञा दी गई है, वे भारतवर्ष के मूल निवासी थे। नाग और सर्प यद्यपि एक ही अर्थ-वाचक हैं परन्तु भिन्न-भिन्न गुण विशेषों के कारण इनकी विभिन्न जातियाँ बन गईं। गीता में यह भिन्नता स्पष्ट है—

"सर्पाणामास्मि वासुकिः अनन्तश्चास्मि नागा नाम्"

यथा महाभारत काल में नाग और सर्प भिन्न-भिन्न जाति के थे परन्तु ये दोनों मानवरूप और भारत के निवासी थे। कृष्ण-युग के पूर्व नागवंशियों की बस्तियाँ भारत में जगह-जगह स्थापित थीं। पांडवों को यमुना के पश्चिमी किनारे पर जो हिस्सा मिला था वहाँ तक्षक के नेतृत्व में नाग निवास करते थे। मथुरा मंडल में कंस के आधिपत्य में यमुना-कूल पर 'कालिय-नाग' अपनी सत्ता जमाए हुए था। भारतीय युद्ध में भी नागों ने कौरवों की सहायता की थी।

सुर, असुर, देव, दानव, यक्ष और राक्षस आदि का भेद भी बहुत प्राचीन है। जो अति सुसंस्कृत वर्ग था वह सुर या देव आदि नामों से प्रख्यात हुआ और जिनके आचार-विचार प्रथम स्तर से गिर गए वे असुर, दानव या राक्षसों की श्रेणी में आ गए। भारतवर्ष में आर्य तथा अनार्यों में रंग-रूप, आचार-विचार तथा संस्कृति की जो विभिन्नता थी उसी आधार पर वर्ण-भेद और वर्ग-भेद स्थापित हुए। कृष्णायन में पं. द्वारका प्रसाद मिश्र ने ठीक ही लिखा है—

"श्रृंग-अनार्य ललाट न जामा
आर्य-भाल नहिं विधु अभिरामा"

भारतीय समुद्री तट पर मुर जाति के समुद्री लुटेरे भी थे। भारत के बाहर की कई विदेशी जातियों (जिन्हें पुराणों में यवन कहा गया है) ने भारतीय सीमा में अपने कई रक्षित स्थान बना लिये थे। इनकी संस्कृति भारतीय आर्य और अनार्यों से भिन्न थी और हिंसा, युद्ध-प्रियता, लूट, अग्निदाह आदि कार्यों में इनकी भयंकरता प्रख्यात थी। ये विदेशी कभी एक भारतीय राजा के सहायक बन जाते थे, कभी दूसरे राजा के और अशान्ति वृद्धि में प्रमुख सहायक होते थे।

कृष्ण-काल में वैदिक ऋषियों द्वारा निर्णीत और संस्थापित वर्ण-व्याख्या भी शिथिल और विश्रृंखलित होने लगी थी। ब्राह्मण जो राष्ट्र शरीर का मस्तिष्क होता था और जो तप, त्याग और धर्म-साधना का पवित्र प्रतीक माना

गया था, वह ऋषि पद त्यागकर पुरोहिती करने लगा था। क्षत्रियों की अधीनता स्वीकार कर, उनके अन्नदान से पालित होकर, उनकी प्रशस्ति गाकर और उनके हेतु युद्धों में सक्रिय भाग लेकर वह अपरिग्रही, अर्थ का दासत्व स्वीकार करने लगा था। राष्ट्र की संरक्षक क्षत्रिय शक्ति अपनी वीरता घोषित करने और राज्य-लिप्सा तथा भौतिक लालसा पूर्ण करने के उद्देश्य से निर्बलों का संहार और अन्यों का उपार्जित द्रव्य अपहरण करने में अपने क्रूर अभिमान का परिचय दे रही थी। विदेशी और यवन इस देश का धन बटोरकर अन्यत्र ले जा रहे थे। श्रमिकों का अपने उपार्जन पर स्वत्व नहीं था और वह जीवन-धारणा में परमुखापेक्षी था। नारी समाज में भोग-वासना और क्रय-विक्रय की वस्तु बनती जा रही थी तथा नियोग की प्रथा मान्य थी। सारांश यह कि समाज में ऐसी कुप्रथाएँ प्रचलित हो रही थीं जो नैतिकता और संगठित शक्ति को विकृत कर रही थीं। विसंगतियों से सामाजिक-सामंजस्य असन्तुलित हो गया था।

सर्वमान्य नियम के अनुसार राष्ट्र की समृद्धि सबल संगठन और सुचारु संचालन पर निर्भर होती है। कृष्ण-काल और उसके पूर्व ही भारत में कई छोटे-बड़े राज्य स्थापित हो चुके थे, जो स्वतंत्र और निरंकुश थे। हस्तिनापुर मात्र ही संगठित और व्यवस्थित राज्य माना जाता था। मथुरा मंडल के समस्त यादव यद्यपि एक ही वंश के नहीं थे किन्तु समस्त संघों के नेता राजा उग्रसेन थे, जो अन्य नेताओं के विमर्श से गणतंत्र का संचालन करते थे। इनके अतिरिक्त मगध राज्य अवश्य शक्तिशाली था जिसका सम्राट जरासन्ध था। उसने तत्कालीन राजनीतिक स्थिति का लाभ उठाकर छोटे राज्यों को हड़प लिया था और समूचे आर्यावर्त का एकच्छत्र सम्राट बनने का स्वप्न देख रहा था। परिणामत: चेदि, अवन्तिका तथा विदर्भ आदि के बलवान चन्द्रवंशी राजकुमार उसकी उँगलियों पर नाचने लगे थे। जरासन्ध क्षत्रिय था किन्तु आर्य संस्कृति को विसर्जित कर वह आसुरी संस्कृति का प्रबल समर्थक बन गया था। मगेश जरासन्ध के एकतंत्रीय शासन का स्वरूप स्वेच्छाचारिता, निरंकुशता तथा महत्त्वाकांक्षा की अग्नियों से प्रज्वलित था जो सत्ता की पिपासा को उत्तेजित करती रहती थीं। काका कालेलकर का यह कथन, "साम्राज्य-शक्ति धर्म से परे है। व्यक्ति का पुण्य क्षय हो जाता होगा। साम्राज्य जब अपने हाथ में विजय-पताका लेकर पर्यटन करता है तब दिन के चन्द्रमा के सदृश ईश्वर भी न जाने कहाँ छिप जाता है!" जरासन्ध की साम्राज्यवादिता पर पूर्ण लागू होता है।

प्राचीन कथानुसार राजा उग्रसेन की रानी पवन रेखा एक दिन क्रीड़ा हेतु वन गई। वहाँ वह अपनी सखियों से बिछुड़ गई। एकान्त का लाभ उठाकर द्रुमिल राक्षस ने पवन रेखा का सतीत्व भ्रष्ट कर गर्भाधान कर दिया। रानी ने यह कृत सबसे गुप्त रखा। द्रुमिल के औरस से उत्पन्न पुत्र को उग्रसेन ने अपना ही पुत्र समझा। यही पुत्र 'कंस' के नाम से इतिहास में विख्यात हुआ। कंस ज्यों-ज्यों आयु ग्रहण करता गया त्यों-त्यों वीरता के साथ उसकी नृशंस और पिशाची वृत्तियाँ भी पनपती गईं। उग्रसेन तक अपने उच्छृंखल और निरंकुश पुत्र को अनुशासन में नहीं रख सके। परिणामतः जनमानस में विरोधाग्नि व क्षोभ की चिनगारियाँ उठने लगीं। जब स्थिति विस्फोटक हो गई तो मगध नरेश जरासन्ध ने अपनी चिर-अभिलाषा पूर्ण करने की नियति से उग्रसेन के पास मगध-राजचक्र में सम्मिलित होकर, मगध की अधीनता स्वीकार करने का प्रस्ताव भेज दिया।

मथुरा के समस्त यादव गणों ने इस अपमानजनक प्रस्ताव को अस्वीकृत कर दिया और युद्ध के लिए तैयारियाँ प्रारम्भ हो गईं। एक प्रश्न यह अवश्य उठा कि सेनापति का पद किसे सौंपा जाए? कुमार कंस ने समाचार मिलते ही अपनी प्रकृति के अनुसार अपने पिता से सेनाध्यक्ष बनने का प्रस्ताव किया। अन्य यादव वीर इससे सहमत नहीं हुए। विचारवान उग्रसेन ने यादव गणों को समझाया कि वे कंस के हठ का प्रतिवाद न करें क्योंकि उग्रसेन को कंस की विजय या पराजय दोनों में गणतंत्र की व्याधि का उपचार दिख रहा था।

नवयुवक कंस ने अपनी सेना समेत मगध की ओर प्रस्थान किया। जरासन्ध ने यह सोचकर कि बालक पर विजय प्राप्ति से उसके यश में कोई वृद्धि नहीं होगी और बालक से पराजय पर अपकीर्ति का परिहार असम्भव हो जाएगा, युक्तिपूर्वक कंस को आमंत्रित कर प्रस्तावित किया कि व्यर्थ रक्तपात की अपेक्षा वे दोनों गदा-युद्ध कर लें। यदि कंस हार जाए तो मथुरा गणराज्य, मगध की अधीनता स्वीकार कर लेगा अन्यथा जरासन्ध युद्ध समाप्त कर मगध वापिस चला जाएगा और कंस को पुरस्कृत करेगा। कंस ने स्वभाववश यह प्रस्ताव स्वीकार कर लिया। कंस और जरासन्ध के गदा-युद्ध में कंस विजयी तो नहीं हुआ पर जरासन्ध उसे पराजित भी नहीं कर सका। कंस के युद्ध कौशल, साहस और शौर्य से प्रसन्न होकर जरासन्ध ने कंस को 'मथुरेश' की उपाधि देकर मुग्ध किया और अपनी दो पुत्रियों का हर्ष और धूमधाम से कंस से विवाह कर दिया। जरासन्ध ने कंस को भविष्य में

सहायता का आश्वासन और राज्यासीन होने का परामर्श देकर अपना आज्ञावर्ती बना लिया। कृष्णायन के कवि ने संकेतपूर्ण शब्दों में इस प्रकरण का सटीक वर्णन किया है—

''दुहितन संग दीन्ही बिदा, कंसहि मुदित मगेश।
दीन्हे प्रचुर दहेज संग, पापपूर्ण उपदेश॥''

उग्रसेन और यादव गणों ने समझा विपत्ति टल गई परन्तु आपत्ति के बादल अन्यत्र घनत्व धारण कर रहे थे। जो पापपूर्ण उपदेश कंस ने प्राप्त किए थे उनके प्रतिफल मथुरा में प्रगट होने लगे थे—

''कंस धनी, अनुचर धनी, भोगहिं भोग विशाल।
क्षुधित अकिंचन ग्राम जन, विचरत जनु कंकाल॥''

(कृष्णायन 1-21)

मगधेश ने कूटनीति का आश्रय ले, मथुरेश को अपनी बाहु बना साम्राज्यवाद का पूर्ण भक्त बना दिया। यादव संघ में फूट का बीज पनपाकर मगधपति ने अपनी साम्राज्यवादी महत्त्वाकांक्षा पूर्ण करने का उद्योग चलाया। कंस ने पिता उग्रसेन को बंदी-गृह में डाल, शासन की बागडोर अपने हाथ में ले, विधर्मियों और विजातियों की मंत्रणा से, स्वेच्छाचारिता और निरंकुशता का ऐसा व्यापार चलाया कि प्रजावर्ग त्राहि-त्राहि कर उठा।

कंस के त्रास से अनेक यादवगण मथुरा मंडल को छोड़कर अन्यत्र बसने लगे। उनके रिक्त स्थानों की पूर्ति कंस ने जरासन्ध के विश्वासपात्र सेवकों और धेनुक, प्रसम्ब, वृषभ, केशि आदि विधर्मियों द्वारा कर अपने को सुरक्षित करने का प्रयास किया। इन व्यक्तियों को राजाश्रय की प्राप्ति संघजीवी यादवों को अरुचिकर व क्षोभणीय लगी तथा वे संघ और स्वतः की सुरक्षा और आपत्ति-विमोचन हेतु गुप्त-मंत्रणाएँ करने लगे। राजवंशी होने के कारण कंस इतना तो जानता ही था कि वंशाग्नि विध्वंसकारक होती है। अतएव उसने वृष्णि वंश के एक प्रमुख नायक अक्रूर को बुलाकर उनसे अभ्यर्थना की, कि वे उसकी चचेरी बहिन देवक-पुत्री देवकी का विवाह वृष्णिवंशी वसुदेव से करा दें। श्वफलक-पुत्र अक्रूर ने वसुदेव पर दबाव डालकर विवाह की स्वीकृति प्राप्त कर ली। वसुदेव-देवकी का विवाह धूमधाम से सम्पन्न हुआ। कंस ने अपना प्रेम और उत्साह प्रदर्शित करने के लिए सारथी बनकर देवकी और वसुदेव का रथ ससुराल पथ पर हाँका। तभी अन्तरिक्ष से ध्वनि हुई या किसी विरोधी ने अपरोक्ष रूप से घोषित किया कि मूर्ख कंस तू जिसे इतना आदर और प्रेम दे रहा है, उसी का आठवाँ पुत्र तेरा घातक होगा।

जो आकाशवाणी जैसे अप्रत्यक्ष संकेतों पर अविश्वास करते हैं उनका समाधान 'हरिवंश' कर देता है। हरिवंश-पुराण में वर्णित है कि नारद मुनि ने देवकी विवाह के कुछ काल पश्चात् कंस को देवताओं की गुप्त मंत्रणा की चर्चा करते हुए अवगत कराया कि देवकी का आठवाँ गर्भ उसकी मृत्यु का कारण होगा—

"तत्रेषा देवकी याते मथुरायां लघुस्वसा
योऽस्यां गर्भोऽष्टमः कंससते मृत्यु भविष्यति।"

कुटिल कंस ने देवकी का प्राणान्त करने के लिए तलवार खींच ली तब धैर्यवान वसुदेव ने कंस से निवेदन किया, "सौम्य! आपको जो भय है वह तो इसके पुत्रों से है, न कि स्वयं देवकी से। इस कारण आपके भय का निवारण करने के लिए मैं प्रतिज्ञा करता हूँ कि देवकी के जो सन्तान होगी, वह तुरन्त ही मैं आपको सौंप दूँगा।"

कंस जानता था कि वसुदेव मिथ्या-भाषण नहीं करते अतः देवकी को जीवनदान दे वसुदेव और देवकी के निवास पर पहरा बिठा दिया। कंस ने अपने कुटिल मित्र समाज को आज्ञा दी कि वे देवकी के गर्भस्थ बालकों का पता लगाते रहें और उनके जन्मते ही उनके विनाश का प्रबन्ध करें।

सत्यवादी पुरुष अपने अभिवचनों की रक्षा के निमित्त बड़े-से-बड़ा कष्ट सहने और महानतम त्याग करने को तत्पर रहते हैं। वसुदेव ने अपने प्रथम पुत्र को स्वयं ले जाकर कंस को अर्पित कर दिया। कंस ने वसुदेव की निर्भीकता और निर्लिप्तता देख हँसते हुए नवजात शिशु उन्हें वापिस लौटा दिया। कंस के पापों का घड़ा शीघ्र भरे इस कारण नारद मुनि की सलाह पर कंस ने उस बालक को वापिस मँगाया और उसका हनन करवा दिया। इस तरह कंस ने देवकी के प्रत्येक गर्भाधान पर क्रौर्यपूर्ण अभिनय का भयानक प्रदर्शन आरम्भ कर दिया और अपनी मानसिक तुष्टि की बलिवेदी पर देवकी के लगातार छह पुत्रों का बलिदान कर दिया।

जनता में इस जघन्यता का परिणाम तिरस्कार और घृणा के रूप में जाग्रत् हुआ। जनता के सम्मुख मात्र वसुदेव-देवकी पुत्रों की समस्या नहीं थी। दानव बने कंस के कारण मथुरावासी समस्त मानव-पुत्रों के भावी जीवन को लेकर चिन्तित थे। कंस के किसी अंश तक समर्थक अक्रूर भी उसके विरोध में सोचने को बाध्य हुए। अधिकांश अन्धक व भोजवंशी यादव कंस के विनाश के यत्न सोचने लगे। जनमत कंस के विपरीत हो गया और प्रजा वर्ग के अन्तस् में गुप्त क्रान्ति की ज्वालाएँ प्रज्वलित होने लगीं।

देवकी सातवीं बार गर्भवती हुईं और दुखान्त भविष्य से व्याकुल हो गर्भपात पर उतारू हो गईं। क्रान्ति समर्थकों ने किसी भी प्रकार देवकी की इस सन्तान को सुरक्षित कर जीवित रखने की योजना बना डाली। वसुदेव की अन्य आठ पत्नियों में रोहिणी भी थीं। यमुना पार गोकुल निवासी गोप गणों के नायक नन्द और उनकी पत्नी यशोदा राजा कंस का कर चुकाने आदि कार्यों से मथुरा आते-जाते थे। वसुदेव और नन्द पूर्व से ही मित्र थे। क्रान्तिकारियों ने नन्द को इस बात पर सहमत कर लिया कि वे वसुदेव भार्या रोहिणी को अपने संरक्षण में गोकुल में रखें। यथा रोहिणी गोकुल में यशोदा के साथ रहने चली गईं। उनके गोकुल निवास पर किसी को कोई सन्देह भी नहीं हुआ। इधर मथुरा में देवकी के गर्भपात की चर्चा गरम थी जिस पर कंस को भी कोई आपत्ति नहीं थी। क्रान्तिकारियों ने ऐसा नहीं होने दिया। देवकी के सातवें बालक के जन्म पर उसे अत्यन्त गुप्त रखते हुए कारागृह के बाहर गोकुल भिजवा दिया तथा यह घोषित और प्रचारित करा दिया कि देवकी का गर्भपात हो गया। कंस को सातवीं सन्तान के अकाल अन्त पर सन्तोष ही हुआ। यादव गणों की एक अभिसन्धि सफल हुई।

कालोपरान्त देवकी ने अष्टम् गर्भ धारण किया। योगवश उसी समय यशोदा भी गर्भवती थीं—

''नन्द गोपस्य भार्ये का वसुदेवस्य चापरा।
तुल्य कालंच गर्भिव्यौ यशोदा देवकी तथा॥'' (हरि 2-12)

भगवान के ज्योर्तिमय अंश को धारण कर देवकी कान्तिवान और प्रसन्न-वदना हो गई। कंस ने जब उसे देखा तो उसे आभास हुआ कि उसके प्राणों का ग्राहक इसी गर्भ में पल रहा है,

''आहैष में प्राण हरो हर्रिगुहाँ ध्रवंश्रितो यत्न पुस्ये मीदृशी'' कंस ने देवकी और वसुदेव को घर से निकाल कारागृह में बन्द कर दिया और अपने विश्वस्त व निर्दयी रक्षक नियुक्त कर दिए जो क्षण-क्षण की सूचना उसे देते रहें।

दूसरी ओर प्रजा की क्रान्ति भी गतिशील थी। उसका प्रथम-चरण बलराम की रक्षा में सफल हो चुका था। वे सचेष्ट थे और उनकी योजनाओं का किंचित् आभास भी कंस को नहीं हुआ। षड्यंत्र की सफलता उसकी गुप्त साधना पर ही अवलम्बित रहती है। इसी कारण यादवों की गुप्त मंडली बड़ी सतर्कतापूर्वक अपना कार्य सम्पन्न कर रही थी जिसमें प्रमुख यादवगण

कार्यरत थे। अनेक विचारक और लेखक इस कथा से असहमत भी हैं। वे बलराम को रोहिणी पुत्र ही मानते हैं—

"सन्तत मम सान्निध्य-प्रिय, शेष धारि नर-देह
प्रकटे रोहणि-गर्भ ते, प्रथमहि व्रज नन्द-गेह।
करि व्यतीत शैशव सुखद, अग्रज साथ सप्रीति
मिलिहों मधुपुर आय पुनि, त्यागहु उर भ्रम-भीति॥" (कृष्णायन)

कृष्ण-जन्म

भाद्रपक्ष की अष्टमी की घनीभूत अर्धरात्रि थी और दिशाएँ तमोग्रस्त थीं। ऋतु, मास, तिथि और प्रहर मानवता के उद्धार करनेवाले शुभ्रातिशुभ्र ज्योतिपुंज के उदित होने की सूचना दे रहे थे क्योंकि रात्रि की कालिमा में ही प्रकाश गर्भस्थ होता है। रोहिणी नक्षत्र के अभिजित योग मुहूर्त में, कंस—कारा की काल-कोठरी अलौकिक ज्योतिपुंज से दीप्तिमान हो उठी—

"गगन-घटा गरजत घिरि आई
धरणि बाल रोदन ध्वनि छाई
तड़कि-तड़कि उत नभ तड़ित, भरेउ अखंड-प्रकाश
इत महितल शिशु शशि-वदन, कीन्हेउ निशि तम नाश॥"

(कृष्णायन)

वसुदेव चिन्ता-सागर में डूबे हुए थे। उसी समय उनका अन्तर्ज्ञान जागा और उसी समय देवकी ने वसुदेव को सचेत किया कि वे तुरन्त ही नवजात को यशोदा के घर पहुँचा दें। मथुरावासियों की गुप्त योजना का बालक को कारागृह से बाहर निकाल अन्यत्र पहुँचाने का यह प्रथम उपक्रम था। वसुदेव की बेड़ियाँ और बन्दीगृह के कपाट खुल गए। बादल गरज रहे थे और प्रहरी बेसुध थे। नन्द और यशोदा यमुना तट पर अपने आवास में ठहरे हुए थे। संयोगवश यशोदा और देवकी दोनों की प्रसूति भी एक ही रात्रि को हुई—

"तस्मिन यशोदापि मोहिता योग निद्रया।
तामेव कन्या मैत्रेय प्रसूता मोहितेजने॥"

त्वरित गति से पुत्र-वत्सल वसुदेव सीधे नन्द आवास पहुँचे और नवजातों की अदला-बदली कर कारावास आ गए।

बालिका देवकी को सौंप दी गई। वसुदेव की बेड़ियाँ पहना दी गईं और कारागृह के द्वार बन्द हो गए। तदनन्तर बालिका के दीर्घ रुदन को सुनकर

प्रहरियों की तन्द्रा भंग हुई और सन्तानोत्पत्ति का संवाद कंस तक पहुँचा। कंस तत्काल बन्दीगृह पहुँचा। बालिका को अपने कम्पित करों में लेकर देवकी ने कंस से विनय की—

'मेरे हितैषी भाई, तुमने मेरे बहुत से तेजस्वी बालक मार डाले। यह तो पुत्र नहीं, निर्बल मृतप्राय कन्या है। इसे बचने दो, मैं तुम्हारी अति दीन छोटी बहिन हूँ।' कंस ने क्रूरतापूर्वक कन्या छीन ली और शिला पर पटकने हेतु हाथ उठाया किन्तु वह अधर में ही उसके हाथ से छिटककर लोप हो गई तथा अज्ञात दिशा से ध्वनि उठी—

''रे मूर्ख! तुझे क्या मिला? तेरा जीवन-शत्रु तो अन्यत्र पैदा हो चुका है। अब तू व्यर्थ निर्दोष बालकों की हत्या न कर।'' यह विचित्रता देख और अपने प्रयोजन को विफल होते देख कंस हतप्रभ, खिन्न और दीन रह गया।

उपर्युक्त कथा में काव्य-कला, अतिशयोक्ति और चमत्कारों का गुम्फन है। कुछ विद्वान सन्देह करते हैं कि वसुदेव और कारागृह के द्वार उन्मुक्त कैसे हुए? गोकुल मथुरा से यथेष्ट दूरी पर है फिर चन्द ही प्रहरों में वहाँ तक आना-जाना कैसे सम्भव है? पहिली शंका का समाधान मथुरा के क्रान्तिकारी दल की गतिविधियों से प्राप्त किया जा सकता है। उनकी कारागृह रक्षकों से मैत्री, यथासमय रक्षकों को अति मदिरापान या नशीली वस्तु का सेवन कराना और उन्हीं की तालियों से द्वार और हथकड़ी खोलना गुप्त उपक्रमों में निहित रहे होंगे। दूसरी शंका शिशु परिवर्तन की है। वस्तुतः हरिवंश और विष्णु-पुराण से भी यह प्रमाणित होता है कि उस ऐतिहासिक रात्रि को नन्द और यशोदा मथुरा में ही थे। 'कंस-योगमाया' कांड की समाप्ति और कारा से मुक्त हो वसुदेव तुरन्त ही नन्द के आवास पर पहुँचे और उनसे मंगलवाणी में बोले—

''यदर्थ मागताः कार्यं तन्निष्यत्रं किमायस्ते।
भ्वद्रिर्गम्यतां नन्द तच्छीघ्रं निज गोकुलम॥
ममामि बालकस्तत्र रोहिणी प्रभवोहियः।
स रक्षणीयो भवता यथाथं तनयो निजः॥''

...अतः हे नन्द जी, आप लोग शीघ्र ही गोकुल को जाइए। वहाँ रोहिणी से उत्पन्न मेरा पुत्र है, उसकी भी आप उसी तरह रक्षा करें जैसे अपने बालक की...।

ऐसे अनेक उल्लेखों से स्पष्ट हो जाता है कि कृष्ण जन्म के समय नन्द और यशोदा मथुरा में ही थे और वसुदेव के आग्रह पर ही उसी रात्रि के चतुर्थ

प्रहर ब्रज चले गए तथा किसी को इस तथ्य का पता ही नहीं चला। बालिका योगमाया भी कंस के हाथ से छिटककर अन्यत्र गिरी होगी और गुप्त मंडली ने उसे बचाकर उसका लालन-पालन किया होगा। कंस घबराहट, भय और व्याकुलता के बीच उसे लक्ष्यहीन कर गया होगा। कन्या के जीवित रहने और पालन का संकेत हरिवंश और ब्रह्मवैवर्त पुराण में पाया जाता है—

"सा कन्या ववृद्धे तत्र वृष्णि संघ सुपूजिता।
पुत्रवत् पाल्यमाना सा वसुदेवाज्ञया तदा॥"

किसी भी विशेष और वृहद् कार्य की सिद्धि का केवल एक ही कारण या प्रयोजन नहीं होता। इसी न्याय से चाहे वह अनादिकाल की अखंड और अदृश्य कला के फलस्वरूप हो और चाहे युग की आवश्यकता को पूर्ण करने के निमित्त हो, यह निश्चित है कि द्वापर के अन्तिम चरण में उस दिव्य ज्योति का आविर्भाव हुआ जिसने संसार पर छाए निविड़ तम को चीर, सौम्य प्रकाश से धरा को आलोकित और चमत्कृत किया। लौकिक शब्दावली में यदि कोई सार्थक नाम उस प्रकाश को दिया जा सकता है तो वह है अन्धकार में पूर्ण प्रकाश देनेवाला शब्द—कृष्णचन्द्र!

नन्द और यशोदा के नवजात शिशु सहित ब्रज में पहुँचते ही, सम्पूर्ण ब्रज हर्ष और उत्साह में डूब गया क्योंकि वहाँ के निवासियों को यह अवसर विशेष आकर्षण का था। इसका कारण उनके सर्वमान्य नायक नन्दराय को चौथेपन में प्राप्त प्रथम पुत्र रत्न था। कामदेव को शारीरिक सौन्दर्य का प्रतीक माना जाता है। भागवत्कार ने लिखा है कि कृष्ण के रूप-सौन्दर्य पर सैकड़ों कामदेव न्योछावर थे। ध्यान योगियों ने इस अलौकिक सौन्दर्य का संकेत "साक्षात् मन्मथ मन्मथ:" कहकर दिया है। इसी ईश्वरीय रूप की कल्पना में कवि विद्यापति ने कहा है—

'जनम जनम तव
रूप निहारल
नयन न तिरपत भेल'

पौराणिक साहित्य में ईश्वरांशी या महान पुरुषों में से अधिकांश श्याम वर्ण के माने गए हैं। त्रिगुणात्मक प्रकृति में भी सत्—श्वेत, रज—लाल और तम—काला माना गया है। वैज्ञानिक आधार पर श्वेत रंग सात रंगों का मिश्रण है और श्वेत रंग के भौतिक-पृथक्करण की सप्तरंग छटा का प्रथम रंग हल्का बैंगनी है। यही आभा 'श्याम-सुन्दर' की थी। निरभ्र आकाश का रंग उसकी छाया से जाना जाता है। आकाश की जो छाया सागर के जल में पड़ती है तथा

जो क्षितिज के निकट उच्च तुंगधारी पर्वतों की चोटी पर दृष्टिगत होती है, वह आभा नीलवर्णी होती है। इसी कारण नील रंग अनादि, अनन्त, गम्भीरता और उच्चता का प्रतिपादक माना जाता है। कृष्ण के सौन्दर्य को 'गगन सदृशं मेघ वर्णं', नीरद कान्तिम् तथा नीरदा भास की संज्ञाएँ भी इसी कारण प्रदान की गई हैं।

यह रूपश्री ब्रज-वनिताओं के लिए विशेष आकर्षण का केन्द्र थी और अल्पकाल में ही यशोदा की निधि, समस्त ब्रज की सर्वप्रियदर्शी, समानाधिकारी कोष में परिणत होकर 'ब्रजनन्दन' के नाम से विख्यात हो गई। कंस के भय और आचार्य गर्ग के परामर्श पर नन्द ने गुप्त रूप से दोनों बालकों का नामकरण कराया। यदुवंश के आचार्य गर्ग ने रोहिणी पुत्र का नाम 'संकर्षण या बलराम' और यशोदा पुत्र का नाम 'कृष्ण' उच्चारित किया। संकर्षण और कृष्ण दोनों नाम समानार्थी हैं। दोनों का अर्थ आकर्षण करनेवाला है। किन्तु महर्षि वेद व्यास ने कृष्ण की व्युत्पत्ति और व्याख्या करते हुए कहा है—

"कृषिर्भूवाचक: शब्दोण्श्च निर्वृत्ति वाचक:
विष्णु स्तद्भव योगाश्च कृष्णो भवति शाश्वत:।"

यथा 'कृष' नाम सत्ता का है और 'ण' आनन्द वाचक है। सत्ता और आनन्द का सनातन योग 'कृष्ण' कहलाया।

गोकुल से गुरुकुल

बाल्यकाल

कृष्ण का बाल्यकाल उनकी कीर्तिगाथा का प्रथम स्वर्णिम अध्याय है। वृन्दावन से मथुरा जाकर कंस को पराजित करने के पूर्व तक बालकृष्ण के रूप में बिताया उनका बचपन विचित्र घटनाओं, मनोरम प्रसंगों तथा साहसी कृत्यों से पूर्ण है। जिस समय गोकुल में आनन्द और प्रमोद के बीच कृष्ण अपनी लीलाओं से सबको चमत्कृत कर रहे थे उसी समय मथुरा में कंस अपने दुर्भाग्य की चिन्ता-ज्वाला में दग्ध हो रहा था। कंस को उसके परामर्शदाताओं ने राय दी कि जहाँ कहीं पर भी शिशु पाए जाएँ उनका वध कर दिया जाए। इस कार्य को करने के लिए पूतना नामक स्त्री को चुना गया और उसने सहर्ष इस कार्य को पूरा करने का बीड़ा उठाया।

पूतना कौन थी ? इस पर अनेक मत हैं। एक मत के अनुसार, 'पूतना' छोटे बालकों को होनेवाला एक घातक रोग था। हरिवंश में एक स्थान पर पूतना को एक पक्षी माना गया है और दूसरे स्थान पर स्पष्ट रूप से, "पूतना दैत्य दारिकाम्" द्वारा उल्लेख करके उसे शिशु-हन्ता क्रूर राक्षसी के रूप में चित्रित किया गया है। अपने प्रयोजन की सिद्धि हेतु अपने स्तनों पर तीव्र विष का लेप कर पूतना रात्रि में सोते हुए कृष्ण तक पहुँची तथा उनकी निद्रा भंग कर स्तन पान कराने की चेष्टा करने लगी। निद्रा भंग की क्षुब्धता से क्रोधवश कृष्ण ने पूतना के स्तन को गहरा नोंच डाला, परिणामस्वरूप विष कटे हुए स्तन-भाग से पूतना के शरीर में प्रवेश कर गया और वह बेसुध होकर गिर पड़ी तथा उसका प्राणान्त हो गया। पूतना के गिरने की आवाज से यशोदा आदि जाग गए और सबने एक मृत स्त्री की गोद में पड़े कृष्ण को किलकारियाँ लेते हुए देखा। सबने इसे चमत्कार माना। पूतना के स्तन की विदीर्णता को हरिवंश ने भी प्रमाणित किया है और स्पष्ट रूप से उद्धृत किया है कि, "उस पक्षिणी का

(जो कदाचित् नारी रूप में थी) स्तन छिन्न हो गया और वह घोर चीत्कार करती हुई पृथ्वी पर गिर पड़ी।"

"छिन्न स्तनी तु सहसा पपात शकुनी भुवि"

—हरिवंश पुराण

आरम्भ से ही कृष्ण अपने समवयस्कों की अपेक्षा नटखटी थे। उनकी निर्भीकता और उनकी बाल-क्रीड़ाएँ उन आश्चर्यजनक कार्यों की द्योतक थीं जो उन्हें वयस्क होकर सम्पन्न करने पड़े। गोपों का मुख्य व्यवसाय गोपालन तथा दूध-दही का व्यापार था। कृष्ण अपने बन्धु और सखाओं सहित मक्खन और दही चट कर डालते, बन्दरों को खिला देते या इधर-उधर बिखरा देते थे। यदि यह सब उत्पात करने का मौका घर पर न मिलता तो पड़ोसियों के सूने घरों में जाकर करते और बालोचित सरलता से किलकारियाँ दे कूदने लगते।

जब उन्हें परायों के यहाँ घुसकर उत्पात करने से बरजा जाता तो वे उत्तर देते थे कि वह घर भी तो उनका ही है। प्रताड़ित किए जाने पर रोनी सूरत बनाकर भाग जाते तब अन्य गोपियाँ उन्हें मनाकर या फुसलाकर वापिस ले आतीं। ब्रज-ललनाएँ बालकृष्ण के चापल्य, सरसता और रूप-छवि पर न्योछावर थीं तथा कृष्ण की लम्बी अनुपस्थिति पर स्वयं उन्हें माखन के लिए आमंत्रित कर आती थीं। कृष्ण अब अकेली यशोदा के लाल नहीं थे अपितु सम्पूर्ण ब्रज के 'गोपीलाल' बन चुके थे। सम्पूर्ण ब्रज अब कृष्ण का परिवार बन गया था और समस्त गोप समाज के हृदय में उन्होंने अपना विशिष्ट स्थान बना लिया था। बालकृष्ण की रमणीयता का अत्यन्त मधुर वर्णन महाराष्ट्र के प्रसिद्ध भक्त कवि अनन्त जी ने 'गोपी-गीत' काव्य में किया है। कृष्ण ने बाल्यावस्था से ही अपनी अद्भुत शक्ति का प्रदर्शन प्रारम्भ कर दिया था। इसी समय कंस के भेजे हुए राक्षस बहुधा गोप गणों को आतंकित करने लगे थे। कंस के प्रयत्न तो विफल होते गए परन्तु गोकुल में सहसा गोभक्षी भेड़ियों का उत्पात बहुत अधिक बढ़ गया। इन उपद्रवों से भयभीत गोप समाज ने अन्य सुरक्षित स्थान में वास करना उचित समझा। एकमत से सब लोग दूसरे महावन में चले गए जिसे वृन्दावन कहते हैं। वृन्दावन में प्रवेश कर गोप मंडली ने अपने तथा गोधन के लिए सुयोग्य आवास निर्मित कर लिये और सुख-शान्ति से वहाँ रहने लगे।

कुछ काल के पश्चात् बलराम और कृष्ण गोचारक बनने योग्य हो गए। पौगंड अवस्था प्राप्त कर लेने पर श्रीकृष्ण की अनुनय-विनय पर और बलभद्र

के आश्वासन पर उन्हें धेनु चराने की अनुमति मिल गई। वन की श्री शोभा देखकर गोपाल प्रसन्न हुए तथा स्वतंत्रता का वायुमंडल उनके हृदय में स्फूर्ति भरने लगा। बृन्दावन की भूमि बलराम व कृष्ण के चरण-चिह्नों से पवित्र होने लगी। आमोद-प्रमोद के बीच जब किसी हिंसक प्राणी या पशु-पक्षी से भेंट होती तो कृष्ण-बलराम आपत्तियों के निवारण का दायित्व धारण कर मित्रों को सुरक्षित करते थे। एक बार एक वृहताकार बगुले ने गोपगणों को चपेटा तो कृष्ण ने उस 'बकासुर' को ठंडा कर दिया। एक जंगली साँड़ ने इनके डाँगर को सताना प्रारम्भ किया तो बलराम ने उस 'वत्सासुर' को समाप्त कर दिया। इसी तरह प्रपंची 'अघासुर' ने भी अपने प्राण खोए। इन निर्भीक और बलशाली कार्यों से सब छोटे-बड़े ग्वाल अनुगृहीत हो कृष्ण के दास हो गए परन्तु कृष्ण ने अपने सखा-भाव में कभी अन्तर नहीं आने दिया। दिन-प्रतिदिन उनकी लोकप्रियता बढ़ती गई और साथ-साथ कंस द्वारा भेजे गए उपद्रवकारियों का निधन भी होता गया।

गोप मंडली में किसी को यह पता नहीं था कि उनके ये दोनों साथी किसी राजवंश के भूषण हैं। कृष्ण ने भी अपने आचरण व व्यवहार से यह शंका भी उत्पन्न नहीं होने दी कि वे गोपवंशी न होकर कोई अन्य वंश के हैं। उनका रहन-सहन, भोजन व आच्छादन गोप बालकों जैसा ही होता था। कृष्ण अपने साथियों से इतने घुल-मिल गए थे कि वे और उनके मित्रगण अभिन्न हो गए थे। कृष्ण का रंग-रूप उनकी बढ़ती हुई अवस्था के अनुसार निखरता जा रहा था। उन्होंने अब बाँसुरी बजाना भी आरम्भ कर दिया था। इसका प्रारम्भ सखाओं तथा गौ-धन को एकत्रित करने की टेर के रूप में हुआ था किन्तु धीरे-धीरे कृष्ण मुरलीवादन में पारंगत होते गए और 'मुरलीधर' के नाम से विख्यात हुए। पौराणिक काल से आज तक 'मयूरपंखी मुकुट' और 'मुरली' कृष्ण के प्रतीक माने जाते हैं। इनके बिना उनकी गोपाल-मूर्ति की कल्पना ही नहीं की जा सकती। भागवतकार ने कृष्ण की मुरली के माधुर्य की अभिव्यंजना इस प्रकार की है—

''जब कृष्ण अपनी मुनि-जन-मोहिनी मुरली बजाते तब मोर मतवाले होकर यह समझकर नाचने लगते कि श्याम मेघ ही मन्द-मन्द गरज रहा है। मोरों का नृत्य देख पर्वत की चोटियों पर विचरनेवाले सभी पशु-पक्षी चुपचाप शान्त होकर खड़े रह जाते और मूढ़ हिरनियाँ वंशी की तान को सुनकर कृष्णसार मृगों के साथ नन्द-नन्दन के पास चली जातीं और अपनी प्रेम भरी बड़ी-बड़ी आँखों से उन्हें निरखने लगतीं..., इस त्रिभुवन-मोहन संगीत को

सुनकर नदियों के भँवर शान्त हो जाते और उनका प्रवाह रुक जाता, मानो अपने तरंग-रूपी हाथों से कृष्ण के चरणों पर फूल चढ़ाने के लिए वे आकुल हो रही हों।'' नाद और संगीत वैदिक काल से ही प्रचलित हैं। इसका प्रभाव जन-मानस और पशु-पक्षियों पर ही नहीं अपितु प्रकृति पर भी पड़ता है। प्रसिद्ध आंग्ल कवि कानग्रेव ने लिखा भी है—''संगीत में वह जादू है जो चट्टानों को कोमल बना देता है और गठीले ओक वृक्ष को भी झुका देता है।'' शेक्सपियर ने भी 'अष्टम हेनरी' में वंशीवादक 'आरफियस' का पात्र रचा है जिसकी वंशी सुनकर, ''वृक्ष और हिमाच्छादित गिरि-शिखर भी मस्तक झुका देते थे।'' यद्यपि कृष्ण की मुरली-गाथा अतीत की कथा हो गई है किन्तु वह आज भी भक्तों व समाधिस्थ योगियों की साधना व आत्म-कल्याण का कारण बनी हुई है। कृष्णायनकार ने यही भावना व्यक्त करते हुए लिखा है—

''बाजी जो ब्रज बाँसुरी, अजर जदपि प्राचीन,
भक्त श्रवण आजहु सुनत, युग-संगीत नवीन।''

कंस वध के पूर्व की दो विशिष्ट घटनाओं को रेखांकित करना अनुपयुक्त नहीं होगा क्योंकि ये घटनाएँ भी कृष्ण के बाल्यकाल की कीर्तिगाथा को प्रस्तुत करती हैं। पहिली घटना 'कालिय-दमन' की है। एक दिन अपराह्न के विश्राम के उपरान्त 'मांडीर वट' बरगद की घनी छाया त्यागकर भ्रमण करते हुए कृष्ण यमुना के एक वृहद् जलकुंड के पास पहुँचे जो प्राणियों और पशु-पक्षियों आदि से शून्य था तथा अपने आकार से भय उत्पन्न करता था। वृद्ध गोपों से कृष्ण को यह ज्ञात हुआ कि भयंकर व दुष्ट कालिय नाग वहाँ निवास करता है और उसी के भय से वह स्थान प्राणी-शून्य हो गया है और वहाँ का जल अपेय हो गया है। यह कालिय नाग या तो समुद्र-तट-वासी था जो किसी कारण अपना स्थान त्यागकर यमुना-कूल पर आ गया है या मथुरापति कंस की आज्ञानुसार वहाँ रहने लगा है। परिणामस्वरूप उस वन्यभूमि पर गोपालकों के स्वतंत्र विचरण और गोचारण में अतीव बाधा पड़ती थी। इस आतंक से मुक्ति का मार्ग भी उन्हें नहीं सूझता था। कृष्ण ने सब बातें सुनकर मन ही मन अपनी योजना गढ़ ली और दूसरे दिन एक गेंद का बहाना लेकर धड़ाम से उस दह में कूद पड़े। संगी-साथी सब अवाक् रह गए। इसकी सूचना ब्रज में पहुँचते ही नन्द, यशोदा और अन्य गोपगण तथा महिलाएँ अत्यन्त व्यग्र होकर वहाँ पहुँचे। उस समय ऐसा प्रतीत हो रहा था मानो नन्द और यशोदा का ही नहीं प्रत्युत हर एक का बालक मृत्यु

के चंगुल में फँस गया हो। आन्तरिक दुख व नैराश्य से उपस्थित समुदाय उसी कुंड में गिरकर प्राण देने को उद्यत हो गया। तब बलराम ने उन्हें सान्त्वना दी कि कोई भी जीवधारी कृष्ण का बाल भी बाँका नहीं कर सकता तथा अँगुली के संकेत से दह की ओर देखने को कहा। वहाँ कालिय के मस्तक पर पैर रखे कृष्ण उसके शरीर को कुचल रहे थे। सब नेत्र मूँदकर परमात्मा से कृष्ण की प्राण-रक्षा की भिक्षा माँगने लगे। थोड़ी ही देर में नाग का दर्प नष्ट कर और उसे अन्य स्थान में जाने का आदेश दे कृष्ण सहज रूप से उस कुंड से बाहर आ गए। सब गोप जनों ने हर्षित नन्द से कहा, ''धन्योऽस्यनु गृहीतोऽसि यस्य ते पुत्र ई दृश:''

इस प्रसंग पर श्री बंकिमचन्द्र चटर्जी के विचार मननीय हैं। उनके मतानुसार, (1) यदि कालिय को केवल विषधर माना जाए तो उसे रौंदकर मृतप्राय करने की अद्‌भुत कला का आविष्कारक कृष्ण को माना जाएगा। परन्तु इस नाग की स्त्रियों की चर्चा भी पुराणों में है। अतएव यह मानना अधिक तर्कसंगत है कि वह नाग जाति का कोई बलिष्ठ योद्धा था जो यमुना के कूलों में रहकर आसपास के क्षेत्र में आतंक जमाए था। उसे परास्त कर कृष्ण ने उसे अपने मूल निवास पर जाने को बाध्य किया। (2) कल-कल शब्द कर बहनेवाली कृष्ण सलिला कालिन्दी ही 'काली काल नदी' है जिसके भँवर बड़े भयंकर हैं। हम जिन्हें दु:समय या विपत्तिकाल कहते हैं, वे इसी काल नदी के भँवर हैं। इन भँवरों में बड़े-बड़े भयंकर व विषैले शत्रु सर्पों की तरह छिपकर रहते हैं। आधिभौतिक, आध्यात्मिक और आधिदैविक यही उसके तीन फन हैं अथवा यों समझिए कि हमारी पाँचों इन्द्रियाँ ही पाँच फन हैं क्योंकि यही सब अनर्थों की जड़ हैं। त्रिपद के गहरे भँवर में इस भुजंग के फेर में पड़ जाने पर जगदीश्वर के पाद-पद्‌म के सिवाय हमारा उद्धार करनेवाला और कोई नहीं है। ईश्वर ही कृपा कर विषधर को पददलित करता है और मनोहर मूर्ति धारण कर अभय की वंशी बजाता है। उसकी वंशी सुन आशा का संचार होता है और जीव सुख से संसार के कामों में लग जाता है तथा काल नदी का जल स्वच्छ हो जाता है। पुराणकारों की यह अपूर्व सृष्टि और ऐसी मूर्ति बनाकर जो पूजेगा उसे मूर्तिपूजक कहकर भला कौन हँस सकता है?

इस तरह अन्याय, अधर्म और बलदर्प से आतंक फैलानेवाले समाज विरोधी तत्त्वों का निष्कासन करने का जो दुर्धर्ष उद्योग श्रीकृष्ण ने किया और उसके सम्पादन में जिस साहस, पराक्रम व धैर्य का परिचय दिया उसके

कारण समस्त ब्रज-मंडल उनको अपना एकमात्र संरक्षक मानने लगा और वे ब्रजवासियों के प्रेम-भाजन ही नहीं अपितु विश्वास व श्रद्धा-भाजन हो गए।

दूसरी घटना गोवर्धन पर्वत को उठाने की है। मैक्समूलर ने लिखा है, "जब हम कहते हैं कि गर्जना हो रही है तब उसी बात को वैदिक ऋषि कहते हैं 'इन्द्र गर्जना करता है' जब हम कहते हैं कि वृष्टि हो रही है तब वे कहते हैं 'परजन्य' अपने पात्र खाली कर रहा है। वैदिक ऋषि सम्पूर्ण प्रकृति के द्रष्टा थे। प्रत्येक स्थान पर उन्हें देवताओं का भास होता था। उनकी धार्मिकता की वृद्धि इसी धारणा पर पनपी कि सब ठौर देवताओं का अस्तित्व होने से वे गुप्त से गुप्त पापकर्म के साक्षी रहते हैं। इस कारण जो कार्य मनुष्यों की उपस्थिति में करना लज्जाजनक है, वह मनुष्यों की अनुपस्थिति परन्तु देवताओं की उपस्थिति में उनकी दिव्य दृष्टि के सम्मुख कैसे किया जा सकता है!"

नभ गर्जन को इन्द्र की गर्जना कहकर वैदिक ऋषियों ने उसमें वीरत्व का आरोप भी कर दिया। इन्द्र मान्यताप्राप्त देवताओं में प्रमुख थे और उनकी आराधना के निम्न मंत्र थे—

'त्रातारम् इन्द्रम अवितारम् इन्द्रम
हवे हवे सुहवं सूरम इन्द्रम
व्हामि शक्रं पुरुहूतम इन्द्रम
स्वति नो मधवा धात्विन्द्रः'

उपर्युक्त ऋचा चारों वेदों में संगृहीत है। तदनुसार पृथ्वी को दुष्ट कर्मों से बचाने के लिए 'इन्द्र' का आह्वान किया जाने लगा। कुछ काल पश्चात् इन्द्र सगुण व साकार देव हो गए। उनकी अभ्यर्थना के लिए यज्ञ होने लगे, जो कालान्तर में हिंसा-प्रधान हो गए। यज्ञों में बलि देने की प्रथा चल गई किन्तु गोप पशु-बलि से दूर थे क्योंकि वे स्वयं को क्षत्रियवर्णी न मानकर वैश्यवर्णी मानते थे। गोप इन्द्र को प्रसन्न करने तथा अनुग्रह रूप में यथासमय वृष्टि के लिए कुलाचार के रूप में इन्द्र-पूजा करते थे। प्रचलित इन्द्र-पूजा के लिए शरदागमन पर जब गोपों ने वार्षिक आयोजन रचा तब कृष्ण ने इस निर्जीव और भ्रमात्मक विश्वास के विरुद्ध अपनी आवाज उठाई। कृष्ण ने नन्द बाबा से प्रश्न किया कि आप जो यह कर्म करने जा रहे हैं क्या वह शास्त्र-सम्मत है या कि लौकिक? नन्द ने उत्तर दिया कि यह धर्म हमारी कुल परम्परा से चला आया है। जो मनुष्य काम, लोभ, भय अथवा द्वेषवश इसे छोड़ देता है उसका मंगल नहीं होता। तब कृष्ण ने सबको सुनाकर कहा, "पिताजी, प्राणी अपने कर्म के

अनुसार ही जन्म लेता और मृत्यु पाता है। उसे अपने कर्मानुसार ही सुख, दुख, भय और मंगल प्राप्त होता है। कर्म ही गुरु और कर्म ही ईश्वर है। प्रकृति के रजोगुण की प्रेरणा से ही मेघ सब जगह जल बरसाते हैं। इसमें भला इन्द्र का क्या लेना-देना? हे पिता, न हमारे पास किसी देश का राज्य है और न हमारे पास स्थायी ग्राम या घर ही है। हम तो सदा के वनचारी हैं। वन और पर्वत ही हमारे घर हैं। गौएँ और पर्वत ही हमारे देवता हैं इसलिए हमें 'इन्द्र-यज्ञ' न करके गिरियज्ञ और गोयज्ञ ही करना चाहिए। हमारा पूजन भी तभी सार्थक होगा।''

सबने कृष्ण का प्रस्ताव सहर्ष स्वीकृत किया और धूमधाम से वनश्री में प्रवेश कर गिरिराज गोवर्धन की प्रदक्षिणा की, गोपूजन किया और वन-महोत्सव पूर्ण कर अपने-अपने घर आ गए। तदुपरान्त दैवयोग से या प्रकृति गुण संयोग से ब्रज-भूमि पर अटूट जल और उपल-वृष्टि हुई। इस जल-प्लावन से नर-नारी घबरा गए और उन्होंने कहना प्रारभ किया कि यह इन्द्र के अपमान के कारण हुआ है और इस क्षति और विनाश का सारा उत्तरदायित्व कृष्ण का है। कृष्ण इसके प्रति सजग थे। विनाश की सम्भावना से बचाने के लिए उन्होंने सबको लेकर गिरिराज की शरण ली। वन-बिहारी गोपाल उस पर्वत के प्रत्येक गुप्त स्थान से पूर्व परिचित थे! कृष्ण ने गिरि-गुहा के सुरक्षित स्थान में सबको टिका दिया तथा अपने बलिष्ठ हाथों से गुहा द्वार की शिला थामे रहे। मुक्ता द्वार की शिला को सँभाले रहने का कार्य मानवीय व्यापार माना जा सकता है। वस्तुतः कृष्ण के समस्त कार्य मानवीय ही थे—

''मनुष्य धर्माभिर तौ मानयन्तौ मनुष्यताम्
तज्जाति गुण युकृत्रिः क्रीड़ात्रिश्चेर तुर्ववम्।''

इसे ही सम्भवतः पर्वत-उखाड़ने की संज्ञा दी गई है जिसका वर्णन हरिवंश-पुराण में है जिससे भासित होता है, मानो गोवर्धन पृथ्वी पर सो रहा था और उसका मुख लता, वृक्ष और मिट्टी से ढँका हुआ था। कृष्ण ने उन अवरोधों को हटाकर गुहा द्वार प्रकट किया और जो शिला गुहा द्वार के ऊपर जमी थी, उसे हटाकर अपने हाथ से सँभाले रहे और वृष्टि से बचने के लिए गोप-समुदाय को अन्दर प्रवेश दिलाया। कृष्ण योगिराज थे। सम्भव है 'स्वायम्भुव-योग' से जिसमें भारी वस्तु भी हल्की हो जाती है, उन्होंने इन्द्र का दर्प नष्ट किया हो। इन्द्र ने इस प्रकरण के उपरान्त कृष्ण का अभिनन्दन करते हुए कहा भी था—

''स्वायम्भुवेन योगेन यश्चायं पर्वतोत्तमः
धृतोवेश्म वयाकाशे को ह्योते न विस्मयेत्।''

यथार्थता जो भी हो, यह मानना ही पड़ेगा कि एक विकट प्रसंग पर कृष्ण ने जन-धन की रक्षा कर जिस पुरुषार्थ और पराक्रम का प्रदर्शन किया वह असाधारण था। इस घटना के उपरान्त उनका नाम 'गोविन्द' अर्थात् गौओं के स्वामी या इन्द्रियों के स्वामी हो गया। वहाँ उपस्थित जनमानस ने उनका अभिनन्दन करते हुए कहा—

"हे देवतुल्य पराक्रमी गोविन्द! हम धन्य हैं। तुमने अपने व्यवहार व नीति से हम लोगों पर महान अनुग्रह किया है। तुम्हारे प्रसाद से गौओं का वर्षा के कोप से उद्धार हुआ और हम लोग भी महान भय से पार हो गए। हे गोपते! हम तुम्हारे सभी अलौकिक कर्म देख रहे हैं। तुम्हारे गोवर्धन धारण से हम समझ गए हैं कि तुम मनुज नहीं देवता हो।" (विष्णु पुराण)

इस वक्तव्य पर कमलदल के समान नेत्रों वाले कृष्ण ने मुस्कराते हुए कहा—

"आप सब मुझे जैसा भयानक पराक्रमी समझ रहे हैं वैसा मानकर मेरा निरादर न करें। मैं तो आप लोगों का सजातीय बन्धु हूँ, यदि आपकी मुझमें प्रीति है और मैं आपकी प्रशंसा का यथार्थ में पात्र हूँ तो आप सब मुझमें अपनी बान्धव बुद्धि ही रखें।" कृष्ण का यह एक वाक्य कि मैं आपसे केवल बन्धुत्व का अधिकार चाहता हूँ—अत्यन्त महत्त्वपूर्ण और सारगर्भित है। इस लोकोत्तर भावना से सम्पूर्ण ब्रज-भूमि में प्रेम व सहयोग, समता व समानता का अप्रतिहत साम्राज्य स्थापित हो गया जिसके केन्द्रबिन्दु थे—कृष्ण।

मथुरा विजय

सामाजिक उन्नति के दो ही मार्ग हैं—विकास या क्रान्ति। विकास नैसर्गिक है। वह प्रकृति-परिवर्तन में धीमी गति से अग्रसर होता है परन्तु क्रान्ति की गति प्राकृतिक एवं नैतिक नियमों का उल्लंघन कर डालती है। विकास क्रमिक वृद्धि का पक्षकारी और क्रान्ति आमूल परिवर्तन की इच्छुक रहती है। विकास या सुधार के द्वार जब चारों ओर से बन्द हो जाते हैं तब शान्तिप्रिय जनमानस भी निराश होकर क्रान्ति की ओर उन्मुख हो जाता है। क्रान्ति की भूमिका जितनी उदात्त, व्यक्तिगत-स्वार्थ से रहित और बहुजन हितकारी होती है वह उतनी ही व्यापक और बलशाली बन जाती है। मथुरा-मंडल का एक विशिष्ट समुदाय गुप्त रूप से कंस के विरुद्ध उपक्रम चला रहा था। वह जन-मनोनियोग एवं गोपनीयता के साथ-साथ आगे बढ़ रहा था। कृष्ण की शक्ति,

साहस, सामर्थ्य और पराक्रम आदि की क्रियाओं से प्रभावित मथुरा-मंडल को विश्वास हो गया था कि कंस की निरंकुश सत्ता के प्रतिकार का सफल उद्योग कृष्ण के द्वारा ही सम्भव है। इस यादव-मंडली ने कंस-सत्ता को जड़ से उखाड़ फेंकने व अपना स्वतंत्र गणराज्य पुनः स्थापित करने का निश्चय तो कर लिया था परन्तु वे यह निश्चय नहीं कर पा रहे थे कि कंस-सत्ता पर आक्रमण किस रूप में और किस समय किया जाए। यह अवसर उन्हें दैवयोग से प्राप्त हो गया और वह भी कंस के ही द्वारा।

यादव नेताओं के गुप्त कार्यों का संकेत भोजराज कंस को नहीं मिल पाया किन्तु सम्भवतः नारद जी के द्वारा देवकी-पुत्र कृष्ण के जन्म और गोकुल में उनके लालन-पालन का गुप्त रहस्य प्रकट होते ही कंस के वक्षस्थल पर साँप लोटने लगा और अपने जीवन के ग्राहक कृष्ण का चित्र उसकी आँखों के सम्मुख घूमने लगा। कंस को अपनी आत्म-रक्षा के अब दो ही मार्ग सूझ रहे थे। या तो वह अपने बलवान श्वसुर मगधपति जरासन्ध का आश्रय ले और उसकी संरक्षा में जीवन यापन करे या येनकेन प्रकारेण शीघ्र ही कृष्ण का विनाश कर दे। घमंड व उद्दंडता के आवेग में भोजराज कंस ने अपने श्वसुर का आश्रय ग्रहण करने का मार्ग मन से निकाल दिया और उस पथ को अंगीकृत किया जिसके प्रपंच में फँसकर अन्ततोगत्वा उसने अपने काल को स्वयं आमंत्रित किया।

कंस ने उग्रसेन, वसुदेव, कंक, सत्यक, दारुक, वभ्रु व अक्रूर आदि को आमंत्रित किया और उनसे कहा, "आप सब सुयोग्य हैं और मेरे हितचिन्तक हैं परन्तु आप सबके होते हुए भी मेरे संकटों में वृद्धि हो रही है। पता नहीं आप सबने उसकी उपेक्षा कैसे कर दी? आपकी उपेक्षा से मुझे संशय होता है कि आपमें से कोई भी मेरे अनुकूल नहीं तथा आप सबकी सहायता से ही मेरा विनाशकारी शत्रु नन्द गोप के घर में सुरक्षित होकर बढ़ रहा है। क्या आपमें से कोई यह बतलाएगा कि वह कृष्ण है कौन? सभासदों से कोई उत्तर न पाकर कंस आवेश में आ गया और कहता गया—नारदजी ने मुझे गुप्त रहस्य बतला दिया है। मेरे गुप्त शत्रु ही मेरे मित्र बनकर मुझे धोखा देते रहे। वह कृष्ण मेरा भाग्नेय होकर भी मेरा विनाशक शत्रु है। हे मूर्ख वसुदेव! क्या तू समझता है कि कंस का हनन कराके तू अपने पुत्र को मथुरा की राजगद्दी पर बिठाएगा? तेरी यह आशा कभी पूर्ण होने की नहीं। अब तो मेरा और तेरे पुत्र कृष्ण का ऐसा बैर ठन गया है कि वह किसी एक के मर जाने पर ही शान्त होगा।" तदुपरान्त कंस ने यदुवंशी अक्रूर को आदरपूर्वक एकान्त में अपने

निकट बुलाया और विनम्रतापूर्वक उनसे बोला, "अक्रूर जी आप बड़े उदार हैं और मेरे आदरणीय हैं। आप मेरा एक मित्रोचित कार्य कीजिए। चूँकि भोजवंशियों और वृष्णिवंशियों में आप ही मेरे सबसे अधिक हितचिन्तक हैं इसलिए मैं आपका ही आश्रय लेता हूँ। आप शीघ्र ब्रज में नन्द गोप के यहाँ जाइए। वहाँ वसुदेव के दो पुत्र हैं, उन्हें रथ पर चढ़ाकर यहाँ ले आइए। मुझे उन्हें देखने की बड़ी उत्कंठा है। उनके साथ मैं वही व्यवहार करूँगा जिसमें मेरा हित है। यदि वे मेरी आज्ञा का उल्लंघन करें तो आप बन्दी बनाकर भी ला सकते हैं।"

कंस की योजना मल्लयुद्ध और हाथियों के माध्यम से कृष्ण और अन्य विशिष्ट व्यक्तियों की हत्या करके निर्विघ्न राज्य करने की थी। कंस के विरोधी उसकी मति-गति को पहले से ही जानते थे और यह भी समझते थे कि उन्मत्त कंस के प्रलापों का समुचित उत्तर शब्दों से नहीं किन्तु कार्यों से ही दिया जा सकता है। इस कारण वे शान्त रहे। वे जिस योगायोग को चाह रहे थे वह उन्हें अनायास ही प्राप्त हो गया। यहाँ यह भी उल्लेखनीय है कि कंस को यह पता हो गया था कि उसका यथार्थ पिता उग्रसेन नहीं दुर्मिल है और इसी कारण वह उग्रसेन और अन्य यादव वंशियों का तिरस्कार करता था। 'हरिवंश' में इसका स्पष्ट प्रमाण है जब कंस अपने महापात्र से यह भेद प्रकट करते हुए कहता है—"उग्रसेन सरीखे अल्प पराक्रमी, हीन-वीर्य से मेरा जन्म नहीं हुआ। सौत्र विमान के स्वामी तथा तेज से सम्पन्न महाबली दुर्मिल ही मेरे पिता हैं। इसी कारण मैंने कृष्ण का पक्ष लेनेवाले समस्त यादवों का परित्याग कर दिया है।"

कंस के निर्देशानुसार महामति अक्रूर नन्द गोप के घर ब्रज गए। वे सूर्यास्त के समय नन्द आवास पर उपस्थित हुए। वहाँ उन्होंने कृष्ण को गौओं के मध्य देखा—

"वत्स मध्ये स्थितं कृष्णं सवत्सयिव गोवृषभ्।"

नन्द गोप, बलराम व गोपाल से स्नेहाभिवादन के पश्चात् उन्होंने वहाँ आने का अभिप्राय प्रकट किया और बतलाया कि कंस ने ब्रजवासियों को वार्षिक कर तथा भेंट लेकर मथुरा में उपस्थित होने की आज्ञा दी है। साथ में बलराम और कृष्ण को भी बुलाया है। वहाँ धनुर्यज्ञ होनेवाला है जिसे देखकर सब प्रसन्न होंगे तथा कृष्ण और बलराम अपने दीन-दुखी माता-पिता से मिलकर उन्हें सान्त्वना भी दे सकेंगे। भोजनादि के उपरान्त अक्रूर ने कृष्ण और बलराम को अकेले में बुलाया और मथुरा का पूर्ण वृत्तान्त सुनाते हुए कंस

के उस आन्तरिक अभिप्राय को बतलाया जिस कारण बलराम और कृष्ण मथुरा आमंत्रित थे। कृष्ण ने अक्रूर को आश्वासन दिया कि वे निश्चिन्ततापूर्वक रात्रि व्यतीत करें। प्रातःकाल सब मथुरा प्रस्थान करेंगे।

निरंकुश शासन तथा क्रूर दमन के कुचक्रों से पीड़ित और निराशा के तलघट में डूबी हुई मथुरा की जनशक्ति, जो वर्षों से अपने मन में परिवर्तन की आशा छिपाये बैठी थी, कृष्ण के आगमन-सन्देश से छटपटा सी उठी। जनसागर में भय, शंका, उत्साह और आवेग मिश्रित भावनाओं की तरंगें लहराने लगीं। मथुरा पहुँचकर नन्दराय, बलराम और कृष्ण आदि गोपों ने नगर के बाहर हरित विटपावलि के उपवन में अपना डेरा डाला। अक्रूर ने बहुतेरा चाहा कि सब उनके घर ठहरें किन्तु नन्दराय आदि ने इसे स्वीकार न कर सम्भवतः अपनी दूरदर्शिता का ही परिचय दिया। अक्रूर ने कृष्ण आगमन का समाचार कंस तक पहुँचाया। दिवाकर को अस्तांचल की ओर बढ़ते देखकर बलराम और कृष्ण ने नन्दराय से आज्ञा लेकर नगर-भ्रमण प्रारम्भ किया। नगर के बाहर ही भीड़ उनके साथ एकत्र हो गई जिसके बीच चलते हुए वे एक सरोवर के समीप पहुँचे जहाँ कंस का घमंडी और उद्दंड रजक अपने साथियों सहित वस्त्रों को स्वच्छ कर रहा था। कृष्ण ने उससे सभा में पहिनने योग्य कुछ वस्त्र माँगे तथा कार्य हो जाने पर वस्त्रों को लौटा देने और पुरस्कार देने का भी आश्वासन दिया। कृष्ण ने उसे अपना परिचय देते हुए भोजराज कंस से अपना नाता भी बतलाया। घमंडी रजक ने दुर्वचनों के द्वारा कृष्ण का अपमान किया। वाद-विवाद के तीव्र होने पर रजक ने अहंकार और क्रोधवश कृष्ण पर आक्रमण करना चाहा जिसके प्रतिकारस्वरूप कृष्ण ने उस अरिष्टग्रस्त और विष-वाणी बोलनेवाले रजक के मस्तक पर मुष्टि-प्रहार किया। इस प्रहार से रजक का सिर फट गया और उसके प्राण-पखेरू उड़ गए। उसके अन्य साथी चीत्कार करते हुए महलों की ओर भाग गए। कृष्ण ने राजवस्त्रों में से कुछ धारण कर शेष उपस्थित लोगों में बाँट दिए।

कृष्ण के नगर प्रवेश के पूर्व ही रजक-वध की विज्ञप्ति मथुरा में फैल गई। मथुरा के भयग्रस्त समाज में आगन्तुकों के प्रति प्रेम और विश्वास का वातावरण जाग्रत् हो गया। दोनों वीर बालकों के लिए आदर और सत्कार की क्रियाएँ अपने आप ही प्रदर्शित होने लगीं। राजमार्ग पर ही राजदासी कुब्जा ने कंस के लिए तैयार किया हुआ अंगराग कृष्ण पर लेप दिया और उनका आशीष प्राप्त किया। नगर का वायुमंडल वसुदेव नन्दनों की जय-जयकार से गूँज उठा। मथुरावासियों के आकर्षण का केन्द्र बन, जनता की सहानुभूति

और विश्वास उपार्जन कर बलराम और कृष्ण पता लगाते हुए यज्ञशाला जा पहुँचे। यज्ञशाला में वह विशेष धनुष रखा था जिसकी प्रत्यंचा कोई वीर नहीं चढ़ा सका था। यज्ञशाला में राजाज्ञा से प्रवेश भी निषेध था किन्तु दोनों भाई रक्षकों की वर्जना के पश्चात् भी भीतर घुस गए और धनुष की प्रत्यंचा चढ़ाने के लिए उसे इतनी ताकत से खींचा कि धनुष तड़ाक से टूट गया। इस बल प्रदर्शन को देखकर चारों ओर कृष्ण और बलराम के शौर्य की दुन्दुभि बजने लगी।

कृष्ण के मथुरा आगमन के उपरान्त रजक-वध, धनुष भंग और रक्षकों को पीटकर भगा देने के समाचार ने कंस को कम्पित कर दिया। उसे स्वप्न में भी आशा नहीं थी कि मथुरावासी वसुदेव-पुत्रों का ऐसा अभूतपूर्व स्वागत करेंगे। परन्तु वह विवश और लाचार था। उसे प्रतीत होने लगा जैसे उसने स्वयं मृत्यु-देवता का आह्वान किया हो। निस्सहाय होते हुए भी उसने पूर्व-रचित आयोजन पूर्ण करने का विचार किया। उसने चाणूर और मुष्टिकादि जैसे अजेय मल्लों को बुलवाकर और उन्हें तरह-तरह के प्रलोभन देकर मल्लयुद्ध में बलराम व कृष्ण को समाप्त कर देने का आदेश दिया। गर्विष्ट मल्लों ने कंस को कार्य पूरा करने का आश्वासन दिया। उन दोनों को विदा कर कंस ने अपने मुख्य महावत को बुलवाया और उसे आज्ञा दी कि कृष्ण और बलराम को हाथी से कुचलकर नष्ट कर दे। सबको यथोचित कार्य वितरण कर और आश्वस्त होकर उद्विग्न कंस शयनागार में चला गया। मथुरा निवासियों के लिए यह भाग्य-निर्णय की रात्रि थी।

प्रात:काल होते ही मथुरा के उत्सुक नागरिक और विशेषकर सचेष्ट यादवगण रंगभूमि के निकट एकत्र होने लगे। निर्दिष्ट समय पर जब दोनों भाई निरस्त्र और हँसते हुए वहाँ पहुँचे तो सामूहिक जयनाद से उनका स्वागत किया। दोनों तरुण वीरों को अपने मध्य में घेरकर जनसमूह ज्यों ही रंगभूमि के प्रवेश द्वार पर पहुँचा त्यों ही कंस पशु-बल का प्रतीक मदोन्मत्त गजराज को वहाँ अड़ा हुआ पाया। अन्य सबको अपने हाथ से वर्जित कर क्षण भर में ही कृष्ण स्वयं नरसिंह रूप से मस्त हाथी की ओर दौड़े। बिजली की तरह कृष्ण हाथी के पेट के नीचे से निकलकर उसके पीछे पहुँचे और अपने अतुल-बल से हाथी की पूँछ पकड़कर उसे बछड़ों की तरह घुमाने लगे। लोगों का रोष कौतुक में परिणत हो गया। हाथी चिंघाड़ें मारते हुए चकरी के समान घूम रहा था। इसी प्रक्रिया में वह धड़ाम से पृथ्वी पर गिर पड़ा। तब दोनों भाइयों ने लौह-दंड व मुष्टिकाओं से सूँड़ को कुचल दिया व

'कुवलयापीड़' को निस्तेज कर उसके बड़े-बड़े शुभ्र दाँत उखाड़ डाले और दोनों भाई एक-एक दाँत अपने हाथ में ले, देह व वस्त्र रक्त में सनाए रंगशाला में घुस गए। हजारों की संख्या में जन-समूह भी उनके पीछे रंगशाला में घुस गया। क्रोधयुक्त कोलाहल से वातावरण उग्र हो गया। कृष्ण के उस विकट रूप को देखकर कंस अवाक् रह गया। महर्षि व्यास ने इसका वर्णन करते हुए लिखा है—

मल्लानाम शिभर्नृणं नरवर:
स्त्रीणां स्मरो मूर्तिमान।
गोपानां स्वजनोऽसैतं क्षिति
भुजा
शास्ता सवित्रो: शिशु॥
मृत्युर्भोज पतेर्विशऽविदुषां
तत्व परं योगिनां
वृष्ठीनां परदेव तेति विदि
तो
रहंग गत: साग्रज:॥

अखाड़े के समीप पहुँचते ही कंस के इंगित पर चाणूर और मुष्टिक कृष्ण और बलराम के सम्मुख मल्ल-युद्ध के लिए उपस्थित हो गए। दोनों भाइयों के मल्ल-युद्ध के कौशल को देखकर लोग चकित रह गए। थोड़े ही समय में चाणूर धराशायी हो गया और उसके प्राण-पखेरू उड़ गए और यही परिणाम बलराम की वज्र-मुष्टि से मुष्टिक का हुआ। अपने वीरों की दुर्गति होते देख कंस अपना मानसिक सन्तुलन खो बैठा। वह अत्यन्त आक्रोश व उत्तेजना में बड़बड़ा ही रहा था कि कृष्ण फुर्ती से उछलते हुए कंस की आसन्दी के पास पहुँच गए और जब तक वह सम्हले कृष्ण ने उसके केश पकड़कर उसे मंच से नीचे पटककर क्षण भर में ही उसका काम तमाम कर दिया। समस्त समुदाय में खलबली मच गई। क्रान्ति-यज्ञ में अन्तिम आहुतियाँ पड़ गईं। अत्याचारी सम्राट के साथ उसके साम्राज्य का भी अन्त हो गया। निरंकुशता समाप्त हुई और धर्म संस्थापन के हेतु अवतीर्ण हुई विभूति सत्ता ने पशुत्व का भार सहती हुई पृथ्वी के उद्धार रूप में प्रथम कर्तव्य-प्रमाण प्रदर्शित किया।

कंस वध के उपरान्त कृष्ण ने सबसे पहिले राजा उग्रसेन को मुक्त किया और फिर अपने माता-पिता के कक्ष में पहुँचकर उनकी बेड़ियाँ खुलवाईं। महाराज उग्रसेन कंस के अपराधों के कारण अस्थिर चित्त थे। उन्होंने कृष्ण से

निवेदन किया कि कंस तो उनके कोप से दग्ध हो गया और अब कृष्ण ही यादवों की गति-अगति के एकमात्र संचालक हैं अतएव उन्हीं की कृपा से कंस के प्रेतकार्य सम्पन्न कर दिए जाएँ। इसके पश्चात् कृष्ण ही मथुरा का राज्य अपने हाथ में लेकर उसके कर्णधार बनें जिससे महाराज उग्रसेन वानप्रस्थ में जाकर अपना शेष जीवन व्यतीत करें। प्रत्युत्तर में कृष्ण ने कहा, "हे नरेश्वर! आपका पुत्र अपने ही दोषों से दग्ध हुआ है। मैं तो केवल निमित्त मात्र हूँ। मुझे राज्य से कोई प्रयोजन नहीं। मुझे केवल लोक-हित में आपके पुत्र का विनाश करना पड़ा। आप यदुवंशियों के अग्रगण्य स्वामी तथा मेरे श्रद्धास्पद हैं। अतः आप अपना राज्य ग्रहण कीजिए। आपकी जय हो।" उग्रसेन को राजा घोषित कर कंस आदि की अन्त्येष्टि की गई। अन्त्येष्टि के उपरान्त कृष्ण को मथुरा का राज्य सौंपने का एक और प्रयत्न किया गया। महाराज उग्रसेन ने कृष्ण से आग्रह किया—

"तात तजहु नहिं राज्य अब, करहु न जगत् अकाज,
परिजन, पुरजन, प्रजासंग, महूँ चहहुँ हरि-राज।" (कृष्णायन)

कृष्ण ने उन्हें समझाते हुए कहा कि यदि उन्हें इस बात का संकोच हो कि राज्य का स्वामित्व मुझे प्राप्त है क्योंकि मैंने उसे जीता है तो मैं स्वेच्छापूर्वक अपना स्वत्व समर्पित करता हूँ और प्रार्थना करता हूँ—

"यदि ते मात्प्रियं या देवा नास्ति ते व्यथा
मया निस्तृष्टं राज्यं स्वं चिराय प्रति गृलताम।"

इस तरह आत्म-त्याग व लोकहित की श्रेष्ठ धारणा कार्य रूप में व्यक्त कर जहाँ एक ओर कृष्ण ने राज्य सिंहासन का परित्याग किया वहीं दूसरी ओर समस्त मथुरा निवासियों व गणराज्य के विश्वासी यादवों के हृदय-सिंहासन पर अपना साम्राज्य स्थापित किया।

गृह्यकुलवास

महाराज उग्रसेन ने मथुरा का राज्य स्वीकार करते हुए कृष्ण से निवेदन किया कि आप इसी राजभवन में रहकर मुझे व वसुदेव को पुत्रवत् होने का सुख दीजिए। आप यदि मथुरा त्यागेंगे तो मैं इस नवीन उत्तरदायित्व को पूर्ण नहीं कर सकूँगा। महाराज उग्रसेन की इस विनीत वाणी ने कृष्ण के मृदुल चित्त को झकझोरकर रख दिया तथा मथुरा ठहरने का निर्णय लेते हुए उन्होंने नन्दराय से कहा कि पिताजी, हम दोनों आपके उपकार से उऋण नहीं हो सकते।

निःसन्देह वात्सल्य-स्नेह के कारण हम दोनों के बिना आपको व माता यशोदा को अत्यन्त दुख होगा किन्तु हम यहाँ ठहरने को विवश हैं। हम कुछ समय पश्चात् ब्रज आकर आपके दर्शन करेंगे। वसुदेव ने भी नन्दराय से कहा— "बूढ़त वश सखि तुम लीन्हा,"—मैं अनेक जन्म धारण करके भी इस ऋण से मुक्त नहीं हो सकूँगा। इस पर नन्द बाबा और अन्य गोपगण कृष्ण और बलराम को हृदय से लगाकर लुटे हुए व्यक्ति के समान गोकुल वापिस आ गए। कृष्णायनकार ने इसका कुशल वर्णन करते हुए कहा है—

"हृदय लगाय श्याम-बलरामा
बिलखति लौट पड़े ब्रजगामा
भेंटे प्रभु पुनि-पुनि सखन-बरसत नयनन नीर
बसे श्यामपुर, ब्रजबसी, ब्रजपति बिरहज पीर॥"

गोकुल में जब देवी यशोदा ने यह वृत्तान्त सुना तो उनके ऊपर वज्रपात हो गया। वृन्दावन वापिस आने का आश्वासन देने पर भी सामयिक परिस्थितियाँ एक के पश्चात् एक ऐसी आती गईं कि कृष्ण अपने वचन को पूर्ण न कर सके। कृष्ण ने उद्धव जी को गोकुल भेजा तो यशोदा ने देवकी के लिए बड़ा ही मार्मिक सन्देशा भेजा था। महाकवि सूरदास ने उसे वर्णित करते हुए लिखा है—

"सन्देसो देवको सौं कहियो।
हौं तो धाय तुहारे सुतकी, कृपा करत ही रहियो॥
... ...
तुम तो टेव जानतहि होइहो, तउ मोहीं कह आवै।
प्रात उठत मेरे लाल लड़ैतिहि, माखन रोटी भावै॥"

हिन्दू जाति सामाजिक जीवन में सदा ही संस्कारप्रिय रही है। कंस वध के उपरान्त जब मथुरा में शान्ति हुई तब वसुदेव जी ने यादव कुल की रीति के अनुसार अपने कुल पुरोहित गर्गाचार्य के नेतृत्व में कृष्ण और बलराम का उपनयन संस्कार यथाविधि सम्पन्न कराया तथा देश-काल और परिस्थितियों के अनुरूप उन्हें प्रख्यात आचार्य सान्दीपन के गुरुकुल में विद्योपार्जन के लिए प्रविष्ट कराया। विलक्षण बुद्धि और अध्यवसाय से केवल चौंसठ दिनों में ही दोनों भाई वेद, वेदान्त, कला, ज्योतिष व तत्त्वज्ञान में पारंगत हो गए। इसी आश्रम में उन्होंने शस्त्र विद्या भी सीखी। शिक्षा समाप्त कर उन्होंने आचार्य से गृह-वापिसी की अनुमति माँगी और गुरु-दक्षिणा देने की अभ्यर्थना की। आचार्य सान्दीपन का इकलौता पुत्र प्रभास-तीर्थ (आधुनिक

द्वारका) में लापता हो गया था। गुरुपत्नी ने गुरु-दक्षिणा के रूप में इसी खोए हुए पुत्र की माँग की। दोनों भाई प्रभास तीर्थ गए और वहाँ उन्हें पता चला कि निकटवर्ती टापुओं पर कुछ असुरों का निवास है। वहीं उन्हें यह भी पता लगा कि गुरु-पुत्र समुद्र में डूबा नहीं है वरन् इन्हीं असुरों द्वारा अपहृत कर लिया गया है। दोनों भाइयों ने असुरों का वध करके गुरु-पुत्र को मुक्त कराया और उन असुरों का 'पांचजन्य' शंख भी जीत कर ले आए। गुरु और गुरुपत्नी ने अपने असाधारण शिष्यों को आशीर्वचनों से पुरस्कृत कर मथुरा जाने की आज्ञा दे दी।

श्रीकृष्ण व उनके अग्रज बलराम के गुरुकुल से आने का समाचार पाकर मथुरा नगरी आनन्द से झूम उठी। मथुरा पहुँचकर कृष्ण के मन में दो विचार प्रमुखता से उठे। एक तो यह कि दिए हुए वचन के अनुसार ब्रज में जाकर कुछ समय तक अपने पालक माता-पिता नन्द और यशोदा की सेवा करना और दूसरा यह कि अपनी बुआ कुन्ती और उनके पुत्रों की यथार्थ दशा का पता लगाना। किन्तु इसके पूर्व कि कृष्ण अपने विचारों को मूर्त रूप देते, मगध से आए समाचारों ने उन्हें क्षुब्ध कर दिया। जरासन्ध अपनी सेना के साथ मथुरा पर आक्रमण करने प्रस्थान कर चुका था। कृष्ण उग्रसेन को राजा बनाकर यादवों के गणतंत्र को पुनः स्थापित करना चाहते थे अतएव जरासन्ध से युद्ध आवश्यक था। युद्ध हुआ भी और उसमें कृष्ण की विजय भी हुई। जरासन्ध ने कई बार मथुरा पर आक्रमण किए किन्तु हर बार उसे पराजय का मुँह देखना पड़ा। बारम्बार के आक्रमणों से मथुरा निवासी घबरा उठे। कृष्ण अपने उत्तरदायित्व और जनधारणा के प्रति सजग थे। कृष्ण ने यादवों की एक विशेष सभा आमंत्रित की। उन्होंने अपना मन्तव्य बताया। उन्होंने स्पष्ट किया कि जरासन्ध का प्रमुख शत्रु मैं हूँ क्योंकि अपनी कन्याओं के वैधव्य का कारण वह मुझे और बलराम जी को मानता है। इस कारण मैंने निश्चय किया है कि मैं, बलराम जी तथा माता और पिता के साथ इस स्थान को त्यागकर अन्यत्र चला जाऊँ। आप सब महाराज उग्रसेन सहित शान्तिपूर्वक यहाँ रहें। इससे जरासन्ध की क्रोधाग्नि शान्त हो जाएगी और आप सब कष्टों से परित्राण पाएँगे। मैं जरासन्ध और कालयवन से अकेले निपट लूँगा। कृष्ण की बातें सुनकर भोजराज उग्रसेन ने कहा, "तुमसे विलग होकर हम कहीं नहीं रह सकते। हे मानद! हम तुमसे सनाथ होकर देवताओं से भी नहीं डरते हैं। इसलिए हे यदुश्रेष्ठ, तुम विजय के लिए जहाँ जाओ वहाँ हम सबको साथ लिये चलो।" उन्होंने सुझाव दिया कि मथुरा को जरासन्ध के आक्रमण व उसके ध्वस्तकारी

परिणामों से बचाने का एक ही उपाय है कि किसी सुन्दर और सुरक्षित स्थान में नई राजधानी बसाई जाए। उन्होंने यह भी बताया कि पश्चिमी समुद्र-तट के पास एक ऐसी जगह है जो यहाँ से बहुत दूर भी है और जहाँ समुद्र के बीच दुर्ग की स्थापना भी हो सकती है। वहाँ समस्त यादव सुरक्षित रहेंगे और सुखपूर्वक जीवन व्यतीत कर सकेंगे। मथुरा की रक्षा का दायित्व कृष्ण ने बलराम के साथ स्वतः अपने ऊपर ले लिया। कृष्ण का यह प्रयोग जो 'पलायन' कहा जाता है उनकी वीरता में किसी प्रकार का कलंक नहीं लगा सका। 'रणछोड़' की उपाधि धारण कर कृष्ण द्वारका में प्रविष्ट हुए और भविष्य को सँवारने में दत्तचित्त हो गए।

द्वारकाधीश : नवसम्बन्ध

द्वारकाधीश

समुद्र से घिरी हुई द्वारावती पर कृष्ण ने यादवगणों की नवीन राजधानी स्थापित की। यहाँ 'एरक' नामक बिना गाँठ की कुश के समान घास बहुत अधिक मात्रा में उगती थी। इसी के कारण यह स्थल 'कुशस्थली' के नाम से विख्यात था। इसके समीप ही 'रैवतक' पर्वत था जो वर्तमान में 'गिरनार' के नाम से प्रसिद्ध है। इतिहासकारों व अन्वेषकों के शोध से पता चलता है कि कृष्ण द्वारा बसाई गई द्वारावती या द्वारका उस स्थल के निकट थी जो समयान्तर में 'प्रभासपट्टण' के नाम से जानी जाती थी और जो अब सोमनाथ के नाम से प्रसिद्ध है। आधुनिक सोमनाथ से कुछ दूरी पर 'मूल द्वारका' नामक एक ग्राम है जो कदाचित् कृष्ण की द्वारका का अवशेष है। कृष्ण के स्वधाम-गमन के पश्चात् द्वारका नगरी के समुद्र में डूब जाने का उल्लेख भी भारतीय ग्रन्थों में पाया जाता है।

द्वारका नगरी का नव-निर्माण करने के उपरान्त और हर वयस्क को उचित कार्य में संलग्न कर कृष्ण ने सैन्य संगठन और संघ-स्थापन की ओर ध्यान लगाया। यादव वीर सात्यकि प्रधान सेनापति नियुक्त हुए। कृष्ण ने समस्त यादवों, जिनमें कुकुर, अन्धक, वृष्णि, भोज आदि विभिन्न वंशों के सदस्य थे, को एक सूत्र में पिरोकर गण-संघात्मक पद्धति के अनुसार राज्य की व्यवस्था की। उग्रसेन यद्यपि राजा की पदवी से विभूषित थे किन्तु राज-कार्य 'धर्म-सभा' के द्वारा ही संचालित होते थे। इस धर्म-सभा में प्रत्येक कुटुम्ब का प्रतिनिधित्व होता था। यादवगण खेती व पशुपालन भी करते थे। बाल्यकाल में गोप बन्धुओं में रहने के कारण गौपालन में कृष्ण की विशेष अभिरुचि थी। उनकी बहिन सुभद्रा तो गोप स्त्रियों की भाँति ही परिधान धारण करती थी। अल्प काल में ही यादवगण धन और जन सम्पन्न हो गए। महर्षि व्यास ने तत्सम्बन्ध की चर्चा करते हुए कहा है, "वे वृद्धों की आज्ञा में चलते हैं। अपने भाई-बन्धुओं का

अपमान नहीं करते, ब्राह्मण, गुरु और सजातीय के धन के प्रति अहिंसा-वृत्ति रखते हैं। धनवान होकर भी अभिमान रहित हैं। ब्रह्म के उपासक और सत्यवादी हैं। वे समर्थों का मान और दीन-दुखियों की सहायता करते हैं।'' कृष्ण द्वारका में जिस समाज का निर्माण कर रहे थे उसका संकल्प था—

''नेच्छाम्य न शितं कृश मलिन मेवच
देहीति चैव याचन्तं न गर्या निधनं नरम॥''

कृष्ण ने इसी संकल्प के साथ समाज का नवनिर्माण किया था, जो निश्चित ही कल्याणकारी राज्य का मूलमंत्र था। कृष्ण के अनुसार, ''मैं इस नगरी में ऐसे किसी भी मनुष्य को नहीं देखना चाहता जिसे उपवास करना पड़ता हो, जो दुर्बल हो, मलिन वेशधारी हो या भिक्षा माँगता हो।'' कृष्ण यथार्थ में ऐसे राज्य की स्थापना चाहते थे जैसी कि कल्पना तुलसीदास ने मानस में दर्शाई है—

''अल्पमृत्यु नहिं कवनिउ पीरा। सब सुन्दर सब बिरुज सरीरा।
नहिं दरिद्र कोउ दुखी न दीना। नहिं कोउ अबुध न लच्छनहीना॥''

अन्धक और आहुक वंशी यादवों में, जिनके नायक उग्रसेन व अक्रूर थे, दीर्घकाल से परस्पर वैमनस्य था। कृष्ण ने महाराज उग्रसेन को प्रेरित कर उनकी भतीजी का विवाह अक्रूर से करा दिया और आपसी कलह शान्त कराके अपनी कुशल नीति का परिचय दिया। उन्होंने यादवगणों में आत्म-सम्माननार्थ स्वावलम्बन की शिक्षा दी तथा प्रत्येक को योग्यतानुसार कार्य देकर नवीन राष्ट्र का संगठन किया। कृष्ण और बलराम अपने माता-पिता व स्वजनों के साथ राजा उग्रसेन की छत्रच्छाया में आनन्दपूर्वक रहने लगे। दोनों भाई तरुणाई में प्रवेश कर चुके थे। इस कारण उनके विवाह के उद्यम भी होने लगे। सर्वप्रथम बलराम का विवाह रैवतक-गिरिमंडल के राजा रेवत की सुलक्षणा पुत्री रेवती के साथ सम्पन्न हुआ। कुछ काल के उपरान्त एक महत्त्वपूर्ण प्रसंग उपस्थित हुआ जिसने एक बार फिर कृष्ण के तेज और पराक्रम को नई खराद के ऊपर रखकर प्रज्वलित होने का अवसर दिया। यह महत्त्वपूर्ण प्रसंग था विदर्भ के भोजकट वंशी राजा भीष्मक की पुत्री रुक्मिणी का स्वयंवर।

विदर्भाधिपति भीष्मक अपने युग के सम्पन्न, प्रतापी व बलवान नरेश थे। उनके पाँच पराक्रमी पुत्र और एक अत्यन्त सुन्दरी कन्या थी। इसी कन्या रुक्मिणी के योग्य वर के रूप में राजा भीष्मक को श्रीकृष्ण का नाम सुझाया गया था। रुक्मिणी ने भी कृष्ण को मन ही मन में अपना देवता स्वीकार लिया

था। यह बात भीष्मक के कानों तक भी पहुँच चुकी थी। भीष्मक स्वयं इस सम्बन्ध के पक्षपाती थे किन्तु जरासन्ध के भय से कुछ कह नहीं पाते थे। उनका ज्येष्ठ-पुत्र रुक्मी जरासन्ध का प्रबल पक्षपाती था। उधर द्वारका में कृष्ण भी रुक्मिणी के रूप, शील व स्वभाव की कथाएँ सुन चुके थे और उसका वरण करना चाहते थे। रुक्मिणी के आत्म-निवेदन पर कृष्ण ने रुक्मिणी-हरण का संकल्प उठा लिया। कृष्ण जानते थे इस कार्य में उन्हें मगधराज, चेदिराज और उनके अनेक बलवान सहायक राजाओं से संघर्ष करना पड़ेगा। वे यह भी जानते थे कि यदि वे इस कार्य में सफल हो सके तो उनकी कीर्ति अक्षय और उज्ज्वल होगी तथा अनेक कुमार्गी व दुर्नीत राजाओं के हौसले बहुत समय के लिए पस्त पड़ जाएँगे। जरासन्ध से अन्तिम युद्ध न करने और मथुरा से भाग आने पर जो 'रणछोड़' की उपाधि उन्हें विवश होकर धारण करनी पड़ी थी, उसका भी परिष्कार हो जाएगा। इन्हीं सब बातों पर विचार करने के उपरान्त उन्होंने अकेले ही विदर्भ प्रस्थान करने का निर्णय लिया। कृष्ण के विदर्भ कूच करने का समाचार ज्यों ही बलराम को ज्ञात हुआ तो अपने छोटे भाई के बल-विक्रम को जानते हुए भी वे अपनी चतुरंगिणी सेना लेकर विदर्भ की राजधानी कुंडिनपुर की ओर वेगपूर्वक निकल पड़े। इस सबकी परिणति द्वारका में रुक्मिणी और कृष्ण के शास्त्रानुसार मंगल परिणय में हुई। समयोपरान्त उन्हें एक अत्यन्त सुन्दर पुत्र 'प्रद्युम्न' की प्राप्ति हुई। कृष्ण उसे प्यार से 'मेसुतः' पुकारा करते थे।

पुराणों में 'स्यमन्तक-मणि' की भी एक कथा है जिसकी चोरी करने का आरोप कृष्ण पर लगा था। कृष्ण ने अपनी बुद्धि और पराक्रम के बल पर उस आरोप को भी मिथ्या सिद्ध कर दिया था। इस प्रकरण ने उन्हें सत्राजित की कन्या 'सत्यभामा' और जामवन्त की पुत्री 'जामवन्ती' से भी विवाह करने के सुअवसर प्रदान किए।

कृष्ण की स्वाभाविक ऋजुता और निर्लिप्तता ही उनके परम ऐश्वर्यप्रद जीवन की सफल तालिका थी। इसी काल में कृष्ण ने बाणासुर का पराभव किया तथा अपने को वासुदेव प्रकाशित कर आतंकी पौंड्रक और उनके सहायक काशिराज को नष्ट किया। भारतवर्ष में कृष्ण के पराक्रम व सुयश का डंका बज उठा। अब वे 'रणछोड़' नहीं थे वरन् महान सत्ताधारी द्वारकेश के नाम से प्रख्यात हो गए थे। बड़े-बड़े नामधारी सबल राजाओं के मस्तक उनके सम्मुख विनत होने लगे थे। परन्तु अभी भी उन्हें जरासन्ध व उसके साम्राज्यवादी गुट से निपटना शेष था।

नवसम्बन्ध

द्वारका को सुरक्षित, संगठित और सम्पन्न कर चुकने के उपरान्त कृष्ण की दृष्टि शेष भारत की ओर मुड़ी और उन्होंने देखा कि आर्यावर्त आपसी विद्वेष, विग्रह तथा अत्याचार से ग्रस्त है। उन्होंने अनुभव किया कि भारतीय-समाज की एकसूत्रता खंडित हो रही है। समाज की विचारक, प्रवर्तक, विधायक और संरक्षक शक्तियाँ प्राणहीन हो रही हैं तथा देश स्वार्थपरता, घृणा, हिंसा और अन्याय की कठोर पीड़ा से कराह रहा है। कृष्ण ने सोचा कि यदि इन घातक और संक्रामक शक्तियों को नहीं रोका गया तो मानवीय-समाज दानवीय सीमाओं में प्रविष्ट हो जाएगा। कृष्ण ने सम्पूर्ण परिस्थितियों पर विचार कर यह निश्चय किया कि सर्वप्रथम भारत को एक सूत्र में गुम्फित किया जाए। विभिन्न मतावलम्बी पंथों, सम्प्रदायों और जातियों को समता, स्वतंत्रता और सहृदयता के सिद्धान्तों पर संगठित कर स्थायित्व दिया जाए। इससे वे तरंगे उद्‌भासित होंगी जो अपनी प्राणदायिनी शक्ति से पूर्ण धरा को प्लावित करने में सक्षम होंगी।

देश के दुर्भाग्य से अनुपम दृष्टिवान ब्राह्मणों और अतुल बलशाली क्षत्रियों का सामंजस्य विघटित हो चुका था। ब्राह्मण ऋषि से पुरोहित बन चुका था और क्षत्रिय निरंकुश और स्वेच्छाचारी हो गया था। अपनी-अपनी पृथक् सत्ता की स्थापना से उन्होंने देश को कई टुकड़ों में बाँट दिया था। वे शान्ति-स्थापना की जगह विग्रह और युद्ध ठान रहे थे। संघर्ष और प्रतियोगिता से राज्य के मूल आधार प्राय: नष्ट हो चुके थे। श्रमिक वर्ग खून और पसीना बहाकर भी भोजन और वस्त्रों से विहीन था। श्रमार्जित सम्पत्ति वैश्य के यहाँ संचित होती थी और वहाँ से क्षत्रिय द्वारा अपहरित कर ली जाती थी। इस आन्तरिक दुर्दशा के परिणामस्वरूप जनसाधारण बाह्य-आक्रमणों से भी व्याक्रान्त था। सारांश यह कि जनजीवन नितान्त अरक्षित, अशान्त, क्षुब्ध और त्रस्त हो गया था।

कृष्ण को यह निश्चित करते देर नहीं लगी कि जब तक राष्ट्र-देह के चारों अंगों बुद्धि, बल, अर्थ और श्रम में नीति, सदाचार, समता और सहयोग का नवीन रुधिर संचरित नहीं किया जाएगा तब तक राष्ट्र के पुनर्जीवन और शक्तिसम्पन्न करने का कार्य पूरा नहीं होगा। कृष्ण की यह धारणा बनी कि राज्य-संस्था की श्रेष्ठता ही राष्ट्रीय व सामाजिक जीवन का उन्नयन कर सकती है। राज्य धर्म की उत्कृष्टता का विवेचन करते हुए भीष्म पितामह ने युधिष्ठिर से कहा था, ''हे राजन्! जैसे हाथी के पाँव में सबके पैर समा जाते

हैं वैसे ही समस्त धर्म राज्य-धर्म के अन्तर्गत आ जाते हैं। इसलिए राज्य-धर्म समस्त धर्मों में श्रेष्ठ माना गया है।" इसी कारण कृष्ण ने राज्य-धर्म के परिमार्जन का अनुष्ठान प्रारम्भ किया। इस विशुद्धीकरण के लिए कृष्ण के पास तीन विकल्प थे। पहला तो यह कि यादवों की नारायणी सैन्य शक्ति द्वारा समस्त राज्यों को द्वारका के अधीन कर महाद्वीप में आदर्श धार्मिक राज्य की स्थापना करना। किन्तु स्वाधीन प्रकृति के गर्वीले यादवों और उनकी गणतंत्र-व्यवस्था इसके आड़े आती थी। दूसरा विकल्प था कि धार्मिक आधार पर नवीन राज्य स्थापित करना। यह मार्ग पहले से भी अधिक दुर्गम था। तीसरा उपयुक्त उपाय था पूर्व से ही स्थित किसी नैतिक राज्य-संस्था से मैत्री स्थापित कर उसे शक्तिशाली बनाना और उसके द्वारा यह विशुद्धीकरण सम्पन्न कराना। युगद्रष्टा कृष्ण ने इसी मार्ग को श्रेयष्कर समझकर चुना।

उस काल में प्रमुख राज्य-संस्था हस्तिनापुर थी। उसके अधीश्वर धृतराष्ट्र थे। यद्यपि वे धर्मानुकूल अधिकारी नहीं थे क्योंकि जन्मान्ध होने के कारण वे उत्तराधिकार से वंचित थे। पांडु की मृत्यु के पश्चात् पूरे साम्राज्य के युधिष्ठिर ही एकमात्र न्यायोचित और धर्मानुकूल अधिकारी थे। आपसी समझौते के आधार पर धृतराष्ट्र ने आधा राज्य अपने पुत्रों के लिए सुरक्षित रखकर शेष युधिष्ठिर और उनके भाइयों को दे दिया था। गृह-विग्रह बचाने के लिए पांडवों ने इसे स्वीकार कर लिया था। धृतराष्ट्र की अयोग्य राज्यनीति और अधर्माचरण इतने से ही विदित हो गया। धृतराष्ट्र के पुत्र दुर्योधन व उसके भाइयों पर मगधराज जरासन्ध का प्रभाव था। अतएव उस बलवान किन्तु अधार्मिक और अनैतिक राज्य-संस्था को आश्रय देना या उसकी शुद्धि करना कृष्ण ने उचित नहीं समझा।

लाक्षादि-गृह के भस्म होने के उपरान्त पांडव भेस बदलकर जीवन-यापन कर रहे थे। कृष्ण इस धारणा से सहमत नहीं थे कि पांडव विनष्ट हो चुके हैं। कृष्ण का विश्वास था कि पांडव जीवित हैं। वे उनकी खोज करना चाहते थे क्योंकि एक तो पांडव उनकी बुआ कुन्ती के पुत्र थे और दूसरे कृष्ण को उनमें नैतिकता, संगठित-नेतृत्व और तज्जनित सामर्थ्य दिखलाई देती थी। लाक्षादि-गृह-कांड के पूर्व थोड़े से शासनकाल में ही युधिष्ठिर का धर्माचरण और सत्यनिष्ठा प्रसिद्धि पा चुकी थी। पांडवों की खोज के लिए कृष्ण को अधिक नहीं ठहरना पड़ा। यह अवसर स्वयमेव उपस्थित हो गया। पांचाल महाराज द्रुपद ने अपनी सुकन्या द्रौपदी के स्वयंवर का निमंत्रण देश के राजाओं में प्रसारित किया। निमंत्रण प्राप्त होने पर कृष्ण ने बलराम जी, पुत्र साम्ब व

कई अन्य विचारवान वीर साथियों सहित स्वयंवर में पहुँचने का निर्णय लिया। कृष्ण का विश्वास था कि पांडव वहाँ अवश्य पहुँचेंगे क्योंकि कोई भी क्षत्रिय आह्वान होने पर अपने शक्ति प्रदर्शन से मुँह नहीं चुराता। फिर इस सम्मेलन में तो धुनर्विद्या का अभूतपूर्व प्रदर्शन और परीक्षण भी होना था। कृष्ण का स्वयंवर में पहुँचने का अभिप्राय पांडवों को खोजकर अपनी योजना को मूर्तरूप देना ही था। स्वयंवर में जिस समय द्रौपदी के वीर्यशुल्का-व्रत की घोषणा की जा रही थी उस समय कृष्ण की पैनी दृष्टि से छद्मवेशी पांडव छिप नहीं सके। कृष्ण ने धीरे से यह तथ्य बलराम जी को भी बता दिया। पांडवों को देखकर बलराम भी अत्यन्त प्रसन्न हुए। स्वयंवर में अर्जुन ने मत्स्य वेध कर द्रौपदी की वरमाला अर्जित की। रात्रि होने पर कृष्ण और बलराम उस कुम्हार के घर पहुँचे जहाँ पांडव अपनी माता समेत निवास कर रहे थे। कृष्ण ने उन सबसे साक्षात्कार किया और सर्वप्रथम बुआ कुन्ती और तत्पश्चात् युधिष्ठिर की चरण वन्दना की। कृष्ण ने लाक्षादि भवन से जीवित बच जाने पर पांडवों को बधाई दी और समझाया कि वे अभी किसी को अपना यथार्थ परिचय न दें क्योंकि अभी भी पांडवों के सौभाग्य के दिन कालरूपी गुफा के भीतर छुपे हुए हैं। उन्होंने शीघ्र विदा होने की अनुमति भी माँगी जिससे लोगों को सन्देह न हो। जाते हुए कृष्ण ने पांडवों को बहुत-सा द्रव्य भी दिया। कृष्ण की इस गुप्त भेंट तथा भविष्य की मंगल आशा ने पांडवों को स्वयमेव उनकी ओर आकर्षित किया। पांडव कृष्ण और यादवों के शौर्य, सौहार्द्र, पराक्रम और कीर्ति से अनभिज्ञ न थे। अकस्मात् ही असन्दिग्ध और बलवान आश्रय पाकर उन्हें ऐसा अनुभव हुआ जैसे डूबते को नौका मिल गई हो।

द्रौपदी से विवाहोपरान्त पांडव फिर श्री सम्पन्न हो गए। उनकी संकटावस्था ही दूर नहीं हुई, उन्हें कृष्ण का वरदहस्त भी प्राप्त हो गया। पांडव राजा द्रुपद के महलों में रहने लगे। उनको पूर्ण सहायता का अभिवचन देकर कृष्ण अपने अग्रज सहित द्वारका वापस चले गए और समय की प्रतीक्षा करने लगे। धीरे-धीरे पांडवों की कीर्ति प्रकट होती गई और जब यह वृत्तान्त दुर्योधन को मालूम हुआ तो उसके सीने पर साँप लोटने लगा। महाराज धृतराष्ट्र को जब यह समाचार विदित हुआ तो उन्होंने अपनी विद्वत्-परिषद से सलाह लेकर महात्मा विदुर को राजा द्रुपद के पास इस प्रार्थना के साथ भेजा कि पांडवों को शीघ्र हस्तिनापुर भेजें। द्रुपद ने युधिष्ठिर को हस्तिनापुर जाने की सलाह दी किन्तु कृष्ण के अनुग्रह के कारण पांडव बिना उनकी अनुमति के जाने को तैयार नहीं हुए। कृष्ण की अनुमति प्राप्त हो जाने के पश्चात् ही पांडवों ने

अपनी पुरानी राजधानी में सज-धज के साथ प्रवेश किया। महाराज धृतराष्ट्र ने उन्हें उत्तर दिशा का आधा राज्य इन्द्रप्रस्थ राजधानी सहित पुनः अर्पित किया व आधा राज्य अपने पुत्रों के लिए सुरक्षित रखकर भविष्य के झगड़े और मनमुटाव मेटने का आदेश दिया। पांडवों ने उनकी आज्ञा शिरोधार्य की। पांडवों ने कृष्ण की उपस्थिति में इन्द्रप्रस्थ में अपनी नवीन राजधानी की नींव डाली। इस तरह पांडवों की दुरवस्था रूपी निशा समाप्त हो गई तथा उनके सौभाग्य का सूर्य पुनः प्राची के क्षितिज पर उदित हुआ। पांडवों द्वारा अपने राज्य के कुशल संचालन में युधिष्ठिर का धर्माचरण, भीम की शक्ति, अर्जुन की संरक्षण-पद्धति तथा नकुल और सहदेव की कला, विद्या, गौ-रक्षण और कृषि-ज्ञान के साथ ज्येष्ठ भाइयों के प्रति स्नेहयुक्त-आदर को कृष्ण ने देखा और परखा। धर्मराज्य संस्थापन के निमित्त उनको एक नवीन सामर्थ्यवान साधन प्राप्त हुआ। इस नए नेतृत्व को कृष्ण ने हर प्रकार से योग्य व सम्पन्न करने का बीड़ा उठाया। इस नेतृत्व में भी दोषों के प्रस्फुटित होने की कुछ सम्भावनाएँ थीं। यदि भीम की शक्ति उद्दंडता से सिद्ध थी तो अर्जुन का बल स्वाभिमान से पूर्ण था। यद्यपि ये गौरव की वस्तुएँ थीं तो दुर्गुणता की परिधि भी थीं। युधिष्ठिर की धर्मभीरुता भी राज्य के कार्यों में बाधाएँ उपस्थित कर सकती थी। धर्म की लकीर ज्यामिति की रेखा जैसी बारीक होती है जिस पर कोई भी राजपुरुष निःशंक और निर्भय विचरण नहीं कर सकता। कृष्ण जानते थे कि धर्म और कर्म की गति कितनी सूक्ष्म और जटिल होती है। इसके अतिरिक्त पाँच भाइयों के बीच एक पत्नी का होना भी अत्यन्त असाधारण स्थिति थी। यह एक ऐसी चिनगारी थी जो बड़े-बड़े वीरों और धर्मज्ञों को क्षण भर में भस्म कर सकती थी। अन्ततोगत्वा महारानी द्रौपदी ही कौरव-वंश के विनाश का कारण बनी भी।

पांडवों के नवीन नेतृत्व को सँभालने, संगठित रखने तथा धर्म-साम्राज्य की स्थापना के दुष्कर कार्य को मूर्त रूप देनेवाला पुरुष उस युग में कृष्ण के सिवाय और कोई नहीं था। कृष्ण की साधना में ही वह सामर्थ्य थी जिसने इस नवीन नेतृत्व को शक्ति देकर सुयश के मार्ग पर अग्रसर किया। पांडवों और यादवों की सम्मिलित-शक्ति को सर्वोपरि बनाना ही कृष्ण का अभीष्ट था। इस लक्ष्य की प्राप्ति के लिए कृष्ण ने ही अर्जुन और सुभद्रा का परिणय कराया। द्रौपदी से विवाहोपरान्त विनाशकारिणी फूट से बचने के लिए पांडवों ने महर्षि नारद के इंगित करने पर यह नियम बनाया था कि प्रत्येक भाई बारी-बारी से द्रौपदी के पास रहेगा। यह भी निश्चित किया गया था कि एक भाई

की उपस्थिति में दूसरा वहाँ पर नहीं जाएगा। इस नियम की अवहेलना करनेवाले के लिए बारह वर्ष के निर्वासन का दंड था। एक बार अर्जुन को राज्य व क्षत्रिय धर्म का निर्वहन करने के लिए इस नियम का उल्लंघन करना पड़ा और फलस्वरूप बारह वर्ष का निर्वासन भोगना पड़ा।

निर्वासन-अवधि में भ्रमण करते हुए अर्जुन द्वारका पहुँचे। कृष्ण के प्रिय मित्र होने के कारण द्वारका में उनका बड़ा सत्कार हुआ तथा यादव-गणों ने अर्जुन को यथेष्ट आदर और स्नेह दिया। इन्हीं दिनों यादवगण एक विशेष त्योहार मनाया करते थे जो एक प्रकार का वन-महोत्सव था। इस उत्सव में बलराम और कृष्ण भी सम्मिलित हुआ करते थे। कृष्ण ने अर्जुन को भी इस महोत्सव में सम्मिलित होने का आमंत्रण दिया। अर्जुन इसे सहर्ष स्वीकार कर कृष्ण के साथ रैवतक-पर्वत पर पहुँचे। वहाँ उनकी दृष्टि लावण्यमयी सुभद्रा पर पड़ी। कृष्ण इस आकर्षक को ताड़ गए और मोहित अर्जुन से बोले—

"बनै चरस्य कि मंद कामेना लोड़यत्ते मनः।
यदिते वर्तते बुद्धि पृक्ष्यामि पितरं स्वयम्॥"

अर्जुन ने भी अपने आराध्य से निवेदन किया कि जब सुभद्रा सबको इतनी प्रिय है और यदि वह मुझे भी प्रिय लगती है तो इसमें कौतूहल की क्या बात है ? अर्जुन का अभिप्राय जानकर कृष्ण ने कहा—तुम जानते ही हो कि क्षत्रिय-कन्या को या तो माता-पिता दान में देते हैं या वह स्वयंवर करके अपना पति चुनती है। इन दोनों परिस्थितियों के अतिरिक्त कन्या की अभिरुचि से बलपूर्वक हरण करके कन्या की अनुमति से विवाह किया जा सकता है। अर्जुन कृष्ण के संकेत को समझ गए और उसने आश्वस्त होकर सुभद्रा का हरण कर लिया। शक्ति-मूर्ति बलराम के साथ समस्त यादव वीर इस कृत्य से बौखला उठे और युद्ध के लिए तत्पर हो गए। कृष्ण ने अत्यन्त धैर्य के साथ उन सबको समझाया कि अर्जुन ने न ही हमारे वंश का अपमान किया है और न ही सुभद्रा का। उसने तो यादव वंश की महत्ता समझकर ही सुभद्रा-हरण किया है। सुभद्रा जैसी यशस्विनी है अर्जुन वैसा ही वीर है। महाराज भरत और शान्तनु के कीर्तिशाली वंश में उत्पन्न अर्जुन सुभद्रा के लिए सब प्रकार ये योग्य वर है। यदि आपने अर्जुन से युद्ध किया और उसे हरा नहीं सके तो हमारी कीर्ति पर आँच आएगी और यदि उसे परास्त कर सुभद्रा को कहीं और ब्याह दिया तो उसका जीवन मरण तुल्य हो जाएगा। अतः आप सब शान्ति से विचार करें तथा अर्जुन से सुभद्रा का विवाह कराएँ। यादव और पांडव वंश का सहयोग जरासन्ध जैसे शत्रुओं के विनाश के लिए भी आवश्यक है। कृष्ण की

बुद्धिमत्तापूर्ण और तर्कयुक्त वाणी ने सबको शान्त कर दिया। सबकी सम्मति से सुभद्रा और अर्जुन का विवाह सम्पन्न हुआ।

एक प्रश्न सहज ही उपस्थित होता है—कृष्ण ने ऐसा क्यों किया? वस्तुत: दुर्योधन ने बलराम से गदा-युद्ध की शिक्षा प्राप्त करके उनके हृदय को जीत लिया था और बलराम सुभद्रा का विवाह दुर्योधन के साथ करने के पक्षपाती थे। कृष्ण इसके विरोधी थे किन्तु वे न इसे प्रगट होने देना चाहते थे और न ही अपने अग्रज का विरोध करना चाहते थे। वे दुर्योधन की अनीति और अधर्मचारिता से खिन्न थे। वे अर्जुन के जितने निकट थे उतने ही दुर्योधन से दूर। इन्हीं कारणों से सुभद्रा-हरण का मार्ग कृष्ण ने अर्जुन को सुझाया। उक्त कार्य के लिए स्वयं अपना रथ अर्जुन को दिया और युधिष्ठिर के पास उनकी सम्मति के लिए दूत भी प्रस्थित कर दिया। इस घटना में कृष्ण का योगदान उनकी बुद्धिमत्ता और नीतिमत्ता का द्योतक था।

महाराज धृतराष्ट्र ने पांडवों को खांडव-वन देकर सम्भवत: यह सोचा था कि पांडव या तो उस भूखंड पर राज्य ही नहीं कर पाएँगे या फिर नाग और निशाचरों के संघर्ष में समाप्त हो जाएँगे। इसके विपरीत उन्होंने कृष्ण के परामर्श और असुर मय की सहायता से ऐसी विलक्षण राजधानी निर्मित की कि देखनेवाले चकित रह गए। इन्द्रप्रस्थ के निर्माण के उपरान्त कृष्ण द्वारका लौट आए तथा युधिष्ठिर राज्य को प्रजा की निधि और न्यास मानकर राज्य करने लगे। शीघ्र ही इन्द्रप्रस्थ सर्वरूपेण श्री सम्पन्न हो गया। इन्द्रप्रस्थ के राज्य को हर प्रकार से व्यवस्थित, उन्नत और लोक-हितैषी देखकर अन्य राज्यों के प्रजाजन भी उसकी छत्रच्छाया में आने को उत्कंठित होने लगे। युधिष्ठिर को राजसूय यज्ञ के लिए प्रोत्साहन मिलने लगा। इसी बीच महर्षि नारद ने भी इन्द्रप्रस्थ पधारकर युधिष्ठिर के मन में दबी अभिलाषा को उकसाया और राजसूय यज्ञ का परामर्श दिया। उन्होंने अपने मंत्रियों और मित्रों से मंत्रणा की। सबने यज्ञ रचने का समर्थन किया। युधिष्ठिर ने निर्णय लेने के पूर्व कृष्ण की सम्मति लेना अनिवार्य समझा तथा उन्हें इन्द्रप्रस्थ पधारने का आमंत्रण देकर दूत को द्वारका प्रस्थित किया। द्वारका में इसके पूर्व एक शिष्ट-मंडल कृष्ण के पास पहुँच चुका था जो जरासन्ध के बन्दीगृह में फँसे हुए राजाओं की ओर से था। शिष्ट-मंडल ने राजाओं की मुक्ति का प्रस्ताव कृष्ण के सामने रखा। कृष्ण उस पर ध्यानावस्थित थे ही कि इन्द्रप्रस्थ का दूत धर्मराज का सन्देश लेकर पहुँचा। समस्त वृत्त जान लेने पर कृष्ण अकेले ही इन्द्रप्रस्थ की ओर चल पड़े।

कृष्ण के इन्द्रप्रस्थ पहुँचने पर युधिष्ठिर ने उन्हें राजसूय यज्ञ के प्रस्ताव से अवगत कराया और निवेदन किया—"हे कृष्ण, आप स्वार्थ रहित हैं और हमारे सच्चे हितैषी हैं। इसलिए आप यह स्पष्ट कहें कि मैं राजसूय यज्ञ कर सकता हूँ या नहीं। मुझे यह भी बतलाइए कि मुझे यह यज्ञ करना चाहिए या नहीं। जिस बात में सबसे अधिक लोकहित हो वही बात आप करें।"

कृष्ण ने युधिष्ठिर से कहा, "आप राजसूय यज्ञ कर तो सकते हैं किन्तु इसमें केवल एक ही बाधा है और वह है मगध नरेश जरासन्ध। जरासन्ध अपने आपको सम्राट घोषित किए हुए है। साम्प्रत-काल से ऐल और ऐक्ष्वाकु-वंश की एक सौ एक शाखाएँ हैं। इनमें से छियासी नरेशों को जरासन्ध कैदी बनाकर रखे हुए है और उसने घोषणा कर दी है कि जैसे ही इन बन्दियों की संख्या सौ हो जावेगी, वह महादेव के सम्मुख उनकी बलि देकर उनके रक्त-चन्दन से अपना अभिषेक करेगा। जरासन्ध के भय से कोई भी नरेश उसका विरोध नहीं करता। आप यदि राजसूय यज्ञ करना ही चाहते हैं तो पहले जरासन्ध से निपट लें। जब तक जरासन्ध जीवित है, आपका यज्ञ सफल नहीं हो सकता।

कृष्ण की असन्दिग्ध और स्पष्ट वाणी ने युधिष्ठिर को चिन्ताकुल कर दिया और उन्होंने मनोनिग्रह-युक्त शान्तिपूर्ण जीवन व्यतीत करने में ही भला समझा। कृष्ण ने पुनः युधिष्ठिर को सम्बोधित करते हुए कहा, "राजन्! शत्रु की कभी भी उपेक्षा नहीं करनी चाहिए। आपमें शत्रु-विजय, प्रजा-पालन और तपस्याशक्ति आदि सभी गुण हैं। जरासन्ध में केवल शारीरिक-बल का ही गुण है। थोड़ी सी नीति और बुद्धि-बल से जरासन्ध को परास्त किया जा सकता है। आप भीम और अर्जुन को मेरे साथ कर दें। हम किसी भी युक्ति से उसे समाप्त कर देंगे। उसे सामूहिक युद्ध में तो परास्त नहीं किया जा सकता अपितु उसे द्वन्द्व-युद्ध में ही परास्त करना पड़ेगा। जिस प्रकार तीन अग्नियों से यज्ञ-कार्य सम्पन्न होता है वैसे मैं, भीम और अर्जुन तीनों मिलकर उसका विनाश कर देंगे।" युधिष्ठिर ने कृष्ण को नीति, उपक्रम तथा शक्ति आदि बलों से सम्पन्न जानकर इस अभियान की स्वीकृति प्रदान की।

युधिष्ठिर की अनुमति लेकर कृष्ण ने अर्जुन और भीम को मौन रहने का आदेश दिया तथा वार्तालाप का सारा उत्तरदायित्व अपने ऊपर ले लिया। उन्होंने दुर्ग के पिछले द्वार को तोड़कर नगर में प्रवेश किया। उन्हें स्नातक जानकर जरासन्ध ने उनसे भेंट की और उनका सत्कार करके उनके हेतु को पूर्ण करने का वचन दिया। कृष्ण ने जरासन्ध से कहा कि उसके साथी मौनव्रती

हैं। वे अर्धरात्रि को अपना व्रत समाप्त करेंगे। कृष्णादि को यज्ञशाला में ठहराया गया और अर्धरात्रि को जरासन्ध अकेला कृष्ण और उनके साथियों के पास यज्ञशाला में पहुँचा। जरासन्ध इन स्नातकों का स्वरूप अवलोकन कर चुका था। उसने स्पष्ट कहा कि आप लोगों का वेश ब्राह्मण का है और आचरण ठीक इसके विपरीत दिख रहा है। अत: आप जो कुछ भी हों, अपने आने का प्रयोजन और अभीष्ट बतलाएँ।

सत्कार के लिए तत्पर जरासन्ध को रोकते हुए कृष्ण ने कहा—"राजन्, ब्राह्मण ही स्नातक होते हों सो बात नहीं। क्षत्रिय और वैश्य भी स्नातक हो सकते हैं। हम क्षत्रिय-स्नातक हैं। हमारे साथी मौनव्रती इसलिए हैं क्योंकि क्षत्रियों की वीरता वाणी द्वारा नहीं भुजाओं के बल द्वारा प्रकाशित होती है। वीर पुरुष मित्र-गृह में मुख्य द्वार से और शत्रु-गृह में पीछे के द्वार से प्रवेश करते हैं। हम प्रयोजन के पूर्ण होने पर ही सत्कार ग्रहण करते हैं।"

जरासन्ध ने फिर प्रश्न किया, "तुम मुझे शत्रु क्यों समझते हो? मुझे तो तुमसे शत्रुता स्थापित करने का स्मरण ही नहीं है। सम्भवत: प्रमादवश ही तुम ऐसा कह रहे हो!"

कृष्ण ने आवेश में आकर कहा, "हे राजा, हम धार्मिक क्षत्रिय हैं और धर्म की रक्षा करना हमारा परम कर्तव्य है। तुमने अपने दुष्प्रयोजन के लिए राजपुरुषों को बन्दी बनाकर रखा है। क्या यह धर्मोचित है? हम चाहते हैं तुम इन बन्दी राजाओं को शीघ्र ही बन्धनमुक्त कर दो। हम तुम्हें पापकर्म से वर्जित करने के लिए ही यहाँ आए हैं। हमारी प्रार्थना अस्वीकृत होने पर, हम तुम्हें उचित दंड देने की भी इच्छा रखते हैं। मैं वसुदेव का पुत्र और तुम्हारा पुराना शत्रु कृष्ण हूँ तथा ये दोनों पांडुनन्दन भीमसेन और अर्जुन हैं। ये दोनों मेरे मित्र हैं और पापकर्मियों को सन्मार्ग पर लाने या फिर उनके भार से धरा को हलका करने के लिए मेरे साथ कटिबद्ध हैं। अत: हमारा आग्रह है कि या तो तुम सब बन्दी राजाओं को शीघ्र ही मुक्त कर दो या फिर हम तीनों में से किसी एक के साथ मनचाहा युद्ध करो।"

कृष्ण की निर्भय बात सुनकर गर्व के साथ जरासन्ध ने युद्ध का आमंत्रण स्वीकार किया और कहा, "कृष्ण, तुमसे क्या युद्ध करूँ—तुम तो मेरे सामने से भाग गए थे। भीमसेन ही सबसे विशालकाय दिखता है किन्तु नि:शस्त्र है—मैं इसी के साथ द्वन्द्व-युद्ध करूँगा।"

कृष्ण के मन की बात हो गई। दूसरे दिन भीमसेन और जरासन्ध का द्वन्द्व-युद्ध प्रारम्भ हुआ। लगातार चौदह दिनों तक यह युद्ध चलता रहा। अन्तिम दिन

कृष्ण की उत्तेजना से भीम ने जरासन्ध को पृथ्वी पर पटककर उसके शरीर को चीर डाला। जरासन्ध की मृत्यु पर उसके पुत्र सहदेव को अभय देकर उसे राज्यारूढ़ किया और समस्त बन्दी राजाओं को मुक्त किया।

जरासन्ध-वध के उपरान्त अखिल भारतवर्ष पर पांडवों के धर्माचरण, संगठन-शक्ति और नीतिमत्ता का विलक्षण प्रभाव पड़ा। कृष्ण की छत्रच्छाया में धर्म-साम्राज्य स्थापित करने के लिए पांडवों ने शंखनाद किया। अनेक मांडलिक राजाओं ने इन्द्रप्रस्थ की धर्मसत्ता स्वतः स्वीकार कर ली। किसी ने पांडवों को पूर्व सम्बन्धी मानकर, किसी ने उनके आचरण से प्रभावित होकर, तो किसी ने उनके उत्कर्ष व शक्ति के सामने विरोध त्यागकर उनकी सत्ता स्वीकार ली। जरासन्ध के पूर्व सेनापति और चेदिराज शिशुपाल तक ने नातेदारी का सहारा लेकर युधिष्ठिर को कर देना स्वीकार कर लिया। दिग्विजय समाप्त होने पर राजसूय यज्ञ के निमंत्रण समस्त नरेशों को प्रेषित किए गए और यज्ञ की विशाल-स्तर पर तैयारियाँ प्रारम्भ हो गईं।

राजसूय यज्ञ का यह विराट सम्मेलन अपने ढंग का अनूठा था। कृष्ण की सम्मति से प्रत्येक कार्य का यथोचित बँटवारा किया गया जिससे सब कुछ निर्विघ्न सम्पन्न हो सके। इस यज्ञ में भाग लेने के लिए भीष्म पितामह, महाराज धृतराष्ट्र व दुर्योधन समेत उनके पुत्र, आचार्य द्रोण, महामंत्री विदुर, कर्ण, शल्य, सोमदत्त, भूरिश्रवा, जयद्रथ, शाल्व, भगदत्त और शिशुपाल आदि सभी नरेश पधारे। इनमें केवल भीष्म, विदुर और आचार्य द्रोण ही थे जो हृदय से पांडवों का उत्कर्ष चाहते थे। शेष सबकी आन्तरिक अभिलाषा यही थी कि यज्ञ में विघ्न पड़ जाए और वह सम्पन्न न हो सके। कार्य-विभाजन के समय कृष्ण ने विद्वान व तपस्वी ब्राह्मणों के चरण धोने व सत्कार का कार्य स्वतः अपने पास रखा। इस महायज्ञ में जो कार्य कृष्ण ने करना स्वीकार किया, वह उनकी विनयशीलता और सेवावृत्ति के बिलकुल अनुरूप था। उस युग का प्रमुख वीर और राजनीति विशारद मुख्य सेवक की भूमिका का निर्वहन कर रहा था। यह नम्रता और सदाशयता कृष्ण के उस अभिप्राय की द्योतक थी जिसकी पूर्ति के लिए यह महायज्ञ रचा गया था। कृष्ण के परामर्श से महाराज युधिष्ठिर ने बन्धु-बान्धवों समेत यज्ञ का शुभारम्भ किया। यज्ञ की सानन्द समाप्ति पर कृष्ण ने अपने पांचजन्य शंख में समुद्रों व तीर्थों का जल भर कर धर्मराज का अभिषेक किया।

यज्ञ की समाप्ति पर जब समस्त आमंत्रित नरेश अपने-अपने स्थान पर विराजमान हुए तब भीष्म पितामह ने युधिष्ठिर को आदेश दिया कि वे यज्ञ

समारोह में पधारे हुए समस्त नरेशों का यथायोग्य पूजन और सत्कार करें। सर्वप्रथम अर्घ्य किसे दिया जाए के प्रश्न पर भीष्म ने कहा, "धर्मराज! पृथ्वी पर यदुवंश शिरोमणि कृष्ण ही प्रथम पूजा के योग्य हैं। क्या तुम देख नहीं रहे हो कि समस्त उपस्थित जनों में अपने तेज और पराक्रम से कृष्ण वैसे ही देदीप्यमान हो रहे हैं जैसे आकाश-मंडल में सूर्य।"

ऐसा कहते हुए भीष्म ने सहदेव को आज्ञा दी कि वे कृष्ण को प्रथम अर्घ्य दें। कृष्ण की प्रथम पूजा होते देख चंदेरी का पराक्रमी राजा शिशुपाल, जो जरासन्ध का सेनापति था, आपे से बाहर हो गया। रुक्मिणी-हरण के प्रसंग का स्मरण शिशुपाल को आग-बबूला कर गया। उसने युधिष्ठिर से कहा, "आपने कृष्ण का प्रथम-पूजन कर अच्छा नहीं किया। भीष्म पितामह तो सठिया गए हैं। उनकी सलाह पर आपने यह निन्दनीय कार्य किया है। कृष्ण न तो ऋषि हैं, न आचार्य और न राजा ही। कृष्ण के पिता वसुदेव, आचार्य द्रोण, कृपाचार्य और द्रुपद जैसे व्यक्तियों का तिरस्कार कर कृष्ण की अग्र-पूजा कर आपने अनुचित व्यवहार किया है। क्या हम सबका इस तरह अपमान करने के लिए ही आपने हमें आमंत्रित किया था।"

शिशुपाल फिर कृष्ण को सम्बोधित करते हुए बोला, "यदि पांडवों ने यह कार्य भयवश किया है तो तुम स्वयं नहीं कह सकते थे कि तुम इस पूजा के अयोग्य हो। कुत्ता जैसे दूसरों की खीर चाटकर प्रसन्न होता है वैसे ही तुम भी प्रसन्न हो रहे हो। हमने भीष्म और युधिष्ठिर का वास्तविक रूप समझ लिया और तुम्हें भी जान गए।" इस प्रकार बड़बड़ाता हुआ शिशुपाल सभा-मंडप से बाहर जाने लगा।

युधिष्ठिर ने शिशुपाल को रोकने और समझाने का प्रयत्न किया। धर्मराज के शान्त प्रवचन से शिशुपाल के क्रोध की ज्वाला और भभकने लगी। इस पर भीष्म ने युधिष्ठिर से कहा, "हे युधिष्ठिर! उसको सान्त्वना देना व्यर्थ है। वह परम श्रेष्ठ कृष्ण का पूजन नहीं देख सकता। मैंने कृष्ण का पूजन किसी कामना, भय या उपकार की इच्छा से नहीं किया। कृष्ण वीरता, शास्त्रज्ञान, चातुर्य, शील, कीर्ति, नम्रता, लक्ष्मी, धृति, तुष्टि, पुष्टि और उत्तम बुद्धि के समन्वित-स्वरूप हैं। वे सब प्रकार से पूजनीय हैं। यदि शिशुपाल इस पूजन को अनुचित समझता है तो जो उचित लगे वह करे।"

नवयुवक सहदेव ने शिशुपाल की क्रोधाग्नि में यह बोलकर एक और आहुति डाल दी, "जो श्रीकृष्ण की पूजा को सहन नहीं कर सकता उसके मस्तक पर हम यह पैर रखते हैं। यदि किसी में बल हो तो प्रत्युत्तर दे।"

शिशुपाल क्रोध से अन्धा हो रहा था। उसने कुछ राजाओं को बुलाकर मंत्रणा की और यज्ञ-विध्वंस की सलाह दी। युधिष्ठिर और कृष्ण दोनों ने उसके विरोधी भाव को ताड़ लिया। भीष्म ने युधिष्ठिर को शान्त रहकर कृष्ण की शक्ति में विश्वास रखने की सलाह दी। अन्य राजाओं का बल पाकर शिशुपाल ने दुर्वचनों की झड़ी लगा दी। उसने ललकारकर कृष्ण को युद्ध का आह्वान दिया।

कृष्ण अभी तक चुप थे। शिशुपाल द्वारा युद्ध की चुनौती मिलने पर उनका चुप रह जाना भीरुता होती। अतएव समस्त राजाओं को सम्बोधित करते हुए कृष्ण ने शिशुपाल का वृत्तान्त सुनाया और बतलाया कि उन्होंने शिशुपाल की माता को उसके सौ अपराध क्षमा करने का वचन दिया था। इस क्षमा की सीमा भी अब समाप्त हो चुकी है। वह पांडवों के इस यज्ञ और साम्राज्य को नष्ट करने को उद्यत है। यह उन्हें असह्य है। इतना कहकर उन्होंने सुदर्शन-चक्र से युद्धोन्मत्त शिशुपाल का सिर धड़ से अलग कर दिया। शिशुपाल की मृत्यु पर उसके पुत्र को उसकी जगह राजा बनाया गया।

राजसूय की समाप्ति पर कृष्ण ने अपनी बुआ कुन्ती के दर्शन किए तथा पांडवों से द्वारका जाने की अनुमति ली। कृष्ण ने युधिष्ठिर को सम्राट पद का दायित्व समझाते हुए और सावधान रहने की मंत्रणा देकर द्वारका के लिए प्रस्थान किया। धर्मराज युधिष्ठिर अब चक्रवर्ती नरेश घोषित हो चुके थे। उनके व्यक्तिगत आचरण में अधार्मिकता और अनीति तो कहीं हो भी नहीं सकती थी किन्तु जिस महत् पद पर वे आसीन हुए थे उसके महा भार को वहन करने की उनकी राजकीय योग्यता की परीक्षा अभी शेष थी। काल-पुरुष ने वह परीक्षा विचित्र रूप में ली।

यज्ञ के समय देश के विभिन्न राजाओं की ओर से जो उपहार आए थे उनका लेखा-जोखा दुर्योधन के दायित्व में था। अपने जन्मजात प्रतिद्वन्द्वी पांडवों के कोष में उस अपार सम्पत्ति का प्रवेश देखकर दुर्योधन के विषाक्त हृदय में द्वेषाग्नि का जल उठना स्वाभाविक ही था। दुर्योधन हृदय की व्यथा व्यक्त करे भी तो किससे ? दुर्भाग्यवश एक और घटना ने इस अग्नि में एक और आहुति डाल दी। मय दानव द्वारा निर्मित सभा-स्थल की कला का अवलोकन करते समय दुर्योधन एक जगह दीवार से टकरा गया और एक जगह जलकुंड में गिर गया। भीमसेन और द्रौपदी को इस पर हँसी आ गई। किसी ने व्यंग्य भी कस दिया कि अन्धे के पुत्र भी अन्धे होते हैं। चोट खाए हुए सर्प की तरह वह हस्तिनापुर वापिस आया। उसने मामा शकुनि से पूछा

कि क्या संसार में प्रारब्ध ही सब कुछ है और क्या पुरुषार्थ पंगु है? अपने शत्रुओं के ऐश्वर्य को न सह सकने तथा अपमान के कारण अपने जीवन को समाप्त करने का विचार भी दुर्योधन ने अपने मामा पर प्रकट कर दिया। गम्भीर चिन्तन और विमर्श के उपरान्त शकुनि ने दुर्योधन को वह उपाय बतलाया जिससे बिना रक्तपात के पांडवों का सारा राजपाट उसके अधीन हो जाएगा।

यह सीधा-साधा उपाय था 'द्यूत-क्रीड़ा' द्वारा पांडवों का राज्य जीत लेना। दुर्योधन की बाछें खिल उठीं। अब प्रश्न था महाराज युधिष्ठिर को आमंत्रित करने का तथा महाराज धृतराष्ट्र को दुर्योधन की शारीरिक और मानसिक कल्पित स्थिति से अवगत कराने का। वृद्ध पिता धृतराष्ट्र का चिन्तित होना स्वाभाविक था। उन्होंने दुर्योधन को बुला भेजा। शकुनि वहाँ थे ही। उन्होंने दुर्योधन के यह स्पष्ट कह देने पर कि वह पांडवों का वैभव सहन नहीं कर सकता—दुर्योधन की दशा को बढ़ा-चढ़ाकर धृतराष्ट्र के सम्मुख प्रस्तुत किया तथा लगे हाथ इस चिन्ता के निवारण का उपाय भी प्रकट कर दिया। द्यूत का नाम सुनकर महाराज धृतराष्ट्र पहले तो चौंके फिर पुत्र मोह के कारण उन्होंने अपना निर्णय महामति विदुर की सम्मति पर छोड़ दिया। विदुर ने द्यूत के विरुद्ध सम्मति दी किन्तु अन्धे और वृद्ध पिता की, पुत्र के हठ और पुत्र के प्रति उनकी ममता ने कुछ भी नहीं चलने दी। उन्होंने द्यूत-क्रीड़ा हेतु निमंत्रण की स्वीकृति दे दी। महात्मा विदुर को ही इन्द्रप्रस्थ जाकर आमंत्रण देने का कार्य सौंपा गया। विदुर ने युधिष्ठिर को द्यूत न खेलने की सम्मति दी किन्तु होनी इससे कहीं अधिक बलवान प्रमाणित हुई।

युधिष्ठिर अपने भाइयों और महारानी द्रौपदी के साथ हस्तिनापुर आए। खल मंडली जमा हुई और द्यूत प्रारम्भ हुआ। दाँव लगने लगे। दुर्योधन की ओर से कपटी शकुनि पाँसे फेंकने लगा। युधिष्ठिर निरन्तर पराजित होने लगे। बीच में विदुर ने इस षड्यंत्र को रोकने का निष्फल प्रयास किया। दुर्योधन से कटु शब्द सुनकर और भावी को प्रबल मानकर वे भी शान्त हो गए। युधिष्ठिर समस्त साम्राज्य के साथ अपने आपको, भाइयों को और अन्त में द्रौपदी को भी दाँव पर लगाकर हार गए। बस फिर क्या था! नीचता का तांडव प्रारम्भ हुआ। द्रौपदी को केशों से पकड़कर दु:शासन द्वारा भरी सभा में लाया गया। दु:शासन यह भी भूल गया कि ये द्रौपदी के वही केश थे जो कुछ समय पूर्व अवभृथ स्नान के समय मंत्रों से धोए गए थे। वह यह भी भूल गया कि द्रौपदी रजस्वला है और एकवस्त्रा है। राजसभा अवांछितों की सभा जान पड़ रही थी।

किसी ने उसे दासी कहा तो किसी ने वेश्या। द्रौपदी ने दुहाई देकर धर्म, न्याय और औचित्य के नाम पर प्रत्येक से प्रश्न पूछे किन्तु सब असहाय से देखते रहे। मात्र एक विकर्ण ने इस दुष्कृत्य का विरोध किया किन्तु उसकी वाणी 'नक्कारखाने में तूती' ही सिद्ध हुई। कर्ण ने गर्जना करते हुए विकर्ण को चुप कराया और द्रौपदी को पंचभर्तारी होने के कारण व्यभिचारिणी तक कह डाला। उसने दुःशासन से कहा कि वह द्रौपदी को निर्वस्त्र कर दे। दुर्योधन ने अपनी जंघा ठोकते हुए द्रौपदी को उस पर बैठने का संकेत किया। इन कृत्यों से भीम की सहन-शक्ति का तटबन्ध टूट गया और उसने गर्जना करते हुए प्रतिज्ञा की कि वह दुर्योधन की जंघा तोड़कर इसका बदला लेगा। इस सबसे अनभिज्ञ बने हुए दुःशासन ने द्रौपदी के वस्त्र खींचना प्रारम्भ किया। मदोन्मत्तों के नेत्र व कान अपनी संज्ञा खो चुके थे और बुद्धि अन्धकार से ग्रस्त हो चुकी थी। पांडव दास बन चुके थे इसलिए चुप थे। असहाय द्रौपदी ने चारों ओर से निराश होकर जगन्नियन्ता को पुकारा—

"हे नाथ, हे रमानाथ, हे दीनबन्धु, हे जनार्दन, हे महायोगी, हे विश्वान्तर्यामी! मैं कौरवों के महासमुद्र में डूबी जा रही हूँ। मेरी रक्षा करो।"

प्रार्थना करती हुई द्रौपदी विकल्प-संज्ञा हो गई। ईश्वरीय सत्ता में आस्था रखनेवालों की प्रार्थना कभी व्यर्थ नहीं जाती और इसी प्रार्थना ने कृष्ण का रूप रखकर द्रौपदी की रक्षा की।

जघन्यता का नंगा नाच देखकर सभा में उपस्थित सभी के मन पर यह काली छाया घिर आई कि कुरुवंश की कीर्ति अब विनष्ट होने को है तथा धृतराष्ट्र और उसके वंशजों का अन्त समीप है। भीमसेन की हुंकारती हुई दूसरी प्रतिज्ञा ने—कि वह दुःशासन की छाती के रक्त से द्रौपदी के केश रंजित करेगा—सम्पूर्ण सभा को भय से संज्ञा-शून्य कर दिया।

इन कुकृत्यों के समाचार जब पतिव्रता गान्धारी तक पहुँचे तो वे भयभीत हो गईं। उन्होंने धृतराष्ट्र और दुर्योधन की सभा में पहुँचकर भर्त्सना की। द्रौपदी को निकट बुलाया और सान्त्वना देते हुए अपने बेटों के अपराधों को क्षमा करने की याचना की। रोती हुई द्रौपदी कोई भी उत्तर नहीं दे सकी तब धृतराष्ट्र ने उससे अपनी इच्छानुसार वर माँगने को कहा। द्रौपदी ने वर माँगते हुए युधिष्ठिर समेत समस्त भाइयों को दासत्व से मुक्ति का निवेदन किया जिससे कोई उसके पुत्रों को दासपुत्र न कह सके। धृतराष्ट्र ने जब दूसरा वर माँगने को कहा तो द्रौपदी ने पांडवों के अस्त्र-शस्त्र और रथ वापिस माँग लिये। धृतराष्ट्र इतने पर भी सन्तुष्ट न हुए उन्होंने और वर माँगने को कहा।

तब द्रौपदी ने मना करते हुए कहा कि शास्त्रानुसार क्षत्रिय स्त्री दो से अधिक वर नहीं माँग सकती। द्रौपदी की बुद्धिमानी और साहस की सभी ने मुक्त-कंठ से प्रशंसा की। यहाँ तक कि कर्ण भी उसकी प्रशंसा करने से नहीं चूका।

दासता से मुक्ति पाकर पांडवों ने धृतराष्ट्र के सम्मुख उपस्थित होकर प्रस्थान की आज्ञा माँगी। धृतराष्ट्र ने उनका सत्कार करते हुए कहा—

"अजातशत्रु यधिष्ठिर! तुम द्यूत में जो कुछ भी हारे हो वह सब मैं तुम्हें वापिस लौटाता हूँ। तुम बुद्धिमान, धर्म-मर्मज्ञ, विनम्र और क्षमाशील हो। मेरी और गान्धारी की ओर देखकर दुर्योधन के दुष्कृत्य को भूल जाओ। उसे क्षमा कर दो। अब तुम खांडवप्रस्थ वापिस लौट जाओ।"

दुःशासन से यह समाचार प्राप्त कर कि धृतराष्ट्र ने उन सबका खेल चौपट कर दिया—दुर्योधन, कर्ण और शकुनि आदि ने आपस में विचार-विमर्श किया और धृतराष्ट्र के पास पहुँचकर विनयपूर्वक निवेदन किया—

"महाराज, डसने को तत्पर क्रोधित सर्पों को गले में लटकाकर कौन बच सकता है? पांडव भी वर्तमान में ऐसे ही सर्पों के समान हैं। वे हमें क्षमा नहीं करेंगे। यदि उन्होंने हम पर धावा बोल दिया तो हममें से कोई भी जीवित नहीं बचेगा। इसलिए हम उनसे एक बार और द्यूत खेलना चाहते हैं। अबकी बार केवल यह शर्त होगी कि पराजित पक्ष अपने भाइयों सहित बारह वर्ष वनवास में रहेगा और तेरहवाँ वर्ष अज्ञातवास में। यदि वे अज्ञातवास में पहचान लिये गए तो पुनः इसी क्रम से उन्हें वनवास और अज्ञातवास भोगना होगा।"

दुर्योधन ने अपने पिता से यह विनती स्वीकार करने की प्रार्थना करते हुए धमकी दी कि यदि उन्होंने इसे स्वीकार नहीं किया तो वह आत्महत्या कर लेगा। धृतराष्ट्र के सामने कोई विकल्प नहीं था इसलिए उन्होंने आज्ञा दे दी। एक बार फिर द्यूत हुआ और पांडव फिर से हारे। उन्होंने राजपाट त्यागकर सबसे विदा ली और वन को प्रस्थान किया।

'काल' की गति बड़ी विचित्र होती है। जिस नवीन सत्ता को कृष्ण और पांडवों ने अमित परिश्रम, साहस और पराक्रम से स्थापित किया था, वह अस्थियों के पाँसों की करवटों पर समाप्त हो गई। धर्मराज्य की स्थापना के लिए किए गए राजसूय यज्ञ की आँच अभी ठंडी भी नहीं हुई थी कि धूर्त शकुनि ने चुटकी बजाते हुए उस राज्य के स्वप्न को चूर-चूर कर दिया। जिस महाशक्ति ने बुझे हुए दीपक को अपूर्व स्नेह-दान से पुनः प्रज्वलित किया था, वह छल के एक झोंके से बुझ गया और सघन अन्धकार के सुगम पथों को

अपने उदर में समाविष्ट कर लिया। सम्भवत: कृष्ण इसी आशंका से द्वारका जाते हुए युधिष्ठिर को आगाह कर गए थे कि—

"अप्रमत: स्थितो नित्यं प्रजा: पाहि विशांपते।"

व्यासदेव भी यज्ञ के पश्चात् कैलाश जाते हुए भविष्य का संकेत दे गए थे कि—

"अप्रमत: स्थितो दान्त: पृथिवीं परिपालय।"

तभी से युधिष्ठिर के चित्त पर एक सन्देह अपनी छाया डाले हुए था। उन्होंने समझ लिया था कि विग्रह उनके ही कारण होगा। इसी कारण 'धर्मराज' की उपाधि से विभूषित युधिष्ठिर ने अपने राजर्षि रूप को बिलकुल भुला दिया और केवल व्यक्तिगत धर्माचरण सिद्ध करने के अभिप्राय से नम्रभाषी बनना स्वीकार किया जिससे विद्रोह उत्पन्न न हो सके। युधिष्ठिर का द्यूत-कर्म अनर्थयुक्त व्यवहार था। विशेष रूप से तब जब विदुर सरीखे नीतिज्ञ ने उन्हें इससे दूर रहने की सम्मति दी थी और द्यूत-कर्म का दोबारा आचरण तो नि:सन्देह ही उनकी बुद्धिमत्ता में व्यतिरेक उत्पन्न करनेवाला था। निश्चित था कि वे अप्रमत्त और दान्त नहीं रहे थे। इस समस्त अध्याय की विकरालता उस समय सहस्र गुनी बढ़ गई जब इसमें द्रौपदी-कांड भी सम्मिलित हो गया। कृष्ण तक कौरवों के समस्त अपराध भूलने को तैयार थे किन्तु पांचाली का स्मरण आते ही उनकी वृत्ति पलट जाती थी। कौरवों ने जो किया था वह इतना पापपूर्ण था कि उसका प्रायश्चित्त बिना रक्त-स्नान के सम्भव नहीं था।

कौरवों का आचरण इतना घृणित था कि उसके परिणामस्वरूप एक ही वृक्ष की दो शाखाएँ सदा-सदा के लिए अलग हो गईं और भविष्य में होनेवाले भीषण संग्राम की अग्नि-शलाका प्रज्वलित कर दी गई।

भारतीय युद्ध की भूमिका

जिस समय हस्तिनापुर में धूर्तता और अधर्म का नया अध्याय लिखा जा रहा था उस समय कृष्ण द्वारका में नहीं थे। वे शिशुपाल के मित्र शाल्व से युद्ध कर रहे थे। युद्ध में शाल्व को पराजित करने के उपरान्त जब वे द्वारका आए तो उन्हें हस्तिनापुर की घटनाओं के समाचार विदित हुए। कर्मयोगी कृष्ण हतप्रभ रह गए किन्तु चित्त को शान्त कर काम्यक वन पहुँचे जहाँ पांडव वनवास कर रहे थे। क्षुब्ध कृष्ण को सामने देखकर दीन द्रौपदी रो पड़ी और अपने अपमान का उल्लेख कर सहायता का अभिवचन माँगने लगी।

द्रौपदी को सान्त्वना देते हुए कृष्ण ने कहा, ''हे कल्याणी! तुम जिन पर क्रोधित हो उनकी स्त्रियाँ भी इसी तरह रोएँगी। कुछ काल के पश्चात् अर्जुन के बाणों से कटकर वे अत्याचारी भूमि पर लोटेंगे। तुम शोक मत करो। मैं वही काम करूँगा जो पांडवों के हित के अनुकूल होगा। मैं प्रतिज्ञा करता हूँ कि तुम राजरानी बनोगी। चाहे यह सम्पूर्ण प्रकृति अपना आचरण बदल दे परन्तु हे द्रौपदी! मेरी वाणी असत्य नहीं होगी।''

फिर उन्होंने युधिष्ठिर को सम्बोधित करते हुए कहा, ''यदि मैं उस समय वहाँ होता तो आपको यह कष्ट नहीं झेलना पड़ता। आप सब धैर्य धारण करें। काल-चक्र की गति शीघ्र ही पलटेगी।''

काम्यक वन में पांडवों व पांचाली को सान्त्वना देकर कृष्ण वापिस द्वारका लौट गए। कृष्ण की उस समय की मनोदशा का तो मात्र अनुमान ही लगाया जा सकता है। विश्व-मंगल के पवित्र-संकल्प से प्रेरित तथा लोकहितकारी भावना से मंडित जिस 'धर्मराज्य' का पौधा उन्होंने बड़े मनोयोग से इन्द्रप्रस्थ में आरोपित किया था, उसे मदोन्मत्त पशुओं द्वारा निर्ममता से कुचले जाने पर भी, कृष्ण न तो हतोत्साहित हुए और न ही अकर्मण्य हुए। वे उस उखड़े हुए पौधे को संस्कारित कर पुनः आरोपित करने के उद्योग में रत हो गए। यह विधि का विधान ही था अन्यथा मानव जाति उस विश्वप्राण की योगमुक्त वाणी से

प्रगट हुए मंत्र-रत्नों से वंचित रह जाती जो आज भी संसार की अमूल्य आध्यात्मिक निधि माने जाते हैं। 'धर्मराज्य' पर आए हुए संकटों का भौतिक परिणाम चाहे जो हुआ हो किन्तु उसके प्रतिफलस्वरूप ही विश्व को एक महामानव और भारतीयों को एक अवतारी पूर्ण पुरुष की उपलब्धि हो सकी।

काल की धारा अनवरत बहती रहती है। पांडवों के लिए आगत तेरह वर्ष का काल तपस्या, संयम और शक्ति-संचय का युग था। इसे उन्होंने व्यर्थ नहीं जाने दिया। अर्जुन ने शिव आराधना करके 'पाशुपतास्त्र' प्राप्त किया तथा स्वर्ग-यात्रा कर विभिन्न दिव्यास्त्र प्राप्त किए। वनवास की दुरवस्था में पांडवों का नैतिक बल नष्ट करने और अपने वैभव के प्रदर्शन के लिए दुर्योधन ने कर्ण के साथ वन गमन किया। संयोगवश दुर्योधन और कर्ण की गन्धर्वों से मुठभेड़ हो गई। गन्धर्वों के सम्मुख कर्ण भी युद्ध न कर सका और रण छोड़कर भाग खड़ा हुआ। गन्धर्वों के नायक चित्रसेन ने दुर्योधन को बन्दी बना लिया और कौरव स्त्रियों सहित उन्हें गन्धर्व लोक ले जाने लगा। बचकर भागे हुए सैनिकों से समाचार पाकर युधिष्ठिर ने कुल की प्रतिष्ठा के हेतु अर्जुन और भीम को आज्ञा दी कि वे जाकर दुर्योधन को मुक्त कराएँ। युधिष्ठिर व अर्जुन की इच्छानुसार अर्जुन के मित्र चित्रसेन ने दुर्योधन आदि को मुक्त कर दिया। लज्जित व व्यथित दुर्योधन हस्तिनापुर रवाना हुआ। राह में कर्ण और दुःशासन मिल गए। ग्लानिपूरित दुर्योधन ने बिना अन्न-जल ग्रहण किए मृत्यु की वांछना प्रारम्भ कर दी। अन्यान्य लोगों के समझाने पर व्रत त्यागकर वह घर पहुँचा। भीष्म पितामह ने रण त्यागकर भागे हुए कर्ण की घोर भर्त्सना की और उसके शौर्य पर प्रश्नचिह्न अंकित कर दिया।

कौरवों ने पांडवों की समता के उद्देश्य से विष्णु-यज्ञ का आयोजन किया। यज्ञ के पश्चात् कर्ण ने अर्जुन-वध की प्रतिज्ञा ली। उसने अपनी दानवृत्ति के अनुरूप यह भी घोषणा की कि कोई भी व्यक्ति उससे जो याचना करेगा, उससे वह कभी भी विमुख नहीं होगा। वनवास के बारह वर्षों में कष्टपूर्वक जीवन व्यतीत करते हुए पांडवों ने अधिकाधिक शक्ति अर्जित की। तेरहवाँ वर्ष प्रारम्भ होते ही द्रौपदी सहित पांडव बन्धु वेश व नाम परिवर्तित कर महाराज विराट के संरक्षण में गुप्त रूप से जीवन व्यतीत करने लगे।

घमंड से चूर दुर्योधनादि ने विराट राज्य पर आक्रमण कर उसकी गायें छीन लीं और उन्हें हाँककर ले जाने लगे। छद्म वेशधारी अर्जुन ने वृहन्नला के रूप में विराट-पुत्र उत्तर को रथ पर बिठाया और युद्ध के लिए निकल पड़ा। उसने दुर्योधन और कर्ण आदि को हराकर गायों को छुड़ा लिया। कौरवों में

से किसी ने भी उसे नहीं पहचाना। केवल गुरु द्रोणाचार्य अवश्य उसे ताड़ गए। महाराज विराट को जब अपने छद्मवेशी चाकरों की यथार्थता का ज्ञान हुआ तो वे पांडवों से क्षमा माँगने लगे। राजा ने अपनी पुत्री उत्तरा का विवाह अर्जुन के साथ करने का प्रस्ताव रखा। उत्तरा क्योंकि अर्जुन की शिष्या थी इसलिए उसने अपने पुत्र अभिमन्यु के साथ उसके विवाह की स्वीकृति दे दी। इसी समय अज्ञातवास के रूप में तेरहवाँ वर्ष समाप्त हुआ और पांडव प्रकट हो गए। यह समाचार धृतराष्ट्र व दुर्योधन आदि को निरभ्र से वज्रपात जैसा भयानक लगा और उनके हृदय काँप गए।

पांडवों की आपत्ति निशा समाप्त हो चुकी थी और सौभाग्य का उष:काल अपनी स्वर्णिम आभा प्रदीप्त कर चुका था। कृष्ण अभिमन्यु और यादव वीरों सहित विराट-नगर पहुँचे और अभिमन्यु तथा उत्तरा के परिणय की तैयारियों में व्यस्त हो गए। उत्तरा-अभिमन्यु के शुभ-विवाह के अवसर पर पांचाल नृपति द्रुपद भी अपने पुत्र एवं साथियों सहित उपस्थित थे। विवाह सम्पन्न हो चुकने के पश्चात् समस्त राज-समुदाय एक सभा के रूप में एकत्रित हुआ। इस सभा के समक्ष केवल एक ही ज्वलन्त प्रश्न था कि अब पांडवों को क्या करना चाहिए? इस प्रश्न के उत्तर में सबकी उत्सुक आँखें कृष्ण की ओर उठी हुई थीं। सबका अभिप्राय समझकर कृष्ण ने धीर-गम्भीर वाणी में अपना मत व्यक्त करते हुए कहा, ''हे नृप श्रेष्ठो! आप सबको विदित ही है कि जब ये पांडव बालक थे तभी से क्रूर स्वभाव वाले कौरव इनके पीछे पड़े हुए हैं और इनका राज्य हड़पने के लिए तरह-तरह के षड्यंत्र रच रहे हैं। यद्यपि धृतराष्ट्र के पुत्रों के कारण इन सबको असह्य कष्ट भोगने पड़े हैं परन्तु पांडव सदैव उन अपराधियों का मंगल ही चाहते रहे हैं। ये लोग सदा सत्य पर आरूढ़ हैं और अपनी प्रतिज्ञा का पूरा-पूरा पालन भी इन सबने किया है। यद्यपि संख्या में ये कौरवों से स्वल्प हैं तथापि बल, वीर्य और पराक्रम में अतुल्य हैं। यदि इनका जन्म-सिद्ध अधिकार धर्मोचित रूप से इन्हें नहीं मिला तो उसे प्राप्त करने के लिए ये कौरवों को स्वाहा भी कर सकते हैं। दुर्योधन के विचारों का भी हमें अभी ठीक-ठीक पता नहीं है। दूसरे पक्ष का विचार जाने बिना किसी भी बात का निश्चय कर डालना भी उचित नहीं है। इसलिए किसी पवित्र चित्त, सावधान, धर्मात्मा और सामर्थ्यवान पुरुष को दूत बनाकर हस्तिनापुर भेजना चाहिए जो कौरवों का मन्तव्य जान सके तथा पांडवों को उनके अधिकार दिलाने का यत्न कर सके।''

बुद्धि-प्रवर कृष्ण के निष्पक्ष और प्रगल्भित भाषण का यथेष्ट प्रभाव पड़ा। उनके ज्येष्ठ बन्धु बलराम भी प्रभावित हुए और उन्होंने कहा, ''कृष्ण

का विचार दोनों पक्षों के लिए हितकर है। वीर कुन्ती पुत्रों को आधे राज्य के लिए ही प्रयत्न करना चाहिए। दुर्योधन यदि आधा राज्य दे दे तो सब कुछ आनन्दपूर्वक सुलझ सकता है। यदि यह निपटारा हो जाए तो मुझे बड़ी प्रसन्नता होगी किन्तु जो दूत हस्तिनापुर भेजा जाए वह कौरवों को धमकी न देकर नम्रतापूर्वक उनसे निवेदन करे। कौरवों को कुपित नहीं किया जाना चाहिए। उन्होंने सबल होकर इनकी राज्य-लक्ष्मी छीनी है। युधिष्ठिर को जुए का व्यसन था और उसकी पूर्ति में वे हारे भी। दोष शकुनि का न होकर युधिष्ठिर का ही है।''

बलराम की उभयपक्षीय सन्दिग्धार्थ शब्दावली से और विशेष रूप से यह जानकर कि आधा राज्य दया व दान के रूप में माँगा जाए, वीरसेनानी सात्यकि को दुख हुआ। उसने बलराम जी से प्रति प्रश्न करते हुए पूछा, ''यदि द्यूत विद्या से अनभिज्ञ किसी व्यक्ति को, उस कला में निपुण और चालाक पुरुष छल और चतुराई से हरा दे तो क्या उस विजय को धर्मविजय कहा जा सकता है? द्यूत-अनुबन्ध के अनुसार ये वनवास की अपनी अवधि भी पूरी कर चुके हैं। ऐसी स्थिति में ये कौरवों से भिक्षा माँगें और उनके सम्मुख मस्तक झुकावें, यह कैसे हो सकता है? यदि कौरव न्याय को तत्पर नहीं हुए तो हम शकुनि सहित कौरवों को मारकर युधिष्ठिर का राज्याभिषेक करेंगे।''

राजा द्रुपद ने भी अपने विचार व्यक्त करते हुए कहा, ''महाबाहो! दुर्योधन शान्ति से राज्य नहीं देगा। पुत्रमोह में धृतराष्ट्र भी उसी का अनुवर्तन करेंगे। भीष्म और द्रोण आश्रय-पालित होने के कारण तथा कर्ण और शकुनि मूर्खतावश दुर्योधन का विरोध नहीं करेंगे। मीठी-मीठी बातों से कार्य-सिद्धि होने की नहीं फिर भी शान्ति से निबटारा करने के लिए हम दूत अवश्य भेजें। साथ ही शीघ्रता से अपने मित्रों के पास भी दूत भेजें कि वे अपनी-अपनी सेनाएँ सज्जित कर युद्ध में सम्मिलित होने के लिए तत्पर रहें।''

उक्त मत-विमत के पश्चात् कृष्ण ने द्रुपद की भूरि-भूरि प्रशंसा करते हुए उनके कहे अनुसार ही कार्य करने का आदेश दिया तथा द्रुपद से निवेदन किया कि वे अपने विद्वान पुरोहित को दूत बनाकर कौरवों के पास भेजें। उन्होंने यह भी आग्रह किया कि युद्ध की तैयारियों के लिए भी अन्य राजाओं के पास रण-निमंत्रण भिजवाएँ। कृष्ण ने स्पष्ट रूप से यह घोषित किया कि यदि युद्ध हुआ तो विजय पांडवों की ही होगी। स्वतः अपने लिए मैं केवल इतना ही कहूँगा कि सबको निमंत्रण देने के उपरान्त ही मुझे बुलवाएँ—

''अन्येषां प्रेषयिलाच पश्चादस्यान समाह्वये।''

द्रुपदराज के मन्तव्यानुसार उनके पुरोहित सन्धि प्रस्ताव लेकर हस्तिनापुर पहुँचे। धृतराष्ट्र उनके आने का तात्पर्य समझ गए। दूत के समक्ष धृतराष्ट्र के तीक्ष्ण संवाद से भीष्म और कर्ण के बीच वाद-विवाद उत्पन्न हो गया। राजनीतिज्ञ धृतराष्ट्र ने यह सोचकर कि पांचाल-दूत के वहाँ अधिक ठहरने पर घर के अधिक भेद ही उजागर होंगे आदरपूर्वक दूत को यह कह वापिस कर दिया कि शीघ्र ही कौरव पक्ष का उत्तर लेकर उनके मंत्री संजय आवेंगे। धृतराष्ट्र को यह निश्चय हो गया था कि युद्ध अनिवार्य है अतएव अपने पक्ष को संगठित कर, उसका सम्मिलित बल तौल लेने के पश्चात् ही उन्होंने युधिष्ठिर के पास संजय को भेजना उचित समझा।

सम्भावित युद्ध की आशंका से दुर्योधन भी चुप नहीं बैठा। उसने सबसे पहले 'कृष्ण मिताई' के रूप में पांडवों पर प्रहार किया। वह स्वयं कृष्ण से मिलने द्वारका गया। अर्जुन को जब इस बात का पता लगा तो वह भी भागा हुआ द्वारका पहुँचा। कृष्ण के शयनागार में दुर्योधन गर्वपूर्वक कृष्ण के सिरहाने रखी चौकी पर आसन जमाए हुए था। कृष्ण निद्रा निमग्न थे। अर्जुन चुपचाप पायताने रखी चौकी पर बैठ गए। कृष्ण जागे तो उन्होंने सम्मुख अंजलि-बद्ध अर्जुन को देखा, फिर पीछे मुड़कर देखने में उनकी दृष्टि दुर्योधन पर पड़ी। कृष्ण ने कुशलक्षेम के पश्चात् दोनों के आने का कारण पूछा। दुर्योधन ने भावी युद्ध की सम्भावना से सहायता का वचन माँगा। उसने यह भी कहा कि आपके लिए मैं और अर्जुन समान हैं किन्तु मैं यहाँ पहिले आया हूँ इसलिए पहिले मेरी आकांक्षा पूरी की जाए। कृष्ण ने उत्तर देते हुए दुर्योधन को समझाया कि मैं सहायता दोनों की करूँगा। तुम यद्यपि अर्जुन से पहले आए किन्तु मेरी दृष्टि अर्जुन पर पहले पड़ी। फिर अर्जुन तुमसे छोटा है और छोटों की प्रार्थना पहले स्वीकार की जानी चाहिए। एक ओर मेरी संगठित नारायणी सेना है और दूसरी ओर मैं अकेला तथा वह भी निःशस्त्र। तुम लोगों को जो स्वीकार्य हो उसे माँग लो। प्रथम अर्जुन अपनी अभिलाषा व्यक्त करे और उसके पश्चात् दुर्योधन।

अर्जुन ने निःशस्त्र कृष्ण को माँग लिया। दुर्योधन ने प्रसन्नतापूर्वक नारायणी सेना लेना स्वीकृत कर लिया। तत्पश्चात् दुर्योधन बलराम के पास पहुँचा और उन्हें भी रण-निमंत्रण दिया। कृष्ण के पूर्व मन्तव्य को जानते हुए बलराम ने युद्ध के प्रति उदासीनता दिखलाते हुए तटस्थ रहने का आश्वासन दिया। इसी प्रकार दुर्योधन ने उपलैव्य जाते हुए पांडवों के मामा महारथी शल्य का स्वागत-सत्कार करके और उनकी सेना में स्वयं उपस्थित रहकर उन्हें भी

अपनी ओर से संग्राम में भाग लेने के लिए वचन-बद्ध कर लिया। इस तरह दुर्योधन निरन्तर बल संचय करता चला गया।

भारतीय नभ-मंडल में जब आगामी युद्ध के काले बादल तेजी से घिरने लगे तब धृतराष्ट्र ने संजय को राजदूत बनाकर युधिष्ठिर के पास भेजा। संजय ने युधिष्ठिर को धर्म, अहिंसा और विराग का पाठ पढ़ाते हुए अपने प्रवचन को सुनाया।

युधिष्ठिर ने उसका उत्तर देते हुए कहा, "संजय, तुम धर्म और अधर्म का निर्णय कृष्ण से करा लो क्योंकि वे धर्म के ज्ञाता हैं। उनका जो भी निर्णय हो, वह मुझे मान्य होगा।"

कृष्ण वहाँ उपस्थित थे ही इसलिए संजय को अपनी ओर उन्मुख होते देखकर बोले—"संजय! जिस प्रकार पांडवों को विनाश से बचाकर उनका ऐश्वर्य उन्हें वापिस दिलाना मेरा अभीष्ट है, उसी प्रकार धृतराष्ट्र और उनके पुत्रों के शुभ की भी मैं कामना करता हूँ। किन्तु सत्य यह है कि पांडव शान्तिप्रिय हैं और धृतराष्ट्र अपने पुत्रों सहित इनका राज्य हड़पना चाहते हैं। तुम भलीभाँति जानते हो युधिष्ठिर से धर्म का लोप नहीं हो सकता। अपने स्वत्व को पाने का प्रयास अधार्मिक कैसे हो सकता है? गार्हस्थ्य जीवन में कर्म का परित्याग कर संन्यास को जो उत्तम मानते हैं वे निश्चित ही दुर्बल होते हैं। पांडव स्वधर्मानुसार कर्तव्य का पालन करते रहें और क्षत्रियोचित युद्ध कर्म में प्रवृत्त रहें यही उनके लिए श्रेयस्कर है। युद्ध में दैववश यदि वे मृत्यु को भी प्राप्त हो जाएँ तो इनकी यह मृत्यु भी उत्तम ही मानी जाएगी। मात्र शान्ति धारण करना ही धर्म नहीं है। पांडवों का राज्य तो कौरवों के पास धरोहर है। वे उसे क्यों हड़प जाना चाहते हैं? क्या यह धर्म है? भरी सभा में द्रौपदी के साथ किया गया व्यवहार क्या धर्म था? वास्तव में तुम धर्म को समझे बिना ही पांडुनन्दन युधिष्ठिर को धर्म का उपदेश दे रहे हो। पांडव धर्माचरणी भी हैं और शक्तिशाली योद्धा भी। वे सन्धि को उद्यत हैं किन्तु यही अन्तिम विकल्प नहीं है। महाराज धृतराष्ट्र को यह स्पष्ट समझा देना।"

अपने कार्य में असफल होकर तथा पांडवों की मनोभावनाओं से पूर्ण परिचित होकर संजय हस्तिनापुर वापिस चले आए और पूर्ण वृत्तान्त से महाराज धृतराष्ट्र को अवगत करा दिया।

दोनों पक्षों में शीतयुद्ध अपनी चरम सीमा पर था। युगद्रष्टा कृष्ण के सम्मुख भावी घटनाओं का पूर्ण चित्र स्पष्ट था तथापि प्रतिक्षण परिस्थितियाँ अधिकाधिक जटिल और कुटिल होती जा रही थीं। प्रचारवाद में पांडव-पक्ष

दुर्योधन की समता नहीं कर पा रहा था। परिणामस्वरूप पांडवों की दशा से उत्तेजित बलराम भी तटस्थ होकर तीर्थयात्रा पर जाने को कटिबद्ध हो गए। सात्यकि और कृतवर्मा में मतैक्य नहीं रहा तथा यादवों में भी मतभेद उत्पन्न हो गए थे। ठीक इसी अवसर पर धर्म-अधर्म और व्यर्थ के रक्तपात के भय ने युधिष्ठिर को अस्थिर और चंचल कर दिया। शंकाओं का निवारण करने वे कृष्ण के पास पहुँचे। उन्होंने कृष्ण से कहा—

"जनार्दन! इस प्रकरण को समाप्त करने के अब दो ही मार्ग शेष बचे हैं। एक तो यह कि शान्त अन्त:करण से हम कौरवों से सन्धि कर लें या फिर युद्ध के क्रूर कर्म द्वारा हम कौरवों का विनाश करें। बिना आपकी सहायता के न तो सन्धि ही हो सकती है और न ही हम युद्ध जीत सकते हैं। शान्ति सदा श्रेयस्कर होती है। हिंसा का कोई पारावार नहीं। अपने पूज्य सम्बन्धियों और गुरुजनों का वध तो बड़ा भारी पातक होगा। विद्वेष की अग्नि विद्वेष से कभी शान्त नहीं होती। मैं राज्य-लोभ का परित्याग कर सकता हूँ किन्तु कुलक्षय मुझे अभीष्ट नहीं। अत: मैं जानना चाहता हूँ कि ऐसी स्थिति में मुझे आप क्या करने का सुझाव देंगे?"

कृष्ण ने युधिष्ठिर को धैर्य बँधाते हुए समझाया, "राजन्! आप चिन्तित न हों। आपकी इच्छानुसार मैं दोनों पक्षों के हित के लिए स्वयं अकेला कौरवों की सभा में जाऊँगा और वहाँ आपके लाभ में किसी भी प्रकार की बाधा न पहुँचाते हुए सन्धि की चेष्टा करूँगा। यदि मैं सन्धि करा सका तो अपने को बड़भागी समझूँगा। आप केवल अपने क्षत्रियोचित धर्म पालन में सचेत रहें। मैं कौरवों की सभा में जाकर सबके सम्मुख आपके गुणों और दुर्योधन के दोषों को बतलाऊँगा। मैं वे ही बातें कहूँगा जो धर्म और अर्थ के अनुकूल होंगी। मैं हस्तिनापुर अवश्य जाऊँगा परिणाम चाहे जो भी निकले। मेरे वापिस आने तक आप युद्ध की तैयारी अवश्य ही पूरी कर डालें।"

युधिष्ठिर को समझाकर कृष्ण भीम और अर्जुन से भी मिले। उन्होंने भी प्राय: युधिष्ठिर के समान ही शंकाएँ प्रस्तुत कीं। कृष्ण ने भीम को कटु भाषा में उत्तर देते हुए उन प्रतिज्ञाओं का स्मरण कराया जो उसने द्यूत-सभा में की थीं। भीम ने कृष्ण को पूर्ण आश्वासन देते हुए उनके द्वारा निर्देशित मार्ग पर चलने का वचन दिया। अर्जुन के सन्देहों का निराकरण करते हुए कृष्ण ने स्पष्ट कहा कि काम तो वे वैसा ही करेंगे जिसमें दोनों पक्षों का हित हो किन्तु प्रारब्ध को बदलना मेरे वश की बात नहीं, "दैवं च मानुष चैव संयुक्त लोक कारणम्।"

पुरुषार्थ तो मेरे वश की बात है किन्तु दैव मेरे अधीन नहीं। मेरे विचार जानते हुए भी तुम्हारा शंका करना मुझे अनुचित लगता है।

नकुल, सहदेव और सात्यकि आदि का अभ्यन्तर लेते हुए कृष्ण द्रौपदी के सम्मुख उपस्थित हुए। अग्निसुता शोकाकुल थी। कृष्णाकेशि ने कृष्ण को देखकर ही सजल नयनों से कहा—

"हे मधुसूदन! जिस प्रकार मेरा अपमान किया गया और उसे मेरे ये पाँचों पति चुपचाप देखते रहे, वह अविस्मरणीय है। माना उस समय ये धर्म के बन्धन से बँधे थे किन्तु अब तो मुक्त हैं। अब भी यदि दुर्योधन जीवित रहता है तो गांडीवधारी की धनुर्धारिता और गदाधारी की बलवत्ता को धिक्कार है। यदि आप मुझे अपनी कृपा के योग्य समझते हों तो धृतराष्ट्र के पुत्रों पर पूर्ण कोप कर उन्हें विनष्ट करें। जब आप सन्धि प्रस्ताव करने लगें तब मेरे इन खुले केशों को न भूल जाइएगा कमलनयन!" यह कहते-कहते विशालाक्षा द्रौपदी के नेत्रों से आँसुओं की झड़ी लग गई।

कृष्ण ने उसे धैर्य बँधाते हुए कहा—

"कृष्णे! धैर्य धारण करो। शीघ्र ही तुम कौरवों की स्त्रियों को विधवा वेश में विलाप करते देखोगी जैसा कि मैं पूर्व में भी तुमसे कह चुका हूँ। यदि काल के वश में पड़े हुए धृतराष्ट्र मेरी बात नहीं मानेंगे तो उनके पुत्र युद्ध में मारे जाकर गिद्धों और शृगालों के भोजन बनेंगे। मेरे ये वाक्य असत्य नहीं हो सकते।"

विदा लेकर हस्तिनापुर जाते समय कृष्ण ने पांडवों से स्पष्ट कहा—

"यच्चापि परमं दिव्यं यच्चाप्यनुगतं त्वया।
विधान विहितं पार्थ कंथ शर्म भवेत परैः॥"

कृष्ण ने अपने सम्भाषणों में बार-बार कौरव-पांडव सन्धि के लिए प्रयास करने का उल्लेख किया था किन्तु उनकी वाणी में संशय और सन्दिग्धता भी स्पष्ट झलकती थी। इस कारण यह प्रश्न बार-बार सिर उठाता था कि क्या कृष्ण को सन्धि अभीप्सित थी? कृष्ण सन्धि के इच्छुक तो अवश्य थे पर जिस सन्धि की उन्हें चाह थी वह दुष्कर और असम्भव थी। द्यूत के समय जो अनुबन्ध हुआ था उसके अनुसार बारह वर्ष के वनवास और एक वर्ष के अज्ञातवास के पश्चात् जिसका जितना राज्य है वह उसे लौटा दिया जाएगा।

"त्रयोदशे च निर्वृते पुनरे वयथोचितम्।
स्वराज्य प्रति पत्त व्यामि तरै रथ वेतरै॥"

राज्य के बँटवारे और वापिसी का प्रश्न कृष्ण की दृष्टि में गौण था। उनके सम्मुख मूल प्रश्न था उस काल के संसार में मानवता और नैतिकता के आदि-मूल्यों का खंडित आधार। कौरवों की सभा में जिस नैतिक पतन का नग्न प्रदर्शन हुआ था उसका प्रतिकार न किया जाना ऐसी घटना थी जिसकी ओर से युगद्रष्टा कृष्ण अपनी आँखें नहीं मूँद सकते थे। वह घृणित व्यवहार सम्पूर्ण नारी जाति के स्वस्थ और सम्मानपूर्ण अस्तित्व के लिए एक घिनौनी चुनौती थी। कृष्ण का अभीष्ट था कि कौरव द्रौपदी के प्रति किए गए दुर्व्यवहार का शुद्ध-हृदय से पश्चात्ताप करें और भविष्य में यथार्थ भ्रातृत्व स्थापित करने की सत्य-प्रतिज्ञा करें। वे निश्चित रूप से जानते थे कि पाप और पुण्य, छल-कपट और सरलता में सन्धि सम्भव नहीं है। कृष्ण ऐसी सन्धि के समर्थक थे जो जरासन्ध के प्रारम्भ किए हुए राजचक्र को विघटित कर भारतवर्ष में नैतिक और धर्माचरणपूर्ण राजसत्ता स्थापित करने में सहायक हो। यदि कौरव ऐसी सन्धि को राजी होते तो पांडवों को आधा राज्य मिलता है या केवल पाँच ग्राम— यह प्रश्न ही गौण हो जाता। कृष्ण को शुद्ध हृदयों की सात्त्विक-सन्धि ही अभिप्रेत थी। हस्तिनापुर प्रस्थान करते समय वे इस तथ्य से पूर्ण परिचित थे कि कौरव-पांडव में सन्धि सम्भव नहीं है और युद्ध अनिवार्य है। फिर वे शान्ति दूत बनकर हस्तिनापुर क्यों गए? इसके कई कारण हैं और जिन पर विचार करना असंगत नहीं होगा।

सबसे प्रथम कारण था युधिष्ठिर का आग्रह। संजय के वैराग्य-प्रवचन और युद्ध के विनाश का भय उन्हें प्रपीड़ित कर गया था। वे किसी भी तरह युद्ध को टालने और नम्रतापूर्वक सन्धि करने को चिन्तित थे जिसके लिए उन्होंने कृष्ण को आज्ञा दी थी। युधिष्ठिर की आज्ञा का उल्लंघन कृष्ण के लिए अवांछनीय था। यदि कृष्ण वैसा न करते तो युधिष्ठिर युद्ध के लिए कभी हामी न भरते और परिस्थितियाँ जटिलतम हो जातीं।

दूसरा कारण लोकापवाद और लोक-संग्रह का था। कृष्ण को उस समय भारतीय समाज में जो महत्-पद प्राप्त था उसके अनुरूप वे यदि सन्धिमार्ग नहीं अपनाते तो उन पर यह कलंक अवश्य लगता कि उन्होंने विध्वंस रोकने की कोई चेष्टा नहीं की। लोगों का मत था कि कृष्ण दोनों पक्षों के नातेदार होने के कारण अपनी सामर्थ्य से कौरवों को भी सीधे मार्ग पर ला सकते हैं। उनके यत्न से दोनों पक्ष शान्त हो सकते हैं। देवी गान्धारी ने तो युद्धोपरान्त इसी बात का आरोप लगाकर उन्हें शाप भी दिया था। इस प्रकार निरर्थक व भ्रान्तिमूलक लोकापवाद से बचने तथा लोक-हित की दृष्टि से जनमत अपने पक्ष में

संगृहीत करने के अभिप्राय से कृष्ण ने सन्धि-प्रयास अपनाए। कृष्ण जाते समय अर्जुन से कह भी गए थे कि—

''न जातु गमनं पार्थ भवेतत्र निरर्थक्रम
अर्थप्राप्तिः कदाचित् स्यादन्ततो वांडप्य वाच्याता।''

उनका तात्पर्य था कि सन्धि हो गई तो सर्वोत्तम और न हुई तो कोई दोष तो न दे सकेगा। कतिपय लोग कृष्ण को भारतीय युद्ध का मूल प्रवर्तक और कारण मानते हैं। इस लांछन को भी धोने के लिए सन्धि का उद्योग करना बहुत आवश्यक था। अनेक विचारकों का मत है कि यदि कृष्ण इस नाटक के मूलपात्र न होते तो युद्ध ही न होता। दोनों पक्षों में किसी न किसी तरह की सन्धि अवश्य हो जाती ? कृष्ण ही शान्ति के विरोधी थे, उन्होंने सन्धि नहीं होने दी। इस प्रकार के अनर्गल आपेक्षों का उत्तर कृष्ण-विदुर संवाद में कृष्ण ने स्वयं दे दिया है—

''हे महात्मन्! मैं कौरवों और पांडवों को सर्वनाश से बचाना चाहता हूँ। इसीलिए इन सबको सन्धि पाश में बाँधने आया हूँ। मित्र का धर्म है कि अनर्थों से अपने मित्र की बलपूर्वक भी रक्षा करे। जिसने अपने मित्र की आपत्ति से अथवा पापपूर्ण कर्म से यथाशक्ति रक्षा नहीं की वह वास्तव में कपटी और नीच मनुष्य है।

''मैं समस्त क्षत्रियों का कल्याण-साधन करना चाहता हूँ। यदि इतने पर भी दुर्योधन मुझ पर सन्देह करे तो यह उसका दुर्भाग्य है। साथ ही मुझे उसके सन्देह से और भी अधिक प्रसन्नता होगी, क्योंकि उससे मेरा ऋण भार हल्का हो जाएगा। मेरे शत्रु मुझ पर कहीं यह लांछन न लगा बैठें कि कृष्ण बड़ा चतुर है, वह चाहता तो दोनों पक्षों में सन्धि करा देता इसलिए मैं सन्धि का उद्योग अवश्य करूँगा जिससे कोई मुझे दोषी न ठहरावे।''

किसी भी दृष्टिकोण से देखने पर यह स्पष्ट हो जाता है कि कृष्ण शान्ति के उपासक व विग्रह के विरोधी थे। कौरव-पांडवों का आद्योपान्त विग्रह दुर्योधन और उसके सहायक कर्ण, शकुनि आदि का पैदा किया हुआ था और वे उस अग्नि को बुझाने के बजाय प्रज्वलित रखना चाहते थे। यही कारण था कि दोनों पक्षों में सन्धि हो जाने का एक भी शुभदायी लक्षण दृष्टिगत न होते हुए वे अपने कर्तव्य-पथ से विचलित न हुए। यह जानते हुए कि सन्धि असम्भव है, वे इस अकृतज्ञ कर्म को पूरे कौशल के साथ सम्पादित करने में किंचित् भी नहीं हिचके। यद्यपि उस असम्भव, परन्तु पुनीत कार्य में उनको सफलता न मिली, परन्तु सफलता एवं असफलता की अनिश्चितता से उस

शान्ति-अभियान का आदि-मूल्य कितना अधिक है, इसी को ध्यान में रख कृष्ण ने आगे पैर बढ़ाना अपना कर्तव्य माना। कर्तव्य-पालन का ही उपनाम स्वधर्म-पालन है। मानव मात्र को केवल कर्म करने का अधिकार है, उसके फल का नहीं, इस शिक्षा के प्रवर्तक सन्धि को असम्भव मानते हुए भी अपने धर्म से च्युत हो जाएँ, यह कैसे हो सकता था? उनकी समदृष्टि में उस कर्म के फल की आसक्ति बिलकुल न थी।

''सिध्या सिद्धयो समोभूत्वा समत्वं योग उच्यते।''

के सिद्धान्त के प्रतिपादक, आदर्श कर्मयोगी उस सन्धि प्रयास में लगे और यह निर्धारित कर गए कि किसी भी उचित कार्य की कठिनाई, यहाँ तक कि असम्भाविता से भी, विचलित या चिन्तित मनुष्य-मात्र को धर्म-न्याय-युक्त कर्म करने से मुँह नहीं मोड़ना चाहिए। कृष्ण ने उस समय की प्रचलित राजनीति को एक नवीन मोड़ दिया था कि राज्य-सिंहासन राजा का व्यक्तिगत शृंगार नहीं और न उसकी बपौती है। यदि राजा अन्यायी, दुराचारी, निरंकुश और अधर्मी है तो प्रजा उसे सिंहासन से च्युत कर सकती है। नीतिशास्त्र में लोकसत्तात्मक शासन का जो नवीन अध्याय कृष्ण ने कंस व जरासन्ध वध से जोड़ा था, उसमें उस काल के स्वयंभू और अनियंत्रित सत्ताधीशों को अपनी मृत्यु की छाया भासित होती थी। कौरव पक्ष में युद्ध सहायतार्थ जो राजसमुदाय एकत्र हुआ था उसमें पांडवों से विरोध करने का कोई कारण नहीं था, परन्तु वे दुर्योधन का पक्ष लेने व समर्थन करने को इस कारण बाध्य हो गए थे कि कृष्ण द्वारा प्रचारित लोकसत्ता के विरुद्ध दुर्योधन खम ठोंककर खड़ा हो गया था और उस विरोध में वे भी अपना हित समझते थे। अनियंत्रित सत्ता के स्थान पर धर्म नियंत्रित सत्ता की स्थापना का कृष्ण-संकल्प उन सबको पीड़ा देता था। कृष्ण के महान विचारपूर्ण और व्यावहारिक राजकीय परिवर्तन में वे लोग अपने परम्परागत स्थापित ऐश्वर्य और महत्त्वाकांक्षाओं की बलि देकर नवीन लोकसत्तात्मक शासन को प्रगति देने की बात सोचना ही पाप समझते थे। ऐसे लोग स्वतः कृष्ण के विरोधी थे न कि पांडवों के।

कौरव-राजसभा में उपस्थित होकर कृष्ण सब राजाओं की मनोभावनाओं का स्वयं निरीक्षण करना चाहते थे तथा यथासम्भव साम, दाम, दंड, भेद का उपयोग कर कौरवदल के पक्षकारों में परस्पर विरोध या मानसिक दौर्बल्य उत्पन्न कर उस दल की समाहित शक्ति क्षीण करना चाहते थे।

कृष्ण को ज्ञात था कि उस सभा में महात्मा भीष्म, आचार्य द्रोण, कृपाचार्य व अन्य कुछ सज्जन ऐसे भी हैं जो धर्मप्रिय हैं, विचारवान हैं, न्यायी हैं और

वे महापुरुष ही दुर्योधन की ओर से रण का सेनापतित्व करेंगे। यदि उनके हृदयों में यह भावना अंकित कर दी जाए कि धर्म और न्याय-नीति पांडव-पक्ष में है और कौरव-पक्ष के विपरीत है तो युद्ध में उनका तेज और सामर्थ्य स्वयं ही कम हो जाएगा। साक्षात्कार होने व सम्मुख बातचीत करने से उनके हृदयों के लुप्त विकार भी प्रकट हो जाएँगे। शत्रु पक्ष के समर्थकों पर पांडवों के अलौकिक व अद्वितीय सामर्थ्य की धाक जमाने और तज्जनित भय उत्पन्न करने की चेष्टा भी एक कारण था।

दुर्योधन का युद्ध में सबसे प्रमुख आश्रय कर्ण था। वह दुर्योधन को पांडवों के विरुद्ध सदा उत्तेजित भी करता रहता था। कर्ण अपने आपको सूत पुत्र मानता था और अर्जुन का सबल प्रतिद्वन्द्वी तथा उसके प्रति ईर्ष्यालु था। कृष्ण की इच्छा थी कि उसे कौरव पक्ष से अलग कर पांडव पक्ष में मिला लिया जाए या उससे किसी भी पक्ष से युद्ध में सम्मिलित न होने का वचन ले लिया जाए। अपनी दृष्टि में विपक्षी वध्य भले ही हो, परन्तु जब तक जनसाधारण उसे वैसा ही न समझने लगे, तब तक उसे लोकाश्रय व सहायता मिलती ही रहती है। जनता की दृष्टि में विपक्षी का मान गिरा देने और उसे तिरस्कृत कर आश्रयहीन कर देने पर कोई भी बलवान और सामर्थ्यवान शत्रु अपने प्रतिद्वन्द्वी के विरोध में सीधे पैर खड़ा नहीं रह सकता। किसी भी पक्ष या नेता के ऊपर अश्रद्धा उत्पन्न हो जाने पर वह पक्ष या नेता पर-कटे पक्षी के समान अपने अस्तित्व को तड़पने लगता है। शिष्टता-अभियान का एक महत्त्वपूर्ण कारण यह भी था कि कृष्ण समस्त राजा व सभासदों की सक्षम दृष्टि में, स्थायी रूप से अंकित कर देना चाहते थे कि कौरवों का आचरण पापपूर्ण है, वे अन्यायी हैं, उनका शासन अनियंत्रित है, उनके राज्य में छोटे-बड़े, स्त्री-पुरुष कोई सुरक्षित नहीं, अतएव वे शासन करने व जीवित रहने के अधिकारी नहीं, प्रत्युत वध्य हैं।

शान्तिदूत : मंत्रयुद्ध

शान्तिदूत

अपने पुनीत उद्देश्यों को धारण कर कृष्ण ने हस्तिनापुर की मंगल-यात्रा पर प्रस्थान किया। सन्धि की आशा-दुराशा मात्र थी, परन्तु कठोर कर्तव्य की प्रेरणा उससे अधिक बलवती थी। कृष्ण के पूर्ण विश्वासी सात्यकि दस सेनापतियों व कुछ पैदल व घुड़सवार उनके साथ थे। यादवी नारायणी सेना के सेनापति कृतवर्मा हस्तिनापुर पहिले ही पहुँच चुके थे। वहाँ पर कृष्ण की सुरक्षा तथा कौरव पक्षीय गुप्त गति-विधियों का पता लगाने और उनकी सूचना देते रहने का भार कृतवर्मा पर ही था।

शान्तिदूत बनकर कृष्ण स्वयं सन्धि का प्रस्ताव लेकर आ रहे हैं, इस वृत्त के प्रकट होते ही कौरव समुदाय में खलबली मच गई। महाराज धृतराष्ट्र चिन्तित हो गए। एक ओर जहाँ उनके हृदय को परिवर्तित करने और पांडवों को उनका स्वत्व अर्पित कर देने के लिए महामना भीष्म, द्रोण, कृप, विदुर प्रभाव डाल रहे थे, वहीं दूसरी ओर कर्ण, शकुनि आदि दुर्योधन को अपने मन्तव्य पर डटे रहने और कृष्ण के हस्तिनापुर आने पर उन्हें बन्धन में डाल देने का परामर्श दे रहे थे। कृष्ण पांडव-शक्ति के मूल थे। उनकी मान्यता थी कि मूल पर कुठाराघात करने से बलवान पांडव-संगठन अशक्त हो जाएगा और उनका विनाश सरल हो जाएगा। जब दुर्योधन ने इस विचार को अपने पिता के समक्ष प्रस्तुत किया, तब विचारवान मंत्रियों सहित धृतराष्ट्र और भी घबड़ा उठे और उसे फटकारा, परन्तु वह अपनी ही धुन में मस्त रहा। उसको समझाना उलटे घड़े पर पानी डालने जैसा ही रहा।

कुछ मंत्रियों की यह राय हुई कि श्रीकृष्ण का खूब सत्कार किया जाए और उन्हें द्रव्यादि का प्रलोभन देकर प्रसन्न किया जाए, ताकि वे पांडवों के हित का पूर्ण समर्थन न कर कौरवों की ओर आ जाएँ या तटस्थ रहें।

उपलैव्य से रवाना होकर कृष्ण ने व्रकस्थली में पहला विश्राम किया। महाराज धृतराष्ट्र की ओर से उनके सुख-निवास के लिए बड़ी योजना की गई थी। उसके ऊपर दृष्टिपात न करते हुए अपने सेवकों द्वारा रचित वासगृह में वे ठहरे तथा अपने साथ में जो विपुल भोजन सामग्री लिये थे उसका उपयोग किया। रात्रि भर विश्राम कर प्रात:काल पुन: कूच कर दिया। हस्तिनापुर में उनके आने का समाचार फैलते ही जनता उनके स्वागतार्थ उमड़ पड़ी। केवल दुर्योधन व धृतराष्ट्र को छोड़कर भीष्म पितामह, गुरु द्रोण, कृपाचार्य आदि कुरुसभा के सब ज्येष्ठ व श्रेष्ठ पुरुष कृष्ण की अगवानी के लिए गए। ऐसा प्रतीत होता था मानो राजा धृतराष्ट्र के साम्राज्य का सारा वैभव उनके अभिनन्दन करने को उपस्थित हो गया हो। शत्रु-मंडली के बीच जनता की ऐसी अभूतपूर्व हार्दिक भावना कृष्ण के व्यक्तित्व व उनकी सर्वमान्यता की प्रथम सिद्धि थी।

अभिनन्दन स्वीकार करते हुए, प्रसन्नचित्त, शान्त मुद्रा धारण किए, कृष्ण राजमहल की ओर गए और राजा धृतराष्ट्र के सम्मुख हुए। कृष्ण के पहुँचते ही राजा धृतराष्ट्र व सभासद अपने-अपने आसनों से उठकर खड़े हो गए। कृष्ण ने सबसे प्रथम भीष्म पितामह की अभ्यर्थना की। पश्चात् द्रोण व कृप व धृतराष्ट्र का अभिनन्दन कर स्वर्ण सिंहासन पर बैठ गए। पुरोहितों ने मधुपर्क समर्पण किया। आनन्द वार्ता होने लगी। राजा धृतराष्ट्र यह कहने भी न पाए कि उन्हें कहाँ ठहरना है, कृष्ण ने उनसे विदुर के घर ठहर जाने की अनुमति माँगी। कृष्ण की सूझबूझ की यह दूसरी सिद्धि थी। दु:शासन के महल की सज-धज अपने भाग्य को कोसती रही। तीसरे पहर कृष्ण ने अपनी दुखी किन्तु तेजस्विनी बुआ कुन्ती के समीप जाकर उनके चरण छुए। उनको देखते ही कुन्ती अपने पुत्र पांडवों की स्मृति में शोक विभोर हो गई। उन्हें पूर्णरूपेण सान्त्वना देते हुए कृष्ण ने आश्वासन दिया कि वह समय दूर नहीं जब वे अपने पुत्रों को राज्यलक्ष्मी का उपभोग करते देख, प्रसन्न होंगी। वहाँ से विदा लेकर कृष्ण स्वयं दुर्योधन के राजमहल में गए। यद्यपि राज्य नियमानुसार दुर्योधन को स्वयं कृष्ण के स्वागतार्थ उपस्थित होना चाहिए था परन्तु वह अभिमान का धनी ऐसा न कर सका।

कृष्ण के आते ही दुर्योधन अपने आसन से उतरकर आगे बढ़ा और सम्मानपूर्वक कृष्ण को ले गया। दुर्योधन ने कृष्ण को भोजनार्थ आमंत्रित किया। कृष्ण ने सरलतापूर्वक उसे अस्वीकार कर दिया। तिरछी नजर से कर्ण की ओर देख, मधुर परन्तु कपटपूर्ण वाणी में दुर्योधन बोला—

"देवकीनन्दन तो दोनों के ही सहायक हैं। दोनों के हित-साधन में आपकी समदृष्टि है। फिर आप मेरे यहाँ भोजन करना क्यों अस्वीकृत कर रहे हैं?"

कृष्ण ने अपनी दाहिनी भुजा उठाकर मधुर पदावली द्वारा गम्भीर स्वर में उत्तर दिया—

"हे राजन्, आपको विदित होना चाहिए कि दूत सदा अपना कार्य कर चुकने के बाद ही भोजनादि व आतिथ्य स्वीकार किया करते हैं, अतएव मैं जिस काम के लिए आया हूँ उसे किए बिना यह सब कुछ स्वीकार नहीं कर सकता। कार्यसिद्धि के पश्चात् जो आतित्थ-सत्कार आप करेंगे, उसे सहर्ष स्वीकार करूँगा।"

दुर्योधन तड़ककर बोल उठा—"आपको इस प्रकार की बात करना शोभा नहीं देता। कार्यसिद्धि सन्देहयुक्त रहती है। हे गोविन्द, आपके साथ न हमारी कोई बुराई है न लड़ाई। हमें कोई कारण प्रतीत नहीं होता जिससे कि आप हमारा आतित्थ स्वीकार न करें। इन सब बातों को विचारकर आपको हमारे साथ ऐसा व्यवहार करना शोभनीय नहीं।"

कृष्ण ने हँसते हुए उत्तर दिया—"राजन्, किसी आवेश, लोभ, लालच या द्वेष से मैं अपने धर्म का परित्याग नहीं कर सकता किन्तु सही बात यह है कि दो कारणों से ही लोग एक-दूसरे के यहाँ भोजन करते हैं। एक तो प्रेम के कारण या दूसरे विपत्ति के अवसर पर। उन दोनों कारणों में मुझे यहाँ एक भी दिखलाई नहीं पड़ता। हम आपद्ग्रस्त तो हैं नहीं, जो भोजन करें। रही प्रेम की बात सो आपकी मुझसे तथा मेरी आपसे कोई विशेष प्रीति भी नहीं। फिर आप ही सोचिए कि हम आपका आतिथ्य किस प्रकार स्वीकार कर सकते हैं। आपने कहा कि हमारा आपका क्या बैर है? सो आप स्वयं सोचिए कि मैं सर्वगुण सम्पन्न पांडवों का मित्र व सहायक हूँ। उनसे जो द्वेष रखता है, वह मुझसे भी द्वेष करता है। इस तरह उनका मित्र मेरा मित्र और उनका शत्रु मेरा शत्रु है। गुणी व धर्मात्माओं के विरोध को मैं अच्छा नहीं समझता तथा आपका अन्न दुष्टता से सम्बद्ध होने के कारण वह मेरे ग्रहण योग्य नहीं।"

कृष्ण उठ खड़े हुए और दुर्योधन के घमंड पर ठोकर मारते तथा उसके अन्न का तिरस्कार करते हुए, वे महल से बाहर निकल आए और सीधे विदुर के घर चले गए।

कृष्ण ने दुर्योधन को उसके महल के भीतर, अन्य सभासद व राजाओं के समक्ष जिस प्रकार तिरस्कृत किया, वह प्रयोजनीय था। वहाँ उन्होंने उस

शैतान चौकड़ी को कुचक्र संगोष्ठी करते देखा था, इस कारण सबकी उपस्थिति में तीव्र वाणी से उसका निमंत्रण अस्वीकार कर उसकी भर्त्सना कर दी और उससे यहाँ तक कह डाला कि कौरव पक्ष का अन्न ग्रहण करनेवालों का अन्न भी पापान्न खाने के समान है। परिणाम यह हुआ कि अपने आपको धर्माचारी समझनेवाले भीष्म, द्रोण, कृप आदि को भी कठोर मानसिक धक्का लगा और वे अपने हृदय को टटोलने लगे कि दुर्योधन का हर बात में साथ देना कहाँ तक उचित है ?

कृष्ण स्वस्थ चित्त से महात्मा विदुर के यहाँ ठहरे और उनकी रूखी-सूखी भाजी-रोटी को प्रेम व श्रद्धा से खाते रहे। रात्रि की निस्तब्धता में विदुर ने कृष्ण को कौरवों की मंत्रणा और उनके षड्यंत्रों से अवगत कराते हुए निवेदन किया कि वे कौरव सभा में न जाएँ क्योंकि वहाँ उनकी मानहानि के साथ-साथ अन्य प्रकार के घातक प्रयोगों की भी सम्भावना है। कृष्ण ने विदुर जी को आश्वस्त करते हुए, सभा में उपस्थित होकर शान्ति संवाद करने का निश्चय प्रकाशित किया क्योंकि यदि सन्धि न हुई तो भयंकर विनाश होगा और उससे दोनों पक्षों को बचाने का वे भरसक प्रयत्न करने में कभी नहीं चूकेंगे।

मंत्रयुद्ध

दूसरे दिन प्रातःकाल कृष्ण अपने मित्र सात्यकि व महात्मा विदुर के साथ राजसभा में पहुँचे। सर्वतो भद्र स्वर्ण सिंहासन पर उन्हें विराजमान करा के सबने उनका यथोचित पूजन किया। सारी सभा मौनाच्छादित थी। सबकी दृष्टि कृष्ण की ओर लगी थी। यथा अवसर कृष्ण ने महाराज धृतराष्ट्र की ओर देखते हुए गम्भीर वाणी से अपने आने का प्रयोजन बताया—

"महाराज, मैं केवल एक ही उद्देश्य से आपकी सेवा में उपस्थित हुआ हूँ कि क्षत्रिय वीरों का संहार हुए बिना ही कौरवों-पांडवों में सन्धि हो जाए। सब राजवंशों में कुरुवंश ही सबसे श्रेष्ठ है। इसमें शास्त्र और सदाचार का सम्यक् आदर है तथा यह वंश प्रतिष्ठित है। आप इस वंश के शिरोमणि व संरक्षक हैं। आपके विद्यमान रहते यदि इस निर्मल वंश में कहीं अनीति होती हो तो वह अनुचित है। यदि कौरवों में गुप्त या प्रकट रीति से कोई असद् व्यवहार होता हो तो उसे रोकना आप ही का काम है। आपके पुत्र धर्म और अर्थ की ओर से मुँह फेरकर कुचक्रों में पड़ रहे हैं, और क्रूर पुरुषों के सदृश आचरण करते हैं। अपने भाइयों व बन्धुओं के साथ इनका व्यवहार अशिष्ट

पुरुषों के समान हो रहा है तथा लोभ के वशीभूत हो इन्होंने धर्म की मर्यादा छोड़ दी है, ये सब बातें आपको मालूम होनी चाहिए। इनकी नीति से जो भयंकर आपत्ति इस समय उपस्थित है, यदि उसकी उपेक्षा की गई तो वह सारी पृथ्वी का विनाश कर देगी। यदि आप अपने उच्च व प्रख्यात कुल को नाश से बचाना चाहते हैं तो अभी भी समय है, उसका निवारण किया जा सकता है। मेरी समझ में दोनों पक्षों में सन्धि का हो जाना कठिन नहीं। इस समय शान्ति कराना आपके व मेरे हाथ में है। आप अपने पुत्रों को नियंत्रण व मर्यादा में रखिए और मैं पांडवों को अनुशासन में रखूँगा।'' कृष्ण ने सम्भाषण निरन्तर रखते हुए कहा—

''महाराज, आप पांडवों से रक्षित रहकर धर्म और अर्थ का अनुष्ठान कीजिए। पांडवों सरीखे प्रबल रक्षक प्रयत्न करने पर भी आपको नहीं मिल सकते। सोचिए तो कि सन्धि हो जाने पर जिनके बीच महात्मा भीष्म, द्रोण, कृप, कर्ण, विविंशति अश्वत्थामा, विकर्ण, वाल्हीक, सोमदत्त, युधिष्ठिर, भीम, अर्जुन, नकुल, सहदेव, सात्यकि, युयुत्सु, कृतवर्मा आदि वीर हों उससे बैर बिसाहने की हिम्मत किस बुद्धिहीन में हो सकती है? कौरव और पांडवों के मिल जाने से आप समस्त लोकों का आधिपत्य प्राप्त करेंगे। यदि आप पांडवों को ही आगे रखकर उनका पूर्ववत् आदर करें तो इस सारी पृथ्वी का आनन्द से उपभोग कर सकेंगे। परन्तु यदि शान्ति न होकर युद्ध हुआ तो उसमें मुझे सर्व संहार और विनाश दिखाई दे रहा है। अत: आप सत्त्व गुण धारण कर इस लोक की रक्षा कीजिए।

''महाराज! सब पांडवों ने आपको प्रणाम कहा है और आपकी प्रसन्नता चाहते हुए यह प्रार्थना की है कि इतने दिनों तक आप ही की आज्ञा से उन्होंने दुख सहन किया है। बारह वर्ष वन में बिताकर और तेरहवें वर्ष में अज्ञातवास कर उन्होंने द्यूत की शर्तें पूरी-पूरी पालन की हैं। अब वे प्रार्थी हैं कि जैसा तय था वैसा बर्ताव आप करें। वे चाहते हैं कि आप उनकी रक्षा करें क्योंकि आप समर्थ हैं। पांडव आपको गुरुवत् व पितावत् मानते हैं। अतएव वे आकांक्षी हैं कि आप भी उनसे शिष्यवत् व पुत्रवत् व्यवहार करें और यदि वे मार्ग भ्रष्ट हो रहे हों तो आप स्वयं सन्मार्ग पर स्थित हो उन्हें ठीक रास्ते पर लाएँ।

''आपके उन पांडु-पुत्रों ने इस राजसभा के सब सभासदों के प्रति यह याचना की है कि आप सब धर्मज्ञ सभासद कोई अनुचित बात न होने दें। यदि सभासदों के देखते हुए अधर्म से धर्म का और असत्य से सत्य का नाश होता है तो चुपचाप देखनेवाले भी अधर्मियों की श्रेणी में आ जाते हैं। इस समय

पांडव आप सब सभासदों की धर्मज्ञता पर दृष्टि लगाए धर्म, सत्य और न्याय के आश्रयी हैं।

"अतएव हे राजन्! मैं बीती हुई बातों को न कुरेद पांडवों के हेतु केवल धर्मोचित न्याय चाहता हूँ कि उनका राज-स्वत्व आप उनको प्रदान कर दें। इसके सिवाय आपसे और क्या निवेदन कर सकता हूँ।

"हे भरतश्रेष्ठ! आप शान्ति का आश्रय ले, हर्षपूर्वक पांडवों का यथोचित पैत्रिक राज्य देकर, अपने पुत्रों को अनुशासन में रखें। रहे पांडव, सो वे पूर्ण रूप से आपकी सेवा के लिए सदैव तत्पर हैं। यदि वह स्वीकृत न हुई तो वे युद्ध के लिए भी तैयार हैं। इन दोनों में से जो बात आपको अधिक हितकर जान पड़े वही आप करें।"

कृष्ण की वक्तृता मस्तिष्क और हृदय दोनों को हिलोर देनेवाली अनूठी और निर्भय वाणी की गुंजार थी। कोई उसका उत्तर देने की धृष्टता भी करता तो क्या कहता! सत्य बहुधा कटु होता है परन्तु उस कटु सत्य को जिस माधुर्य में लपेटकर पक्षपातरहित, तर्क और न्यायसम्मत सम्भाषण द्वारा कृष्ण ने कौरव सभा में प्रस्तुत किया, उसे सुनकर राजसभा निस्तब्ध हो गई और सुननेवालों के चित्तों में खलबली मच गई। उनके कथन की उपादेयता पर सब लोग मन ही मन विचार करने लगे। कृष्ण ने जनसमुदाय के समक्ष, धृतराष्ट्र के कुल की प्रशंसा, उनका बाह्य व्यवहार तथा अन्तस् की स्वार्थपरता स्पष्ट कर दी। कौरवों ने पांडवों के साथ जो अधार्मिक और अशिष्ट व्यहार किया था उसकी अश्लीलता का संकेत दे दिया, पांडवों की नम्रता और उनकी अजेयता का दिग्दर्शन करा दिया और भावी युद्ध में होनेवाले लोक-क्षय का उत्तरदायित्व भी धृतराष्ट्र के ऊपर फेंक दिया। उनकी वाणी में युधिष्ठिर के कहने के माफिक अनुनय भी थी, विनय भी थी, अर्थसिद्धि का प्रलोभन भी था और न्याय की पूर्ण माँग तथा अन्त में युद्ध की गम्भीर चेतावनी भी थी। उसकी मृदुता, गूढ़ता और अभिव्यंजना को समझ महाराज धृतराष्ट्र उस विषम स्थिति का सारा अपराध दुर्योधन के ऊपर डालकर बोल उठे—

"केशव, आपने जो कुछ कहा है वह सब प्रकार सुखप्रद, सद्गति देनेवाला, धर्मानुकूल और न्यायसंगत है। किन्तु मैं स्वाधीन नहीं। मन्द मति दुर्योधन मेरे मन के अनुकूल आचरण नहीं करता और न शास्त्र का ही अनुसरण करता है। वह मेरी बात नहीं मानता। आप किसी प्रकार उसे ही समझाने का प्रयत्न करें। यदि आपकी बात उसने मान ली तो आपके हाथों से अपने सुहृदों का यह बड़ा भारी कार्य सिद्ध हो जाएगा।"

सारांश यह कि धृतराष्ट्र ने भी पांडवों का न्यायपक्ष स्वीकार कर लिया। सन्धि-अभियान की यह एक और सिद्धि थी। कृष्ण तो पहिले ही से दुर्योधन को वध्य मानते थे किन्तु वे यह चाहते थे कि जनमत भी क्षुब्ध होकर उसके जीवित रहने और मनमानी करने के अधिकार से उसे वंचित कर दे। उसके विपरीत लोक-भावना जाग्रत् करने का जो अवसर धृतराष्ट्र ने कृष्ण को दिया उसका लाभ उठाते हुए उन्होंने दुर्योधन की ओर लक्ष्य कर गम्भीर वाणी उद्घोषित की—

"प्रिय कुरु-नन्दन! मेरी बात पर ध्यान दो। जिस उच्च और बुद्धिमान कुल में तुमने जन्म लिया है उसके अनुरूप शील व सद्‌गुणों से युक्त श्रेष्ठ कुल वालों को जो व्यवहार करना चाहिए वह तुमसे भी अपेक्षित है, परन्तु तुम्हारे व्यवहार लोक-लज्जाहीन पुरुषों जैसे हो रहे हैं। तुम्हारा अनुचित हठ घातक है, उसके परिणाम बड़े भयंकर व विनष्टकारी हैं। उसका कोई प्रयोजन भी नहीं और न वह सफल ही हो सकता है।

"पांडवजन बड़े बुद्धिमान, शूरवीर, उत्साही, बहुश्रुत और आत्मज्ञ हैं। तुम उनसे सन्धि अवश्य कर लो। इसमें तुम्हारा हित है। यही बात तुम्हारे वृद्ध पिता महाराज धृतराष्ट्र, पूज्य पितामह भीष्म, आचार्यवर गुरु द्रोण तथा तुम्हारे अन्य अधिकांश बन्धु-बान्धव और मित्र भी चाहते हैं। सन्धि में संसार की शान्ति निहित है। तुम तो शास्त्र के ज्ञाता हो, बुद्धिमान व विचारवान हो। अत: अपने माता-पिता की आज्ञा में रहना चाहिए। तुम्हारे पिताजी को पांडवों से सन्धि करना उचित और हितप्रद मालूम होता है। अत: तुम्हें व तुम्हारे मंत्रियों को भी यह प्रस्ताव स्वीकार करना चाहिए। जो पुरुष मोह या द्वेषवश हित की बात नहीं मानता अन्त में पछताता है।

"हे तात! तुमने जन्म से ही अपने भाई पांडवों के साथ जो कपट का व्यवहार किया है, उसे सहन करते हुए भी पांडवों ने तुम्हारे प्रति सद्‌भाव रखा है। तुम्हें भी उनके प्रति वैसा ही सद्‌भाव प्रदर्शित करना चाहिए। सद्‌भाव करनेवालों के प्रति जो विपरीत व्यवहार करता है वह अपनी कुल्हाड़ी से वन वृक्षों के समान आप ही अपनी जड़ काटता है। पांडव तुम्हारे भाई हैं। उनको छोड़कर तुम दूसरों के भरोसे अपनी रक्षा करना चाहते हो तथा दु:शासन, कर्ण, शकुनि आदि के हाथ में अपना ऐश्वर्य सौंपकर पृथ्वी को जीतने की आशा रखते हो, सो स्मरण रखना, वे तुम्हें ज्ञान, धर्म और अर्थ की प्राप्ति नहीं करा सकते। पांडवों के सामने इन सबका पराक्रम नहीं चल सकता। तुम्हारे पास जितनी सेना इकट्ठी हुई है वह क्रोधित भीमसेन के मुँह की ओर आँख भी नहीं

उठा सकती। ये भीष्म पितामह, द्रोणाचार्य, कृपाचार्य, कर्ण, भूरिश्रवा, अश्वत्थामा, जयद्रथ आदि मिलकर भी अर्जुन का मुकाबला नहीं कर सकते। अर्जुन अजेय है। इसलिए युद्ध की बात छोड़ो। गन्धर्वों की कैद व विराट नगर का इतिहास अभी तुम सब भूले न होगे। कौरवों का पराभव मत करो। उनका बीज बना रहने दो। अपने को कुलघाती मत बनाओ और न अपनी कीर्ति को कलंकित करो।

''महारथी पांडव तुम्हें ही युवराज बनाएँगे। इस साम्राज्य पर तुम्हारे पिता धृतराष्ट्र ही स्थापित रहेंगे। अपने समीप उत्साहपूर्वक आती हुई राज्य लक्ष्मी का तिरस्कार न करो और पांडवों को आधा राज्य देकर महान ऐश्वर्य प्राप्त कर लो और आनन्दपूर्वक सुख भोगो।''

कृष्ण के वक्तव्य का पूर्ण समर्थन भीष्म, द्रोण, विदुर आदि ने भी किया। धृतराष्ट्र ने सबके समक्ष उसे पुनः समझाया और सन्धि प्रस्ताव स्वीकृत करने पर बल दिया। इन लगातार आघातों से दुर्योधन का मानसिक सन्तुलन विचलित हो गया। उत्तेजना और अपमान से उसके क्रोध का पारावार नहीं रहा। चारों ओर से अपनी अपकीर्ति की गूँज उठते देख वह क्रोधित स्वर से गरज उठा—

''केशव, जरा देख-भाल कर बात करो। पांडवों के स्नेह के कारण मेरी निन्दा मत करो। केवल तुम्हीं नहीं, मैं देख रहा हूँ कि पिताजी, दादा जी, गुरु और मंत्री विदुरजी सबके सब मेरी निन्दा पर उतारू हैं। मैंने अच्छी तरह विचार कर देख लिया कि मेरा कोई अपराध नहीं। पांडव स्वतः ही द्यूत के लिए प्रवृत्त हुए थे। उसमें शकुनि ने उनका राज्य जीत लिया और उन्हें वन जाना पड़ा। बतलाइए, इसमें मेरा क्या दोष था? जो आप मेरे साथ बैर ठानकर विरोध पनपा रहे हैं, पांडवों की शक्ति एवं उनके भयानक कर्मों को देखकर या आप लोगों की भीषण बातें सुनकर मैं डरनेवाला नहीं।

''हे कृष्ण, इस तरह तो हम द्वन्द्व के सामने भी नहीं झुक सकते। हमें ऐसा कोई क्षत्रिय नहीं दीख पड़ता जो युद्ध में परास्त कर सके, फिर पांडवों की तो बात ही क्या है! स्वधर्म का पालन करते हुए यदि हम युद्ध में समाप्त हो गए तो स्वर्ग प्राप्त करेंगे। वीरगति तो क्षत्रियों का प्रधान धर्म है।

''राज्य अब मेरा है। पिताजी मुझे सौंप चुके हैं, चाहे किसी भी कारण से हो। मेरी बाल्यावस्था में अज्ञान या भय के कारण पांडवों को राज्य मिल गया था, अब वह उन्हें फिर नहीं मिल सकता। अपने जीवित रहते, हे केशव, मैं पांडवों को पाँच ग्राम तो क्या, सुई की नोक के बराबर भूमि भी नहीं दे सकता।''

दुर्योधन की अहंकारपूर्ण बातें सुनकर कृष्ण की त्योरी चढ़ गई और प्रत्युत्तर में उन्हें उसका पूर्व चरित्र उद्‌घाटन करने का मौका मिल गया। कृष्ण ने गर्जना की—

"दुर्योधन, यदि तुम्हें वीर शय्या की ही इच्छा है तो कुछ दिन अपने मित्रों व मंत्रियों सहित धैर्य धारण करो, तुम्हारी मनोकामना शीघ्र ही पूर्ण होगी। पर याद रखो कि उस भीषण जनसंहार का उत्तरदायित्व तुम पर ही होगा।

"तुम मानते हो कि पांडवों के साथ तुमने कोई दुर्व्यवहार नहीं किया, उस पर सब जो यहाँ उपस्थित हैं, स्वयं विचार कर देख लें। पांडवों के वैभव से जल-भुनकर उनकी सम्पत्ति-अपहरण करने के लिए ही तुमने द्यूत-योजना रची। द्यूत आदमियों की बुद्धि को भ्रष्ट करनेवाला है ही। उससे कलह और क्लेश की वृद्धि होती है। फिर एकवस्त्रा द्रौपदी को खुली सभा में बलात् खींचकर तुमने उस कुलीन शीलवती गृहदेवी के साथ जो नीच बर्ताव किया वह क्या क्षत्रियोचित था, क्या तुम्हारे व तुम्हारे कुल की शोभा बढ़ाने वाला कर्म था? और उस सभा के सभासद उस निन्दनीय कृत्य को चुपचाप देखते रहे, यह क्या मानवोचित था?

"सदाचारी, अलोलुप और सदा धर्मयुक्त आचरण करनेवाले अपने भाइयों के साथ कौन भला आदमी ऐसा व्यवहार करेगा जैसा तुमने किया? वारणावत में पांडवों को उनकी माता सहित जीवित फूँक डालने का बड़ा पाप-यत्न तुमने किया। उससे वे बच गए तो फिर उन्हें वन-वन भटकाया। वहाँ भी वे संकट सहन करते रहे तो उनको विष देने और किसी-न-किसी तरह उनकी हत्या कराने के अनेक आयोजन तुमने किए। पांडवों के प्रति तुम्हारा आचरण सदैव खोटा व कपटपूर्ण रहा। फिर भी तुम अपने को निरपराध कहते हो?

"यदि तुम पांडवों को उनका पैत्रिक भाग न दोगे तो याद रखो, तुम्हें ऐश्वर्य से भ्रष्ट होकर वह देना पड़ेगा। आज भी तुम्हारी उलटी ही चाल दिखाई दे रही है। तुम्हारे पिता, पितामह, आचार्य बार-बार तुमसे कह रहे हैं कि सन्धि कर लो परन्तु फिर भी तुम तैयार नहीं होते। अपने इन हितैषियों की बात न मानकर तुम कभी सुख नहीं पा सकते।"

कृष्ण अपना कथन पूर्ण भी न कर पाए थे कि दुःशासन बीच में आकर दुर्योधन से कहने लगा—

"राजन्, यदि आप कृष्ण के अनुसार पांडवों से सन्धि न करेंगे तो भीष्म, द्रोण व पिताजी आपको, मुझे, कर्ण व शकुनि को बन्दी बनाकर पांडवों को सौंप देंगे।"

भाई की इस बात ने दुर्योधन के हृदय में जलती ज्वाला में घी का काम किया। वह अत्यन्त क्रोधित व उत्तेजित होकर साँप की तरह फुफकारता, सबका तिरस्कार करता अपने साथियों समेत सभा भवन से उठकर चला गया।

कृष्ण ने शेष समुदाय से कहा—

"आप वयोवृद्धों की बड़ी भूल है कि मदोन्मत्त दुर्योधन को आप सब अपने अधीन नहीं कर सकते। आप उसे और उसके साथियों को बन्दी बनाकर पांडवों से सन्धि कर लें। कुल की रक्षा के निमित्त एक पुरुष को, ग्राम रक्षा के लिए एक कुल को, देश की रक्षा के लिए एक ग्राम को और आत्म-रक्षा के लिए सारी पृथ्वी को त्याग देना चाहिए। मैंने जातीय बन्धुओं की हित-कामना के लिए कंस का वध कर, उग्रसेन को पुन: राजा बनाया। ऐसा कुछ करने से ही आप सबकी प्राण-रक्षा हो सकती है और संहार टल सकता है।"

इस तरह कुरुसभा के दम्भ और कपट का भंडाफोड़ कर जब कृष्ण ने दुर्योधन को बन्दी बनाने का प्रस्ताव रखा तो सबके सब एक-दूसरे का मुँह ताकने लगे। न किसी ने उस मन्तव्य का समर्थन किया, न विरोध। उससे स्पष्ट हो गया कि कौरव-सभा के सदस्यों में कर्तव्य-भ्रष्टता अपना स्थान बना चुकी थी। उन सब पर दुर्योधन हावी हो रहा था और किसी में यह सामर्थ्य शेष न थी कि उसके हठ, अनीति और अधर्म का प्रतिकार कर उसे सन्मार्ग पर ला सकें। सब निरुत्तर थे। धृतराष्ट्र को कुछ न सूझा तो विदुर से बोले कि राजमाता गान्धारी से दुर्योधन को समझाने के लिए कहा जाए, शायद उनके समझाने से मान जाए परन्तु सब निरर्थक हुआ। यह सब कृत्य एक नाटक मात्र ही रहा। घातक व्रण की शल्य चिकित्सा करने की हिम्मत किसी की न पड़ी। वहाँ दुर्योधन अपने मित्रों सहित कृष्ण को बन्दी बनाने की योजना रचने लगा।

इस दुरभि सन्धि की गन्ध चतुर सात्यकि को लग गई। उसने तुरन्त ही नारायणी सेना के नायक कृतवर्मा को आज्ञा दी कि वह अपनी सेना सजाकर व्यूह रचना करे ताकि कृष्ण के ऊपर कोई वार न हो सके और निर्भय सिंह की तरह राजसभा में प्रवेश कर सात्यकि ने दुर्योधनादिक के षड्यंत्र का भंडा-फोड़ दिया। उसके प्रपंच से समस्त सभा में उथल-पुथल मच गई। सब चिल्ला उठे, "राजदूत को बन्दी बनाना नीति विरुद्ध है।"

महात्मा विदुर ने धृतराष्ट्र से कहा, "मालूम होता है आपके पुत्रों को मृत्यु ने घेर रखा है, इसलिए वे ऐसा न करने योग्य व अपयश की प्राप्ति करानेवाला कर्म करने पर कमर कस रहे हैं। कृष्ण को बन्दी बनाने का वे विचार कर रहे हैं परन्तु यह नहीं जानते कि प्रकाश के समीप आते ही पतंगे स्वयं नष्ट हो जाते हैं।"

सात्यकि की बात सुनकर कृष्ण ने भी धृतराष्ट्र से कहा—

''राजन्, यदि क्रोधवश आपके पुत्र व उनके साथी मुझे कैद करना चाहते हैं तो आप आज्ञा दीजिए और देखिए कि वे मुझे कैद करते हैं या मैं उन सबको बन्दी बनाता हूँ। यदि मैं उन सबको बन्दी बनाकर पांडवों को सौंप दूँ तो आप अनुचित न मानेंगे। स्वत: मैं आपके पुत्रों को आज्ञा देता हूँ कि उनकी जैसी इच्छा हो, उसे पूरी करने की वे भरपूर चेष्टा कर लें।''

धृतराष्ट्र पसीना-पसीना हो रहे थे। तुरन्त ही विदुर के द्वारा दुर्योधन को पुनः सभा में बुलाकर डाँटना शुरू किया, भीष्म आदि ने भी वैसा किया, परन्तु अपने ओठ दबाए दुर्योधन को खड़ा देखकर कृष्ण ने उसे अपना मन्तव्य पूर्ण करने की चुनौती देते हुए ऐसा अट्टहास किया कि सम्पूर्ण सभा घबड़ा उठी। उस समय उनके शरीर का तेज ऐसा प्रचंड हो गया कि दुर्योधन व उसके सहायक सभी आतंकित हो गए। सबको ललकारते हुए कृष्ण उठ खड़े हुए और सात्यकि के हाथ में हाथ डाल कृतवर्मा को पीछे कर, सभा भवन से द्वार की ओर चल पड़े। सभा भंग हो गई। सब कौरव-मंडली उनको सत्कारपूर्वक विदा करने के लिए पीछे चल पड़ी। कृष्ण अपने रथ पर सवार हुए। कृतवर्मा उनके साथ बैठा, सात्यकि अंगरक्षक बना। धृतराष्ट्र ने सारा अपराध दुर्योधन के ऊपर डाल, उसे सरल मार्ग पर लाने की अपनी अक्षमता प्रकाशित की और कहा कि पांडवों के प्रति उनकी कोई असद्भावना नहीं, परन्तु वे पुत्रों के कारण लाचार हैं। चलते-चलते कृष्ण ने भीष्म पितामह व द्रोणादि से पुनः कहा कि जो कुछ हुआ वह सबने देख लिया। जिस विनाश के मार्ग पर दुर्योधन जा रहा है, उससे पलटाने की आपमें सामर्थ्य नहीं। काल की प्रबलता सम्मुख है।

वहाँ से विदा लेकर कृष्ण महारानी कुन्ती देवी के पास सब हाल सुनाने मुड़ गए। उस माता ने कृष्ण द्वारा अपने पुत्रों को क्षत्रिय धर्म पालन कर, अपने खोए हुए वैभव को पुनः प्राप्त करने का आदेश दिया और कृष्ण से अपने दुख-मोचन की प्रार्थना की।

कृष्ण और कर्ण

कुन्ती से विदा लेकर उपलैव्य जाते समय कृष्ण ने कर्ण को अकेले खड़ा हुआ देखा। वे कर्ण की शक्ति और महत्ता तथा उसका पांडवों से घोर विद्वेष जानते ही थे और यह भी जानते थे कि दुर्योधन की आकांक्षाओं के महल का मुख्य आधार-स्तम्भ वही है। इसलिए कृष्ण ने कर्ण को अकेले में बुला सादर उसे रथ पर बिठा लिया और बातचीत करते हुए उसे बतलाया कि वह कुन्ती का पुत्र है और इस तरह पांडवों का सबसे ज्येष्ठ भाई है तथा अज्ञानवश पांडवों का विनाश करने पर तुला हुआ है। कर्ण के ज्ञान-चक्षु खुल गए। सब वस्तुस्थिति विदित होने पर कर्ण बड़े असमंजस में पड़ गया।

उसे समझाते हुए कृष्ण ने कहा, "हे वीर, तू महा-भाग्यवान है परन्तु दुर्भाग्यवश अपने पितृवंशियों को अपना शत्रु मान बैठा है। मैं आह्वान करता हूँ कि तुम मेरे साथ युधिष्ठिर के पास चलो। उनको भी अभी तक तुम्हारी जन्म सम्बन्धी बातें और भाईचारा विदित नहीं है। ज्यों ही पांडवों को यह विदित होगा कि तुम उनके ज्येष्ठ बन्धु हो, वे सबके सब तुम्हारी अभ्यर्थना करेंगे, तुम्हारे चरणों पर मस्तक झुकाएँगे। उनकी ओर एकत्रित हुआ राज समुदाय तुम्हारा अधिक से अधिक सम्मान करेगा। इतना ही नहीं अपितु तुम्हारे प्रीत्यर्थ पांडवों के पुरोहित धौम्य स्वर्ण पात्रों में भरे हुए अनेक तीर्थों के जल से तुम्हारा राज्याभिषेक कर, तुम्हें चक्रवर्ती नरेश घोषित करेंगे। धर्माचार्य युधिष्ठिर तुम्हारा युवराज बनकर चँवर डुलावेगा, पराक्रमी भीम तुम्हारे ऊपर श्वेत छत्र तानेगा, अर्जुन सारथ्य करेगा, नकुल व सहदेव तुम्हारा अनुगमन करेंगे। वे सबके सब तुम्हारी आज्ञा पालन करने में अहोभाग्य समझेंगे और हम सब यादव तुम्हारे अनुयायी होंगे।"

कृष्ण के इस विलक्षण उद्बोधन का कर्ण के अन्तःकरण पर तीव्र प्रभाव पड़ा। अपना जीवनवृत्त जानकर उसकी मानसिक चेतना को सहसा भीषण आघात लगा और कुछ देर के लिए वह आत्मविस्मृत-सा हो गया। चैतन्य होने

पर अपने आपको उस अन्धकार में विलीन पाया जिससे सरल निवृत्ति सम्भव नहीं थी। जब से उसने होश सँभाला था तब से अर्जुन के प्रति भयंकर विद्वेषी-भावना आत्मकेन्द्रित कर रखी थी तथा कालान्तर से वह विरोध की धारा तीव्रतम होती जा रही थी। वह भावना एकाएक आत्मत्व व भ्रातृत्व के पहाड़ से टकराने लगी। वह सोचने लगा कि कौरवों को उत्तेजित कर पांडवों का नाश कराने के लिए युद्ध का उद्भव उसने ही कराया, उसके ही बल व विश्वास पर दुर्योधन इतना अकड़ता फिर रहा है, अपने ही भाइयों के वध का आयोजन कर जो पाप उसने अर्जित किया है, उसका क्या प्रायश्चित्त उसे भुगतना पड़ेगा? वह इस प्रश्न पर भी विचार करने लगा कि कौरवों का परित्याग कर पांडवों से मिल जाने पर मित्र द्रोह और विश्वासघात का घोर पाप उसे भोगना पड़ेगा और साथ ही अपकीर्ति की घनी कालिमा उसके चरित्र को जन्म-जन्मान्तर तक लांछित करती रहेगी। यह तो कृष्ण भी जानते थे कि कर्ण महाचरित्रवान, सत्यप्रतिज्ञ, बुद्धिमान, दानवीर और शूर शिरोमणि है। इन सब सद्‌गुणों को जानते हुए भी कृष्ण ने भावनापूरक बाण उस पर चला ही दिया। मानसिक आघातों और प्रत्याघातों से कर्ण थोड़ी देर के लिए किंकर्तव्यविमूढ़-सा हो गया, परन्तु समाधान होने पर उसने अपने अनुरूप उत्तर दिया—

''हे केशव, आपने स्नेह, मित्रता तथा सहृदयता के नाते जो कुछ कहा है वह मैं मानता हूँ, परन्तु प्रथमतः तो अधिरथ सूत व उनकी स्त्री राधा ने जिस पितृत्व व मातृत्व प्रेम से मेरा परिपालन किया, उसको मैं भूल नहीं सकता। दूसरे सूत जाति की स्त्रियों से मेरे विवाह हुए, उनसे पुत्र हुए, उन सबका मैं कैसे परित्याग कर सकता हूँ। क्षत्रियों के संस्कारों से मैं दीक्षित नहीं हुआ। दुर्योधन का धन-धान्य मैं बरसों से खा रहा हूँ। मेरे भरोसे पर ही उसने शस्त्र उठाने का निर्णय लिया है। अर्जुन के साथ द्विरथ-युद्ध के लिए मैं नियुक्त हो चुका हूँ और उससे युद्ध करने की प्रतिज्ञा ले चुका हूँ। मैं मृत्यु-बन्धन, भय या लोभ के कारण विश्वासघात नहीं कर सकता और यदि मैंने अर्जुन से द्विरथ-युद्ध नहीं किया तो मेरी व अर्जुन दोनों की महान अपकीर्ति होगी। किन्तु हे मधुसूदन! आप एक वचन दें कि हमारी जो गुप्त बातचीत हुई है, वह हम दोनों के बीच ही सीमित रहे। आप युधिष्ठिर से मेरे जन्म के बारे में कोई चर्चा न करें। यदि धर्मात्मा युधिष्ठिर को इस बात का पता लग गया कि मैं कुन्ती का प्रथम पुत्र हूँ तो वे राज्य को कभी ग्रहण न करेंगे और यदि यह विशाल साम्राज्य उन्होंने ग्रहण न किया और मुझे ही समर्पण किया तो मैं उसे

तुरन्त ही दुर्योधन को अर्पित कर दूँगा। इसलिए मेरी यही इच्छा व प्रार्थना है कि जिन पांडवों के आप नेता हैं, वे धर्मात्मा युधिष्ठिर ही सर्वदा राज्य-शासन करें।

"मैंने दुर्योधन की प्रसन्नता के लिए पांडवों के विषय में जो कटु वाक्य कहे और मेरी आँखों के सम्मुख द्रौपदी की जो दुर्दशा हुई (कर्ण को विदित होने पर कि राजरानी द्रौपदी यथार्थ में उसकी बहू थी, उसका अन्त:करण दुख से भर गया) उन सब पापों का प्रायश्चित्त मृत्यु द्वारा ही पूर्ण हो सकता है। अत: जब आप मुझे अर्जुन के हाथ से कुरुक्षेत्र के पवित्र मैदान में भूमि पर मरता हुआ देखेंगे, तभी मैं अपने को पापों से मुक्त हुआ मानूँगा। कुछ दिनों से जो अनपेक्षित घट रहा है उससे मैं अनुमान लगा रहा हूँ कि संसार का विनाश निकट है और इस युद्ध में विजय अर्जुन की ही होगी।

"इसलिए मैं आपसे निवेदन करता हूँ कि यदि आपका सत्य-प्रेम मेरे ऊपर है तो वह अवसर शीघ्र लाइए और मेरे इस विचार को गुप्त रखते हुए युद्ध-स्थल में अर्जुन को मेरे समक्ष युद्ध करने को अवश्य ले आइए। यदि महायुद्ध से जीवित बचा तो आपके दर्शन होंगे, नहीं तो स्वर्ग में आपसे समागम होगा ही।"

कृष्ण ने कर्ण का प्रगाढ़ आलिंगन किया और हँसते-हँसते कहा कि वह जाकर दुर्योधन से कह दे कि समय अच्छा है और सातवें दिन युद्ध का आरम्भ कर दे क्योंकि अन्य सभी जानते थे कि सन्धि-स्थापन असम्भव है। यदि दोनों पक्षों में सन्धि हो जाती तो द्वापर युग के पश्चात् का भारतीय इतिहास भिन्न प्रकार से लिखा जाता। सन्धि तो नहीं हुई, परन्तु यह कदापि नहीं कहा जा सकता कि कृष्ण-दूतत्व से कुछ लाभ नहीं हुआ। जिन कारणों से प्रेरित होकर कृष्ण ने यह अभियान प्रारम्भ किया था, वे सब सफल हुए। कृष्ण ने यह अत्यन्त कठिन व जटिल कार्य जिस मनोनियोग व कुशलता से पूर्ण कियां, उस पर जितना अधिक विचार किया जाए उतना ही अधिक उनका विलक्षण व्यक्तित्व आविष्कृत होता है। इस उद्योग में उन्होंने पांडव पक्ष का नैतिक समर्थन ही प्राप्त नहीं किया वरन् दुर्योधन की अनैतिकता का उद्‌घाटन कर, उसकी नैतिक दुर्बलताओं को उसके पक्षकारों के समक्ष प्रकट कर दिया। ऊपर से सीधे-साधे दिखनेवाले परन्तु अन्तस् में कपटी व कुटिल महाराज धृतराष्ट्र की कलुषित नीति और अकर्मण्यता का पर्दाफाश कर, उनके तथा कौरव पक्ष के समर्थ सहायक पितामह भीष्म, द्रोण, कृप आदि से आमसभा में दुर्योधन की भर्त्सना करा के, उनका जीवन दूभर कर दिया। कौरव पक्ष को

नैतिक दृष्टि से निराधार व असंगत मान लेने से आम लोगों का व एकत्र हुए राजाओं का उत्साह भंग हो गया। देवी गान्धारी ने यह बात समझकर ही दुर्योधन को समझाते हुए कहा था कि द्वैषग्रस्तों की सहायता पर निर्भर न रहकर, वह कृष्ण के कथनानुसार सन्धि कर ले। कृष्ण के प्रस्थान के बाद भी भीष्म, द्रोण आदि ने उसे यही मंत्रणा दी। कृष्ण के उपचार का प्रत्यक्ष प्रतिफल इन महारथियों पर पड़ना तो स्वाभाविक था परन्तु उससे महावीर कर्ण भी अछूता न रहा। उससे भी कृष्ण ने कहलवा लिया कि विजय अर्जुन की ही होगी। इस तरह शत्रु के घर में आगामी विजय की दुन्दुभी बजवाते हुए कृष्ण ने हस्तिनापुर के वातावरण को, वहाँ के लोकमत को, पांडवों का नैतिक पक्षधर बना दिया और साथ ही साथ अपने उच्च पद की लोकमान्यता को सर्वदा के लिए सुरक्षित कर लिया। भीष्म, द्रोण आदि एक ओर हो गए और कर्ण, शकुनि आदि दूसरी ओर। भरी सभा में दुर्योधन को बन्दी बनाकर पांडवों के हवाले कर देने के उद्घोष से उपस्थित राजाओं के चित्त में कृष्ण ने अपनी शक्ति का आतंक व भय उत्पन्न कर दिया और अन्त में चलते-चलते कर्ण के अर्जुन के प्रति कठोर द्रोह को परिताप में परिणत कर कृष्ण ने हस्तिनापुर से उपलैव्य की ओर प्रत्यागमन किया। द्यूत के बाद तेरह वर्ष के काल में कृष्ण कौरव राज की गाथाएँ सुनते रहे, परन्तु इस बार के प्रत्यक्ष दर्शन व साक्षात्कार से उन्हें विश्वास हो गया कि वह प्रतिष्ठित राजकुल कितना पतित हो गया था। कृष्ण ने देखा कि विवेक-अंकुश राजसत्ता पर से बिलकुल उठ गया था और धर्म व नीति सत्ताश्रयी हो चुकी थी। राजेश्वर दोनों आँखों से अन्धे थे एवं पुत्र-मोह व राज्य-लोभ के तिमिर में उनकी बुद्धि भी तमोग्रस्त हो चुकी थी। पुराने राज्य सचिवों में तीन प्रमुख व्यक्ति थे—महात्मा भीष्म, ज्ञानी विदुर और तपस्वी द्रोण। वृद्ध पितामह यद्यपि परस्पर मेल व शान्ति के इच्छुक थे, त्यागी, अनुभवी व शक्तिशाली थे परन्तु दुर्योधन और कर्ण तथा उसके नवीन साथियों की धमाचौकड़ी के कारण वे विरक्त और शासन की ओर से उदासीन थे। सत्ताधारी दल न तो उनके परामर्श का इच्छुक था और न अनुयायी। ज्ञानी विदुर स्पष्टवक्ता थे। उनकी आवाज का कोई वजन उस मंडली में न था। रहे आचार्य द्रोण सो उनका संसार केवल मात्र पुत्र अश्वत्थामा तक सीमित था और वह दुर्योधन का विशेष विश्वासपात्र था। उसका व कृपाचार्य का एक गुट था। यथार्थ में वे उस अधम सत्ता के संरक्षण हेतु कौरव दल की ढाल बन चुके थे। सत्ताधारी दुर्योधन के अन्तरंग मंडल में कपटी व छली शकुनि, अर्जुन के चिर विद्वेषी, दर्पशाली और महात्माभिमानी

कर्ण, पापाचारी दुःशासन व जयद्रथ आदि थे। इस नव मंत्रिमंडल के सामने भीष्म, द्रोण, विदुर आदि की कोई प्रतिष्ठा नहीं थी। बलवान जो कहे सो धर्म और सत्ताधारी जो कहे सो नीति, ऐसी परिस्थिति थी। कृष्ण ने स्वयं देखा व अनुभव किया कि हस्तिनापुर की राज-संस्था कितनी भ्रष्ट, सत्ता कितनी मदान्ध और सचिव संस्था कितनी क्षीण हो चुकी थी। वहाँ धर्म कितना दुर्बल, तेजस्वी एवं तत्त्वज्ञानी पुरुष कितने अकर्मण्य व निरुपयोगी हो चुके थे। उन्हें स्पष्ट भासित हो गया था कि कौरव राज्य की ये आन्तरिक हीनताएँ शान्तिपूर्ण उपायों द्वारा दूर नहीं की जा सकतीं। तब उन्हें भी अपनी मानसिक कोमल भावनाओं को वज्र सरीखा कठोर बनाना पड़ा और समष्टि के लाभ हेतु विकराल रक्त-तर्पण की योजना को प्रश्रय देना पड़ा।

पार्थ-सारथी

उपलैव्य आने पर कृष्ण ने शान्ति अभियान की असफलता, कौरव पक्षीय हठ और राजमाता कुन्ती के तेजपूर्ण क्षत्रियोचित सन्देश से धर्मराज और अन्य बन्धुओं को परिचित कराते हुए, दुर्योधनादिक का दृढ़ संकल्प भी सूचित कर दिया कि शान्तिपूर्वक वे लोग सुई की नोक के बराबर भूमि भी नहीं देना चाहते तथा शीघ्र ही युद्ध हेतु कुरुक्षेत्र को प्रस्थान करनेवाले हैं। धर्मराज ने भी निश्चयपूर्वक युद्ध की पूरी तैयारी करने व युद्ध-स्थल में प्रस्थान करने की आज्ञा दे दी। कौरवों की ओर ग्यारह और पांडवों की ओर सात अक्षौहिणी सेनाएँ एकत्रित हो गईं। पांडवों की ओर से उनके सगे-सम्बन्धी और सच्चे सहायक ही रण-निमंत्रण पर आए थे, परन्तु कौरवों की ओर से जो समूह इकट्ठा हुआ था, उसके मुख्य महावीर कर्ण, शकुनि, जयद्रथ, भगदत्त आदि पांडवों से अपना प्रतिशोध लेने की इच्छा से व अन्य कई कृष्ण द्वारा संयोजित नवीन राज्य-कल्पना के विरोध में कौरवदल में सम्मिलित हो गए थे। प्रायः सभी महारथी व अधिरथी थे और सेनापति बनने के इच्छुक थे। इस कारण कौरवों को मुख्य सेनापति नियुक्त करने में कई अड़चनें आईं। महावीर कर्ण ने भीष्म पितामह के जीवित रहते व उनके आधिपत्य में युद्ध करने से इनकार कर दिया। गुरु द्रोण से भी वह अप्रसन्न था। इस कारण दुर्योधन को एक के पश्चात् दूसरे कई सेनापति नियुक्त करने पड़े। तात्पर्य यह कि कौरव दल में नेतृत्व की कमी थी। ऐसा कोई व्यक्ति न था जिसे सम्पूर्ण युद्ध का भार सर्वसम्मति से सौंपा जा सके। शास्त्र का वचन है—

''वहवो यत्र नेतारः सर्व पंडित मानिनः।
सर्वे महत्त्व पिछन्ति वद् राष्ट्र भव सीदति॥''

अर्थात् जिस राष्ट्र या समाज में नेताओं की भरमार हो, सभी अपने को बुद्धिमान व माननीय मानते हों, सभी महत्त्वाकांक्षी हों वह राष्ट्र या समाज गिरने को ही है।

ऐसी कोई कठिनाई पांडवों के सम्मुख नहीं थी। जब प्रश्न उठा तब युधिष्ठिर ने कृष्ण को बुलाकर, उनकी सलाह से सब कार्य करने का परामर्श अपने भाइयों को दिया और सेनापति किसे नियुक्त करना है, यह भी उनकी राय पर छोड़ दिया। कृष्ण ने तुरन्त ही धृष्टद्युम्न की ओर उँगली उठा दी। उनका यह संकेत उनकी दूरदर्शिता और राजनीतिक सूझबूझ का द्योतक था। धृष्टद्युम्न राजरानी द्रौपदी के सगे भाई थे। महायुद्ध विशेषकर द्रौपदी के आदर के पीछे ही तो लड़ा जाने वाला था। बहिन के समादर का पक्षपाती और उसकी सुरक्षा के हेतु अपने जीवन को बलिदान कर देने को तत्पर रहनेवाला जितना भाई होता है उतना अन्य व्यक्ति नहीं। बहिन-भाई का नाता सब नातों से मृदुल, प्रेमपूर्ण, निरासक्त और आकर्षक होता है। राजपूतों में बहिन की राखी के महत्त्व का साक्षी राजस्थान का इतिहास है। प्राणों का संकट आने पर अन्य कोई सेनापति युद्ध से मुकर भी सकता था, तेजहीन या हतोत्साह हो सकता था, परन्तु द्रौपदी का भाई शरीर में प्राण रहते पीछे नहीं हट सकता था। महारानी द्रौपदी को भी उससे सन्तोष हुआ। उसके ऊपर वरिष्ठ अधिकारी अर्जुन नियुक्त किया गया।

अनेक कारणों से ही कतिपय यूरोपीय विद्वान इस भ्रम में उलझ गए कि महाभारत युद्ध पांडवों और कौरवों में हुआ ही नहीं। कई यह कहने लगे कि युद्ध तो हुआ लेकिन वह कैकेय व कौरवों में हुआ। धृष्टद्युम्न कैकेय थे। कई कह बैठे कि युद्ध कौरवों और मत्स्यों में हुआ क्योंकि इन दोनों वंशों में तनातनी थी। कौरवों ने मत्स्यों पर आक्रमण किया था, उसका बदला द्रुपदराज ने कौरवों से लिया। यह गलत नहीं कि इस युद्ध का सूत्रपात मत्स्यों द्वारा हुआ और युद्ध के सेनापति धृष्टद्युम्न थे। परन्तु यथार्थतः युद्ध था तो पांडवों और कौरवों के बीच। द्रुपद और धृष्टद्युम्न तो सहायक मात्र थे।

स्वयं कृष्ण उस काल के योद्धाओं में अग्रगण्य माने जाते थे। वे न तो सेनापति बने और न अधिकारी परन्तु उन्होंने स्वीकार किया केवल अर्जुन का निःशस्त्र सारथित्व। पांडव पक्ष में जितना राज-समाज सम्मिलित था, वह इस तथ्य से परिचित था कि कृष्ण अन्याय से घृणा करनेवाले और न्याय के सर्वदा पक्षकार हैं। उनकी बुद्धि, कर्तव्य-परायणता और कार्यशैली में सबका अखंड विश्वास था। सब यह भी जान गए थे कि पांडवों और कौरवों में कदाचित् सन्धि सम्भव भी हो, परन्तु कृष्ण अधर्म और अनीति से सन्धि नहीं कर सकते। उन्होंने अपनी नारायणी सेना कौरवों को दे डाली थी और अकेले शस्त्र रहित पांडवों की ओर आ गए थे। युद्ध में सक्रिय भाग न लेने से साधारणतया लोग

यह समझे कि कृष्ण भी डेरे में बैठे-बैठे युद्ध देखते रहेंगे और जीतनेवालों को सराहना तथा हारनेवालों को धिक्कार-ध्वनि करते रहेंगे परन्तु यथार्थ में बात कुछ दूसरी ही थी।

कृष्ण का मानसिक संकल्प धर्म-साम्राज्य की स्थापना का अवश्य था, परन्तु द्वारका-स्थित यादव-संघ, जिसके वे प्रमुख थे, के अस्तित्व को वे विस्मृत नहीं कर सकते थे। उस संघ को यथाविध संगठित रखने में उन्हें कितनी परेशानी होती थी, कितनी समस्याएँ व कठिनाइयाँ आए दिन उनके सम्मुख उपस्थित होती थीं, उनका वर्णन 'नारद-कृष्ण' संवाद में हो चुका है। यादव वीर जन्मजात स्वतंत्र प्रकृति के थे। अपनी शक्ति का घमंड उनकी नस-नस में विद्यमान था और यदि यह कहा जाए कि उनकी शक्ति, जो बलराम, कृष्ण, सात्यकि, कृतवर्मा आदि के नेतृत्व से संगठित हुई थी, के सम्मुख उस काल के भारतवर्ष के राजाओं की सम्मिलित शक्ति भी तुच्छ थी तो अतिशयोक्ति नहीं होगी। इन विभिन्न स्वभाव वाले यादवों को एक सूत्र में बाँधे रखने की सामर्थ्य कृष्ण में ही थी। द्वारकावासी यादवों के रिश्तेदार बहुत थे, जिनमें से अधिक कौरव-पक्षकार थे। यदि रिश्तेदारों के आग्रह से कुछ यादव स्वतंत्र रूप से कौरव पक्ष में चले जाते तो कृष्ण उनको मना भी नहीं कर सकते थे और बलपूर्वक रोकने से संघ में विग्रह की आशंका थी। उस समय तक सब यादवों की पूर्ण भक्ति कृष्ण में थी और उसे किसी भी कारण खंडित होने देना बुद्धिमत्ता या राजनीति न होती। यादवगण या तो आत्मरक्षा के प्रश्न पर या किसी यादव वीर की सहायता के लिए एक साथ हथियार उठा सकते थे। पांडवों से कृष्ण को छोड़कर और किसी यदु-कुल का सम्बन्ध न था। हरेक की अपनी-अपनी विचारधारा व रुचि थी। अपने-अपने शत्रु व मित्र थे।

इसके अतिरिक्त यादव संघ में एक सर्वमान्य और प्रचलित नियम यह भी था कि यदि किसी कारण यादवगण भिन्न-भिन्न पक्षों में हो भी जाएँ तो एक-दूसरे का वध नहीं करते थे, हाँ, शत्रुओं से अवश्य जूझते थे। इन सब कारणों से कृष्ण ने युद्धार्थ सब यादवों को स्वतंत्रता दे रखी थी और स्वयं आप भी स्वतंत्र हो गए थे। जब रण-निमंत्रण लेकर दुर्योधन और अर्जुन दोनों प्रायः एक ही समय कृष्ण के पास उपस्थित हुए, तब उस कठिन और जटिल समस्या का निराकरण करते उन्हें देर न लगी और नारायणी सेना को एक ओर एवं निःशस्त्र स्वयं को दूसरी ओर रखकर दुर्योधन और अर्जुन दोनों में सम्भावना प्रकाशित करते हुए, अपनी-अपनी पसन्द लेने को कह दिया और

पहिली पसन्द का अधिकार वय में छोटे होने के कारण अर्जुन को दिया। यदि अर्जुन को पहिला अधिकार न देकर वे दुर्योधन को भी देते तो दुर्योधन स्वयं उनको न लेकर नारायणी सेना ही माँगता। इस तरह बल-विभाजन कर जहाँ कृष्ण ने बुद्धिमत्ता और नीतिमत्ता का परिचय दिया, वहीं अर्जुन की हार्दिक भावना की परीक्षा भी ले डाली और उस परीक्षा में उत्तीर्ण होकर अर्जुन ने कृष्ण के हृदय में विशिष्ट स्थान पा लिया।

परन्तु फिर भी प्रश्न शेष रह जाता है कि कृष्ण ने सम्पूर्ण नारायणी सेना क्यों एक ओर दे दी। वे चाहते तो केवल आधी या कुछ कम ज्यादा सैन्य भी देकर पिंड छुड़ा सकते थे। इसका कारण यही है कि वे संघ नियमों में बद्ध होने के कारण यादवों को विभिन्न पक्षों की ओर से एक-दूसरे पर शस्त्र चलाने या वध करने की आज्ञा नहीं दे सकते थे और न स्वयं ही अन्य यादवों पर शस्त्र चला सकते थे। इसलिए कृष्ण इस महासमर में नि:शस्त्र सम्मिलित हुए। इस प्रकार उन्होंने अपने धर्म-साम्राज्य के संकल्प को भी खंडित नहीं होने दिया और गण-संघ के नियमों की भी रक्षा कर ली। यह उनकी अलौकिक बुद्धिमत्ता व नीति का ही परिणाम था। एक ओर समस्त देश का प्रश्न था और दूसरी ओर यादव कुल का। दोनों का हित-साधन करने के हेतु कृष्ण ने जिस उपाय का अवलम्बन लिया वह दुर्लभ था। कृष्ण के उक्त निर्णय के कारण ही बलराम असमंजस में पड़ गए। वे न तो किसी पक्ष के हित में जा सके और न विरोध में। उन्होंने तीर्थयात्रा में ही अपना समय बिताना उचित समझा। पांडवों के नि:शस्त्र सहायक होने का एक कारण महाभारत ग्रन्थ में और भी पाया जाता है। अर्जुन यद्यपि उनका सखा व मित्र था, परन्तु स्वाभिमानी और महत्त्वाकांक्षी वीर था। वह जानता था कि यदि सशस्त्र कृष्ण युद्ध में सम्मिलित हुए तो वे अकेले ही युद्ध जीत लेंगे और उसे अपना पराक्रम दिखाने और ख्याति प्राप्त करने का अवसर ही न मिलेगा। इसलिए उसने स्वयं कृष्ण से अपने मन की बात कह दी कि वे युद्ध में लड़ें नहीं, केवल मात्र उसका सारथित्व करें। अपने प्रिय सखा की हार्दिक अभिलाषा को पूर्ण करने हेतु ही कृष्ण ने युद्धक्षेत्र में उसका सारथी बनने का कार्य स्वीकार किया। भक्त-प्रवर सूरदास ने यही भाव प्रदर्शित किया है—

"हम भक्तन के भक्त हमारे।"
सुन अर्जुन परतिज्ञा मोरी यह व्रत टरे न टारे॥
मम भक्तों से बैर करे जो सो निज बैरी मेरो।
देख विचार भक्त हित कारन हाँकत हों रथ तेरो॥

इसके साथ ही जब पांडवों के नि:शस्त्र सहायक कृष्ण की बुद्धिमत्ता व राजनीति पर विचार किया जाता है, तब उनके स्वरूप व कला के अद्‌भुत दर्शन प्राप्त होते हैं। सर्वोच्च पद प्रतिष्ठित राजसूय यज्ञ में सर्वप्रथम पूजित, योद्धाओं की श्रेणी में अग्र कृष्ण ने सारथी का हीन कार्य स्वीकार कर, जहाँ एक ओर अपने सुहृद मित्र अर्जुन की प्रतिष्ठा में चार चाँद लगा दिए, वहीं उस कार्य को स्वीकृत कर उन्होंने संसार के हित के लिए मानवता की साधना करनेवालों के निमित्त, सच्चे कर्मयोगियों व ज्ञानियों के लिए अपने उदाहरणों से यह आदर्श भी उपस्थित कर दिया कि कोई भी सद्‌कर्म न तो ऊँचा है न नीचा। समदर्शी कृष्ण ने राजसूय यज्ञ में विद्वानों के चरण प्रक्षालन व उनके आदर-सत्कार का कार्य जिस दृष्टि से किया था, उसकी दूसरी आवृत्ति अर्जुन का सारथित्व करके प्रस्तुत की। यह उनके बहुमान्य और उत्तरदायित्वपूर्ण सार्वजनिक रूप की झाँकी है।

यौद्धीय कला-कलाप के दो भाग होते हैं। प्रथम भाग में वे लोग आते हैं जो अस्त्र-शस्त्रों द्वारा युद्ध करते हैं। उनसे भी प्रमुख वे थोड़े से लोग होते हैं जो युद्ध का संचालन भार धारण करते हैं। हृदय में वीरत्व की भावना और शरीर द्वारा उस वीरत्व को कुशलतापूर्वक प्रदर्शित करने की कला में जितना अन्तर है, उतना ही अन्तर सामूहिक युद्धों में योद्धाओं की भिन्न-भिन्न स्थलों पर नियुक्ति और उनकी यथावसर उस वीरकला के बुद्धिमत्तापूर्ण प्रदर्शन में होता है। यह भार बड़े-बड़े युद्धों में कुछ विशिष्ट मस्तिष्कों को सौंप दिया जाता है। योद्धाओं में वीर शिरोमणि कृष्ण ने सारथी के नाते सम्पूर्ण युद्ध संचालन की बागडोर अपने हाथों में लेकर महान द्रष्टा व बुद्धि के आकर के रूप में यादवों से वैमनस्य भी बचा लिया और धर्मराज्य की स्थापना हेतु जो इतिहास प्रसिद्ध भयंकर उद्योग होनेवाला था, उसकी सफलता भी निर्दिष्ट कर दी। जिस युद्ध की दुन्दुभी बज रही थी, उसमें विपक्षियों की ओर से भीष्म, द्रोण, कर्ण आदि लड़ेंगे, यह बात सबको विदित ही थी। पितामह भीष्म की कर्तव्यनिष्ठा और अजेय रणोत्साह की पूर्ण कल्पना कृष्ण को थी। द्रोण व कृप यद्यपि पांडवों के भी गुरु थे परन्तु दुर्योधन के अन्न से पल रहे थे। दिव्य-अस्त्र-शस्त्रों सहित उनकी युद्ध-कला का तथा भीष्म और इन आचार्यों में अर्जुन की पूज्य भावना, कर्ण की दुर्धर्ष शक्ति और प्रतिज्ञा आदि बातों का कृष्ण को पूर्ण भान था। रथ पर बैठे हुए कृष्ण की मंत्रणा का ही परिणाम इन महावीरों के भयानक आक्रमण से पांडवों को बचाते हुए उन सब अजेय योद्धाओं को

धराशायी करा देने में प्रतिफलित हुआ। सारांश यह कि कृष्ण की मंत्रणा पांडवों का अभेद्य कवच थी। उनकी संरक्षा में वे अभय थे, अजेय थे। जिस ध्येय व धारणा से कृष्ण इस युद्ध में संलग्न हुए थे वह पक्षगत न थी। व्यक्तिगत रूप से न तो वे किसी के भक्त थे और न विरोधी। सदाचरण व न्याय से प्रेम तथा अधर्म व अनीति से विरोध ही उनका मूलमंत्र था। यदि दुर्योधन और उसके सहायक धर्म मार्ग पर आ जाते तो वे कृष्ण को उतने ही प्रिय हो सकते थे जितने धर्मराज व अर्जुन। यह तो स्पष्ट दिखता है कि भारतीय युद्ध में जितनी मूर्तियाँ सम्मुख आती हैं, वे सब किसी न किसी अल्प या दीर्घ स्वार्थवश, किसी न किसी पक्ष के सहायक के रूप में सम्मिलित थीं, भले ही उनके दृष्टिकोण भिन्न रहे हों। दुर्योधन और उसके साथियों की दृष्टि राजकीय, अर्थ, ऐश्वर्य और उसकी सम्पूर्ति के लिए अनियंत्रित सत्ता की ओर थी। छल से, बल से जैसे भी हो सके, सम्पूर्ण राज्य पर अपना एकतंत्रीय निरंकुश शासन व आधिपत्य उनका ध्येय था। यह नीचतम या अनैतिक स्वार्थ भले ही कहा जाए, परन्तु वे उसे अपना जन्मसिद्ध अधिकार मानते थे और उसे सुरक्षित रखने के हेतु प्राणपण से मरने-मारने को तैयार थे। पांडव बन्धुओं की राज की माँग भी स्वार्थ से परे न थी। वे उस पर अपना न्याययुक्त स्वत्व मानते थे और उसकी प्राप्ति के लिए युद्ध के लिए उतारू हो गए। उनका स्वार्थ दुर्योधन के स्वार्थ से कुछ उच्च श्रेणी का भले हो, क्योंकि वह न्याययुक्त था परन्तु था तो स्वार्थ ही। भीष्म, द्रोण, कर्ण आदि का जीवन-स्वार्थ कौरवों के साथ जुड़ा हुआ था। पांचालों का, द्रुपद पुत्रों का स्वार्थ अपने रिश्तेदारों को राज्य प्राप्ति कराने में निहित था। परन्तु इन सब पात्रों की चित्र-कक्षा (galaxy) में एक ऐसा अद्‌भुत व अलौकिक चित्र केवल कृष्ण का ही दर्शित होता है, जिसमें स्वार्थ के किसी रूप की लवलेश छाया भी नहीं पाई जाती है। आधुनिक काल में प्रचलित नीति-शास्त्र में जो उदात्त स्वार्थ कहा जाता है, उसका भी जिसे स्पर्श न हो, वह मूर्तिमान महामानव कृष्ण के रूप में ही दृष्टिगोचर होता है। इस युद्ध के कारणरूप या परिणामस्वरूप वे अपने लिए या अपने वंशज या यादव कुल के लिए न तो कोई राज्य निर्माण करना चाहते थे, न किसी राज्य के अंश या खंड पर सत्ता चाहते थे। कोई भी, किसी प्रकार का भी प्रलोभन—विचार में या दृष्टि में—नहीं आता, जो कृष्ण को इस भीषण नरसंहार का प्रेरक बना सकने में सक्षम होता। केवल 'धर्म और नीति' का संरक्षण कर, मानव-समाज को उसकी पतित अवस्था से उबारकर, विश्व-

कल्याण करने के उद्देश्य से ही वे इस महान शस्त्र-यज्ञ के 'उपद्रष्टा' बने। नीति के सदाचार के गिरे हुए मूल्यों को पुनः स्थापित कर मानवता को दानवता के क्षेत्र से खींच, देवत्व की ओर अग्रसर करने हेतु ही, वे इस भयानक नाटक के सूत्रधार बने। धन्य है वह नर अर्जुन जिसने अपने जीवन-रथ को संचालित करने की बागडोर नारायणरूपी सारथी कृष्ण को सौंप दी।

गीता-ज्ञान

शरीर के किसी अंग में घातक विष प्रयुक्त हो जाने पर यदि वह अंग सड़ने-गलने लगता है तो जीवन-रक्षा के निमित्त उस अंग को शल्य-चिकित्सा द्वारा विलग कर दिया जाना ही उचित उपचार माना जाता है। उसी न्याय से राष्ट्र-शरीर की जीवन-रक्षा समाज के विषाक्त या गलित अंगों की विच्छिन्नता से ही सम्भव हो सकती है। जब साधारण उपचारों से, समझाने-बुझाने से भी समाज का शुद्धीकरण अशक्य प्रमाणित हो चुका, तब कृष्ण ने उसका उद्धार करने के लिए शस्त्ररूपी शल्य-चिकित्सा का प्रयोग ही उचित समझा। उन्होंने उस काल की प्रचलित, बलवान परन्तु भ्रष्ट राज संस्था को समूल नष्ट कर उसके स्थान पर शुद्ध रक्त संचारक नवीन संस्था स्थापित करना ही राष्ट्रीय जीवन के पुनरुत्थान हेतु श्रेयस्कर समझा।

निश्चित तिथि को दोनों ओर का सैन्य दल कुरुक्षेत्र के विस्तृत मैदान में एकत्रित हो गया। योद्धाओं की वीर गर्जना, भेरियों और शंखों के निनाद से पृथ्वी और आकाश कम्पायमान हो उठे। उस युद्धरूपी सरिता को पार करना कितना कठिन था, एवं उसका स्वरूप कितना भयंकर था उसका विवरण एक रूपक द्वारा अत्यन्त अर्थपूर्ण शब्दों में किया गया है—

भीष्म द्रोण तदा जयद्रथ जला गान्धर नीलोत्पल।
शल्य ग्राहवती कृपेण महता कर्णेन बेला कुला॥
अश्वत्थाम विकर्ण धोर मकरा दुर्योधना वर्तिना।
सोतीर्ण खलु पांडवे रण नदी कैवर्तकः केशव॥

वह विकराल युद्ध एक अत्यन्त वेगवती सरिता का व्यूह रूप था। उस व्यूह के भीतर कौरव दल के सब रथी-महारथी अपने-अपने स्थानों पर सुरक्षित थे। उस व्यूह को तोड़ना या खंडित करना अर्थात् उस धारा को पार कर लेना असम्भव नहीं तो अत्यन्त कठिन अवश्य था। नदी में उतरने और पार करने के दो ही किनारे होते है। इस युद्धरूपी सरिता के दोनों किनारे भीष्म

पितामह व गुरु द्रोणाचार्य से रक्षित थे। भीष्म किसी भी योद्धा को उस नदी में न उतरने देने को कृत संकल्प थे और यदि किसी योद्धा ने उसमें उतरकर उसे पार करने की चेष्टा की तो दूसरे किनारे तक उसे पहुँचने नहीं देने के लिए गुरु द्रोणाचार्य कटिबद्ध थे। उस नदी में शकुनिरूपी नील कमल खिला हुआ था जो अपने छल-छन्द से पथिकों को आकर्षित करता और उन्हें गहरे जल में धँस जाने पर डुबो देता था अर्थात् शकुनि के प्रपंच से बड़े-बड़े वीर उस नदी के गहरे पानी में डूब जाते थे। यदि भीष्म से बचकर कोई वीर उस नदी को पार करने के लिए उसमें उतर भी पाता तो जयद्रथरूपी प्रबल धार अपनी प्रचंडता से उसे बहा ले जाने में समर्थ थी। यदि कोई बहकर डूबने से बचता तो उसे निगल जाने के लिए शल्यरूपी क्रूर जलचर और विकर्ण व अश्वत्थामारूपी घोर मगरमच्छ अपना मुँह बाये ही रहते थे। उस धारा का वेग कम न पड़ने पाए, इस हेतु मर्यादा के बन्धन से आकुल कर्ण व कृपाचार्य उसे सदा गतिमान करते रहते थे। इतने पर भी महायोद्धा दुर्योधन उस भयानक रणधारा में अपने पराक्रम से जगह-जगह तूफान उठाकर भँवरें पैदा करने में तत्पर था जिसके चक्रों में पड़कर पार जाने की चेष्टा करनेवाला व्यक्ति ऊपर उठ ही नहीं पाता।

अवगाहन कर या तैरकर तो पांडव उस धारा को पार कर ही नहीं सकते थे। जिस पराक्रमरूपी जलपोत द्वारा वे पार उतरना चाहते थे, उसको सब गतों व जलचरों से बचाते हुए विधिवत् पार कराने के लिए उन्हें परम कुशल नाविक कृष्ण की अविरल सहायता ही एकमात्र आधार थी।

युद्ध-स्थल पर पांडव दल के वीरों की उत्साहित सेना और व्यूह रचना देख, दुर्योधन के चित्त में प्रथम भय का संचार हुआ और वह गुरु द्रोण के पास पहुँचकर उद्विग्न हृदय से निवेदन करने लगा कि पांडवों ने बड़ी कुशलता से व्यूह निर्माण किया है और बड़े उत्साह से वे लड़ने को उद्यत हैं। दुर्योधन मुख्य सेनापति भीष्म के पास न जाकर गुरु द्रोण के पास क्यों गया, यह भी विचारणीय प्रश्न है। दुर्योधन यह जानता था कि द्रोणाचार्य का द्रुपदराज से पुराना बैर है और धृष्टद्युम्न पांडवों का मुख्य सेनापति है तथा गुरु द्रोण का वध करने की प्रतिज्ञा से व्यूह रचना की है, यह कहकर उसने द्रोण के ब्राह्मणीय क्रोध को भड़काने तथा उन्हें भी अद्भुत व्यूह रचने की प्रेरणा देने का यत्न किया।

सम्भवत: उस काल में यह रण-नियम प्रचलित था कि जब तक युद्ध आरम्भ न हो जाए तब तक किसी भी पक्ष का कोई सेनापति या अधिकारी विपक्षी दल में निर्भयतापूर्वक आ-जा सकता था। जिस तरह युद्ध क्षेत्र में घूम-

फिरकर दुर्योधन ने पांडवों की व्यूह रचना देखी थी, उसी भाँति अर्जुन ने भी विपक्षी दल को देखने की इच्छा कृष्ण से प्रकट की और उनसे निवेदन किया कि दोनों ओर की सेनाओं के मध्य जो खुला मैदान है, वहाँ वे रथ को ले चलें ताकि वह सब विपक्षियों को देख सके। सारथी कृष्ण ने उसकी इच्छा पूर्ति करते हुए उपयुक्त स्थल पर रथ सहित अर्जुन को खड़ा कर दिया। रण में आए हुए अपने पूज्य वंशज, नातेदार, गुरुवर्य आदि को देखकर अर्जुन के चित्त पर एकदम मोह के बादल उमड़ पड़े और उसके मस्तिष्क व हृदय को ग्लानि, चिन्ता तथा मानसिक दौर्बल्य की वेगवान लहरें प्लावित करने लगीं।

घड़ी-दो-घड़ी पहिले जो अर्जुन अपने जन्मजात क्षत्रियत्व की अर्जित वीरता से कृत निश्चय युद्ध क्षेत्र में अग्रसर हुआ था तथा शत्रु पराभव के हेतु जो विपक्षी दल को देखकर युद्धोपायों को विचारने के हेतु आगे बढ़ा था, वही वीर महासमर के विनाशी परिणामों के विचार मात्र से स्तब्ध हो गया।

रिपुदल को युद्ध के लिए सुसज्जित देख, शस्त्र प्रहार करने में तत्पर होने के अभिप्राय से स्वयं जिसने धनुष-बाण उठा लिया था, उसी अर्जुन के मन में ज्यों ही यह मोह भावना जाग्रत् हुई कि उसे अपने वंशजों, सम्बन्धियों, मित्रों और आचार्यों को मारकर उनके रक्त से अपने हाथ रँगने पड़ेंगे और उस घोर कृत्य के प्रायश्चित्त में नरक भोगना पड़ेगा, अपने कुल की स्त्रियों को वैधव्य के दुख भोगने को बाध्य करना पड़ेगा, जाति में वर्ण संकरता फैलाने का लांछन उठाना पड़ेगा, कुलक्षय हो जाने से उसके परलोकवासी पूर्वज पिंडदान से वंचित हो जाएँगे आदि विचार उसके मानस-पटल पर घने बादलों की तरह ऐसे छा गए कि उसके हृदयाकाश पर जो बुद्धिरूपी सूर्य प्रकाशित हो कर्तव्य की प्रेरणा दे रहा था, उन आच्छादित वलाहकों के घनत्व में दीप्तिहीन हो गया। अर्जुन किंकर्तव्यविमूढ़ हो गया, हाथों में कम्प उत्पन्न हो गया और उसने गांडीव रथ में रख दिया। क्लान्त चित्त, दीन वचनों के आश्रय से वह वीर उस महायुद्ध से पराङ्मुख होने की वाणी उच्चारित करने लगा—

अहोवत महत्यापं कर्तुं व्यवसिता वयम्।
यद्राज्य सुख लोभेन हन्तु स्वजन मुद्यताः॥
यदिमाम प्रतिकारम शस्त्रं पाणयः।
धार्तराष्ट्रा रणे हन्यु स्तन्मे क्षेमतरं भवेत॥

हे जनार्दन! केवल राज्य-सुख के लोभ से हम बुद्धिमान होते हुए भी अपने स्वजनों का वध करने को उद्यत हैं, इससे अधिक पापकृत्य और क्या हो सकता है? केवल छोटे-से राज्य के लिए यह नरपिशाचता क्यों की जाए?

गुरुजनों के रक्त से सने हुए ग्रास के खाने की अपेक्षा तो भूखों मर जाना अच्छा। उससे तो भिक्षा माँगकर जीवन व्यतीत कर देना ही भला है। इससे तो यदि मुझ शस्त्र रहित को धृतराष्ट्र के पुत्र ही रण में मार डालें तो मेरे लिए अधिक कल्याणकारक होगा। मैं युद्ध नहीं करना चाहता।

कौन सा अवसर और कैसी परिस्थिति? अनेक युद्धों में अत्यधिक वीरों का संहार करते समय जो कभी खिन्न न हुआ था, जिसके हाथ का गांडीव कभी कँपा नहीं, जिसकी आँखें युद्ध-स्थल पर कभी गीली नहीं हुई, उस महावीर अर्जुन के चित्त में एकाएक इतनी कोमलता, मृदुता तथा कायरता! इसमें दोष अकेले अर्जुन को ही क्यों दिया जाए? प्रायः प्रत्येक बुद्धिधारी, कर्मशील पुरुष के जीवन में ऐसे अवसर उपस्थित हो जाते हैं, जब वह यह निर्णय नहीं कर पाता कि उसे क्या करना चाहिए और यदि ऐसी सन्दिग्धावस्था का शीघ्र ही निराकरण न हो, तो ऐसे भी उदाहरण इतिहास में उपलब्ध होते हैं कि ऐसी जटिल परिस्थितियों में कई मनुष्य उन्मादग्रस्त हो जाते हैं, कई तो आत्महत्या भी कर डालते हैं। आंग्ल कवि शेक्सपियर ने अपने प्रसिद्ध नाटक हेमलेट (hamlet) में इसी प्रश्न को उठाया है—

to be or not : That is the question?
Whether nobler in the mind to suffer

इस जगत् में जीवित रहने में कोई सार्थकता है या मनुष्य का जीवन निरर्थक है। नाटक का मुख्य पात्र डेनमार्क का राजकुमार हेमलेट उक्त प्रश्न का निर्णयात्मक उत्तर नहीं सोच सका। परिणामतः उसने आत्महत्या कर ली। कर्म और अकर्म के सम्बन्ध का वाद अनादि है। विचारवानों और तत्त्ववेत्ताओं के सामने सदा यह प्रश्न उपस्थित रहा है कि इस जगत् में मानव की इत्ति कर्तव्यता क्या है? इसी संशय में मोहासक्ति के कारण कर्तव्य पथ से विमुख होकर, अर्जुन ने अहिंसा व संन्यास की उक्ति ग्रहण कर, अपने विचलित चित्त को मिथ्या शान्ति देनी चाही। उस मोहासक्ति की गहराई, विस्तार और विचित्र प्रभाव को कृष्ण समझ गए और उसके डाँवाँडोल तथा विभ्रम चित्त को कर्तव्य के कठोर परन्तु निश्चित व निःशंक मार्ग पर आरूढ़ करने के लिए वे प्रश्नोत्तर करने लगे। जिस ज्ञानरूपी प्रकाशवाद से कृष्ण ने अर्जुन के विषादित हृदय का विकार दूर कर, उसे सस्वरूप में स्थित किया और उसे स्वधर्म अर्थात् समुचित कर्तव्य पथ पर आरूढ़ किया, वह उज्ज्वल उपदेश 'भगवद्गीता' के नाम से प्रसिद्ध है। उपदेश पूर्ण होने पर कृष्ण ने अर्जुन को पूर्ण स्वतंत्रता दे दी कि यदि उसकी शंकाओं का समाधान हो गया हो और

उसका अज्ञानजनित मोह नष्ट हो गया हो तो वह अपने 'स्वधर्म' का पालन करे, अन्यथा नहीं। संशयरहित होकर अर्जुन ने अपना गांडीव पुनः उठाया और युद्ध-पुरुषार्थ में दत्तचित्त हुआ।

कृष्ण के सदुपदेश की विवेचना टीका या विस्तारपूर्वक व्याख्या करने की यहाँ न तो आवश्यकता ही है और न वैयक्तिक अधिकार। जिन सिद्धान्तों की आलोचना करते हुए बड़े-बड़े विद्वान सकुचाते हों, उन पर लेखनी चलाने की धृष्टता न कर यही कहना सही होगा कि—

जिहि मारुत गिरि मेरु उड़ाही।
कहहु तूल केहि लेखे माहीं॥

हाँ, यह अवश्य कहना पड़ता है कि रण संक्रान्ति के पूर्व तक कृष्ण के जिस भव्य स्वरूप का दर्शन होता रहा और उसमें दिव्य प्रकाश की झाँकियाँ यदा-कदा भासित होती रहीं वह स्वरूप कुरुक्षेत्र के मैदान में इतना व्यापक और विशाल हो उठा कि उसे 'विराट' कहना तथा मानना पड़ता है। उस स्वरूप में दिव्यता अपने पूर्ण तेज में प्रकाशित व प्रज्वलित हो उठी कि कृष्ण योगेश्वर कृष्ण या भगवान कृष्ण के नामार्थ से स्वयमेव भूषित हो जाते हैं।

कृष्ण ने अपने सदुपदेशों से अर्जुन को सस्वरूप में स्थित कर, 'स्वधर्म' व 'स्वकर्म' करने की जो प्रेरणा दी उससे उसके चित्त पर पड़ा हुआ मोह-ममत्व का आवरण हट गया और उसने सन्तुष्ट व हर्षित मन से उत्साहपूर्वक पुनः गांडीव उठा लिया। उस खुली भूमि से अर्जुन अपनी सेना के बीच निर्दिष्ट स्थान पर आ गया। इसी बीच, युद्ध आरम्भ होने के पूर्व, भीष्म पितामह, द्रोणाचार्य, कृपाचार्य व मामा शल्य से युद्ध करने की आज्ञा व आशीर्वाद धर्मराज ने ले लिया। ज्यों ही वे वापिस आए, त्यों ही कौरवों के मुख्य सेनापति भीष्म ने रथ आगे बढ़ाते हुए अपने शंख को बजाकर युद्ध की घोषणा कर दी।

यह महायुद्ध अठारह दिनों तक चला। इस अवधि में हजारों क्षत्रिय वीर और लाखों सैनिक स्वाहा हो गए। युद्ध का वृहद् इतिहास तो महाभारत ग्रन्थ में व्यासदेव ने सुरक्षित कर ही दिया है। उस पूरे युद्ध के सब पात्रों का विवरण यहाँ अनावश्यक है। केवल उन विशेष पात्रों जिनका सम्बन्ध प्रत्यक्ष या अप्रत्यक्ष रूप में कृष्ण से है उनकी युद्ध क्रिया का संक्षिप्त विवरण ही उपयुक्त होगा।

भीष्म शयन

"नस्वरेण्य निर्भीक शूरता के ज्वलन्त आगार।
कला ज्ञान विज्ञान धर्म के मूर्तिमन्त आधार॥"

कौरव दल के प्रथम सेनापति भीष्म उन प्रख्यात वीरों में से थे, जिनके समक्ष केवल दो योद्धाओं को छोड़कर अन्य कोई वीर युद्ध में खड़ा न रह सकता था। उन दो में से एक तो थे कृष्ण और दूसरा था अर्जुन। भीष्म ने अपना यह आत्मविश्वास स्वयं युधिष्ठिर से प्रकाशित कर दिया था---

न तं पश्यामि लोकेसु मां हन्यात् यः समुद्यतम्।
ऋते कृष्णात् महाभागात् पांडवा द्धाधनज्जयेत॥

"तीनों लोकों में कृष्ण और अर्जुन को छोड़कर ऐसा कोई पुरुष नहीं दिखता जो मुझे युद्ध में मार सके।"

महात्मा भीष्म पांडवों पर स्नेह करते थे और कृष्ण के भक्त थे। यद्यपि भीष्म व द्रोण ने दोनों पक्षों में शान्ति-स्थापना के निमित्त प्रयत्न भी किया और हर दम सन्धि के पक्ष में धृतराष्ट्र व दुर्योधन को सलाह दी। किन्तु अन्त में युद्ध संचालन का भार दुर्योधन ने इन पर ही डाल दिया। भीष्म आदित्य ब्रह्मचारी थे और इसी कारण मृत्युंजय थे। अपनी ही इच्छा से जीवित थे और अपनी ही इच्छा से शरीर त्यागा।

महाराज पांडु की मृत्यु के पश्चात् विधवा कुन्ती जब अपने पाँचों पुत्रों को लेकर धृतराष्ट्र के पास आई, तब से ही भीष्म ने उसे सहारा दिया और इन पितृहीन बालकों के मस्तक पर सबसे पहिले दया, कृपा व वात्सल्य का कोमल हाथ रखा था। अर्जुन के वे पितामह थे। रण नियमों के अनुसार यदि किसी भी कारणवश कोई क्षत्रिय दूसरे क्षत्रिय वीर के सम्मुख युद्ध में उपस्थित होता तो उसे क्षत्रिय-कर्तव्य के अनुसार शरीर-सम्बन्ध, सामाजिक बन्धनों और मानसिक भावनाओं को विस्मृत कर युद्ध करना पड़ता था। पहिले दिन के युद्ध में भीष्म ने पांडव पक्ष की क्षति की, परन्तु दूसरे दिन अर्जुन ने कौरव

दल की उससे दुगुनी हानि कर दी। अर्जुन के पराक्रम से चिन्तित होकर दुर्योधन ने भीष्म पितामह को उलाहना दिया कि सिवाय उनके अर्जुन के वेग को और कोई रोक नहीं सकता और वे स्वयं अर्जुन पर क्रूर आक्रमण नहीं करते। बात कुछ अंश तक सही भी थी। यही शिकायत कृष्ण की अर्जुन से थी और भीष्म अर्जुन को देखकर दयार्द्र हो जाते और अर्जुन भी उनके सम्मुख नीची आँखें कर बाण चलाने लगता। परन्तु दुर्योधन के उपालम्भ से उत्तेजित होकर भीष्म ने रण कौशल दिखलाना प्रारम्भ किया। परिणाम यह हुआ कि भीष्म के प्रबल आक्रमण के कारण पांडव दल का संहार होने लगा, सेनानी विचलित हो गए और समरभूमि में भीष्म सर्वव्यापी हो गए। कृष्ण ने अर्जुन को उत्साहित किया और वह भी भीष्म से युद्ध करने लगा, परन्तु उसकी शिथिलता ने कृष्ण को व्यग्र कर दिया। कौरव हर्षित होकर भीष्म की ओर दौड़ने लगे। कृष्ण से यह सब न देखा गया। क्षुब्ध होकर वे रथ से उतर, चक्र हाथ में ले भीष्म की ओर अकेले पैदल दौड़ पड़े। भीष्म जानते थे कि प्रतिज्ञा के अनुसार कृष्ण उनका वध न करेंगे परन्तु उनके हाथ में शस्त्र, गति में वेग व नयन में तीव्रता देखकर अत्यन्त श्रद्धा से नतमस्तक हो भीष्म ने कृष्ण का स्वागत करते हुए स्तवन किया—

एइयहि देवेश जगन्निवास
नमोऽस्तुते शाङ्‍र्गगदासि पाणे।
प्रसह्यसां मा पातय लोकनाथ
रथोत्माद्‍भूत शरण्य संख्ये॥
त्वया हतस्येह ममाव्य कृष्ण
श्रेयः परस्मिनिह चैव लोके।
सम्भावि वोऽरम्यन्धक वृष्णिनाथ
लोकै स्त्रिमिश्च प्रथित प्रभाव॥

"आइए, आइए, हे देवेश! जगन्निवास! हे चक्रधारी माधव! मैं आपको नमस्कार करता हूँ। हे सर्व लोकशरण्य! आप मुझे इस रथ से नीचे गिराइए। इस युद्ध में आपके हाथ से मारे जाने पर मेरा दोनों लोकों में कल्याण होगा। हे अन्धक और वृष्णियों के स्वामी! मुझसे युद्ध करने के लिए आपका मेरे सम्मुख आकर खड़ा होना ही मेरे गौरव को बढ़ा रहा है।"

स्पष्ट है कि कोई भी भावनायुक्त हृदयधारी इन वचनों को सुनकर अपने शत्रु का वध नहीं कर सकता, फिर तो ये चक्रधारी प्रतिज्ञाबद्ध कृष्ण थे। वे न तो भीष्म-वध की इच्छा कर रथ से कूदे थे और न शस्त्र धारण कर युद्ध करने

ही। उनका केवल मात्र उद्देश्य अर्जुन के शैथिल्य को दूर कर उसे भीष्म से उत्साहपूर्वक युद्ध करने का था। घोड़ों की लगाम छोड़कर रथ से कूदते और भीष्म की ओर द्रुत गति से जाते ज्यों ही अर्जुन ने कृष्ण को देखा, वह घबरा गया और एकदम रथ से उतर उन्हें रोकने व पकड़ने को दौड़ा और ज्यों ही उसने प्रण किया कि वह भीष्म का वध करने में कृत संकल्प रहेगा, त्यों ही कृष्ण पुनः रथ पर अपने स्थान पर आकर बैठ गए। अर्जुन संग्राम में दत्तचित्त हो गया।

कथा प्रसिद्ध है कि भीष्म ने तीसरे दिन के युद्ध के पूर्व ही यह प्रतिज्ञा दुर्योधन के आरोप पर कर ली थी कि वे कृष्ण को शस्त्र ग्रहण करने पर बाध्य करेंगे। यद्यपि इस वार्ता का उल्लेख महाभारत ग्रन्थ में कहीं पाया नहीं जाता, परन्तु प्रचलित कथा के आधार पर भक्ति के प्रभाव को अर्जित करने व भक्त के प्रण के सम्मुख भगवान के झुकने की निर्मल भावना व्यक्त करने के हेतु प्रख्यात भक्त कवि सूरदास ने इस प्रसंग का अतीव दर्शनीय चित्र खींचा है-

जो पै हरिहि न शस्त्र गहाऊँ।
तौ लाजूँ गंगा जननी को, शान्तनु सुत न कहाऊँ॥
स्यन्दन खंडि महारथ खंडौ कपि ध्वज सहित डुलाऊँ।
इती न करौं सपथ मोहि हरि की, क्षत्रिय गतिहि न पाऊँ।
पांडव दल सन्मुख ह्वै धाऊँ सरिता रुधिर बहाऊँ।
सूरदास रन भूमि विजय बिन जियत न पीठ दिखाऊँ॥

कृष्ण का रथ से उतरकर भीष्म की ओर दौड़ना भी कवि वाणी में चित्रित हुआ है—

वा पट पीत की फहरान।
कर धरि चक्र चरन की धावन नहिं बिसरत वह बान॥
रथै उतरि अवनि आतुर ह्वै कच रज की लपटान।
मानो सिंघ सैल वैं निकस्यो महामत्त गज ज्ञान॥

जैसे ही कृष्ण की दृष्टि भीष्म के वैष्णव चिह्न अलंकृत, चन्दन-चर्चित मस्तक पर पड़ी और स्तवन ध्वनि उनके कानों में गूँजी, ज्यों ही वे शान्त हो गए। उनके चक्र की ज्वाला भी शीतल हो गई और अर्जुन के हाथ पकड़ने से वे तुरन्त रथ पर लौट आए। इसी प्रकार का दूसरा प्रसंग युद्ध के नौवें दिन भी उपस्थित हुआ। अर्जुन कई बार भीष्म वध की प्रतिज्ञा कर चुका था परन्तु उसे पूरी नहीं कर रहा था। कृष्ण ने कई बार अर्जुन के रथ को भीष्म के सम्मुख किया व उसे भीष्म को मारकर गिरा देने की प्रेरणा दी। अर्जुन ने भी भीष्म के

धनुषों को अपने बाणों से काटकर हस्त-कौशल प्रदर्शित किया, परन्तु भीष्म पर घातक बाण छोड़ने में सदा अन्यमनस्कता दिखलाई।

युद्धोपरान्त सन्ध्या समय शिविर में लौट आने पर कृष्ण ने धर्मराज को भी विदित करा दिया कि भीष्म के आक्रमण से बचने और उससे पार पाने का केवल एक ही उपाय शेष है और वह यह है कि यदि धर्मराज आज्ञा दें तो स्वयं वे ही शस्त्र उठाकर रण में प्रविष्ट हों और भीष्म सहित सब कौरवों का वध कर डालें। धर्मराज भी अर्जुन की हृदयभावना जानते थे। उन्होंने कृष्ण को युद्ध करने की सम्मति नहीं दी परन्तु यह भी स्पष्ट कह दिया कि उन भीष्म पितामह का वे वध कैसे कर सकते हैं ? दूसरे भीष्म मृत्युंजय हैं, इच्छामरणी हैं अतएव उनसे ही इस विषय पर परामर्श लिया जाए। कथा है कि युधिष्ठिरादि सब निःशस्त्र होकर भीष्म की शरण में गए और महात्मा भीष्म ने उनसे कह दिया कि वे शिखंडी से युद्ध नहीं कर सकते क्योंकि वह पुरुष नहीं। वह भले ही बाण चलाए, परन्तु वे उस पर बाण न छोड़ेंगे।

महामना भीष्म के पास युधिष्ठिर और कृष्ण का जाना और उनसे उनकी मृत्यु का उपाय पूछना आदि कुछ ऐसी बातें हैं जिन पर आधुनिक आलोचक विश्वास करने को तैयार नहीं। परन्तु उनमें असंगति या असम्भावना के छिद्र निकालना व्यर्थ का परिश्रम है। जिस काल की यह घटना है उसमें आर्य-क्षत्रिय तथा अन्य विद्वान अपने शरीर के उतने लोभी और प्रेमी नहीं थे जितने कर्तव्य-परायणता और वचनबद्धता के। वे धर्म की शाश्वतता और शरीर की नश्वरता दोनों सिद्धान्तों के विश्वासी थे। दीर्घजीवी और विचारवान होने के कारण उन महापुरुषों को अपना भौतिक शरीर भी व्यर्थ का बोझ मालूम पड़ने लगता था। शास्त्र में विधान था कि जब शरीर धर्माचरण के हेतु अनुपयुक्त हो जाए और कोई अधर्म की सम्भावना प्रतीत होने लगे तो उसका विसर्जन, प्रायोपवेशन किया जा सकता था। प्रायोपवेशन का नियम यही सूचित करता है।

भीष्म धर्माश्रयी क्षत्रिय थे। वे पांडवों को भी ऐसा ही मानते थे। उनका युद्ध में कौरवों की ओर से सम्मिलित होने का विशेष कारण था। वे राजा को परम देवता मानते थे। इसलिए महाराज धृतराष्ट्र की आज्ञा या आग्रह को वे अस्वीकार नहीं कर सकते थे। अन्तःकरण से वे कभी नहीं चाहते थे कि धर्म सिसकता रहे और अधर्म पनपता रहे। परन्तु क्षत्रिय धर्म व कर्तव्य के नाते पांडवों के सामने हथियार डालकर आत्म-समर्पण कर देने या युद्ध में किसी प्रकार की खोट या छल करके कौरवों को हरा देने की बात सोच ही नहीं सकते

थे। धर्म की स्थापना और अभिवृद्धि के हेतु यदि युधिष्ठिर ने उनसे 'युद्ध में जय किस प्रकार हो' इस सम्बन्ध में परामर्श लिया और उन्होंने अपनी मृत्यु का उपाय बतला दिया तो इसमें कोई असंगति नहीं। यह तो उसी प्रकार का दान था जैसा अपनी दान-प्रतिज्ञा पूर्ण करने के हेतु कर्ण ने कवच व कुंडल का दान कर दिया था। महाभारत ग्रन्थ से तो यह मालूम होता है कि अर्जुन और कृष्ण भीष्म की इस वृत्ति को पहिले से ही जानते थे। यदि भीष्म से बिना पूछे, शिखंडी को युद्ध का सेनापति बनाकर कृष्ण भीष्म के सम्मुख कर देते तो भीष्म के गौरव व प्रतिष्ठा को बड़ा आघात पहुँचता। उनके वीरत्व का अनादर होता तथा स्वयं वैसा न कर भीष्म द्वारा ही शिखंडी को युद्ध में भिजवाने का उपाय भीष्म से ही प्रकट कराना कृष्ण की कर्म-कुशलता का द्योतक है। भीष्म के अन्तिम दिन के संघर्ष में अर्जुन के साथ शिखंडी भी गया। अर्जुन ने एक के बाद एक भीष्म के सब धनुष काट डाले। अर्जुन तीरों की वर्षा करता ही जाता था। धनुषविहीन हो जाने के कारण भीष्म न तो प्रतिकार कर सके और न आत्मरक्षा। शिखंडी की उपस्थिति से उनका रणोत्साह मन्द पड़ गया और व्रतबद्ध होने के कारण उस पर बाण चला युद्ध से उसे भगाने या हटाने की भीष्म ने कोई चेष्टा भी नहीं की।

योगायोग के आश्रय से अर्जुन ने भीष्म को अशक्त कर दिया। उनके बाण-बिद्ध शरीर को युद्धभूमि से अन्यत्र कर दिया गया। कृष्ण की अपूर्व बुद्धिमत्ता व अर्जुन की वीरता से महायुद्ध की सरिता का एक सुरक्षित तट भीष्म के घायल हो जाने पर खाली पड़ गया। बाणों की शय्या पर ही लेटे-लेटे रणधीर महावीर भीष्म सूर्य के उत्तरायण होने तक अपने भौतिक जीवन को समाप्त करने की बाट जोहते रहे।

गुरु-शिष्य संग्राम

भीष्म के पश्चात् युद्ध के धुरन्धर द्रोण सेनापति नियुक्त हुए। आर्य राष्ट्र के शीर्ष में तपस्वी ब्राह्मण विराट शास्त्राचार्य थे। द्रोण शास्त्र-परिशीलन तथा तज्जनित शास्त्र-ज्ञान वितरण कर, समाज को उन्नत व व्यवस्थित करने के स्थान पर, शस्त्र विद्या में पारंगत होने से उसी उद्योग में रत रहने लगे और अर्थाभाव से ग्रस्त होने के कारण सत्ता व शासन की दासता स्वीकार कर बैठे थे। जिस सत्ता को भीष्म सरीखे धर्मनिष्ठ व चारित्र्य-सम्पन्न सचिव शुद्ध करने में असफल रहे, उसी सत्ता के आधिपत्य में शासन की ढाल व तलवार दोनों बन आचार्य द्रोण अपना जीवन निर्वाह करने लगे थे। इनका विनष्ट किया जाना वैसा ही आवश्यक था, जैसा निरंकुश सत्ताधीशों और उनके अन्य सहायकों व समर्थकों का। कृष्ण ने इनका भी वध्य लेखा और उनका वध कराके यह सिद्धान्त प्रतिपूर्ण किया कि "आततायी व उनके समर्थक व सहायक यदि आयु में वृद्ध भी हों, कुल में श्रेष्ठ भी हों तथा अन्य दृष्टियों से गुण सम्पन्न भी हों, किन्तु घातक हों तो वे भी वध्य हैं।"

अर्जुन आचार्य द्रोण का शिष्य था। उसने रण कला उनसे ही सीखी थी। गुरु द्रोण की भी उस पर कृपादृष्टि रहती थी। इन दोनों के परस्पर सम्बन्ध व भाव कृष्ण को विदित थे। वे जानते थे कि अर्जुन आचार्य का वध न करेगा। इस कारण सेनापति का पद उन्होंने धृष्टद्युम्न को दिया था। उसकी आचार्य से पुरानी शत्रुता थी और उनका वध करने में उसे कोई हिचक न थी। आचार्य वृद्ध हो गए थे परन्तु युद्ध कला और शस्त्र संचालन में उनकी बराबरी कोई नवयुवक भी नहीं कर सकता था। अपने एकमात्र पुत्र अश्वत्थामा को भी उन्होंने युद्ध विद्या में ही कुशल बनाया था। दोनों पिता-पुत्र दिव्यास्त्रों के प्रयोग में दक्ष थे और उन दिव्यास्त्रों का प्रतिकार करने में सिवाय कृष्ण के और कोई वीर सक्षम न था।

दुर्योधन भी यह जानता था कि अर्जुन आचार्य से सम्मुख युद्ध न करेगा। इस कारण उसने द्रोण से निवेदन किया कि वे किसी तरह धर्मराज को जीवित

पकड़ लें। द्रोण ने इस विचार को स्वीकृत कर लिया और उसे पूरा करने के हेतु अपने पक्ष के संशप्तकों को उभार दिया कि वे अर्जुन को चुनौती देकर त्रिगर्त की सेना की ओर ले जाएँ। इस तरह युद्ध क्षेत्र में अर्जुन की अनुपस्थिति होने पर वे युधिष्ठिर को पकड़ लेंगे। जब अर्जुन संशप्तकों से युद्ध करने चला गया, तो गुरु द्रोण ने एक ऐसे चक्रव्यूह की रचना की जिसमें कोई प्रवेश न कर सके और यदि प्रविष्ट हो जाए तो बाहर न निकल सके। उस व्यूह की बात सुनकर युधिष्ठिर ढीले पड़ गए। किसी को भी वह व्यूह तोड़ने की कला ज्ञात न थी। तब अर्जुन का नवयुवक पुत्र अभिमन्यु आगे आया और धर्मराज से बोला कि उस व्यूह के भीतर केन्द्र स्थल तक तो वह जा सकता है परन्तु बाहर निकलने का मार्ग उसे ज्ञात नहीं। बली भीमसेन ने कहा कि व्यूह के भीतर धँसकर बाहर निकलने का मार्ग वह बना देगा। तरुण सेनानी अभिमन्यु गन्तव्य स्थान पर पहुँच गया, परन्तु भीम पीछे ही रह गए। वहाँ कौरव दल के सप्त महारथियों ने द्रोण की आज्ञानुसार वीर अभिमन्यु को घेरकर अधर्मपूर्वक वध कर डाला। युद्धोपरान्त लौटने पर ज्यों ही अर्जुन को बालक अभिमन्यु की मृत्यु का संवाद मिला तो वह क्रोध व शोक में उन्मत्त-सा हो गया और प्रण कर बैठा कि यदि दूसरे दिन सूर्यास्त तक उसने अभिमन्यु के अन्तिम वधिक जयद्रथ की गर्दन न काट ली तो स्वयं अग्नि में जल जाएगा।

यह भीगण प्रतिज्ञा सुनकर कृष्ण भी अवाक् रह गए। वे अर्जुन पर क्रोधित भी हुए परन्तु प्रतिज्ञा तो प्रतिज्ञा थी। वहाँ दुर्योधन के गुप्तचरों ने जब इस प्रतिज्ञा का समाचार दुर्योधन को दिया तो जयद्रथ के प्राण सूख गए, वह रण से भागकर अन्यत्र छिप जाने की सोचने लगा, परन्तु गुरु द्रोण ने विचित्र व्यूह की रचना कर, उसके भीतर उसे आश्रय देकर आश्वस्त कर दिया। द्रोणाचार्य स्वयं मुख्य द्वार पर अर्जुन की गति रोकने के लिए आ डटे। इस युद्ध में दिन भर महान परिश्रम कर अत्यन्त सावधानी व सतर्कता से कृष्ण ने ऐसा रथ संचालन किया कि उपयुक्त समय पर अर्जुन से जयद्रथ का मस्तक विच्छेद करवा डाला। विजय प्राप्त कर जब अर्जुन शिविर में आए तब कृष्ण ने युधिष्ठिर को विजय-बधाई देते हुए अर्जुन की प्रशंसा की। धर्मराज जो सबकी कर्मण्यता अच्छी तरह जानते थे यही कह उठे कि—

"हे मधुसूदन! आपसे सुरक्षित अर्जुन ने पापी जयद्रथ को मारकर मेरा हर्ष बढ़ाया है। जब आप हम लोगों के रक्षक हैं तब हम शत्रुओं को निश्चय ही परास्त करेंगे। आप तो सदा-सर्वदा हमारे हित-साधन में संलग्न रहते हैं। यह सब आपके बुद्धि बल का ही प्रसाद है।"

जयद्रथ के वध से अत्यन्त दुखी व क्षुब्ध होकर दूसरे दिन द्रोण और कर्ण ने पांडव सेना में वह मारकाट मचाई कि सेना विचलित हो गई। ऐसी परिस्थिति देख अर्जुन ने कृष्ण से कहा कि वे रथ को कर्ण के सम्मुख ले चलें ताकि वह कर्ण से निपट ले। कृष्ण तो अत्यन्त सचेत थे, बोले कि तू थका हुआ है, यह समय कर्ण से युद्ध करने के लिए उपयुक्त नहीं। इस समय तो तू भीम के निशाचर पुत्र घटोत्कच को रण में भेज, क्योंकि कौरव पक्ष की ओर से भी अलम्बुष नामक राक्षस युद्ध कर रहा है। अर्जुन ने घटोत्कच को बुलवाकर रण में उद्यत होने की प्रेरणा दी। घटोत्कच ने अपनी बहादुरी से कौरव दलीय योद्धाओं के छक्के छुड़ा दिए और जब दुर्योधन को रक्षा का कोई उपाय न सूझा तो उसने कर्ण का आश्रय ग्रहण किया और किसी भी तरह घटोत्कच को मार डालने की उससे प्रार्थना की। कर्ण भी जब घटोत्कच को परास्त न कर सका तब कौरव दलीय योद्धाओं ने घबड़ाकर कर्ण से उस शक्ति से जो इन्द्र ने कवच-कुंडल के उपलक्ष्य में कर्ण को प्रदान की थी, उस राक्षस को नष्ट करने की याचना की। महावीर कर्ण ने वह शक्ति अर्जुन वध हेतु सुरक्षित रख छोड़ी थी। दल की भयभीत चीत्कार के आवेश में आकर कर्ण ने उस दुर्धर्ष शक्ति का प्रयोग घटोत्कच पर कर उसके प्राणों का अन्त कर डाला। चातुर्य से ही अर्जुन की उस शक्ति द्वारा हो सकने वाली मृत्यु टल गई। द्रोणाचार्य नर-संहार से विचलित न होकर अत्यधिक क्रूर होते गए। रण नियमों के विपरीत आचार्य द्रोण ने उन दिव्यास्त्रों का प्रयोग उन लोगों पर करना प्रारम्भ कर दिया जो उनका प्रतिकार नहीं कर सकते थे, उनकी अजेय गति-विधि देखकर पांडव चिन्तित हो गए।

पांडव कृष्ण से द्रोण वध का उपाय पूछने लगे। कृष्ण ने स्पष्ट कह दिया कि अर्जुन उनका वध करेगा नहीं और जब तक द्रोण के हाथ में धनुष विराजमान है तब तक अन्य कोई उन्हें परास्त नहीं कर सकता। द्रोण का वध उसी अवस्था में सम्भव है जबकि वे किसी कठोर मानसिक आघात से अन्यमनस्क हो जाएँ और शस्त्र रख दें। वह आघात कोई विषम संवाद हो सकता है जो द्रोण के कानों तक पहुँचाया जा सके। वे अपने पुत्र अश्वत्थामा को प्राणों से अधिक प्रिय मानते हैं। यदि कोई अश्वत्थामा का वध कर डाले तो उस संवाद के सुनने पर कदाचित् वे संसार से विरक्त हो युद्ध क्रिया से भी निश्चेष्ट हो जाएँगे। परन्तु अश्वत्थामा भी तो महावीर और महारथी था। उसके पास भी वे दिव्यास्त्र थे जिनके द्वारा वह समस्त पांडव दल को परास्त करने की हिम्मत रखता था। भीमसेन को यह बात जँच गई और उसने अश्वत्थामा

नामक एक हाथी को मारकर जोर-जोर से चिल्लाना शुरू कर दिया कि अश्वत्थामा मारा गया। द्रोणाचार्य ने भीम की बात पर विश्वास नहीं किया और न रण विमुख हुए। उन्होंने उस संवाद की सच्चाई हेतु धर्मराज युधिष्ठिर की वाणी की अपेक्षा की। महाभारत के अनुसार धर्मराज धर्मसंकट में पड़ गए। भीम उन पर जोर डाल रहा था कि वे उसके कथन का समर्थन कर दें परन्तु वे इसे स्वीकार नहीं कर रहे थे। धर्मसंकट में पड़े हुए युधिष्ठिर कृष्ण की ओर ताकने लगे। उनका संकट देख कृष्ण ने कह दिया कि ऐसे विकट अवसर पर दूसरों की प्राण-रक्षा हेतु यदि असत्य भाषण भी करना पड़े तो उसमें पाप नहीं लगता। कुछ ही देर में आचार्य व धर्मराज का साक्षात्कार हुआ और द्रोण ने युधिष्ठिर से पूछा कि क्या अश्वत्थामा यथार्थ में मार डाला गया है? द्रोण के प्रश्न पर युधिष्ठिर ने कहा कि हाँ अश्वत्थामा मारा गया है किन्तु वह हाथी था या मनुष्य, यह वे नहीं कह सकते। उनके मुख से प्रथम अर्ध वाक्य तो द्रोण ने सुना किन्तु उसके पश्चात् पद 'नरो वा कुंजरो वा' द्रोण के कानों तक पहुँचने के पहिले ही तुमुल रण-निनाद में डूब गया जिसे द्रोण न सुन सके। अर्ध सत्य को सुनने पर द्रोण विचलित हो गए और रथ पर समाधि लगा बैठे और उसी समय धृष्टद्युम्न ने उनका शिरोच्छेद कर डाला।

यह कितना यथार्थ है और कितना क्षेपक इस विषय पर विद्वानों में बहुत मतभेद है। कोई-कोई तो अश्वत्थामा की कथा को पश्चात् काल के लेखकों की, जिन्होंने महाभारत में कई कथाएँ जोड़ दी हैं, कृति मानते हैं तो कोई उसे अर्ध सत्य या पूर्ण सत्य मानते हैं। इस विषय की यहाँ आलोचना न करते हुए भी, यह मानना पड़ता है कि अश्वत्थामा के कल्पित मृत्यु संवाद से गुरु द्रोण ने युद्ध की गति बिलकुल धीमी नहीं की।

उनका विकराल रूप इस बात की साक्षी दे रहा था कि भरद्वाज कुलोत्पन्न बलदेव उस समय केवल वेशधारी ब्राह्मण ही शेष रह गए थे। उनके क्रूर कर्म क्षत्रियों को भी मात कर रहे थे। वे अपना स्वधर्म परित्याग कर भयावह परधर्म अंगीकार कर चुके थे। वे अधैर्य, क्रोध, ग्लानि व सन्ताप से पीड़ित हो आँख मींचकर नरसंहार में निमग्न थे। उन्होंने अपने शस्त्रों से धृष्टद्युम्न का रथ तोड़-फोड़ डाला। भीमसेन ने रथविहीन धृष्टद्युम्न को अपने रथ पर बैठाकर पुनः द्रोण के सन्मुख उपस्थित कर दिया और वह तीक्ष्ण शब्द-शरों द्वारा उनकी भर्त्सना करने लगा—

द्विज जन आर्य जाति उन्नायक।
सकरुण प्राणिन अभय प्रदायक॥

कीन्ह तुम्हारि न हम कछु हानी।
विनत सतत पूजेक सनमानी॥
पै तुम केवल द्रव्य उपासी।
करत आचरण जनु पिशिताशी॥
तजि स्वधर्म तुम करत अधर्मा।
धर्मनिष्ट हम रत निज कर्मा॥

क्रोधित भीमसेन के इस वाग्प्रहार ने आचार्य के निष्ठुर चित्त पर वज्र प्रहार का कार्य किया। शिक्षिल द्रोण की बहिर्मुखी दृष्टि अन्तर्मुखी हो गई। उस अन्तर्मुखी अवस्था में महर्षि गौतम, अत्रि, वसिष्ठ आदि महर्षियों के ब्रह्मवाक्य उनकी कर्णेन्द्रिय में झनकार करने लगे। उन्हें प्रतीत होने लगा कि सभी प्राचीन आचार्य द्युलोक से उन्हें धिक्कार रहे हैं और उन्हें धर्मद्रोही, नरघातकी और कुत्सितकर्मा द्विजाधम कह रहे हैं। उनके अस्त्र समाप्त हो चुके थे। आराधन करने पर भी नवीन अस्त्र सम्मुख न आ रहे थे। इन सब आत्मग्लानियों से पीड़ित उनके मस्तक में ज्वाला उठने लगी। शरीर की रक्त शिराएँ फूलकर उनके मस्तिष्क में फूटने लगीं। शरीर में कम्प उत्पन्न हुआ और वाम हस्त में थामा धनुष गिर पड़ा। आन्तरिक रूप से वे भले ही समाधिस्थ हो गए हों परन्तु बाह्य रूप से पक्षाघात के कारण वे निश्चेष्ट व संज्ञाहीन हो गए। अवसर का लाभ उठा धृष्टद्युम्न ने तीक्ष्ण तलवार से उनका मस्तक धड़ से अलग कर दिया।

पांडव-सेनापति का यह कार्य वैसा ही अनुचित था जैसा गुरु द्रोण का अनभिज्ञों पर दिव्यास्त्र चलाना अथवा अकेले निरस्त्र बालक अभिमन्यु को उनका अन्य महारथियों द्वारा वध कराना, यथार्थ में अधर्म युद्ध का प्रारम्भ आचार्य ने ही किया था और उसका परिणाम भी उन्हें भोगना पड़ा।

कर्ण-अर्जुन युद्ध

महायुद्ध की विकराल सरिता के अब दोनों तट अरक्षित हो गए। सेनापतित्व का सेहरा कर्ण के मस्तक पर बाँधा गया। वह दुर्योधन की आशा का अन्तिम केन्द्र था। अर्जुन के साथ द्विरथ युद्ध की उसकी चिर प्रतिज्ञा थी तथा अर्जुन को हराकर दुर्योधन के मस्तक पर राज्यश्री का मुकुट पहिनाने की उसकी उत्कट अभिलाषा थी। जब कृष्ण अर्जुन को कर्ण से युद्ध करने के लिए रथ पर बिठाकर ले चले, तब उन्होंने अर्जुन को सचेत किया कि अब शिथिलता या संकोच से काम न चलेगा। भाग्य की बात अर्जुन और युधिष्ठिर दोनों में से किसी को भी इस बात का पता नहीं था कि कर्ण उनका ज्येष्ठ भ्राता है। अर्जुन व कर्ण दोनों परस्पर एक-दूसरे को अपना शत्रु व प्रतिद्वन्द्वी समझते व मानते थे। दुर्योधन को कर्ण की रण-शक्ति सरिता पार करने के लिए नौकावत् थी। सेनापति कर्ण ने भी रण की वही नीति अपनाई जो गुरु द्रोण ने प्रारम्भ की थी। तदनुसार ज्यों ही अर्जुन रण क्षेत्र में आए तो अवन्ति के राजकुमार चित्रसेन, संशप्तक गण, अश्वत्थामा आदि सब ने ही एक के पश्चात् एक अर्जुन को कर्ण के सम्मुख उपस्थित होने में रुकावट डाली। संशप्तक गणों ने युद्ध की चुनौती ही दे दी। उनकी ओर बढ़ने के पूर्व ही अश्वत्थामा युद्ध करता हुआ सम्मुख आ गया और अर्जुन को ललकारने लगा। जब उसने भीषण प्रकोप प्रकाशित किया तो अर्जुन ने कृष्ण की आज्ञा से उससे संशप्तकों के पूर्व ही निपट लेने का निश्चय किया। दोनों में खूब ठनी परन्तु गुरुपुत्र होने के कारण अर्जुन ने अपना अपूर्व कौशल न दिखलाया। जब अश्वत्थामा के बाणों से अर्जुन व कृष्ण दोनों आहत हो गए तब अर्जुन भी सचेत हो गया और उसने अश्वत्थामा को बाणों से इतना घायल कर दिया कि वह अपना रथ एक ओर ले गया और संशप्तकों की ओर अर्जुन का मार्ग खुल गया। दिन का अधिक भाग अर्जुन का संशप्तकों को परास्त करने में ही व्यतीत हुआ।

उस दिन महाराज युधिष्ठिर को भी रणक्षेत्र में शक्ति परीक्षण की सूझी। उन्होंने भरसक युद्ध भी किया किन्तु पहिली बार अश्वत्थामा ने उन्हें घायल कर एक ओर हटा दिया और दूसरी बार कर्ण सम्मुख आ गया। धर्मराज को कर्ण ने घायल कर सहदेव के रथ पर युद्धक्षेत्र से भाग जाने पर बाधित कर दिया।

संशप्तकों से निपटकर, जब अर्जुन पुनः रणक्षेत्र में आया तब उसे पता लगाने पर मालूम हुआ कि धर्मराज अधिक घायल हो गए हैं और शिविर में चले गए हैं तथा अकेला भीमसेन युद्धक्षेत्र में है। अर्जुन ने कृष्ण की अनुमति से क्षण भर को शिविर में जाकर धर्मराज की देखभाल कर, पुनः युद्धक्षेत्र में लौट आने की सोची। शिविर में पहुँचते ही ज्यों ही धर्मराज की दृष्टि अर्जुन पर पड़ी तो यह समझकर कि कर्ण को मारकर अर्जुन आ रहा है, खिन्न और विचलित हृदय धर्मराज प्रश्न पर प्रश्न करने लगे कि उसने पापी कर्ण का वध किस प्रकार किया? अर्जुन क्या उत्तर दे? संशप्तकों और अश्वत्थामा की पराजय का हाल सुनाने लगा और अन्त में कहा कि उस समय तक तो उसका सामना ही कर्ण से नहीं हुआ, फिर उसके वध की चर्चा ही कैसी? बस युधिष्ठिर को क्रोध आ गया और वे अर्जुन की निन्दा करने पर उतारू हो गए और आवेश में कह उठे—

"अर्जुन, तुम्हारी सेना युद्ध से भाग गई और तुम भी मुँह चुराकर भाग आए। कर्ण-वध की प्रतिज्ञा कर युद्ध में जानेवाले तुमने माता कुन्ती की कोख को लजा दिया। आज यदि अभिमन्यु होता अथवा घटोत्कच ही जीवित होता तो मेरी यह दुर्गति न होती। धिक्कार है तुझे और तेरे गांडीव को! तू इसे कृष्ण या किसी अन्य वीर को दे डाल।"

ज्यों ही युधिष्ठिर ने उसके गांडीव की निन्दा की और उसे दूसरे को दे डालने की बात की तो अर्जुन की आँखें रक्त वर्ण हो गईं और त्योरी चढ़ गई। बिना किसी से कुछ कहे-सुने उसने झट म्यान से तलवार निकाल ली। सर्वदा चैतन्य कृष्ण ताड़ गए और शान्तिपूर्वक अर्जुन से बोले, "तलवार क्यों निकाली है?"

अर्जुन ने तुरन्त उत्तर दिया, "यह तो मेरी प्रतिज्ञा है कि यदि कोई मुझसे अपना गांडीव दूसरे को देने को कहे तो मैं उसका मस्तक विच्छेद कर दूँगा।"

कृष्ण ने उसे फटकारा, "यह क्या क्रोध का अवसर है? धर्मवान होकर भी तू मूर्खों जैसी बात करता है? बालकपन में यदि तूने यह प्रतिज्ञा की थी तो उसका ज्ञान क्या युधिष्ठिर को था? यदि नहीं तो उनके वध की क्यों सोच रहा है? यदि तूने शास्त्र पढ़ा या सुना होता तो ऐसी बात तू कभी न कहता!"

कृष्ण की फटकार से अर्जुन आपे में तो आ गया, परन्तु अपनी मनस्वी पूर्ण करने की अभिलाषा उसके चित्त से न हटी। विनीत होकर वह कृष्ण से बोला कि वे ही कुछ उपाय बताएँ कि वह ज्येष्ठ भ्राता के वध के पाप में भी लिप्त न हो और अपनी प्रतिज्ञा भी पूर्ण कर सके।

सत्य-अहिंसा का मर्म और व्यावहारिक रहस्य समझाते हुए, कृष्ण ने अर्जुन को वह उपाय भी बतला दिया जिससे उसका धर्मसंकट दूर हो गया और चित्त की ग्लानि भी मिट गई। कृष्ण ने कहा कि यह नियम है कि मान्य पुरुष का संसार में जब तक आदर होता रहे तभी तक वह अपना जीवन सफल मानता है। अप्रतिष्ठा उसे मृत्यु से भी बढ़कर दुखमूलक होती है। तिरस्कृत होने पर सभ्य पुरुष जीवित रहते हुए भी मृततुल्य हो जाते हैं। महाराज युधिष्ठिर सर्वमान्य और सर्व आदरणीय हैं। यदि तुम उनका थोड़ा-सा भी अपमान कर दोगे, 'आप' शब्द की जगह 'तू' का उपयोग कर दोगे तो उस शब्द को ही सुनकर धर्म का तत्त्व जाननेवाले युधिष्ठिर उसे अपना वध समझेंगे और बिगड़ेंगे भी नहीं। उसके पश्चात् तुम उनके चरणों में मस्तक झुका अपने अनुचित व्यवहार की क्षमा माँग लेना।

अर्जुन ने वैसा ही किया। क्रोध में तो भरा हुआ था ही। तुरन्त धर्मराज को 'तू' 'तू' सम्बोधित कर कई कठोर वचन उसने कह डाले। अपकृष्ट युधिष्ठिर अर्जुन की अप्रत्याशित वाणी सुनकर अवाक् रह गए और शेष जीवन को मृततुल्य मान मन ही मन संसार से विरक्त होकर वनवास की सोचने लगे। कृष्ण ने उससे फिर पूछा कि अब तलवार क्यों लिये हो, बात क्या है? अर्जुन ने उत्तर दिया कि धर्मराज का तिरस्कार करके उसने अनुचित कार्य किया है और उसका एक प्रण यह भी है कि यदि उसके सम्मुख कोई धर्मराज की अप्रतिष्ठा करेगा तो वह उसका भी वध कर डालेगा। जब उनका निरादर करनेवाला वह स्वयं ही है तो उसे अपने जीवित रहने का अधिकार नहीं।

उसकी भावना का आदर करते हुए कृष्ण ने तुरन्त अर्जुन से कहा—

हे नरश्रेष्ठ! कहीं यदि तुमने अपने भाई को मार डाला होता तो कितना अनर्थ होता! धर्म का विषय बहुत सूक्ष्म है। उसे बड़े-बड़े विद्वान भी नहीं समझ पाते। धर्मराज का वध कर तुम नरक पाते और आत्महत्या करके भी नरक भोगोगे क्योंकि वह भी जघन्य पाप है। आत्मश्लाघा आत्महत्या के ही तुल्य होती है। इसलिए अब उनके सम्मुख तुम अपनी आत्मप्रशंसा के गीत गाओ।

अर्जुन ने उक्ति स्वीकार कर ली और अपनी प्रशंसा करते हुए तलवार म्यान में डाल दी। आत्मप्रशंसा करते हुए अर्जुन ने यह भी कह डाला कि आज

या तो माता कुन्ती अर्जुन विहीन हो जाएँगी या कर्ण जीवन विहीन। यह कहकर धर्मराज से उसने क्षमा माँगी और उनका अभिवादन करते हुए भीम की सहायता के लिए युद्ध क्षेत्र में जाने की आज्ञा चाही।

युधिष्ठिर ने अर्जुन को आशीर्वाद दिया कि उसे युद्ध में विजय और कीर्ति प्राप्त हो और आज्ञा दी कि वह तुरन्त जाकर कर्ण का वध करे। अर्जुन ने भी मान लिया कि यथार्थ में उसके गांडीव का तिरस्कार कर्ण कर रहा है न कि युधिष्ठिर और कर्ण के उस तिरस्कार का प्रतिशोध कर्ण वध के सिवाय दूसरा नहीं हो सकता। युधिष्ठिर के आशीर्वचनों से अभिषिक्त होकर कृष्ण के साथ वह फिर रण क्षेत्र में पहुँच गया।

वहाँ बली भीमसेन अपना शौर्य प्रदर्शित कर रहे थे। भाग्यवश दुःशासन उनके सन्मुख आ गया। दोनों में तुमुल युद्ध होने के पश्चात् दुःशासन ने तीक्ष्ण शक्ति से भीमसेन को घायल किया। क्रोध में आकर भीमसेन ने उस पर गदा प्रहार किया और घायल कर रथ से नीचे खींच लिया। भूमि पर दुःशासन को गिराकर भीम ने उसकी भुजा तोड़ी और उसके वक्षःस्थल को चीरकर रक्तपान किया और उसके रक्त से द्रौपदी के केश रंजित किए। भीम के इस राक्षसी कृत्य से सब लोग घबरा उठे परन्तु उसने अपनी प्रतिज्ञा पूरी की।

अर्जुन और कर्ण का साक्षात्कार हुआ। दोनों शूरमाओं के कौशल विचित्र थे। यह कोई नहीं कह सकता था कि दोनों में विजय किसकी होगी। कर्ण की वह अमोघ शक्ति जो उसने अर्जुन के वध हेतु पहिले सुरक्षित रखी थी, घटोत्कच पर समाप्त हो चुकी थी। कवच-कुंडल दान में चले गए थे। परन्तु शरीर में क्षत्रिय-बल ज्यों का त्यों था। कर्ण के पास एक सर्पाकार बाण था, ज्यों ही उसने उसे चलाया समस्त पांडव सेनानी चकित हो गए। अर्जुन के पास उसका कोई परिहार न था परन्तु उसके रथ के सारथी उसकी ढाल बनकर बैठे हुए थे। ज्यों ही वह बाण कृष्ण ने अर्जुन के ऊपर आते देखा चट से घोड़ों की बाग खींच उन्हें घुटनों पर टेक दिया। बाण अर्जुन के मस्तक के ऊपर से निकल गया और उसका रत्नजटित स्वर्ण मुकुट पीछे गिराता हुआ व्यर्थ हो गया। कृष्ण की कला से अर्जुन के प्राण तो बच गए, परन्तु रथ भूमि में धँस गया। सावधानी से कृष्ण ने रथ से उतर पहियों को भूमि से उठा दिया और फिर वल्गा सम्हाल ली। युद्ध के नियमानुसार कर्ण को उचित था कि ऐसे अवसर पर वह अर्जुन पर बाण न चलाता, परन्तु उसने इसका पालन नहीं किया। रथ सम्हल जाने पर अर्जुन ने तीक्ष्ण बाणों से कर्ण को घायल कर अचेत कर दिया। कर्ण रथ में मूर्च्छित हो गया, परन्तु अर्जुन ने उस अचेतन अवस्था में भी उसका वध नहीं

किया। कृष्ण ने फिर अर्जुन की शिथिलता पर उन्हें डाँटा, परन्तु कर्ण के चैतन्य हो जाने पर ही अर्जुन ने बाण-वर्षा शुरू की। भाग्य की बात कि कर्ण का रथ भी पृथ्वी में धँस गया और जब वह उसके पहिए उठाने को उतरा तो अर्जुन से बाण चलाना बन्द करने के लिए युद्ध-धर्म की दुहाई देने लगा। कर्ण द्वारा धर्म की बात सुनकर कृष्ण ने उत्तर दिया कि इस समय तुम्हें धर्म का स्मरण हो रहा है। हे कर्ण, उस समय तुम्हारा धर्मज्ञान कहाँ चला गया था जब तुमने, दुर्योधन, शकुनि और दु:शासन ने एकवस्त्रा द्रौपदी को भरी सभा में पकड़ बुलाया था और उसका अपमान किया था। जब कपट से युधिष्ठिर का राज्य द्यूत में जीता गया, उस समय तुमको धर्म की सुधि नहीं आई। यह जानते हुए भी कि भीमसेन को विष मिश्रित भोजन कराया गया, पांडवों को लाक्षाभवन में जीवित जला देने का उद्योग किया गया, तब तुमको धर्म की याद नहीं आई। बालक अभिमन्यु का वध कराते समय धर्म को क्या भूल गए थे ? अब धर्म की व्यर्थ दुहाई देने से क्या लाभ है ?

कर्ण चुपचाप नीचा मुँह किए हुए सब सुनता रहा। इधर कृष्ण ने अर्जुन से कहा कि क्या देखता है, चला कोई उत्तम अस्त्र। कर्ण ने अर्जुन पर और अर्जुन ने कर्ण पर अस्त्र चलाना प्रारम्भ किए। कर्ण ने एक पूजित बाण अर्जुन पर छोड़ा। उसके लगते ही अर्जुन व्याकुल हो गया, हाथ ढीला पड़ गया, शरीर कम्पित हो गया। उसी समय फिर कर्ण का रथ पृथ्वी में धँस गया। परिश्रम करने पर भी थकित कर्ण उसके पहिए ऊपर न उठा सका। अर्जुन को भी चेतना आ गई और उसने कर्ण के रथ में बैठने से पूर्व ही उसका संहार कर डाला।

युधिष्ठिर ने कर्ण-वध का समाचार सुना परन्तु उन्हें विश्वास न हुआ और निश्चय करने के हेतु स्वयं युद्ध स्थल में पहुँचे और कर्ण का शव देख अपने नयन शीतल करने लगे। बेचारे धर्मराज क्या जानें कि जिस महानता के धराशायी और प्राणविहीन होने पर वे प्रसन्न हो रहे हैं, वह उनका ज्येष्ठ बन्धु कुन्ती माता का पुत्र था। कर्ण के निधन से कौरवदल का मेरुदंड टूट गया।

दुर्योधन का अन्त : जलांजलि

कौरव दल में शेष बचे शल्य महारथी बची-खुची सेना के सेनापति बनकर युद्ध स्थल में आए। उनसे युद्ध करने के हेतु पांडव सेनापतित्व का मुकुट धर्मराज के मस्तक पर रखा गया। एक तरह से यह उचित ही हुआ। युधिष्ठिर ने अभी तक एक भी युद्ध नहीं जीता था। अन्तिम विजय की कीर्ति उनको उपलब्ध हो इसलिए कृष्ण ने उनको अगुवा बनाया। धर्मराज ने अपने मामा शल्य को पराजित किया और वह भी मारा गया। अपने आपको निराश्रित पाकर दुर्योधन सरोवर में छिप गया। उसका पता लगाते हुए पांडव उस सरोवर के किनारे गए और उसे युद्ध करने के लिए ललकारने लगे। दुर्योधन ने एक-एक के साथ युद्ध करने की अभिलाषा प्रकट की।

राजनीति को हरदम तिलांजलि देनेवाले धर्मराज ने दुर्योधन की वह बात मान ली और न मालूम किस बुद्धि के बूते उससे कह दिया कि पाँचों पांडवों में से वह किसी एक के साथ द्वन्द्व युद्ध कर सकता है और उसमें जिसकी विजय होगी वही अन्तिम विजयी मानी जाएगी। यदि दुर्योधन जीत जाएगा तो सारा राज्य उसी का होगा। कृष्ण को यह बात बहुत खटकी और उन्होंने धर्मराज से कहा कि यह शर्त भी द्यूत जैसी ही है, आपने बिना सोचे-विचारे कैसे स्वीकृत कर ली? लोभ का धनी दुर्योधन सरोवर से निकल आया और सहसा बोल उठा कि वह गदा-युद्ध करेगा। यदि वह नकुल या सहदेव से युद्ध-भिक्षा माँग बैठता और उन्हें हरा देता तो पांडवों का क्या होता, यह सूझ न तो युधिष्ठिर को रही और न ही ऐसी सूझ कालचक्र में पड़े हुए दुर्योधन को सूझी। दुर्योधन गदा लेकर निकल आया। इधर भीमसेन ने उसकी चुनौती स्वीकार कर ली। भीमसेन और दुर्योधन गदा-युद्ध में एक से निपुण थे। इस कला में दोनों बलराम के शिष्य थे परन्तु बलराम दुर्योधन के विशेष पक्षकारी थे। दोनों वीरों में प्रबल द्वन्द्व हुआ। यहाँ तक कि कृष्ण ने स्वयं कहा कि कला में दुर्योधन प्रबल है और बल में भीम। भीमसेन ने गदा-युद्ध के नियमों का

उल्लंघन कर दुर्योधन को कटि के नीचे गदा मारकर गिरा दिया। उसके पैर की हड्डी टूट गई। मरणासन्न अवस्था में वह भूमि पर गिर पड़ा। युद्ध समाप्त होने के पूर्व बलराम भी तीर्थयात्रा से वापिस आ गए थे और निर्णायक बन दोनों का बल प्रदर्शन देख रहे थे। नियम विपरीत भीमसेन का गदा प्रहार देखकर वह अत्यन्त क्रोधित हो उठे और भीमसेन की ओर लपके। कृष्ण ने बलपूर्वक उनको रोका और भीमसेन के प्रण का उल्लेख करते हुए अपनी ओर खींच लिया। आक्रोश में भरे हुए बलराम अधर्म युद्ध न देख सके और वहाँ से चल दिए।

भीम की तमोवृत्ति पुनः जाग्रत् हो उठी और उसने भूमिग्रस्त दुर्योधन के मस्तक पर लात मारी तथा दुर्वचन कहे। दुर्योधन भी तो राजा था, उसका मृत्यु के समय ऐसा तिरस्कार महाराज युधिष्ठिर से भी न देखा गया और वे भीमसेन पर क्रोधित हो उठे। अन्य भीमसेन की प्रशंसा करने लगे। कृष्ण ने सबको शान्ति-पाठ पढ़ाया। ''मरते हुए शत्रु को फिर वचनों द्वारा मारना उचित नहीं। यह तो उसी समय मर चुका था जब इसने लज्जा को तिलांजलि दे दी थी।'' अब आप सब शिविर वापिस चलिए। महाभारत युद्ध समाप्त हुआ। इस महायुद्ध में पांडवों ने विजय प्राप्त की। उसका सर्व श्रेय कृष्ण को था।

धर्मराज ने मुक्त कंठ से यही गान गाया—

''हे कृष्ण! तुम्हारे बिना इस महायुद्ध से हम सब पार नहीं पा सकते थे। द्रोण व कर्ण के ब्रह्मास्त्रों का आघात तुम्हारे बिना कौन सह सकता था! संशप्तकों की जीत तुम्हारे बिना असम्भव थी। अनेकानेक आपत्तियों से अर्जुन को बचाने का श्रेय महर्षि व्यास ने उपलैव्य में पहिले ही कहा था कि जहाँ धर्म है वहाँ कृष्ण है, जहाँ कृष्ण है वहाँ विजय है—

''यतो धर्मस्त तो कृष्णः यतो कृष्णस्त तो जयः।''

यद्यपि युद्ध की ज्वाला समाप्त हो चुकी थी, परन्तु अग्नि के कुछ जलते हुए अंगारे शेष थे। अन्तस् का पाप अभी भी उफन रहा था। वह और अधिक आहुतियाँ माँग रहा था। कृष्ण ने सबको शान्त कर शिविर में जाने का आदेश दिया। घायल और मरणासन्न दुर्योधन लम्बी साँसें लेता और दाँत पीसता रण क्षेत्र में ही पड़ा रहा। युद्ध तो समाप्त हो गया परन्तु द्वेष-विष का अन्त न हुआ। मरते हुए दुर्योधन की करुण दशा पर आँसू बहाते हुए अश्वत्थामा, कृपाचार्य और कृतवर्मा ने उसे घेर लिया। अश्वत्थामा ने धीरज बँधाते हुए दुर्योधन को आश्वस्त किया कि वह बचे हुए पांडवों को किसी भी प्रकार नष्ट कर

डालेगा। प्रसन्न होकर दुर्योधन ने उसे सेनापति के पद पर अभिषिक्त कर दिया। तीनों ने रात्रि के अन्धकार में सोते हुए पांडवों को नष्ट करने की सलाह की।

कृष्ण ने पांडवों को शिविर में जाने से रोकते हुए उस रात्रि को ओधवती नदी के किनारे ठहरने की सलाह दी। रात्रि की निस्तब्धता में अश्वत्थामा ने शिविर में घुसकर सोते हुए पितृहन्ता धृष्टद्युम्न और द्रौपदी पुत्रों की हत्या कर डाली। उन तीनों की नृशंसता ने पांडव पक्ष में भी सात योद्धाओं को छोड़ शेष को समाप्त कर डाला और हर्षपूर्वक यह समाचार दुर्योधन को सुनाने दौड़े गए, दुर्योधन ने शान्ति की अन्तिम श्वास ली और उसके प्राण-पखेरू उड़ गए।

प्रात:काल होने पर धृष्टद्युम्न के सारथी ने आकर रात्रि के नरसंहार का समाचार युधिष्ठिर को सुनाया। द्रौपदी की विकलता ने हृदय-द्रावक दृश्य उपस्थित कर दिया। भीमसेन अकेला ही अश्वत्थामा को पकड़ने के लिए दौड़ पड़ा। कृष्ण ने युधिष्ठिर को समझाया कि भीम का अकेला जाना उचित नहीं। कारण, अश्वत्थामा के पास गुरु द्रोण का दिया हुआ ब्रह्मशिरा नामक अस्त्र है। वह उसे चलाए बिना न रहेगा। भीम उसका प्रतिकार नहीं कर सकता। वह विनष्ट हो जाएगा। अर्जुन और युधिष्ठिर को रथ में बिठा कृष्ण भीम के पीछे दौड़े। अन्तत: अश्वत्थामा ने उस महान घातक अस्त्र का प्रयोग कर ही दिया। कृष्ण ने अर्जुन से भी वही अस्त्र प्रयोग कराया। दोनों ओर के इन दिव्यास्त्रों से धरा व आकाश कम्पित होने लगे। व्यासदेव के कहने से अर्जुन ने तो अपना अस्त्र लौटा लिया परन्तु अश्वत्थामा उसे लौटाने की क्रिया से अनभिज्ञ था अत: उस अस्त्र ने उत्तरा के गर्भ को प्रभावित कर दिया।

द्रौपदी मूर्च्छित थी। उसने प्रण कर लिया था कि उसके पुत्रों का हन्ता जब तक जीवित है तब तक वह अन्न-जल ग्रहण न करेगी। अर्जुन और भीम दोनों अश्वत्थामा को पकड़कर रस्सी में बाँधे द्रौपदी के सम्मुख दंड निर्देशन के लिए उपस्थित हुए। क्रोधित भीम हाथ में नग्न कृपाण ले उसका वध करने को तत्पर था। महान रण-यज्ञ की पूर्ति के पश्चात् अश्वत्थामा के रक्त से अवभृथ स्नान करने भीमसेन को उद्यत देख, अश्रुपूरित नयनों तथा वाष्प-अवरुद्ध कंठ द्वारा दयार्द्र वचन महारानी द्रौपदी ने उच्चारित किए—

छोड़ दो, इसे छोड़ दो, ये ब्राह्मण है। जिनकी कृपा से आपने धनुर्वेद का सारा रहस्य जाना, शस्त्रों का प्रयोग सीखा, वे गुरु द्रोण ही इस पुत्र के रूप में

आपके सामने खड़े हैं। इस पुत्र की ममता के कारण इसकी माता कृपी अपने पति के साथ सती न हो सकी। अपने बच्चों की मृत्यु से दुखी होकर जिस प्रकार मैं विह्वल हो रही हूँ, उसी तरह इसकी माता भी दुखी होगी। पतिव्रता गौतमी मेरे समान न रोवे इसलिए इसका वध न कीजिए। इसे क्षमा कर वैर का अन्त कीजिए—

निर्बल कतहुँ न होत उदास
तुम बलशील तजहु प्रतिकारा
धारहु क्षमा भाव हृद्धामा
वैर चक्र यह लहहि विरामा
गुरु निपाति, अब सुत निहत, करहु न निखिल कुलान्त।
धरि नृपोचित कर क्षमा, करहु नाथ वैरान्त॥

(कृष्णायन)

नारी हृदय में मातृत्व की जो सजीव प्रतिमा सदैव प्रतिष्ठित रहती है, उस गुणमयी भावना का परिचय देकर महारानी द्रौपदी ने अपने विशाल हृदय की उच्छल शोभा को ही प्रकाशित किया। इतिहास में स्त्रियों के कलुषित व्यापारों का उल्लेख तो बहुधा मिलता है, साध्वियों के पवित्र चरित्र भी उपलब्ध हो जाते हैं, परन्तु मातामयी द्रौपदी के अपने पुत्र-हन्ता के प्रति करुणापूर्ण संवेदित हृदय की जो झाँकी महाभारत में प्राप्त होती है, उसके दर्शन अन्यत्र दुर्लभ हैं। करुणा, दया और क्षमा का ऐसा उज्ज्वल, उदात्त और रहस्यपूर्ण उदाहरण कदाचित् ही कहीं उपलब्ध हो। जो शक्ति रण में चंडी का रूप धारण कर खलों का नि:संकोच संहार करती है, वही दयामूर्ति अम्बिका बन शत्रुता का क्षय भी कर सकती है।

द्रौपदी के शील-संयम आदि गुणों की प्रशंसा करते हुए कृष्ण ने उसके अनुरोध को स्वीकार करने का आग्रह पांडवों से किया। यद्यपि द्रौपदी ने अश्वत्थामा को क्षमा कर दिया था, परन्तु भीम को सन्तोष न था, वह उसका वध करने पर उतारू रहा। उसकी भावना देख कृष्ण ने अर्जुन की ओर देखते हुए हँसकर उत्तर दिया—

"पतित ब्राह्मण का भी वध न करना चाहिए और आततायी को मारना ही चाहिए। ये दोनों बातें शास्त्रों ने कही हैं। तुमने द्रौपदी की सान्त्वना के लिए जो प्रतिज्ञा की थी, उसे भी सत्य करो और द्रौपदी की और मेरी इच्छा भी पूर्ण करो। अश्वत्थामा के सिर की मणि को मय बालों के तलवार से काट लो। बालकों की हत्या करने से वह श्रीहीन तो पहिले ही हो चुका था, अब मणि

और ब्रह्मतेज से भी रहित हो जाएगा। इस तरह उसकी मृत्यु भी हो गई व प्राण भी बच जाएँगे।''

कृष्ण की आज्ञानुसार भीमसेन ने वैसा ही किया। केश और मणि रहित अश्वत्थामा बन्धन से मुक्त कर दिया गया और अपना शेष नारकीय जीवन व्यतीत करने लिए छोड़ दिया गया। युद्ध समाप्त हो गया। क्रोध और रोष का स्थान शोक और विषाद ने लिया।

जलांजलि

धर्मराज युधिष्ठिर को ज्ञात हुआ कि रनिवास सहित वृद्ध राजा धृतराष्ट्र पुत्रों को जलदान देने के लिए हस्तिनापुर से जाने वाले हैं, तब बन्धुओं व पुत्रों के शोक में डूबे हुए युधिष्ठिर भी अपने सब भाइयों व कृष्ण को साथ लेकर महाराज धृतराष्ट्र के पास गए। पांचाल राजाओं की विधवा रानियों के साथ शोक पीड़ित द्रौपदी भी उनके पीछे चलीं। गंगा के किनारे स्त्रियों की टोलियाँ हजारों हाथ ऊपर उठाए अपने-अपने मृत पुरुषों की गुणगाथा कहकर धृतराष्ट्र को इस संहार का दोषी ठहरा रही थीं। उनके बीच में युधिष्ठिर का व्यग्र हृदय और भी व्यथित हो गया। सबके सब धृतराष्ट्र के पास गए। भीम दूर खड़ा रहा। सबसे पहले युधिष्ठिर ने काका धृतराष्ट्र के चरणों पर मस्तक रखा। उद्विग्न मन धृतराष्ट्र ने उनका आलिंगन कर छोड़ दिया और भीम कहाँ है, भीम कहाँ है कहते हुए चिल्लाने लगे। कृष्ण उनकी भावना ताड़ गए। थोड़ी देर में एक पूर्व निर्मित लौह मूर्ति कृष्ण के इंगित पर वहाँ उपस्थित कर दी गई। उसे सम्मुख कर धृतराष्ट्र से कहा कि भीम सम्मुख खड़ा है। बलवान धृतराष्ट्र अन्धे तो जन्म से ही थे, उस समय क्रोधाग्नि से बुद्धि भी खो बैठे थे। उन्होंने झपटकर लोहे की मूर्ति को भीम समझ इतने जोर से आलिंगन कर दबाया कि वह चकनाचूर हो गई। टूटने पर धृतराष्ट्र ने भीम को मृत समझ उसे छोड़ दिया और भीम का पौरुष वर्णन करते हुए रोने लगे। हा भीम, हा भीम चिल्लाने लगे। जब वे शान्त हुए तब कृष्ण ने उनसे कहा कि सोच न कीजिए भीम जीवित है। उसकी मूर्ति ही आपने तोड़ी है।

हे राजन्, भीमसेन को मार डालने का आपका संकल्प अनुचित था। आपके पुत्रों की आयु पूर्ण हो चुकी थी। भीम तो उनकी मृत्यु का निमित्त मात्र था। अब आप सन्ताप दूर कर क्रोध का परित्याग करें और पांडवों को गले

लगाकर अपना जीवन व्यतीत करें। फिर धृतराष्ट्र ने रोते-रोते भीम, अर्जुन व माद्री पुत्रों को गले लगाया।

तत्पश्चात् कृष्ण पाँचों पांडवों को लेकर राजमाता गान्धारी के पास गए। यह जानकर कि अपने शत्रुओं को मारकर युधिष्ठिरादि उसके पास आ रहे हैं, पुत्रों के शोक में डूबी हुई गान्धारी ने उनको शाप देना चाहा परन्तु महर्षि व्यास ने, जो वहाँ पहिले से उपस्थित थे, उसकी मनोभावना समझ ली और उसे समझा-बुझाकर शान्त किया व शाप देने से रोक दिया।

"जब अठारह दिनों तक युद्ध चलता रहा और तुम्हारा पुत्र प्रतिदिन तुमसे आशीर्वाद माँगने आता रहा तब तुम ही तो उससे कहती थी कि 'यतो धर्मस्त तो जय:' अब तुम अपनी ही बात असत्य करना चाहती हो। यह मेरी समझ में नहीं आता। युधिष्ठिर ने निसन्देह धर्मपूर्वक विजय पाई है। धर्म उसके पक्ष में था। तुम सदा से क्षमाशील रही हो। अब पांडवों को क्यों क्षमा नहीं करतीं?"

व्यासदेव के शीतल वचनों से गान्धारी का क्रोध कुछ ठंडा पड़ा और उसने आश्वासन दिया कि वह पांडवों का अहित नहीं चाहती किन्तु पुत्र शोक की विह्वलता में उसका मन हाथ से निकला जाता है। पांडवों में सबसे पहिले भीमसेन आगे आया और गान्धारी के पैरों पर मस्तक रखता हुआ बोला, "माता, दुर्योधन का प्राणहन्ता मैं हूँ। उसने सभा में जंघा खोलकर द्रौपदी को उस पर बैठने का दुर्वचन कहा था, उस समय मैंने प्रतिज्ञा की थी। उसकी पूर्ति के लिए ही मैंने उसकी जंघा तोड़ी। अपराध क्षमा हो।"

उसको एक ओर छोड़ गान्धारी ने उग्र स्वर से युधिष्ठिर का स्मरण किया। शान्त प्रकृति धर्मराज आगे बड़े और बोले, "देवि, आपके पुत्रों का वध करानेवाला नृशंस युधिष्ठिर आपके चरणों पर है। इस संहार का मूलभूत कारण मैं हूँ। आपसे शाप पाने का अधिकारी हूँ। मुझे अब जीकर धन तथा राज्य की किंचित् इच्छा नहीं।"

मस्तक झुकाकर युधिष्ठिर ने धर्मज्ञ तथा दीर्घदर्शिनी गान्धारी के चरण छुए तो गान्धारी ने अपनी आँखों पर बँधी हुई पट्टी क्षण भर को खोली और उसकी दृष्टि युधिष्ठिर की अंगुलियों के नखों पर पड़ी। नख काले पड़ गए। गान्धारी ने तुरन्त ही फिर नेत्र बन्द कर पट्टी कस ली। अर्जुन यह दृश्य देखकर घबरा गया और कृष्ण के पीछे आ गया। नकुल, सहदेव एक ओर हो गए। कृष्ण को साथ लेकर गान्धारी रण क्षेत्र में पड़े हुए वीरों की ओर चली। वहाँ के रुदन व कोलाहल से उसका धीरज फिर छूट गया। कृष्ण को सम्मुख पाकर गान्धारी सारा दोष उन पर मढ़ती हुई बोली—

"हे कृष्ण! जब कौरव व पांडव परस्पर लड़ते हुए भस्म हो रहे थे, तब तुमने उन्हें क्यों नहीं रोका? तुम वहाँ भी सन्धि करा सकते थे। तुम जान-बूझकर दोनों पक्षों का नाश, उपेक्षित दृष्टि से कराते रहे। मैं तुमको शाप देती हूँ कि जैसे इस कुल का क्षय हुआ है, वैसे ही तुम्हारी जाति का नाश होगा और उसके कारण तुम ही होगे। तुम्हारे सब पुत्र-पौत्रादिक, भाई-बन्धुओं का नाश हो जाएगा। तुम अकेले वन में घूमते फिरोगे और अनाथ के समान मारे जाओगे। तुम्हारे कुल की स्त्रियाँ भी इसी प्रकार रुदन करेंगी—

'प्रभु हो या परात्पर हो
कुछ भी हो
सारा तुम्हारा वंश
इसी तरह पागल कुत्तों-सा
एक दूसरे को परस्पर फाड़ खायेगा
तुम खुद उनका विनाश करके
कई वर्षों बाद किसी घने जंगल में
साधारण व्याध के हाथों मारे जाओगे
प्रभु हो!
पर मारे जाओगे पशुओं की तरह।' "

(अन्धा-युग)

उस भयंकर शाप को सुनकर कृष्ण मुस्कराते हुए बोले, "देवी, तुमने जो कहा वह अवश्यम्भावी है।"

तत्पश्चात् सब वीरों का दाह-संस्कार किया गया व जलांजलि दी गई। जलांजलि के समय कुन्ती ने अपने पुत्रों से कहा कि वीर लक्षणों से युक्त जिस महाधनुर्धारी कर्ण को अर्जुन ने मारा था, वह तुम सबका ज्येष्ठ भाई था। उसे भी जलांजलि दी जाए। युधिष्ठिरादि इस विचित्र संवाद को सुनकर अत्यन्त दुखी हुए और कहने लगे कि यदि यह सत्य पहिले प्रगट हो गया होता तो यह संहार ही न होता, परन्तु काल की गति अमिट है।

धर्मराज्य-संस्थापन

धर्मराज के सरल और शुद्ध चित्त पर भारतीय युद्ध की तीव्र प्रतिक्रिया हुई। जो गति युद्ध के पूर्व कुरुक्षेत्र में हुई थी, प्रायः वैसी ही गति-मति युद्ध की विभीषिका के पश्चात् युधिष्ठिर की हो गई। यद्यपि धर्मराज शास्त्रज्ञान, धर्मज्ञान, आचरण आदि में बहुत ऊँचे थे और क्षत्रियवंशी होते हुए भी ब्राह्मणवर्गी थे परन्तु युद्ध में हुए नरसंहार, स्त्रीवर्ग का करुणायुक्त चीत्कार, पूज्य पुरुषों की हत्या की दारुण नृशंसता और विशेषकर कर्ण का वध उनके चित्त को उद्वेलित करने लगा। यह जानकर कि महावीर कर्ण उनका अग्रज था और उसकी हत्या कराने का सारा उत्तरदायित्व उनका था, धर्मराज के चित्त पर ग्लानि और तज्जनित पाप की छाया आ विराजी। वे संसार का सुख और बन्धु-बान्धवों का परित्याग कर वन में जाकर तप करने तथा अपने पापों का प्रायश्चित्त करने की धारणा बना बैठे।

युधिष्ठिर सोचते रहे—यदि हम अन्धक और वृष्णिवंशियों के पास जाकर उनकी भिक्षा से अपना निर्वाह कर लेते तो आज स्वजनों के निर्वंश करने का यह दुख न सहना पड़ता। हमसे शत्रुता रखनेवाले तो क्षात्र-धर्मानुसार आचरण कर स्वर्गगामी हुए, परन्तु हम अपना पुरुषार्थ ही नाश कर बैठे। क्षात्र-बल और ऐसे पुरुषार्थ को धिक्कार है तथा उस धर्म की असहिष्णुता को भी धिक्कार है। राज्य प्राप्ति के लोभ में फँसकर हमने ये दुष्कर कर्म कर डाले हैं। अतः मैं सबको त्याग वन में ले जाऊँगा। मुझे इस राज्य और इसके ऐश्वर्य से कोई प्रयोजन नहीं।

वाग-विदाम्बर व्यासदेव ने धर्मराज की आन्तरिक पीड़ा की गहराई नाप उन्हें उस व्याधि के अनुरूप शास्त्रोक्त औषधि देना प्रारम्भ की। धर्म-कर्म, पाप-पुण्य, जीवन-मरण की व्याख्या उदाहरणों समेत निरूपित कर उनके व्यग्र चित्त को शान्त किया। कृष्ण ने वेदव्यास के कथनानुसार कार्य करने का अनुमोदन कर युधिष्ठिर को लोककल्याण हेतु राज्यारोहण को राजी कर

लिया। उनके मानसिक सन्ताप का शमन हुआ और कृष्ण की आज्ञानुसार वे हस्तिनापुर जाने को तैयार हो गए।

इस वृत्त की सूचना ज्यों ही राजधानी में पहुँची त्यों ही नागरिक एकत्रित होकर धर्मराज के अभिनन्दन व स्वागत की तैयारियाँ करने लगे। निकट पहुँचते ही जय ध्वनि के नारों से आकाश गुंजित हो उठा। नगर द्वार पहुँचने के पूर्व ही महाराज धृतराष्ट्र सब सचिवों सहित स्वागतार्थ उपस्थित हो गए। वृद्ध काका पर दृष्टि पड़ते ही धर्मराज अपने रथ से उतर पड़े और सब भाइयों सहित पैदल चलकर उन्होंने अपने पितृव्य के चरण छूकर विनती की—

मैं शिशु सेवक, तात तुम्हारा।
मम हित कस स्वागत सत्कारा॥
ना महि मात्र जनक मैं जाना।
आ शैशव तातहिं पितु माना॥
हरि पद शपथ करहु पुनि आजू।
नाथ! तुम्हार धान्य धन राजू॥
पिता तुमहि स्वामी तुम ताता।
पद सेवक हम पाँचहुँ भ्राता॥

(कृष्णायन)

धर्मराज के इन विनीत और उदार उद्‌गारों को सुन दृष्टिविहीन, शोक-सन्तप्त धृतराष्ट्र के शुष्क नेत्रों से वह असीम धारा प्रवाहित हुई, जिसने उस वृद्ध हृदय के समस्त कपट-विकारों को प्रक्षालित कर दिया तथा शुद्ध और निश्छल प्रेम के मुग्धकारी वातावरण की सृष्टि कर दी। धर्मराज के आचरण, व्यवहार व वाणी सुन धृतराष्ट्र ने ये आशीर्वचन कहे—

दिव्य स्वभाव वत्स तुम पावा।
सम्पति विपति रहत सम भावा॥
हृदय तुम्हार उदधि गम्भीरा।
होत न यातायात अधीरा॥
हरिहु कहे मैं तुमहिं न जाना।
सुत शत खोय आज पहिचाना॥

(कृष्णायन)

उभय पक्ष द्रवित थे। प्रजा शान्ति और हर्षातिरेक में विभोर थी। धृतराष्ट्र के चित्त के विषाद के साथ-साथ धर्मराज का शोक भी दूर हुआ। युधिष्ठिर को विजय और सच्ची जीत का सुख प्राप्त हुआ।

कुछ काल पश्चात् राज्याभिषेक हुआ। सबसे प्रथम कृष्ण ने अपने पांचजन्य शंख द्वारा धर्मराज के मस्तक पर जलधार प्रवाहित की। तदन्तर वृद्ध महाराज धृतराष्ट्र ने पुलकित हृदय से युधिष्ठिर को अभिषिक्त किया व तिलक लगाया। नवीन वातावरण में, नवीन भावनाएँ अंकुरित हुईं। नवीन जागृति और स्फूर्ति में नवीन शासन स्थापित हुआ। मंत्रिमंडल में भीमसेन युवराज बनाए गए। नकुल पार्थ के सहायक नियुक्त हुए और सहदेव धर्मराज के अंगरक्षक बने। ऋषि धौम्य को दानाध्यक्ष पद प्रदान किया गया। विदुर, संजय और धीमान वृद्ध धृतराष्ट्र के सत्संग के लिए नियुक्त किए गए। सब नागरिकों व एकत्रित समुदाय को सम्बोधित करते हुए धर्मराज ने कहा—

"महाराज धृतराष्ट्र हमारे पिता हैं, अत: वे सर्वोपरि देवता हैं। आप सब सर्वदा की तरह कार्य करें जिनसे उन्हें और तत्पश्चात् मुझे प्रसन्नता हो। मैं सदा सावधानीपूर्वक इनकी सेवा करता रहूँगा। आप सब यदि मेरे ऊपर अनुग्रह करना चाहते हैं तो महाराज धृतराष्ट्र के प्रति भक्ति-भावमय व्यवहार करें। यह सम्पूर्ण पृथ्वी और हम सब पांडव इनके ही हैं।"

दूसरे दिन प्रात:काल धर्मराज कृष्ण के सम्मुख उपस्थित हुए। उनका स्तवन करते हुए दोनों हाथ जोड़कर धर्मराज ने निवेदन किया—

"हे प्रच्युत! आपके अनुग्रह से हमें यह राज्य प्राप्त हुआ। आप ही की कृपा से हमें सर्वोतम विजय और यश प्राप्त हुआ है और हम धर्म-भ्रष्ट नहीं होने पाए, मैं आपको नमस्कार करता हूँ।"

कृष्ण ने धर्मराज की बातों का कोई उत्तर नहीं दिया। वे इस चिन्तन में ध्यानावस्थित थे कि यद्यपि युधिष्ठिर धर्माचरणी हैं, उनके भाई उनके आज्ञानुवर्ती हैं, परन्तु राजकाज व राजनीति का जितना ज्ञान राज्याधिकारी को चाहिए उतना अभी धर्मराज में विद्यमान नहीं है। राजधर्म के सम्पूर्ण अंगों के पूर्ण अनुभव उन्हें नहीं हैं। राज्य व्यवस्था, शासन, राजा के कर्म और राजधर्म में युधिष्ठिर को किस प्रकार दक्ष किया जाए, इस विचार में कृष्ण तल्लीन थे कि युधिष्ठिर ने उनका ध्यान भंग कर प्रश्न कर दिया कि यदि कृष्ण उन्हें अधिकारी समझें और कोई गोपनीय रहस्य न हो तो उन्हें अवगत कराया जाए।

मुस्कराते हुए कृष्ण ने उत्तर दिया, "जीवन-संग्राम में आहत किन्तु अपराजित, बाल ब्रह्मचारी श्वेत केशधारी पुरुष व्याघ्र भीष्म शर-शय्या पर लेटे हुए, उत्तरायण की प्रतीक्षा में मृत्यु का आह्वान करते हुए, मेरा ध्यान कर रहे हैं। जो भीष्म भूत, वर्तमान और भविष्य के ज्ञाता हैं, उन्हीं धर्मश्रेष्ठ के

निकट मेरा मन था। उनके धराधाम को त्यागकर चले जाने से पृथ्वी निस्तेज व निष्प्रकाश हो जाएगी। उनके चरण युगल का स्पर्श कर तुम्हारे मन में जो संशय बार-बार उठ जाते हैं, उनकी निवृत्ति कर लो। महात्मा भीष्म से धर्म, अर्थ, काम और मोक्ष का रहस्य पूछकर अपने सब सन्देह दूर कर डालो। विशेषत: धर्म और राजधर्म की शिक्षा उनसे ले लो।''

युधिष्ठिर ने करबद्ध प्रार्थना की—''हे शत्रु नाशन! आपका कथन सत्य है। आप अग्रणी बनकर उनकी सेवा में मुझे ले चलें।''

कृष्ण का एक अभिप्राय यह भी था कि युधिष्ठिर को तो भीष्म प्रवचन से सन्तोष होगा ही, परन्तु उस विभूति के पास जो ज्ञान संचित था, वह उनके भौतिक जीवन के साथ-साथ लोप होने से बच जाएगा। उस ज्ञान के प्रकाशन और प्रसारण के लिए कृष्ण ने धर्मराज को भीष्म पितामह के सम्मुख प्रश्नकर्ता के रूप में उपस्थित कर दिया। महात्मा भीष्म ने धर्मराज के हर एक प्रश्न का समाधानकारक उत्तर दिया जो उनके विस्तृत अनुभव का सार था। महर्षि वेदव्यास ने उसे संसार के हित के लिए स्थायी रूप से अपने अद्बितीय ग्रन्थ में संगृहीत कर रखा है। सूर्य उत्तरायण होने पर भीष्म पितामह ने समाधि ली। तब कृष्ण ने युधिष्ठिर के मानसिक रोग की चिकित्सा की।

कृष्ण ने धर्मराज से कहा—''हे राजन्, बीती हुई बातों पर बार-बार विचार करने तथा उनका स्मरण करने का जो अभ्यास आपको पड़ गया है, वह उचित नहीं। आपने अपने बाह्य शत्रु तो परास्त कर दिए किन्तु अभी आपके सम्पूर्ण शत्रु पराजित नहीं हुए। शरीर में रहनेवाले शत्रु को आप अभी तक नहीं पहिचान पाए और न देख पाए। आपका वह आन्तरिक शत्रु जो अभी तक जीता नहीं गया, वह है आपका मन और उसमें वास करनेवाला 'अहं' या अहंकार। इनके साथ युद्ध करना बड़ा कठिन कार्य है। किन्तु अब आप उससे लड़ने को तैयार हो जाइए। योग-बल और निज कर्तव्य कर्मों द्वारा उस अव्यक्त अहं को परास्त कीजिए।

''हे धर्मराज! केवल राजपाट त्यागने से मोक्ष सम्भव नहीं। विवेक रहित विराग धारण कर लेने से सिद्धि-लाभ प्राप्त नहीं होता। शरीरस्थ कामादिक त्यागने से ही मुक्ति मिल सकती है। सांसारिक पदार्थों में 'ममता' द्वयक्षर मृत्यु कहलाती है और सांसारिक विषयों से 'निर्ममता' त्रयक्षर शाश्वत ब्रह्म कहलाता है। ममत्व मृत्यु और 'नमम' सनातन ब्रह्म की प्राप्ति के साधक हैं। ममत्व और निर्ममता दोनों अदृश्य रूप से मानव चित्त में विद्यमान रहते हैं तथा एक-दूसरे से संघर्ष कर प्राणियों को विचलित करते रहते हैं।

"हे धर्मराज, व्याधियाँ दो प्रकार की हैं—एक शारीरिक, दूसरी मानसिक। ये दोनों आपस में एक-दूसरे की सहायता से उत्पन्न होती हैं। सत्, रज और तम नामक तीन गुणों की साम्यावस्था को पंडित लोग आत्मा का स्वास्थ्य कहते हैं। इन तीनों में विकृति हो जाने पर उसकी शान्ति का उपाय वांछनीय हो जाता है। हे कौन्तेय! आपको सुख-दुख रूपी द्वन्द्वों से रहित होकर प्रकृति के तीनों गुणों से ऊपर उठ जाना चाहिए।

कृष्ण की उपर्युक्त वचनावली अर्जुन को कही गई गीता के सिद्धान्तों की ही व्याख्या है।

"त्रैगुण्य विषया वेदा निस्त्रै गुण्यो भवार्जुन।
निर्द्वन्दो नित्य सत्वस्थो निर्योग क्षेम आत्मवान॥"

वही बात कृष्ण ने प्रायः यहाँ भी दुहराई। युधिष्ठिर की भूमिका अर्जुन से ऊँची है। इसलिए उन्हें समझाने के लिए कृष्ण को अधिक विस्तार या टीका की आवश्यकता नहीं हुई। सीधे-सीधे वे सिद्धान्त कहते गए और बिना आलोचना के धर्मराज उन्हें ग्रहण करते चले गए। धर्मराज और अर्जुन की मनःस्थितियों का यह अन्तर दर्शनीय है। कृष्ण ने युधिष्ठिर से कहा—

"हे धर्मराज, आप ध्यान-योग से बाह्य राज्यादि तथा आन्तरिक शत्रु कामादि, आदि-माया ममत्व रूप स्वभाव पर दृष्टि रखिए। जो लोग इस अनादि मायामय स्वभाव को भलीभाँति जान लेते हैं वे ही इस महाभयंकर संसार से मुक्त हो सकते हैं। ज्ञातव्य है सब कर्मों की जननी 'कामना' है। इस लोक में कामना सबकी अंगभूता है। इसलिए कुछ विद्वान कामनाशून्य हो वृत्तानुष्ठान, यज्ञ और ध्यान-योग करते हैं। वे कामना-विग्रह को मोक्षमूलक मानते हैं परन्तु अन्य पंडित गणों का कथन है कि कामना को कोई नष्ट नहीं कर सकता। उससे पार पाने का एक ही मार्ग है। वह है निष्काम होकर योगाभ्यास से स्वकर्म करते रहना अर्थात् कर्मफल की आसक्ति परित्याग कर कर्म में रत रहना। इस तरह कर्मफल के परिणामस्वरूप सुख-दुख के द्वन्द्व से मनुष्य ऊँचा उठ सकता और मोक्ष मार्ग पर आरूढ़ हो सकता है। अतएव आप निष्काम होकर सविधि अश्वमेध यज्ञ तथा अन्य प्रकार के यज्ञों को कीजिए। जो लोग इस महायुद्ध में मृत हो चुके हैं, उन्हें आप किसी तरह भी नहीं देख सकते न पा सकते हैं। आप शोक को त्यागकर स्वस्थ चित्त से महायज्ञों का निष्काम अनुष्ठान करें तो आपको इस लोक में यश और परलोक में उत्तम गति प्राप्त होगी।"

कृष्ण का यह अनुपम ज्ञानोपदेश गीता में कथित निष्काम कर्मयोग की व्याख्या ही है। विचारपूर्वक देखा जाए तो स्पष्ट हो जाता है कि पदार्थों से ममत्व (Attachment) बन्धन है और निर्ममत्व (Detachment) मोक्ष। यह निर्विवाद है कि कामना कर्म की अधिष्ठात्री देवी है। यदि उस महाशक्ति का मूलोच्छेद कर दिया जाए तो संसार 'असत्' अर्थात् अस्तित्वहीन हो सकता है। कामना अनाशवान और अनादि है। एकत्व से अनेकत्व की इच्छा या संकल्प ही आदि कामना है। वह ईश्वरत्व से सम्पन्न है। इस कारण पापकारी नहीं हो सकती। फिर उसमें 'पाप' कब और कैसे आ विराजा यह सोचने-विचारने की बात रह जाती है।

कृष्ण के कथन का तात्पर्य यही है कि जब तक मनुष्य कामना से किए हुए कर्म के परिणाम की उपलब्धि से नहीं लिपटता, अर्थात् कर्म द्वारा प्राप्त भले या बुरे फलों से आकर्षित या विकर्षित नहीं होता, तब तक वे परिणाम उसे सुख या दुख की संवदेना नहीं दे सकते। परन्तु फलासक्ति में उलझा हुआ मनुष्य उस सुख या दुख की संवेदना से बच नहीं सकता। अभिलाषा पूर्ति का क्षणिक सुख हर्ष उत्पन्न करता और अपूर्ति का दुख बहुत देर तक चित्त को विकल करता रहता है। फल की भोग भावना ही बन्धनकारक है। मनुष्य का परम पुरुषार्थ यही है और उसकी साधना का अन्तिम लक्ष्य यही होना चाहिए कि वह कर्मफल में आसक्ति या ममत्व स्थापित न कर, उसमें निरासक्ति या निर्ममत्व का सतत अभ्यास करता रहे।

'कृष्णायन' के कवि ने इस कामना तत्त्व का सुन्दर विश्लेषण किया है—

बिनु आधार कामनहुँ नाहीं।
सो मम माया, बस मोहिं माहीं॥
सृजन पूर्व एकत्व विहायी।
चहहुँ होन मैं बहु मुनिरायी॥
अघकारिणि नहिं कामना, अघकर मार्ग विराम,
लहि वस्तुहि भोगन चहत, सोइ यथार्थ सकाम॥

कृष्ण के इस सदुपदेश से धर्मराज को पूर्ण शान्ति प्राप्त हुई। उसे हृदयंगम कर महाराज युधिष्ठिर ने विधि-स्थापित नवीन राज्य का भार ग्रहण किया। कृष्ण ने द्वारका प्रस्थान करने के पूर्व युधिष्ठिर को एक सम्भावना भी सूचित कर दी। वह यह थी कि भारतीय युद्ध में क्षत्रिय वंश का जो ह्रास हो चुका था, उसका लाभ उठाकर अन्य विदेशी जातियाँ या वे अन्य राजागण, जिनके सम्बन्धी युद्ध में मारे गए थे, नवीन शासन पर आक्रमण कर उसे तहस-नहस

करने की चेष्टा कर सकते हैं। इसलिए राज्य की भावी सुरक्षा के निमित्त युधिष्ठिर अश्वमेध यज्ञ का अनुष्ठान करें। उससे विरोधी शक्तियाँ भी प्रकट हो जाएँगी और उनको अधिशासित कर लेने से राज्य का स्थायित्व व उसकी समृद्धि निश्चित हो जाएगी।

कुछ समय पश्चात् कृष्ण ने अर्जुन से कहा कि वे शीघ्र द्वारका जाना चाहते हैं। इसलिए वह जाकर धर्मराज से उनके जाने की अनुमति ले आवें।

अर्जुन ने निवेदन किया—

"हे देवकीनन्दन! युद्ध प्रारम्भ होने के पूर्व आपने जो उपदेश मुझे दिया था, वह चित्त-भ्रंशता के कारण मुझे विस्मृत हो गया है, अब आप द्वारका जाने के पूर्व वह सब मुझे फिर से सुना दें।"

कृष्ण ने उत्तर दिया—"पार्थ, समस्त गुप्त विषय तुम मुझसे सुन चुके हो और सनातन धर्म एवं शाश्वत तत्त्वों को भी जान चुके थे। मूर्खतावश तुमने मेरे कथन को ग्रहण नहीं किया, इसका मुझे बड़ा खेद है। हे पांडु पुत्र! तुममें श्रद्धा की कमी है और तुम्हारी धारणा शक्ति भी अपर्याप्त है। जो बातें मैंने तुमसे कहीं थीं उन्हें ज्यों-का-त्यों तो मैं भी पुनः सुना नहीं सकता। उस समय तो मैंने योगस्थ होकर तुमसे ब्रह्मज्ञान के सम्बन्ध में कहा था। उसकी पुनरावृत्ति अभी सम्भव नहीं। परन्तु कथाओं द्वारा उन बातों का कुछ विवेचन तुमसे करूँगा।"

कृष्ण ने अर्जुन को पुनः बोध दिया जो कि ब्राह्मण गीता और अनुगीता के रूप में है, वह विविध उपाख्यानों द्वारा उपलब्ध है। कृष्ण युधिष्ठिर को पुनः राजनीति का उपदेश कर जब द्वारका जाने लगे तब युधिष्ठिर ने कहा कि वे यज्ञ के समय हस्तिनापुर में पहले से आकर अवश्य उपस्थित रहें और कृतज्ञता प्रकाशनस्वरूप शुद्ध हृदय से निवेदन किया—

"श्रुति सम सदा निदेश तुम्हारा।
मैं आजीवन निज शिरधारा॥
तदपि आज विनबहुँ कर जोरी।
पुरवहुँ इक अभिलाषा मोरी॥
जदपि मनोरथ मम चिर संचित।
सकुचति गिरा सुभाषित वंचित॥
कहत यहहि नहिं नाथ मैं, सार्वभौम पद योग्य।
जेहि रच्छी भारत अवनि, ताही ते सो भोग्य॥"

(कृष्णायन)

महाराज युधिष्ठिर ने सम्पूर्ण राज्य का आधिपत्य कृष्ण के चरणों पर विसर्जन करना चाहा परन्तु योगेश्वर कृष्ण ने उनका राज्य मुकुट उनके ही मस्तक पर रख विनीत गिरा उच्चारण की—

"वचन तुम्हार प्रीति रस बोरा।
हुलसेउ पै न हृदय सुनि मोरा॥
त्याग परिग्रह दुहुन उदासी।
मैं केवल कर्तव्य उपासी॥
पर हित रत जो स्वार्थ विरागी।
समकर्तव्य सर्व तेहि लागी॥
गोचारण आरोह गज, छत्र पिच्छ सम जाहि।
सम गोपाल भुआल जेहि, मोहत राज्य कि ताहि॥"

(कृष्णायन)

'स्वधर्मे निधन श्रेयो परधर्मो भयावह' के सूत्रकार ने अपना निर्मम, निर्मोही, निःसंग, निःस्वार्थ रूप प्रदर्शित करते हुए द्वारका को प्रस्थान किया।

कुछ दिन द्वारका में रहकर अपने पितृव्यों की सेवा कर कृष्ण पुनः हस्तिनापुर वापिस आ गए। सत्र प्रारम्भ होने को कुछ दिनों की देर थी। युधिष्ठिरादि हिमालय के अंचल से द्रव्य संचित करके लौटे नहीं थे। धर्म-कर्म-संयोग से वे हस्तिनापुर उस समय पहुँचे जबकि विधवा उत्तरा ने पुत्र प्रसव किया था। उसके गर्भस्थ शिशु ने मृतप्राय (Half-Dead) अवस्था में जन्म लिया। जन्मोपलक्ष्य में पांडव-महल में हर्ष की जो शहनाइयाँ बज रही थीं, उस नवजात के मृतप्राय पाए जाने से उनकी जगह विषाद स्वरों ने ले ली। पांडव वंश के भविष्य की एकमात्र आशा दुराशा में परिणत हो गई। कुलदीप जन्मते ही बुझ गया था। कृष्ण का आगमन सुनते ही सुभद्रा ने तुरन्त उन्हें बुला भेजा। वे जैसे आए थे वैसे ही सूतिका गृह में चले गए। कृष्ण ने आचमन कर व्याधि का उपसंहार करने हेतु बालक को स्पर्श किया और सबको आश्वस्त करते हुए प्रतिज्ञा की—

"बेटी उत्तरा—मैं जो कहता हूँ, वह सच होगा। मैंने आज तक कभी मिथ्या भाषण नहीं किया और न कभी युद्ध से मुख मोड़ा। यदि मेरा यह कथन सही है तो मेरे उस पुण्य बल से यह बालक जीवित हो जाए। यदि मैंने कभी अर्जुन के साथ विरोध या विश्वासघात न किया हो और सदा सत्य भाषण व धर्माचरण किया हो, तो यह बालक जीवित हो उठे।"

यह कहते हुए कृष्ण ने ज्यों ही उस शिशु को दबाना शुरू किया और निर्निमेष दृष्टिपात किया त्यों ही मृत समान पिंड में प्राणों का संचार प्रारम्भ हो गया। कृष्ण के स्नेहदान से पांडव-कुल-प्रदीप पुनः सजग हो गया। स्त्रियाँ मंगलगान करने लगीं। कृष्ण की जय-जयकार से धरा गुंजायमान हो गई।

हस्तिनापुर में अश्वमेध की तैयारी हो चुकी थी। यज्ञ प्रारम्भ होने के पूर्व यज्ञीय अश्व चारों दिशाओं में घुमाया गया। शत्रु-मित्र की परीक्षा हो गई। जिन विरोधियों ने अश्व की रोकथाम की, वे सब परास्त हो गए। यज्ञ समाप्त हो गया। यज्ञ-दक्षिणा का पुनीत अवसर उपस्थित हुआ। व्यासदेव के चरणों में प्रणाम करते हुए त्याग और विराग मूर्ति युधिष्ठिर ने निवेदन किया—

''देव दक्षिणा वेद विधाना।
मम उर सकुच करहुँ का दाना॥
दीन्ह मोहि पुनि जो भगवाना।
करत प्रभुहिं मैं सोइ प्रदाना॥
दास और का भेंट चढ़ावहि।
कृष्ण दीन्ह सो कृष्णहिं पावहिं॥'' (कृष्णायन)

सम्पूर्ण राज्य दक्षिणा में देने के हेतु ज्यों ही धर्मराज ने अंजलि में जल लिया कि धर्ममूर्ति व्यासदेव ने उन्हें रोक दिया—

''त्याग मूर्ति तुम धर्म भुआला।
दानहु हृदय समान विशाला॥
तदपि गुनहु नृप निज मन माहीं।
जन शासन हित मुनि जन नाहीं॥
जन मन पै स्वामित्व हमारा।
जन तन पै अधिकार तुम्हारा॥
निरख शिष्य गुरु त्याग सुर, कहत धन्य यह देश।
धर्म नृपति सम नृप जहाँ, व्यास समान द्विजेश॥'' (कृष्णायन)

इस बार जो अश्वमेध महाराज युधिष्ठिर ने किया, उसमें 'अग्रपूजा' के नाम से पूर्व निर्धारित विधि लोप कर दी गई। ऐतिहासिक दृष्टि से देखा जाए तो महायुद्ध का सूत्रपात राजसूय के पश्चात् की गई कृष्ण की अग्रपूजा से ही हुआ था। वह त्रुटि इस बार न दुहराकर कृष्ण ने अद्‌भुत राजनीति का परिचय दिया।

कृष्ण ने इन्द्रप्रस्थ में जिस साम्राज्य की नींव डाली थी, वह एक प्रकार का राष्ट्रसंघ या राष्ट्रमंडल था। उसमें देश के छोटे-बड़े राजा अपनी आन्तरिक राज्य व्यवस्था में स्वतंत्र थे, परन्तु उन सब पर केन्द्र का इतना अंकुश अवश्य

था कि शासन धर्म, नीति और न्याययुक्त हो। यह तभी सम्भव था जब साम्राज्य का अधिकृत सत्ताधारी स्वयं धर्मपरायण हो। संस्थापित महाराज्य के विधिवत् संचालन का भार पवित्राचरणी युधिष्ठिर के कन्धों पर था और वे उस महान पद के उपयुक्त अधिकारी थे। उस भार वहन की उनकी क्षमता और योग्यता की परीक्षा अभी शेष थी। वह परीक्षा कालपुरुष ने विचित्र रूप में ली जिसका उल्लेख आगे होगा।

यहाँ तो इतना स्पष्ट कर देना ही यथेष्ट है कि जरासन्धीय साम्राज्यवाद के विपरीत इस नवीन राष्ट्रमंडलरूपी साम्राज्य की कल्पना उस काल के विशिष्ट युगद्रष्टा कृष्ण की विशाल दृष्टि की थी। वह एक चतुर राजनीतिक तत्त्वज्ञानी की अप्रतिम सूझ थी, जिसे मूर्तमन्त करना उस अथक परिश्रमी कर्मवीर की प्रतिभा का अद्‌भुत चमत्कार माना जा सकता है। उस पवित्र स्वप्न को साकार करने में कृष्ण का कोई निजी स्वार्थ नहीं था, वह केवल लोकहित कामना से सम्पन्न किया गया था। यह प्रश्न सहसा अवश्य उठता है कि ऐसे उत्कृष्ट विचारक और प्रवर्तक को यदि 'महामानव' या 'विभूति' न कहा जाए तो और क्या कहा जाए? समसामयिक विद्वानों और कर्मयोगियों के बीच यदि राजसूय यज्ञ में वह महापुरुष प्रथम पूजनीय माना जाकर अर्घ्यदान का सर्वमान्य अधिकारी घोषित नहीं किया जाए तो अन्य कौन महामहिम उस उच्चातिउच्च आदर का अधिकारी हो सकता था? महात्मा भीष्म ने सब विद्वानों की सम्मति से कृष्ण को अर्घ्यदान का सुपात्र मान, उनका नाम उस सम्मान के लिए प्रस्तावित कर, अपनी सद्‌बुद्धि लोकज्ञान व राजनीति का ही परिचय दिया था परन्तु जिस सद्‌भावना से राजसूय यज्ञ सम्पादित किया गया था और जिस कृतज्ञता ज्ञापन के अर्थ उन्हें अर्घ्यदान अर्पित किया गया था, वही पूजा उस नवीन साम्राज्य के हित में विष का काम कर गई। कृष्ण ने यज्ञ-सम्मान स्वीकार कर अपने अपमानकर्ता शिशुपाल का शिरोच्छेदन क्या किया मानो लोक-विरोधी स्वार्थी तत्त्वों के हृदयों में शूलोच्छेदन कर दिया। शिशुपाल की मृत्यु ने दुर्योधन, कर्ण, जयद्रथ, शकुनि आदि तथा शिशुपाल के अन्य मित्र एवं जरासन्धीय राजचक्र के शेष बलवान समर्थकों को सशंकित कर दिया। उन्हें अपना भविष्य अन्धकारमय दिखने लगा और वे सब मन ही मन नवीन साम्राज्य को उखाड़ फेंकने और उसके यशस्वी निर्माता कृष्ण के महान उद्योग को शीघ्रातिशीघ्र विनष्ट करने की चेष्टा में संलग्न हो गए थे। महाभारत युद्ध इसी दुर्भावना का परिणाम था।

गृहकलह और स्वर्गारोहण

हस्तिनापुर के राज्यासन से युधिष्ठिर अपने भाइयों व विद्वान मंत्रियों की सलाह से राज्य की देखरेख करने लगे। कृष्ण द्वारा स्थापित धर्म-वट से शनैः-शनैः सुख, शान्ति, समृद्धि और वैभव की मंगल छाया युक्त शाखाएँ प्रस्फुटित होने लगीं। युधिष्ठिर की सार्वभौमिकता सम्पूर्ण देश पर छा गई। साथ ही साथ अर्जुन के रथ संचालक कृष्ण की कीर्ति-कौमुदी भी विश्व नभ पर अपनी सौम्य छटा बिखेरने लगी। धर्म-संस्थापन के महान कार्य में कृष्ण के दो प्रमुख साधन थे—यादव और पांडव। कौरव दल का संहार हो जाने के उपरान्त पांडवों का पराक्रम-यंत्र कृष्ण ने धर्ममूर्ति युधिष्ठिर के अधीन कर दिया और उसकी देखभाल से निश्चिन्त हो गए। जिस यादवीय संगठन व शक्ति के सहारे उन्होंने कई दूषित व पतित राजसंस्थाओं का विनाश कर, अपना मार्ग कंटकहीन बनाया था और जो देश-काल व परिस्थिति के प्रभाव से बलवान से बलवानतर हो गया था, उसे भी उन्होंने धर्म-साम्राज्य के अधीन कर, एक अखंड और विशाल शासन-सत्ता स्थापित करने का विचार किया अवश्य, परन्तु यादव-सत्ता का पूर्ण विलय साम्राज्य सत्ता में हो जाना असम्भव था। प्रथम राजसूय यज्ञ के समय कृष्ण ने युधिष्ठिर की सत्ता को सर्वोपरि मान द्वारका स्थित यादव सत्ता को उनकी आश्रयी मान लिया था परन्तु वह मान्यता केवल मौखिक थी। यादव गणतंत्र की स्वतंत्र इकाई भारत में बनी रही। उस गणतंत्र को अन्य किसी राज्य या साम्राज्य में विलय कर देने का अधिकार अकेले कृष्ण को नहीं था। यद्यपि वे गणतंत्र के सर्वमान्य नेता थे परन्तु तंत्र के नियमानुसार उसकी धर्मसभा जब तक अपनी पूर्ण सहमति न दे, तब तक गणतंत्र को कोई भी व्यक्ति, चाहे वह कितना ही बलवान और पराक्रमी क्यों न हो, किसी प्रकार के पराधीनता पाश में नहीं बाँध सकता था। स्वच्छन्द और स्वतंत्रता प्रिय यादव अन्य किसी शासक के अनुशासन में रहना पसन्द ही नहीं करते थे। इस तरह महायुद्ध के पश्चात् महाराज युधिष्ठिर की सार्वभौमिकता

घोषित व स्थापित हो जाने पर भी, यादव-गणतंत्र एक स्वतंत्र परन्तु मित्र रूप सत्ता के समान अस्तित्व में आया।

कृष्ण के यश के साथ-साथ यादवों की प्रतिष्ठा भी दिगन्तव्यापी हो गई और उसके आलोक में यदु वीरों का मद व अहंकार भी उत्तरोत्तर बढ़ने लगा। वे अपने को अजेय समझने लगे और यह मानने लगे कि यद्यपि भारत के चक्रवर्ती नरेश महाराज युधिष्ठिर हैं, परन्तु उस पद पर उन्हें आसीन कराने का श्रेय यदुवंशियों को ही है। देश में शान्ति स्थापित हो जाने से परिश्रमी यादवों ने धन-सम्पत्ति भी खूब अर्जित कर ली। वे लड़ाकू प्रकृति के थे ही, अतएव अपने आपको हस्तिनापुर स्थित राजसत्ता के समकक्ष और प्रतिस्पर्धी समझने लगे। यदि कृष्ण न होते तो कदाचित् वे किसी भी बहाने से पांडवों से टकरा जाते। उन मदोन्मत्त गजों के मस्तक पर कृष्ण का अंकुश रहने से ऐसा सम्भव नहीं हो पाया।

यह ऐतिहासिक सत्य है कि जब कोई राष्ट्र वैभवश्री से सम्पन्न हो जाता है, तब शान्ति की शीतल छाया में या तो उसके विद्वान व विचारवान व्यक्ति अध्यात्म की ओर प्रगति कर उत्तमोत्तम शास्त्र व विचारधाराओं का सृजन करने में दत्तचित्त हो जाते हैं या उस समाज के सर्वसाधारण लोग आलस्य तथा भोग-सुखों के अधीन होकर, अनैतिकता की ओर अग्रसर होने लगते हैं। सुख और शान्ति का जीवन यदि मर्यादित व नियंत्रित नहीं रहे तो आगे चलकर वही परस्पर द्वेष, कलह और विग्रह का कारण बन जाता है। भौतिक शास्त्र के नियमानुसार जब कोई उत्पादित शक्ति अपने यंत्र में समा नहीं पाती तब प्रसरण हेतु वह उस यंत्र को ही छिन्न-भिन्न कर डालती है।

यादवगणों को राज्य-विस्तार की तीव्र उत्कंठा सताने लगी। उनमें अनेक दल बनने लगे। युधिष्ठिरीय शासन के अनेक वर्षों तक देश में जो शान्ति विराजमान रही, उसके कारण यादवगणों को किसी भी युद्ध में अपनी संगृहीत शक्ति व्यय करने का अवसर नहीं मिला इसलिए उस संघ के विघटन के कारण उस समाज में अपने आप प्रकट होने लगे। संघ नाश के कृमि उनके बीच में स्वयमेव उत्पन्न हो गए, जो यादवों के चरित्र व नीतिमत्ता पर उच्छृंखलता, अभिमान व उन्माद का आधिपत्य जमाने लगे। यादवगणों को राज्य विस्तार की तीव्र इच्छा भी सताने लगी। पाशविक बल का आधिक्य हो जाने से उनकी मानवीय प्रवृत्तियों का पतन होने लगा। महामानव कृष्ण ने कालयवन, जरासन्ध, शाल्व, शिशुपाल, भौमासुर, दुर्योधन, दु:शासन आदि के वध द्वारा भारतीय जीवन से जिस पाशविकता छल, अज्ञान, अभिमान, क्रूरता,

परस्त्री व परद्रव्य हरण की कलुषित प्रवृत्तियों का नाश किया था, वे सब दुष्प्रवृत्तियाँ यादवगण में फिर आ विराजीं। मद्यपान, आमोद-प्रमोद और आपसी प्रतिद्वन्द्विता ने जन-जन की संगठित शक्ति का शोषण आरम्भ कर दिया। यादव नर-नारियों में शनैः-शनैः विलास भावना, लम्पटता, असभ्यता, अनीति, अत्याचार व अनाचार इतने बढ़ गए कि भारत की सुप्रसिद्ध पवित्र नगरी द्वारका अधर्म और अभद्रता की स्थली बन गई। जो नगरी साधु-सन्तों के समागम और ऋषियों-तपस्वियों के आगमन तथा श्रद्धायुक्त स्वागत से अपने जीवन को कृतकृत्य समझती थी, उसी भूमि में उन सबका परिहास और तिरस्कार होने लगा। जिस नगरी में, अपनी कुमार अवस्था के गुरुकुल के अकिंचन साथी विप्र सुदामा के सहसा आगमन पर कृष्ण ने उन्हें अपने सिंहासन पर बैठाकर अपने हाथ से उनके पद प्रक्षालित किए थे तथा बिना याचना के उन्हें सम्पत्ति से परिपूरित कर दिया था, उसी नगरी में बाहर से आनेवाले पथिक या व्यापारी अपना धन खोकर, भिखारी बन, अश्रुपूरित नयनों से लौटने लगे। जिस यादवगणों के आचार, विचार और व्यवहार की प्रशंसा इन शब्दों में की जाती थी—

न ज्ञाति भव मन्यते वृद्धानां शासनरताः
ब्रह्मद्रव्ये गुरुद्रव्ये ज्ञातिद्रव्यऽप्यहिंसकाः
अर्थवन्तो न चोत्सिकृः
ब्रह्मण्याः सत्ववादिनः
समर्था नपि मन्यन्ते दीनानः युद्धरन्ति च
नित्यं देव परादान्ता दातारश्च विकत्थनाः
तेन वृष्णि प्रवीराणा चक्र न प्रति हन्यते॥

उन्हीं यादवों की क्रूरताएँ और अनीति वर्णन कृष्ण के सौम्य चित्त को डाँवाँडोल करने लगे। कृतवर्मा और सात्यकि दोनों महावीर एक-दूसरे के शत्रु बन गए थे। अन्य यादवों में भी परस्पर वैमनस्य और अमैत्री स्थापित होने से अनेक दल बन गए। कथा है कि एक दिन तपोधन विश्वामित्र, कण्व, नारद आदि ऋषि द्वारका आए। दैवदंड से पीड़ित कुछ यादवों ने कृष्ण पुत्र साम्य को स्त्री के वेश में उन ऋषियों के समक्ष उपस्थित कर पूछा कि क्या तेजस्वी वभ्रु की इस पुत्राभिलाषिणी पत्नी के सन्तान उत्पन्न होगी? उनके असभ्य परिहास को ऋषियों ने अपना अपमान समझ उन्हें शाप दे दिया कि उनका कुल नष्ट हो जाएगा। सारांश यह कि यादव राजकुमार तक दुर्वृत्त, गर्वीले और नृशंस हो गए थे। उस शाप को सुनकर वसुदेव जी घबरा गए।

सर्वद्रष्टा कृष्ण को यादवों की सम्पूर्ण परिस्थिति स्पष्ट दिख गई। आसुरी वृत्ति के संहारक तथा भारत के उद्धारकर्ता के अन्त:करण में क्या प्रतिक्रिया हो रही थी, इसका उल्लेख भागवतकार ने किया है। ब्रह्माजी को उत्तर देते हुए कृष्ण ने कहा, ''आपने जो कहा कि मेरी इस देह से पृथ्वी का जो कार्य होना था वह हो चुका, वह उचित है। मैं निश्चय कर चुका हूँ कि पृथ्वी का भार हल्का हो चुका है, परन्तु एक कार्य अभी शेष है। आप जानते हैं कि यदुवंशी बल-विक्रम, शौर्य व वैभव से इतने उन्मत्त हो गए हैं कि वे सारी मानवता का विनाश करने पर तुले हैं। समुद्रपर्यन्त पृथ्वी मेरी सामर्थ्य के प्रभाव से नियंत्रण में आ चुकी है, किन्तु यादवगण उसको ग्रस लेने को उद्यत हैं। यदि मैं इन अभिमानी उच्छृंखल और अनियंत्रित लोगों को नष्ट किए बिना शरीर त्यागकर दूँगा तो ये सब मर्यादा का उल्लंघन कर मानवता का संहार किए बिना चैन न लेंगे।'' कृष्ण को वे पल याद आने लगे जब उन्होंने गान्धारी का शाप स्वीकार किया था और आगत का चित्र उनकी आँखों के सामने स्पष्ट होने लगा—

''स्वीकार किया यह शाप कृष्ण ने जिस क्षण से
उस क्षण से ज्योति सितारों की पड़ गई मन्द
युग-युग की संचित मर्यादा निष्प्राण हुई
श्री हीन हो गए कवियों के सब वर्ण-छन्द
यह शाप सुना सबने पर भय के मारे
माता गान्धारी से कुछ नहीं कहा
पर युग सन्ध्या की कलुषित छाया जैसा
यह शाप सभी के मन पर टँगा रहा।'' (अन्धायुग)

उन्मत्तता और भोग-विलास आपसी वैमनस्य और प्रतिद्वन्द्विता द्वारा गणसंघ की एकता को नष्ट करनेवाली प्रवृत्ति ही वह मूसल घास थी जिसकी अमर्यादित वृद्धि से यादव वंश विनाश का मार्ग पकड़ रहा था। जिन हेतुओं से कृष्ण ने केशि, कंस, जरासन्ध, दुर्योधनादिक को विनष्ट किया-कराया उसी हेतु से वे अपने शरीर के पतित व कुण्ठित अंगों का विच्छेद कर उनके नाश के कारणीभूत बन, अपना समभाव स्थापित करने में दत्तचित्त हुए। घटोत्कच की मृत्यु पर जिन कृष्ण ने उद्घोषित किया था कि मुझे व्यक्तियों से नहीं उनके आचरणों से प्रेम व घृणा उत्पन्न होती है, मैं तो धर्म से प्रेम करता हूँ। वही कृष्ण अपने पुत्रों, वंशजों और आत्मीयों का अधर्माचरण व घृणित व्यवहार कैसे सहन कर सकते थे? उनका अपना या पराया कोई नहीं था। वे धर्म के प्रशंसक

व समर्थक तथा अधर्म के विनाशकर्ता थे। इस समत्व-भावना का प्रदर्शक इतिहास में न तो कोई हुआ है और सम्भवत: न ही कोई होगा।

अपने कार्य की सम्पूर्ति के हेतु कृष्ण ने तीर्थयात्रा का संकल्प घोषित किया। पर्व का अवसर निकट था। द्वारका में मदिरापान का निषेध था, परन्तु यादवगण अपने खाने-पीने के सामान के साथ मदिरा से भरे हुए पात्र भी लेकर प्रभासपट्टन नामक तीर्थ पर समुद्र के किनारे पहुँच गए। वे तपस्वी ऋषियों को देने के लिए मिष्टान्न व पकवान भी ले गए। वहाँ स्नान, ध्यान, पूजन-तर्पण तो एक ओर रहा, यादव वीर मदिरा पान में मग्न हो गए। मिष्टान्न व पकवान बन्दरों को खिलाने लगे, नाचरंग होने लगा। बलराम ने सात्यकि, गद, वधु और कृतवर्मा आदि वीरों के साथ खूब मदिरापान किया। अन्य यादवों ने भी ऐसा ही किया। सब उन्मत्त हो गए। परिहास प्रारम्भ हुआ तथा बात की बात में वह व्यंग्य में परिणत हो गया। आरोप-प्रत्यारोप होने लगे। क्रोधाग्नि, द्वेषाग्नि और विनाश्वा प्रज्वलित हो उठी। शस्त्र व मूसल घास के प्रयोग होने लगे। शत्रु और मित्र का भेदभाव विस्मृत हो गया। कुछ समय में वह तीर्थक्षेत्र श्मशान बन गया। यादवों के स्वाहा हो जाने पर कृष्ण ने बलदेव जी का पता लगाया। द्वारका में जाकर पितृव्यों को, राजा उग्रसेन को तथा स्त्रियों को सान्त्वना दे, उन्हें अपने पिता के आश्रय में छोड़ अर्जुन को बुलवाने हेतु अपने सारथी दारुक को आदेश दे कृष्ण तुरन्त वन को लौट आए। बलराम का शरीर प्राणशून्य पाकर वे भी मानवी लीला संवरण करने हेतु शान्त चित्त से योगस्थ होकर लेट गए। उसी अवस्था में जरा नामक व्याध ने भ्रम से उनके उठे हुए पैर के तलुवे पर बाण चला दिया। युगान्त में अनन्त की महाशक्ति अनन्त में लीन हो गई।

बुझ गए सभी नक्षत्र छा गया तिमिर गहन
वह और भयंकर लगने लगा भयंकर वन
जिस क्षण प्रभु ने प्रस्थान किया
द्वापर युग बीत गया उस क्षण
प्रभुहीन धरा पर आस्थाहत
कलियुग ने रक्खा प्रथम चरण। (अन्धायुग)

जिस महान आत्मा ने अपने बुद्धिसंयत कर्तृत्व व ज्ञान के सद्प्रकाश से तमोग्रस्त विश्व को आलोक प्रदान किया, जिसने लोभ, मोह, अहंकारग्रस्त अनैतिक व अत्याचारी शक्तियों को ध्वस्त कर धर्म संस्थापित किया, जिसने अपनत्व और निम्न स्वार्थ परित्याग का पाठ पढ़ा के 'वसुधैव कुटुम्बकम्' की

भावना प्रसार करने के हेतु स्वतंत्रता, समता और बन्धुत्व का मंत्र प्रसारित किया, जिस योगेश्वर ने गीता ज्ञान से संसार को आत्मोद्धार का निश्चित मार्ग दर्शाया, जिसने अधर्म का मूलोच्छेदन करने में अपने-पराए का संकोच न कर सम-भावना का प्रत्यक्ष प्रमाण दिया, जिसके अपूर्व, अद्‌भुत और अलौकिक चरित्र का पवित्र गान महर्षि वेद व्यास ने गाया तथा उनके पश्चात् सहस्रों विद्वान, कवि व लेखकों ने जिस यशोगान से अपनी लेखनी का मुख उज्ज्वल किया, जिसका स्वरूप शब्दों की अभिव्यंजना व अर्थों से परे है, उस महाप्राण की मानवीय लीला का प्रारम्भ जैसा विस्मययुक्त था वैसा ही उसका पटाक्षेप हुआ। ऋग्वेद की ऋचा में कहा गया है कि, "ॐ हिरण्ययेन पात्रेण सत्यस्यापिहितं मुखं तत्त्व पूषन्नपावृणु सत्यधर्माय दृष्टये"—इसी के अनुरूप सत्य हिरण्यवर्णी आच्छादन में विलीन हो गया।

जो आलोक कंस कारा के निर्जन कक्ष में उदित हुआ था, वह स्वधर्म पालनरूपी स्वराज्य स्थापित कर द्वारावती के विजन में अस्त हो गया। उसकी अपूर्ण ज्योति आज भी धरा में प्रकाशवान है जो संसार के श्रीमत और भ्रमित पथिकों को आश्रय प्रदान करती है तथा मानवता जाग्रत् कर लोकोन्नति का मार्ग प्रशस्त करती है। वह शाश्वत प्रकाश सम्पूर्ण कलाओं से युक्त आज भी विश्वगगन में चमक रहा है और चमकता रहेगा। इस प्रकार अनन्त की महाशक्ति अनन्त में समाहित हो गई, पृथ्वी पर मनुष्यों की जय-ध्वनि उठी जिसे अन्तरिक्ष के देवताओं ने भी दुहराया—

"जयतु जयतु देवो देवकी नन्दनोऽय
जयतु जयतु कृष्णो वृष्णि वंश प्रदीप
जयतु जयतु मेघ श्यामलः कोमलांग
जयतु जयतु पृथ्वी भारनाशा मकुन्दः।"

कौशल

ब्रजवासी

मानव स्वभाव की सहज प्रवृत्ति है कि वह अपने से श्रेष्ठ बल, बुद्धि व गुण की ओर आकर्षित होता है तथा उसका अनुयायी बनने का प्रयास करता है। किसी भी महापुरुष के कार्य व वाणी की आलोचना या विवेचना करने में, साधारणजन जब अपने आपको असमर्थ पाते हैं तो उस व्यक्ति को वे विशिष्ट शक्तिसम्पन्न नबी (ईश्वरांशी) या मसीहा (ईश्वरपुत्र) मानने लगते हैं। ऐसे महापुरुषों को हिन्दू समाज अवतार की श्रेणी में स्थान देता है। इस तरह यह निस्संकोच कहा जा सकता है कि स्वभाव से मानव मूर्तिपूजक हो या न हो, परन्तु मानवपूजक अवश्य है। आदिकाल से मानव समाज उदात्त गुणों का पुजारी रहा है और आगे भी रहेगा। यही वीर पूजा (Hero worship) है। यह उच्च पद कोटानिकोट व्यक्तियों में से सहस्रों युगों के व्यतीत हो जाने पर, किसी बिरले महामानव को उपलब्ध होता है। उसका पवित्र नाम, गुण, शक्ति व कार्यों की कुशलता का स्मरण, कीर्तन व अनुसरण कर समाज अपने को धन्य मानता है। ऐसे महामानव की संक्षिप्त व्याख्या प्रख्यात लेखक कार्लाइल (Carlyle) ने इन शब्दों में की है—

"वास्तव में महापुरुष, संसार में उस महान अग्नि की चिनगारी के समान है जिसके ताप से जगत् के सब व्यापार चल रहे हैं और जिसके प्रकाश से विश्व उज्ज्वल होता है। वह तेजस्वी दाह ही दया की वर्षा है जो मानव हृदयों में उमंग, उत्तेजना और आकर्षण उत्पन्न करता है।"

अनन्तकाल से चले आते हुए भारतीय जीवन में जिन महान आत्माओं ने अपनी वाणी, कर्मशीलता व उदात्त चरित्र से समाज व राष्ट्र के उत्थान, अभ्युदय व संवर्धन में विशेष योगदान दिया है, उन सब विचारकों और कर्मयोगियों में दो ऐसी प्रमुख विभूतियाँ, प्राचीन आर्य–वाङ्मय में उपलब्ध होती हैं, ये अपने महान आदर्शों के लिए प्रख्यात हैं। श्रीराम व श्रीकृष्ण के पवित्र नाम व चरित्र भारतीय जनजीवन में इतने रम गए हैं कि प्रयत्न किए जाने

पर भी उससे विलग नहीं किए जा सकते। यदि भारतीय इतिहास व साहित्य से इन दोनों चरित्रों का लोप कर दिया जाए तो उनका कलेवर एक निराकर्षक, शुष्क व प्राणहीन ढाँचे के रूप में ही अवशिष्ट बचेगा। इन नामों व चरित्रों को आत्मसात् कर लेने से ही सहस्त्रों आघात व प्रत्याघात सहन करते हुए हिन्दू जाति आज तक जीवित है।

जब हम सूर्यवंशी वीर भगवान रामचन्द्र का चरित्र सुनते, पढ़ते और उस पर मनन करते हैं तो हमारे मस्तिष्क व हृदय में उस आदर्श के सरल, निष्कपट, त्याग व प्रेम संयुक्त जीवन की गौरवमयी गरिमा आप ही आप स्फुरित होने लगती है, जो हमें वैयक्तिक, कौटुम्बिक व सामाजिक जीवन को उच्च बनाने की प्रेरणा देती है। तुलसीदास की समर्पण भावना तो राम के भवन द्वार के पास खड़े रहने से ही पूरी हो जाती है क्योंकि इससे ही राम की चरण-रज उनकी देह पर पड़ जाएगी और वे कृतार्थ हो जाएँगे।

राम के महान चरित्र में धर्म, सदाचार व शक्ति का पूर्ण योग पाकर महर्षि वाल्मीकि ने उनका अनुपम चित्रण कर आदिकवि की उपाधि अर्जित की। कृष्ण चरित्र के अद्वितीय लेखक महर्षि व्यासदेव ने भी श्रीराम के गुणों व कर्तव्य दान पर मुग्ध हो, उनका जो श्रद्धाभिवादन किया, उसकी विशिष्टता स्वयमेव वन्दनीय है—

व्यकत्वा सुदुस्तयज सुरेप्ति राज्य लक्ष्मीं
धमिष्ट आर्य वचनाद यद गारण्यं।
भृव्यार्तिहं प्रणतपाल भवाद्धियातं
वंदे महापुरुष ते चरणारविन्दम्॥

त्रेतायुग का वह उच्छल और तापदेय आदर्श कालचक्र के परिवर्तन से, आकाश में धीरे-धीरे एकत्रित होते हुए बादलों के घनत्व में, प्रभावहीन होता गया। जो मर्यादाएँ राम ने स्थापित की थीं, वे खंडित होने लगीं और कालान्तर में समाज का रूप, रंग, ढंग, आचार-विचार और व्यवहार प्रायः सभी बदल गया। पृथ्वी पर पुनः धोर अन्धकार छा गया, उस निविड़ तंत्र को विदीर्ण करने द्वापर-युगान्त में भारतीय गगन में कृष्ण रूपी चन्द्र उदित हुआ, जो अपनी सम्पूर्ण कलाओं से ऐसा दीप्यमान हुआ कि मर्यादा पुरुषोत्तम के पश्चात् उस संवर्धित प्रकाश को जनसाधारण, राजसत्ताधारियों व ऋर्षियों-मनीषियों ने 'लीला पुरुषोत्तम' की उपाधि से विभूषित किया।

राम को एक समस्या हल करनी थी, इस कारण वे आजन्म एक 'राजवंशी' रूप धारण किए रहे। परन्तु अनेक समस्याओं के बीच उत्पन्न

होनेवाली तथा क्षण-क्षण में परिवर्तित होनेवाली परिस्थितियों को झेलने व सुलझाने के हेतु कृष्ण को अनेक रूपों में अनेक लीलाएँ करनी पड़ीं। राजा के नाते प्रजा-मन-रंजन की इच्छा राम को सदा चिन्तित करती रही और उसने उनके स्वभाव में स्थिरता और गम्भीरता की छाप अंकित कर दी। किसी ने कभी राम को हँसते-हँसाते नहीं देखा, हास्य करते नहीं सुना, नाचते-गाते नहीं देखा। परन्तु कृष्ण ने प्रकृति के सूत्रधार बनकर उसे नचाया भी और स्वयं भी नाचे। स्वयं हँसे और अन्य को हँसाया। यहाँ तक कि विषाद की छाया ने उनके सर्वदा प्रसन्न मुख-मंडल पर स्थिर रूप से झलकने या अधिकार जमाने की चेष्टा ही नहीं की।

कृष्ण के पिता वसुदेव यादव-वंशियों के प्रमुख कुल में उत्पन्न हुए थे, परन्तु वे न तो राजा थे और न ही राजवंशी। कृष्ण की माता कंसराज की बहिन देवकी थीं। राजा की बहिन के नाते देवकी को छुटपन में राजमहल में रहने का सौभाग्य भले ही प्राप्त हुआ हो, परन्तु विवाह के पश्चात् तो उन्हें काल-कोठरी में ही अधिकांश जीवन व्यतीत करना पड़ा और उसी कारा के अन्धकारयुक्त दम घोंटनेवाले वातावरण में कृष्ण ने अपने मानवीय जीवन की प्रथम श्वास ली थी। जन्मते ही माता की ममतामयी गोद से विलग कर वे अन्यत्र निर्वासित किए गए और गोपालन तथा घी-दूध का विक्रय कर, अपनी आजीविका चलानेवाले समुदाय में उनका शैशव बीता। अस्थायी-निवास, परिश्रमी, किंचित्-सम्पन्न परन्तु स्वतंत्र गोपों के बीच बालकृष्ण पनपे व बढ़े। विपत्ति में जन्म, साधारण परिस्थिति में पालन और स्वच्छन्द प्रकृति के मुक्त वातावरण में वृद्धि आदि कारणों ने कृष्ण की प्रकृति को भी ऐसे साँचे में ढाल दिया कि आजीवन किसी अन्य व्यक्ति पर अपनी सत्ता या शासन जमाने का कभी उन्होंने प्रयत्न नहीं किया और उनमें उन गुणों का स्वाभाविक उत्कर्ष हुआ जो जीवन को भव्य और भव्य से दिव्य बनाने में समर्थ होते हैं।

''उद्यमं साहसं धैर्य बुद्धिः शक्तिः पराक्रमः।
षडेते यत्र वर्तन्ते तत्र देवः सहाय कृत॥''

जिस युग में कृष्ण का प्रादुर्भाव हुआ, उस काल की आवश्यकतानुसार उनका जीवन सतत परिश्रम, अध्यवसाय, साहसपूर्वक शक्ति प्रदर्शन, बुद्धिमत्ता, नैतिकता और आध्यात्मिकता का ऐसा विलक्षण मिश्रण है, जिसमें धर्म, अर्थ, काम, मोक्ष एवं प्रेम और कर्म व ज्ञान का पूर्ण समन्वय पाया जाता है। विश्व-इतिहास में इस तरह का दूसरा उदाहरण उपलब्ध नहीं।

कर्म संन्यासी कृष्ण

राम का चरित्र जितना सरल व स्पष्ट है, उनके समस्त कार्य जितने समतल व पारदर्शक हैं, कृष्ण का चरित्र उतना ही जटिल, गूढ़ और समुद्र में उठनेवाली लहरों के समान समझने व मनन करने में अत्यधिक रहस्यमय है। उनके भक्त–उनके चरित्र की मानसिक झाँकी में ग्वाल–बालों के रूप में उनके साथ यमुना कूलों में विहार कर सकते हैं, गौएँ चरा सकते हैं और अपनी गौएँ भी चरने–चराने को उन्हें सौंप, निश्चिन्त हो, विश्राम ले सकते हैं। गोपाल कृष्ण को उनके सखा अपनी पीठ पर चढ़ाकर दौड़ सकते हैं और स्वयं उनकी पीठ पर बैठ उनको भी दौड़ा सकते हैं। वे उनसे झगड़ते, विवाद करते और बराबरी का दावा करते हैं। वे मयूर–मुकुटधारी नटनागर के समक्ष नृत्य कर सकते और साथ–साथ उनको भी नचा सकते हैं। अपनी रूखी–सूखी रोटी गोपाल को खिलाकर ग्वाल–बालक उनकी माखन–रोटी बदले में ले सकते हैं। कृष्ण का अपने मित्रों व सखाओं के साथ पूर्ण विश्वास, समता, स्वतंत्रता और भ्रातृत्व का व्यवहार था। गोपाल सखाओं के थे और सखा गोपाल के।

सखाओं के साथ कृष्ण का जैसा निष्कपट व्यवहार था वैसा ही सरल, सहज, सरस और पवित्र व्यवहार ब्रज ललनाओं के साथ भी था। उन सबमें गोपाल निजत्व की भावना रखते और वे भी उन्हें 'छछिया भर छाछ' पे नाच नचाने में न हिचकतीं। पालक माता–पिता यशोदा व नन्द से उनका ऐसा स्नेह व आदरयुक्त व्यवहार था मानो वे ही जन्मदाता हों। यशोदा अपने प्राणों से अधिक उनसे प्रेम करतीं और अधिक नटखट करने पर रस्सी व ओखल से बाँध देतीं, परन्तु बाल कृष्ण वही पुत्र बने रहते और अपने बाल चरित्र से ब्रज में वात्सल्य की अद्‌भुत व अलौकिक रसधार बहाते रहते। उनका रूप–लावण्य, स्मित मुखारविन्द, मनोरम चितवन, मधुर मुस्कान और बालकोचित क्रीड़ा देखने के हेतु ब्रजवासी सदा आतुर रहते। मस्तक पर मोर–पिच्छ धारण किए, हाथ में लकुटी, कन्धे पर रस्सी धरे गाय व बछड़ों को वन में चराने के लिए ले जाते हुए और सन्ध्या समय गोपधन के खुरों से उड़ती हुई धूल में रँगे जब गोपाल कृष्ण अपने ग्वालबालों के साथ मुरली बजाते घर वापिस आते तब गोकुल का सान्ध्य वातावरण प्रकाश के पुलक बिन्दुओं से जगमगा उठता। राष्ट्र–कवि ने उस चित्र की झाँकी इस प्रकार चित्रित की है–

आता था प्रतिदिन वह वन से संग–संग दल–बल के।
सीधा मानस में जाता था राजहंस–सा चल के॥
हल्के–हल्के छलके–छलके श्रम–जल के कण झलके।
उनके लिए न रहते किसके प्यारे सोचन ललके॥

गोपाल कृष्ण की प्रेम-परिधि में ब्रज के नर-नारियों के सिवाय पशु-पक्षी, वन-पर्वत, सर-सरिता, चर-अचर भी आ विराजे। लोक-जीवन में समरस हो जाने की प्रवृत्ति ने गोपाल को ब्रजवासियों का हृदय-मणि बना दिया और कृष्ण ने भी अपनी आत्मीयता से उन सबमें तन्मयता और एकरूपता प्रसारित कर दी। भावना-जगत् में लोक-प्रेम का जितना विलक्षण प्रभाव कृष्ण के बाल रूप पर आविर्भूत हुआ है, उसका जितना विस्तार इस मनमोहिनी छटा के चारों ओर प्रकाशित हुआ है, उतना अन्य अवतार-मान्य महापुरुषों के सम्बन्ध में अन्यत्र कहीं नहीं हुआ। इसी कारण वे प्रेम-जगत् के, भाव-राज्य के एकमात्र सम्राट माने जाते हैं।

इस स्नेह कथन का यह परिणाम हुआ कि कृष्ण बाल-हृदय में अपने चारों ओर परिभ्रमण करनेवालों के दुख, कष्ट व संकट उनके निजी दुख, कष्ट व संकट बन गए और उन्हें दूर करने की गतिविधि भी वे निर्धारित करने लगे। परहित साधना की वृत्ति उनमें जाग्रत् होकर परिवर्तित होने लगी। कृष्ण में अन्याय का प्रतिकार और दूसरों के संकट अपने ऊपर झेलने की प्रवृत्ति, उत्तरोत्तर बढ़ती गई। अपने पराक्रम से समाज के संकट बीनने व उनको नष्ट करने के उद्योग से जनमानस में विश्वास और श्रद्धा-भाजन के पात्र बनते गए। अनैतिकता, मिथ्या विश्वास और अत्याचार होते देख, उसे टाल देना या उनसे आँख-मिचौली करना कृष्ण के स्वभाव के विपरीत था। उनकी निश्चित धारणा थी कि व्यक्तिगत या सामाजिक अपराध मानवता को हीन बनाते हैं और संगठन को छिन्न-भिन्न करते हैं। इसी उद्देश्य से उन्होंने कई राक्षसों का वध किया तथा समाज-विरोधी कालिय नाग को भी पददलित कर वृन्दावन के गोचर को सुरक्षित किया। इन्द्र-यज्ञ की समाप्ति कर, जल प्लावन के महान संकट से गोप और गोवंश की रक्षा कर, गिरि-यज्ञ या गो-यज्ञ की ओर जनचित्त को मोड़ दिया। उनके ऐसे लोकोत्तर कार्य देखकर गोपगण जब उन्हें देव श्रेणी के श्रेष्ठ व्यक्ति समझने लगे तो तुरन्त उस भावना का निराकरण करते हुए कृष्ण ने कह दिया कि आप सब मुझे, जैसा भयानक परिश्रमी समझ रहे हैं, वैसा मानकर मुझे अनादरित न करें। मैं तो आप सबका साधारण सजातीय बन्धु हूँ।

यदि कृष्ण गोपजनों में अपने ऊपर 'महत्त्व-भावना' पनपने देते तो उनकी समदृष्टि नष्ट होती। गोपवृन्दों के ऊपर पूर्ण विश्वास करके और उनकी श्रद्धा अर्जित कर गोपाल कृष्ण अपनी कौमार्य अवस्था में ही ब्रजमंडल के सशक्त और सर्वाधार नेता बन गए। इस रूप में वे जनसाधारण के आत्मीय हैं, बाल

हैं, गोपाल हैं, मल्ल हैं और माखनचोर हैं। उनके इस चौर कर्म पर प्रमुदित होकर एक भक्त ने कहा भी है—

वृजे वसन्त नवनीत चौरम।
गोपाँगणाँ नांच दुकूल चौरम॥
असंख्य जन्मार्जित पाप चौरम्।
चौराग्रगण्यं पुरुषं नमामि॥

कृष्ण का यह बाल-रूप जनता के लिए निरन्तर सत्य है। कौन ऐसा घर होगा जिसके बाल समुदाय में कृष्ण जैसी बाल-लीलाएँ घटित न होती हों? हाँ, सभी बालक उन जैसे नटखटी, शक्तिशाली या दुष्टहन्ता भले नहीं हों परन्तु इस तथ्य से असहमति नहीं हो सकती कि प्रत्येक बालक में कृष्ण की वह आभा, वह जगत् तत्त्व विद्यमान रहता है। पं. जवाहरलाल नेहरू की ईश्वर में आस्था न होते हुए भी, परमात्मा के इस बाल-तत्त्व से उनका जो प्रेम था, वह किसी से छिपा नहीं। भूल हमारी है कि हम प्रत्येक बालक में कृष्ण को नहीं देखते। यदि भारतीय जन प्रत्येक बालक को उसी तरह प्रेम करने लगे जैसा गोकुलस्थ समाज कृष्ण को करता था तो भारतीय राष्ट्र का स्वरूप ही चमत्कृत हो जाए। दूसरा तत्त्व जो इस गोपाल कृष्ण रूप में प्रतिपादित होता है वह है 'ग्रामीण रूप'। जिन ग्रामीणों में उनका शैशव व्यतीत हुआ, जिन गोपजनों को उन्होंने अपना बन्धु, साथी व आत्मीय माना, उनके अभ्युत्थान के हेतु कृष्ण ने उनके वेश, भाषा और भाव को आत्मसात् कर लिया। यदि वे ऐसा नहीं करते तो उस समुदाय के बीच वे एक विजातीय के तुल्य ही रहते तथा उनकी उन्नति व संगठन के हेतु जो भी प्रयास करते उनमें सफल न होते। महात्मा गांधी के अनुसार, 'भारत नगरों व शहरों में नहीं, वरन् देहातों में है। अतएव भारतीय ग्रामीणों के उत्थान व संवर्धन के बिना भारत-राष्ट्र का अभ्युदय केवल कल्पना मात्र है।' भारतीय ग्रामों के बहिर्मुखी उत्थान के हेतु जो महान अभियान वर्षों से जारी है, वह असफलताओं से इसीलिए टकरा रहा है कि ग्रामीण कार्यकर्ताओं की उस अनुष्ठान में निष्ठा नहीं। गोपाल कृष्ण के ग्रामीण-तत्त्व को समझने व धारण करने से ग्रामोत्थान सहज सफल हो सकता है।

इसी सन्दर्भ में कृष्ण की दो लीलाओं 'गोपी-वस्त्रहरण' और 'रासक्रीड़ा' का संक्षिप्त विवेचन अप्रासंगिक नहीं होगा। 'विष्णु पुराण' एवं 'हरिवंश' में चीर-हरण लीला का कोई उल्लेख नहीं। इस कारण कतिपय आलोचक इस प्रसंग को प्रक्षिप्त मानते हैं। उनके कथनानुसार वस्त्र-हरण की कथा आधुनिक रुचि के विपरीत है और सम्भवतः भागवतकार ने कृष्ण और गोपियों की

लीलाएँ बढ़ाने के उद्देश्य से इसे जोड़ दिया है। श्री बंकिमचन्द्र चटर्जी का इस सम्बन्ध में स्पष्ट मत है कि यह लीला ऊपर से भले ही आजकल की रुचि के विरुद्ध दिखे, परन्तु उसके भीतर अति पवित्र भक्ति-तत्त्व छिपा है।

कथा भाग संक्षेप में इस प्रकार है। कृष्ण के अनुराग में भरी हुई गोपियों ने उनको पति रूप में पाने के लिए कात्यायनी व्रत किया। इस व्रत में प्रात:स्नान के पश्चात् कात्यायनी देवी की आराधना की जाती है। गोपियाँ अपनी-अपनी टोली बनाकर प्रतिदिन प्रात:काल यमुना में नग्न स्नान किया करती थीं तथा स्नान के पहिले पहिनने के कपड़े घाटों पर रख देती थीं। भारतवर्ष के कई स्थानों पर यह नग्न स्नानप्रथा उन दिनों प्रचलित थी और आज भी उत्तरांचल में कहीं-कहीं द्रष्टव्य है। इस प्रथा को बन्द करने के लिए बाल कृष्ण ने चातुर्य से काम लिया—

नीर विभाज्जित नग्न नित सब ब्रजनारि समाज।
चलत प्रथा प्राचीन गहि, रंचहुँ उर नहिं लाज॥
आज देहुँ अनरीत मिटाई। लोक लाज मैं देहुँ सिखाई।
सोचत मन कछु युक्ति विचारी। हरे वसन भूषण बनवारी॥
चढ़े कदम्ब विटप प्रभु जायी। दीन्हें पटभूषण सटकायी॥ (कृष्णायन)

स्नान कर चुकने पर जब गोपियों ने तट पर दृष्टि डाली तब अपने वस्त्रों का अभाव पाया। वे चिन्तित हुईं। सूर्योदय की किरणें उद्भासित होते ही उन सबकी दृष्टि झलमलाते कदम्ब पर पड़ी तो उन्हें विदित हुआ कि पत्तों और वस्त्रों की ओट में उसी विटप पर बाल कृष्ण छिपे बैठे मुस्करा रहे हैं। उन्हें देखते ही गोपियाँ लज्जावश पुन: गहरे जल में उतर गईं। कृष्ण के सम्मुख वे न तो जल के बाहर निकल सकीं और न शीतल जल में अधिक देर ठहर ही सकीं। तब अपने वस्त्रों के लिए उन सबने कृष्ण से अनुनय-विनय की। गोपाल कृष्ण ने उन्हें समझाते हुए कहा—"जिस पवित्र भावना से वे व्रत कर रही हैं, वह खंडित हो रहा है। जल में नग्न प्रवेश करने से जल-देवता वरुण का अपराध होता है। यदि वे व्रत को सफल करना चाहती हैं तो उस अपराध के मार्जन हेतु उन्हें सूर्यदेव को बद्धांजलि प्रणाम करना चाहिए।" गोपियों के वचन देने पर कि भविष्य में वे नग्न स्नान नहीं करेंगी तथा सूर्य को करबद्ध नमन करने पर कृष्ण ने सब वस्त्र वृक्ष के ऊपर से फेंक दिए और स्वत: त्वरित वहाँ से चलते बने। इस लीला में अश्लीलता या विलासिता का कोई अंश नहीं। जिस अवस्था तक बालकों में यौन भावना या कामासक्ति जाग्रत् नहीं होती, तब तक स्त्रियों का उनके सम्मुख अवस्त्र निकल जाना भी आक्षेपजनक नहीं

माना जाता। इस प्रसंग में तो प्रचलित कुप्रथा को समाप्त कर देने का कृष्ण का स्पष्ट अभिप्राय झलकता है, रही कुरुचि-सुरुचि की बात तो आज के युग से उस काल की रुचि नहीं मापी जा सकती। यों तो आधुनिक काल में सम्भ्रान्त कुलों की नारियों के चित्र-विचित्र परिधान जिनमें शरीर के विभिन्न अंग दर्शित होते रहते हैं, कहाँ तक सुरुचिपूर्ण माने जा सकते हैं ? आजकल समुद्र स्नान व अन्य जल-क्रीड़ाओं के स्थानों पर सम्मिलित पुरुष व स्त्रियों के क्वचित आच्छादित शरीर कहाँ तक सुरुचिपूर्ण कहे जा सकते हैं ? भक्त पुरुष इस कथा को दूसरा ही रूपक मानते हैं, जिसका मुख्य भाव यह है कि भक्त और भगवान के बीच कोई आवरण नहीं रहता। ईश्वरानुग्रह प्राप्त करने के लिए भक्त को अपना सर्वस्व उनके चरणों में अर्पित कर देना चाहिए। गोपियों ने अपना मन तो कृष्ण को अर्पित कर दिया था परन्तु सांसारिक लज्जा का पट उनके बीच पड़ा हुआ था। स्त्रियाँ सब कुछ छोड़ सकती हैं परन्तु लज्जा का परित्याग नहीं कर सकतीं। यह 'लज्जा' भारतीय स्त्रियों का एक ऐसा श्रेष्ठ आभूषण है जिसे विसर्जित करना महान कठिन तपस्या और त्याग है। गोपियों की लज्जा कामातुर नारियों की लज्जा तो थी नहीं। वह तो लज्जावन्ती साध्वियों का भूषण थी। उसे भी परित्याग कर भक्तरूपिणी गोपियों ने कृष्ण को अर्पण कर दिया। कृष्ण ने भी उसे भक्ति का उपहार मान, उनका संकोच्च दूर कर उसे ग्रहण किया एवं इस तथ्य को उन्होंने प्रकट भी कर दिया—

"जिन्होंने अपना मन और प्राण मुझे समर्पित कर रखा है, उनकी कामनाएँ उन्हें सांसारिक भोगों की ओर ले जाने में समर्थ नहीं होंगी। क्योंकि उन कामनाओं का विषय मैं होता हूँ। जैसे भुने या उबाले हुए बीज फिर अंकुर के रूप में उगने योग्य नहीं रह जाते उसी प्रकार मेरे प्रति की हुई कामनाएँ भी कामार्थ में कल्पित नहीं होतीं। अन्ततः वे कुमारियाँ इस प्रकार अपने मनोरथ की पूर्ति प्राप्त कर अपने घरों को चली गईं।

महारासलीला

वृन्दावन से सम्बन्धित गोपाल कृष्ण और गोपियों की इस लीला पर ज्यों-ज्यों विचार किया जाता है, त्यों-त्यों वह रहस्यमयी प्रतीत होती हैं। इस लीला में स्त्री-पुरुष अथवा बालक-बालिकाएँ परस्पर हाथ पकड़कर गाते और मंडल बनाकर घूमते हुए नृत्य करते हैं। इस विनोद का नाम रास है। भिन्न-भिन्न देशों की प्रथानुसार आज भी सभ्य समाजों में वैयक्तिक व सामूहिक नृत्यों के अनेक

रूप प्रचलित हैं। सम्मिलित नृत्य और संगीत से जिस अनुपम रस की सृष्टि होती है, वह मानव चित्तों को आनन्द विभोर कर आत्म-विस्मृत कर देती है। उसकी ऐसी स्थिति हो जाती है कि 'अनबूड़े बूड़े तरे जे बूड़े सब अंग' यह आनन्द अस्थायी होता है।

वृन्दावन की इस लीला का ऐसा ही समय और प्रसंग था। निरभ्र गगन में शुभ्रज्योत्स्ना अपना वितान ताने हुए थी। जीवन प्रदायिनी सलिला के कूल-कछारों में बगरी हुई स्निग्ध सुषमा, शीतल मन्द सुगन्धित समीर की तरंगों पर तैरती हुई वंशी की स्वर लहरी, परस्पर मिलन व क्रीड़ा प्रसंग की उत्तेजना से व्याकुल गोपियों की मन-स्थली आदि ने वृन्दा विपिन की पवित्र भूमि को ऐसा सँजो दिया था, मानो आकाश में स्वच्छन्द रूप से विचरण एवं नृत्य करनेवाली तारावलियाँ पृथ्वी पर प्रक्षेपित हो गई हों। सम्भवत: इसी कारण इस प्रसंग को कुछ विचारकों ने पृथ्वी की वस्तु न मान उसे ज्योतिष की भूमिका में ले जाकर उसके ताने-बाने बुने। अनेकों ने उस प्रसंग को भोली-भाली वनिताओं की निरंकुश भौतिक वासनाओं का स्वच्छन्द शमन करने-कराने का विषाक्त प्रयोग माना और अपनी कलुषित दृष्टि से उस क्रीड़ा में अंग-विन्यास, शरीर स्पर्श, चुम्बन आदि के वर्णन पढ़-सुनकर वासनाओं का नृत्य देखा। ऐसे ही तर्क-वितर्कों से उत्तेजित होकर स्वामी विवेकानन्द ने बड़े जोरदार शब्दों में इस मनोवृत्ति को धिक्कारा है—

"श्रीकृष्ण की जीवनी का वह अद्‌भुत प्रकरण समझ लेना अत्यन्त कठिन कार्य है और जब तक मनुष्य का मन नितान्त पवित्र और शुद्ध न हो तब तक उसे उस लीला को समझने का प्रयास ही नहीं करना चाहिए।"

यथार्थ यही है। गोपाल कृष्ण की रासलीला न तो वनचरों की भोली-भाली वनिताओं की वासना तृप्ति का नाटक है और न ज्योतिष से सम्बन्धित आकाश का कोई घटनाचक्र या नक्षत्र स्थिति। वह तो हृदयरूपी वृन्दावन की पवित्र धरा पर प्रदर्शित मानवीय वृत्तियों के पवित्र प्रेम की उन्मुक्त गाथा है, जो भक्त हृदयों का सर्वस्व है। ईश्वरीय प्रेम का, भक्त और भगवान के बीच चलनेवाली क्रियाओं की साधना व आराधना का पूर्ण रूपक है। इसी तथ्य को दरसाते हुए स्वामी विवेकानन्द जी के वाक्य हैं—

"वृन्दावन की इस सुन्दर लीला में प्रेम का महान और अद्‌भुत प्रसार है। हर कोई उस रहस्य को नहीं समझ सकता। उसे समझने का अधिकारी वही है जिसने प्रेम का भरपूर रसास्वादन किया हो और उसके प्रभाव से विक्षिप्त हो गया हो। गोपियों के प्रेम-विह्वल हृदयों में जो आन्तरिक वेदना छटपटा

रही थी, उसका अनुमान लगाने की सामर्थ्य किसमें है? वे प्रेम की साक्षात् देवियाँ थीं। अपनी प्रेम भावना का वे कोई ऐहिक या पारलौकिक पुरस्कार नहीं चाहती थीं। सच तो यह है कि ईश्वर के साकारत्व और निराकारत्व के द्वन्द्व का एकमात्र निराकरण गोपियों के इस अद्‌भुत प्रेम-व्यापार में प्रकट हुआ है। सिद्धान्ततः हम मानते हैं कि परमेश्वर निराकार है और हम यह भी विश्वास करते हैं कि वह घट-घट वासी है और यह समस्त जगत् उसी की लीला का प्रसार है। परन्तु यह सब जानते हुए भी हमारी आत्मा किसी ऐसे प्रत्यक्ष के हेतु लालायित रहती है जिसका वह साक्षात्कार कर सके और जिसके चरणों में अपने आपको अर्पित कर प्रेमाश्रुओं से उन चरणों का प्रक्षालन कर सके। इसलिए मानव स्वभाव में ईश्वर की साकार भावना का आर्विभाव उसके विचार का चरम बिन्दु है। गोपियों की प्रेम अर्चना में यही सत्य प्रतिपादित हुआ है।''

इसी विषय पर श्री बंकिमचन्द्र चटर्जी के विचार भी माननीय हैं—

''मनुष्यत्व ही मनुष्य का धर्म है। इस मनुष्यत्व या धर्म का उपादान हमारी सारी वृत्तियों का अनुशीलन, प्रस्फुटन और चरितार्थता है।'' जिस वृत्ति से सौन्दर्यादि की पर्यालोचना कर हम निर्मल और अतुलनीय आनन्द का अनुभव करते हैं, उसका नाम चितरंजिनी वृत्ति है। इसके भलीभाँति अनुशीलन करने से सच्चिदानन्द मय जगत् और जगन्मय सच्चिदानन्द के समय स्वरूप का अनुभव हो सकता है। 'रासलीला' कृष्ण और गोपियों की उसी वृत्ति के विकास का उदाहरण है।

कृष्ण के लिए यह उपभोग मात्र है, परन्तु गोपियों के लिए ईश्वर की उपासना है। एक ओर अनन्त के सौन्दर्य का विकास और दूसरी ओर उसकी उपासना। चितरंजिनी वृत्ति का परम अनुशीलन उन वृत्तियों को ईश्वराभिमुखी करना है। प्राचीन समय में स्त्रियों के लिए ज्ञानमार्ग निबद्ध था। वे वेदादि पढ़ने के अधिकार से वंचित थीं। उनके लिए कर्ममार्ग कष्टसाध्य पर भक्तिमार्ग में उन्हें विशेष अधिकार था। अनुराग कई कारणों से उत्पन्न होता है। वह सबसे बलवान है। इसलिए अनन्त सौन्दर्य का विकास और उसकी आराधना स्त्रियों के लिए जीवन सार्थक करने का मुख्य उपाय है। इस तत्त्व का रूपक ही 'रासलीला' है।

केवल जगदीश्वर के सौन्दर्य के अनुरागी होने से जीवात्मा और परमात्मा में जो अभेद ज्ञान उत्पन्न होता है वही योगियों का योग और ज्ञानियों का चरमोद्‌देश्य है। वही ज्ञान प्राप्त कर गोपियाँ ईश्वर में लीन हो गईं।

परन्तु कतिपय पुराणों में इस नृत्य का जो विवरण प्राप्त होता है, उसके कारण कई आलोचक कृष्ण के पावन चरित्र पर पर-स्त्री-अंग स्पर्श तथा विलासिता का दोषारोपण करने में नहीं चूकते। इन दोनों की यथार्थता व सत्यता के बारे में विद्वान राय चौधरी ने लिखा है कि गोपियों की कथा का कोई ठोस आधार नहीं। इस कारण रास-प्रसंग को ही मानने से उन्होंने इनकार कर दिया। यह तो 'न रहे बाँस न बजे बाँसुरी' वाली कहावत के समान है।

यह सही है कि ब्रह्मपुराण, विष्णु पुराण और हरिवंश में चीर-हरण तथा यज्ञपत्नियों के कोई आख्यान नहीं, परन्तु रासलीला का प्रकरण इन सभी ग्रन्थों में उपलब्ध है। ये सभी पुराण ईसा जन्म के शदाब्दियों पूर्व संकलित हो चुके थे। इन पुराणों के अतिरिक्त 'बुद्धचरित्र' के लेखक अश्वघोष ने भी गोप एवं गोपियों के कृष्ण से सम्बन्धों की चर्चा की है। यह ग्रन्थ भी ईसा जन्म के कुछ पूर्व या लगभग उसी समय की रचना है। अतएव रासलीला को किसी भावुक कवि की कल्पना मात्र मान उसे क्षेपक कह देना उचित नहीं। विष्णु पुराण में इस नृत्य का जो विवरण पाया जाता है वह बिलकुल स्वाभाविक और पवित्र भाव से युक्त है। इस क्रीड़ा में भाग लेनेवाली गोपियाँ भावनायुक्त होते हुए भी विलासिता के दोष से दूषित नहीं। 'हरिवंश' में गोपियों की चंचलता और कृष्ण का अंग स्पर्श अल्प मात्रा में माना जाता है। परन्तु कृष्ण ने गोपियों का अंग स्पर्श किया हो अथवा विलासिता की कोई क्रिया की हो, यह उस ग्रन्थ से भी प्रमाणित नहीं होता। 'श्रीमद्‌भागवत' में देह चांचल्य, आवेग और आवेश, 'हरिवंश' से अधिक मात्रा में पाया जाता है तथा कुछ ऐसे वर्णन हैं जो विलासितामय कहे जा सकते हैं। परन्तु प्रचलित 'ब्रह्मवैवर्त पुराण' में तो विलासिता की बाढ़ आ गई। विद्वानों का मत है कि आदि ब्रह्मवैवर्त पुराण का लोप हो गया और वह अनुपलब्ध है तथा उस नाम से आजकल प्रचारित पुराण लगभग चौदहवीं या पन्द्रहवीं शताब्दी की रचना है। उस ग्रन्थ के आधार पर कृष्ण के ऊपर कोई दोष आरोपित करना अनुचित है। दोष की उँगली यदि किसी ओर उठ सकती है तो उस ग्रन्थ के रचयिता की ओर न कि कृष्ण के चरित्र पर। श्रीमद्‌भागवत के सम्बन्ध में यह तो स्वीकार करना ही पड़ेगा कि वह विष्णु पुराण एवं हरिवंश के पश्चात् की रचना है। उसकी रचना ईसा जन्म की प्रथम शताब्दी से पाँचवीं, छठी शताब्दी तक मानी जाती है। उस ग्रन्थ में ब्रह्मपत्नियों और चीर-हरण की कथा के साथ कृष्ण द्वारा 'महारास' की लीला का विशद वर्णन है। एक विशिष्ट युग की विशिष्ट आवश्यकता की पूर्ति के हेतु अर्थात् भक्ति मार्ग के उद्‌घाटन, प्रसार व भक्ति-पक्ष के अनुयायी व

समर्थकों के मार्गदर्शन के लिए श्रीमद्भागवत का संकलन हुआ है। श्रीमद्भागवत भक्तियोग का मान्य और कृष्ण भक्ति का बहुमान्य ग्रन्थ है। इस दोषापत्ति को शब्द-छल से पचा पाना सम्भव नहीं।

यह तो निश्चित है कि जब 'भागवत' की रचना हुई या वह कथा श्री शुकदेव द्वारा परीक्षित को या उनके माध्यम से धर्मभीरु हिन्दू जनता को पहिली बार सुनाई गई, तब कृष्ण अवतार रूप में प्रतिष्ठित हो चुके थे। वे अवतार ही नहीं किन्तु पूर्णावतार थे और स्वयं भगवान थे—

'ऐते चांशकला: पुंज: कृष्णस्तु भगवान स्वयं' इस वाक्यार्थ को प्रतिपादित करने के लिए ही श्रीमद्भागवत की रचना हुई। महाभारत में जिन कृष्ण का आख्यान है उसमें उनका नर रूप प्रमुख और ईश्वरत्व किंचित् गौण है। परन्तु भागवत में कृष्ण का ईश्वरत्व प्रमुख और नरत्व गौण है। इसी कारण भागवत में उनके समस्त कार्यक्रम लीला के रूप में वर्णित हैं। कृष्ण ये लीलाएँ अपनी मनचाही इच्छा से करते थे या किसी विशेष अभिप्राय से, यह प्रश्न भी विचारणीय हो जाता है। भागवतकार ने यदा-कदा उन अभिप्रायों का उल्लेख भी किया है। अतएव यह देखना आवश्यक है कि कृष्ण ने जो महारास-क्रीड़ा की उसका उद्देश्य क्या था?

इस बात को बार-बार दुहराने की आवश्यकता नहीं कि गोपाल कृष्ण ब्रजस्थ गोपियों के प्रिय थे। गोपियाँ उम्र में उनसे बड़ी थीं और सदा इस टोह में रहती थीं कि गोपाल उनकी पकड़ में आ जाएँ तो वे उनको दधि-माखन देकर रिझाएँ और स्वयं भी प्रेमपूर्वक खीझें। परन्तु जब कृष्ण गौचारण हेतु वन को जाने लगे तब उनका निकट सान्निध्य गोपियों को दुर्लभ होने लगा। गोपियों के प्रेम ऋण का भार उनके ऊपर दिन-प्रतिदिन बढ़ता ही जाता था। उसी की भरपाई के लिए वे उस अवसर की ताक में थे जब गोपियों की अभिलाषानुसार वह ऋण चुकाने में मुक्त हों। गौचारण के कारण व्रज-नारि-वर्ग को गोपाल कृष्ण के दर्शनों का सौभाग्य केवल सन्ध्या समय ही प्राप्त होता था, जब वे थके-माँदे गायों के झुंड तथा अन्य बाल सखाओं समेत वन से लौटते। परिणाम यह हुआ कि गोपियों में कान्ताभाव जाग्रत् होने लगा और वे अपनी समस्त वृत्तियाँ कृष्ण के चरणों में अर्पित कर, पति रूप में उनका सत्कार करने को उत्कंठित हो उठीं और इस आकांक्षा की पूर्ति के हेतु मनौती मनाने लगीं। उन प्रेमिकाओं के हृदयों के पारखी कृष्ण ने उनकी इच्छापूर्ति का वरदान भी दे दिया। इसी हेतु उन्होंने रास-आयोजन का मानसिक संकल्प किया।

नर कर्ममूर्ति और नारी भावमूर्ति होती है। नर हृदय कर्म की कठोर भावना और नारी हृदय में प्रेम की सरस सुकोमल भावना स्वाभाविक रूप से लहराती रहती है, प्रेम का मार्ग त्याग की भूमि पर स्थित रहता है। सर्वस्व त्यागकर उच्च सोपान पर चढ़ने का साहस, पुरुष क्वचित ही कर सकता है परन्तु नारी हँसते-हँसते उस स्थिति को धारण कर लेती है। इतिहास भी इसका साक्षी है। गोपियों के प्रेम का स्तर कितना उच्च था, इसके प्रमाण में यह उदाहरण ही यथेष्ट होगा। जब नाग-मद-मर्दन हेतु कृष्ण यमुनादह में कूद पड़े तब खबर पाते ही नन्द-यशोदा के साथ-साथ गोपियाँ भी वहाँ दौड़ती गईं। अपने पुत्र को मृत्यु के चंगुल में बद्ध देख माता-पिता के चित्त की दशा तो कल्पनातीत हो ही जाती है किन्तु ब्रजबालाओं की दशा का वर्णन करते हुए भागवतकार ने लिखा है कि वे सब अपने प्रियतम गोपाल के लिए उसी दह में कूदने को तत्पर हो गईं और कहने लगीं—

दिवसः को बिना सूर्य बिना चन्द्रेण का निशाः।
बिना कृष्णेण का गावो बिना कृष्णेन को व्रजः॥

(विष्णु 7.27 हरि 12.26)

प्रेम में स्वार्थ, विनिमय या वासना का समावेश नहीं होता और जहाँ होता है, वहाँ वह पवित्र प्रेम न रहकर कामना-संयुत-देहाकर्षण मात्र रह जाता है। आरम्भ में प्रेम रागमय होता है और धीरे-धीरे वह अनुराग में परिणत हो जाता है। वस्तुतः प्रेम और काम दोनों एक ही भूमि में उपजते हैं परन्तु प्रेम और काम में जमीन-आसमान का अन्तर है। श्री चैतन्यचरितामृत में वह इस प्रकार दर्शाया गया है—

"कामेर तात्पर्य निज सम्भोग केवल।
कृष्ण सुखतात्पर्य प्रेम तो प्रबल॥
लोकधर्म, वेदधर्म, देहधर्म, कर्म।
लज्जा, धैर्य, देहसुख, आत्मसुख मर्म॥
सर्वत्याग कर ये, करै कृष्णेर भजन।
कृष्ण सुख हेतु करै प्रेमेर सेवन॥"

सारांश यह कि वहाँ शुद्ध अनुराग पवित्र गोपी भाव है। यह शुद्ध स्थायी अनुराग ही भक्ति है। ईश्वर को पति, स्वामी या सर्वस्व मानकर भक्ति अर्जित होती है, जिसकी इति सर्वस्व त्याग या आत्मसमर्पण में निहित है। इस दृष्टि से श्रीमद्भागवत का रासलीला प्रकरण आत्मसमर्पण समवेत शिखर के रूप में भक्तों व भक्ति मार्ग के साधकों की पवित्र अर्चना व साधना का आकाश-दीप बन गया है।

भागवतकार ने यज्ञपत्नियों, कात्यायिनी वृत्त और गोपी-वस्त्रहरण आदि कथाओं के सूत्र कहाँ से प्राप्त किए, यह नहीं कहा जा सकता। सम्भव है कि वे उन प्राचीन ग्रन्थों से प्राप्त हुए हों जिनका काल-कारण से लोप हो गया हो अथवा वे भागवतकार की ही मानसिक कल्पनाएँ हों। परन्तु इससे असहमति नहीं हो सकती कि उक्त आख्यानों के बिना, गोपियों की भक्ति का वह उज्ज्वल स्वरूप प्रकाश में नहीं आ सकता था। गोकुलवास में कृष्ण के सम्पर्क में आनेवाली स्त्रियों के तीन वर्ग किए जा सकते हैं। प्रथमतः यशोदा और उनके वय की स्त्रियाँ जिनका कृष्ण में आद्योपान्त वात्सल्य भाव रहा। दूसरे में ब्राह्मणपत्नियाँ और तीसरे में गोपियाँ रखी जा सकती हैं। गोपियों का सम्बन्ध कृष्ण से विशेष रहा और ब्राह्मण पत्नियों का कुछ कम। दोनों ही कृष्ण की उपासिका थीं। दोनों ही गृह पतियों की आज्ञा का उल्लंघन कर अथवा उनसे अनुमति न लेकर कृष्ण के समीप पहुँची थीं। दोनों ही उनकी सेवा में अपना जीवन न्योछावर करने की अभिलाषा से उत्कंठित थीं। ब्राह्मण पत्नियों को अपने पति व सम्बन्धियों का भय व्याप्त था। इस कारण जब उन्होंने कृष्ण से अपनाए जाने की प्रार्थना की, तब कृष्ण ने उनको लौकिक तथा नैतिकता द्वारा अपना गृहस्थ धर्म पालन करने का उपदेश दे, वापिस लौट जाने का आग्रह किया। ब्राह्मण पत्नियों ने उसे मान्य किया। गोपियों ने अपने विकारहीन हृदयों का परिचय कृष्ण को कात्यायिनी वृत्त व चीर-हरण के समय दे दिया था। उनके और कृष्ण के बीच कोई अन्तरपट नहीं था। वे अपनी वृत्ति एकमुखी कर चुकी थीं। पति व इतर जनों से उनकी देह का जो लौकिक नाता था, उसका व लोकलज्जा का अदृश्य सूत्र वे काट चुकी थीं। इसी कारण कृष्ण ने उनका आत्मनिवेदन स्वीकार किया। ये सब भाव अर्जित करने के लिए भागवतकार ने उन कथाओं को रासलीला के पूर्व समाविष्ट किया।

श्रीमद्‌भागवत की यह कथा एक प्रकार से भक्तियोग का प्रतीकात्मक विवेचन है। गोपियाँ अपने आराध्य कृष्ण की उपासना तथा उनके प्राप्तव्य की साधना में रत जीव हैं। उनकी चेष्टाओं व क्रियाओं में अर्थार्थी, आर्त, जिज्ञासु तथा आत्मसमर्पण के चारों रूप स्पष्ट हैं। अपने आराध्य की प्रेरणात्मक मुरली ध्वनि सुनते ही सांसारिक विग्रह से मन मोड़कर भागवतकार ने थोड़े से शब्दों में ही कृष्ण के व्यवहार की तालिका गुम्फित कर दी है जो सदैव स्मरण रखने योग्य है। उनका कथन है कि इस लीला में कृष्ण का आचरण उस बालक के समान रहा जो दर्पण में अपना प्रतिबिम्ब देखकर प्रसन्न होता है—

रेमे रमेशोब्रज सुन्दरी निर्यथार्मकः स्वप्रतिबिम्ब विभ्रमः।

गोपाल कृष्ण उस दृश्य के केवल मात्र साक्षी थे। अतः उन्होंने गोपियों से स्वयं कहा कि गोपियो! तुमने मेरे लिए घर-गृहस्थी की उन बेड़ियों को तोड़ डाला जिन्हें बड़े-बड़े योगी पति भी नहीं तोड़ पाते। मुझसे तुम्हारा यह मिलन, यह आत्मिक संयोग सर्वथा निर्मल और निर्दोष है।

भावना-लोक में रमण करनेवाले भक्त व योगी जन उस महारास के अलौकिक रस का आस्वादन करते हैं। अन्यों के लिए लौकिक दृष्टि से उस रहस्य के अन्तरंग को समझने व उसका आनन्द उपभोग करने की चेष्टा ही व्यर्थ है। अपने भक्तों की, प्रेमियों की, आकांक्षा पूर्ण करनेवाले भगवान की यह प्रबल वाणी है कि मुझको जो जिस रूप में जैसा भजता है उसका वैसा ही प्रतिफल मैं देता हूँ। इस महारास की दिव्यता इतनी विशुद्ध है कि उसको मलिन दृष्टि से देखने मात्र से उसकी उज्ज्वलता मलिन हो जाती है। यह आख्यान बाल ब्रह्मचारी तपस्वी व संन्यासी शुकदेव द्वारा कथित है। इसकी विशुद्धता का यही प्रमाण पर्याप्त है कि वह लीला इन्द्रियजनित वासनायुक्त नहीं हो सकती। इतने पर भी यदि लौकिक व भौतिक दृष्टि वाले शंका करें तो उनको शुकदेव का उत्तर है कि अमित तेजस्वी पुरुषों के ऐसे साहसपूर्ण काम दोषयुक्त नहीं माने जाते।

श्रीमद्‌भागवत के महारास प्रकरण में जिस पवित्र गोपी-भाव का आविष्कार हुआ। वह भक्तियोग के पथिकों की अमूल्य निधि है। गोपीभाव से उपासना करने का अधिकार केवल स्त्रियों को ही नहीं, वरन् सभी वैराग्य एवं प्रेम-सम्पन्न जीवों को है। यह उपासना भावना-सिद्ध है। जिस व्यक्ति में जितना अपार्थिव निष्काम अनन्य प्रेम होगा उसकी गति से अपना ध्येय प्राप्त कर सकने में समर्थ होगा। गोपीभाव से उपासना करनेवाले भक्तों का मूल आधार यह है कि उपासकगण भाव देह से प्रकृति रूप हैं और उपास्य पुरुष-प्रधान अप्राकृत हैं जो भक्तजनों के परम स्वामी हैं। एक नन्दनन्दन को छोड़कर वे उपासक अन्य किसी दूसरे पुरुष की कल्पना ही नहीं कर सकते।

श्री हनुमान प्रसाद पोद्दार के अनुसार—"यह गोपी-प्रेम विलक्षण है। उसमें शृंगार है पर रण नहीं। योग है पर अंगसंयोग नहीं। आसक्ति है पर अज्ञान नहीं। वियोग है पर विछोह नहीं। क्रन्दन है पर दुख नहीं। विरह है पर वेदना नहीं। सेवा है पर अभिमान नहीं। मान है पर धैर्य नहीं। त्याग है पर संन्यास नहीं। प्रलाप है पर बेहोशी नहीं। ममता है पर मोह नहीं। अनुराग है पर कामना नहीं। तृप्ति है पर अनिच्छा नहीं। सुख है पर स्पृहा नहीं। देह है पर

अहं नहीं। जगत् है पर माया नहीं। ज्ञान है पर ज्ञानी नहीं। ब्रह्म है पर निर्गुण नहीं। मुक्ति है पर लय नहीं।''

राधा-कृष्ण

कृष्ण लीला का यह परिच्छेद राधा के उपाख्यान के बिना अधूरा ही रहेगा। यद्यपि महाभारत, विष्णु पुराण, हरिवंश तथा भागवत में 'राधा' का कोई उल्लेख नहीं, परन्तु प्रचलित कृष्णोपासना में राधा का प्रधानत्व है। राधा के बिना कृष्ण का नाम ही आधा रह जाता है। कतिपय वैष्णव ग्रन्थों में तो 'राधा' कृष्ण से भी महान हैं। अतएव यह प्रश्न स्वाभाविक है कि प्राचीन ग्रन्थों में राधा का वर्णन अप्राप्त होते हुए भी वह मूर्ति कहाँ से आ गई और कृष्ण के संग अविभक्त रूप से कब और कैसे विराजमान हो गई?

विष्णु के अवतार रूप में कृष्ण की मान्यता ईसा सन् के पूर्व स्थापित हो चुकी थी। कालान्तर में यह धारणा बढ़ती-बढ़ती उस स्थान पर पहुँची जहाँ कृष्ण अवतार न रहकर स्वयं विष्णु माने जाने लगे। तत्पश्चात् आधुनिक ब्रह्मवैवर्त पुराण के लेखक ने तो यही प्रतिपादित किया कि कृष्ण ही आदि-तत्त्व हैं, आदि-देव हैं और उन्होंने ही ब्रह्मा, विष्णु, महेश की सृष्टि की। केवल त्रिदेव ही नहीं वरन् समस्त देव और देवियों के रचयिता कृष्ण ही हैं। उनका वास गोलोक में है और विष्णु का बैकुंठ में। बैकुंठ गोलोक से नीचे है। इस गोलोकधाम में गो, गोप, गोपियाँ रहती हैं। वे देव-देवियों से उच्च हैं। इसी गोलोकधाम की अधिष्ठात्री देवी कृष्ण प्रियतमा राधा हैं।

'श्री राधा क्रम विकास' नामक बँगला ग्रन्थ के लेखक शशिभूषण दास का कथन है कि 'राधा' का क्रम-विकास मूलतः साहित्य को आश्रय बनाकर हुआ है। साहित्य में राधा का सर्वप्रथम उल्लेख 'गाहा-सतसई' में मिलता है। जो 'सातवाहन' के समय की रचना है। सातवाहन ईसा की प्रथम शती में प्रतिष्ठानपुर में राज्य करते थे। 'गाहा-सतसई' का प्रथम उल्लेख वाणभट्ट ने 'हर्ष चरित्र' में किया है। उसके पश्चात् राधा-कृष्ण का उल्लेख संस्कृत साहित्य में बराबर होता रहा है।

राधा-वल्लभीय साहित्य में हरिराम व्यास ने 'वृन्दावन के रसमय वैभव' का प्रथम गायक जयदेव को बतलाया है—

''वृन्दावन के रसमय वैभव'' पहिलैं सबहि सुनायो,
ता पाछैं औरनि कछु पायो सो रस सबनि चखायो।

जयदेव का 'गीत-गोविन्द' सोलहवीं शती की रचना है। उनके पश्चात् विद्यापति और चंडीदास ने लोकभाषाओं में राधा के अद्‌भुत प्रेम और उसके स्वरूप का गान करके उसे साधारण जन समाज तक पहुँचा दिया। सोलहवीं शताब्दी में राधा का स्वरूप उच्चतम कोटियों में प्रकाशित हो गया। गौड़ीय सम्प्रदाय और पुष्टि मार्ग में कृष्ण की प्रधानता है अर्थात् प्रधान रति कृष्ण के चरणों में रखकर राधा-माधव की प्रेमलीला का रसास्वादन किया जाता है। परन्तु राधा-वल्लभीय सम्प्रदाय में प्रधान रति राधा के चरणों में रखी जाती है। अतः राधा का सर्वोत्कृष्ट स्वरूप इस सम्प्रदाय में प्रकाशित होना स्वाभाविक है। 'श्रीहितप्रभु' ने राधा-माधव की शृंगार-केलि के कथन और श्रवण का एकमात्र प्रयोजन राधा के सुकुमार पद कमलों की रति प्राप्त करना बतलाया है। महाप्रभु श्री हित-हरिवंश ही एक ऐसे महानुभाव हैं, जिन्होंने राधा को अपना 'प्राणनाथ' घोषित किया है और अपने इस निर्णय के लिए किसी अन्य की स्वीकृति की अपेक्षा नहीं रखी। उन्होंने राधा को अपना गुरु माना है।

ब्रह्मवैवर्त पुराण में राधा व कृष्ण के प्रथम मिलन की कथा इस प्रकार है— एक बार नन्द बाल-कृष्ण को लेकर गायें चराने हेतु भांडार वन में गए। सरोवर का स्वादिष्ट जल गायों को पिला व स्वतः पान कर आराम करने वट-वृक्ष की छाया में बैठ गए। कुछेक देर में आकाश मेघाच्छन्न हो गया, आँधी चलने लगी, अन्धकार व्याप्त होने लगा और बिजली की कड़क से दिशाएँ भयभीत होने लगीं। नन्द बाबा बड़े असमंजस में पड़ गए। गायों व बछड़ों को वन में निराश्रित छोड़ बालकृष्ण को वर्षा से बचाने के लिए, घर जाने की भी उनकी इच्छा नहीं हुई। वहीं ठहरकर बालक को भीगने देना भी उन्हें असहनीय हुआ। बालकृष्ण भी अपने पिता से चिपट गए व रोने लगे। उसी समय राधा वहाँ पहुँची, नन्द जी विस्मित हो गए और राधा से कहा कि भद्रे, तू इस बालक की रक्षा कर, इसे सकुशल घर पहुँचा दे। राधा राजी हो गई। नन्द ने बालकृष्ण को राधा के हाथ सौंप दिया। कुछ देर पश्चात् आँधी-पानी सब कुछ बन्द हो गया। राधा ने रास मंडल का स्मरण किया और वह स्थली विहार भूमि बन गई। कृष्ण ने किशोर मूर्ति धारण कर 'गोलोक की पूर्व स्मृति' की चर्चा करते हुए राधा की स्तुति की। इस तरह राधा-माधव का अनन्य, अखंड सम्बन्ध स्थापित हुआ। ऐसा कहा जाता है कि जयदेव ने 'गीत-गोविन्द' के प्रथम श्लोक की रचना उपर्युक्त कथा के आधार पर की है—

मे धै मैदुरमम्बरं वनभुवः श्यामास्तमालद्रुभैः
नक्तं भीरू रय त्वमेव तदिमं राधेगृहं प्रापय।

इत्यं नन्द निदेशतश्चलितयोः प्रव्यध्य कुञ्जद्रुमं
राधा माधव योर्जयन्ति यमुना कूले रहः केलयः॥

तात्पर्य यह कि ब्रह्मवैवर्त पुराण की कथा के आधार पर जयदेव ने काव्य रचना की। उस भावना को वैष्णव कवि विद्यापति और चंडीदास ने आगे बढ़ाया और गौरांग महाप्रभु चैतन्य ने उसी के अवलम्बन से माधुर्य-रस का प्रसार किया। इस तरह क्रम-क्रम से राधा-तत्त्व का आविष्कार और प्रचार हुआ। परन्तु जब प्राचीन साहित्य का आकलन किया जाता है तब इस तत्त्व का सूत्र विष्णु पुराण में पाया जाता है। वहाँ वह श्री तत्त्व से प्रबोधित हुआ है। कालान्तर में उस श्रीतत्त्व को राधा रूप एवं राधा को कृष्ण की आह्लादिनी शक्ति मान लिया गया है। उस स्वरूप का संक्षिप्त अर्थ इस प्रकार है। कृष्ण ने राधा से कहा—

''जहाँ तुम, वहाँ हम। निश्चय ही हम दोनों में कुछ भेद नहीं। दूध में धवलता, अग्नि में दाहकता, पृथ्वी में गन्ध जिस प्रकार है उसी तरह मेरा सम्बन्ध तुमसे है। तुम्हारे बिना मैं यह सृष्टि उत्पन्न नहीं कर सकता, तुम जगत् की आधार हो और मैं अस्तुत बीज रूप हूँ। तुम्हारे बिना मैं केवल कृष्ण हूँ और तुम्हारे साथ होने से मैं श्रीकृष्ण कहलाता हूँ। तुम श्री, सम्पत्ति, आधाररूपिणी तथा मेरी सर्वशक्ति हो। मैं तेज हूँ तुम तेजरूपा हो। योग से मैं सर्वबीज स्वरूप होता हूँ तो तुम शक्तिस्वरूपा स्त्री रूप धारिणी हो जाती हो।''

उपर्युक्त भाव 'कृष्णायन' में सरल सुन्दर रूप में व्यक्त हुए हैं—

हम दोउ एक नाहिं कछु भेदा, कहत सकल निगमागम वेदा।
निवसति यथा क्षीर धवलाई, यथा हुताशन दाह कताई।
बसत प्रिये। जस तुम मोहि माहीं, तुमहिं विहाय मोर गति नाहीं।
मैं स्रष्टा तुम चिर नव सृष्टी, मैं सन्तोष परम तुम तुष्टी।
मैं दिन पति, तुम दिन उजयारी, मैं शशि तुमहुँ कान्ति मनहारी।
मैं पावक तुम स्वाहा रूपा, मैं धनेश तुम ऋद्धि अनूपा।
मैं जहँ अर्थ वहाँ तुम वाणी, मैं नय तुमहि नीति कहँ ज्ञानी।
धर्म सतक्रिया सदृश हम बोध बुद्धि अनुहारि।
व्याप्त विश्व भरि तत्त्व इक, दिखत पुरुष अरु नारि॥

विष्णु पुराण में पराशर जी ने मैत्रेय की शंका समाधान करते हुए कहा—

हे मैत्रेय, भगवान का कभी संग न छोड़नेवाली जगज्जननी लक्ष्मी जी तो नित्य ही हैं। जिस तरह विष्णु भगवान सर्वव्यापक और नित्य हैं, उसी प्रकार यह वह भी हैं।

स्पष्ट है कि 'श्री' के योग से जिस प्रकार 'कृष्ण' 'श्रीकृष्ण' हुए उसी तरह ब्रह्मवैवर्त की 'राधा' के योग से वे 'राधाकृष्ण' हुए। निदान 'राधा' परमात्मा की वही शक्ति हैं जो परा प्रकृति के नाम रूप से कल्पित हैं। वह सर्वशक्तिमान की 'शक्ति-रूपा' स्फूर्ति हैं जो आह्लादिनी शक्ति हैं। बंकिमचन्द्र चैटर्जी के मतानुसार 'राधा' धातु आराधना या पूजा के अर्थ में व्यवहृत होती है। अतएव कृष्ण की जो मुख्य आराधिका हैं वही राधिका या राधा हैं।

श्रीमद्‌भागवत में राधा का कोई स्पष्ट उल्लेख नहीं, परन्तु रास पंचाध्यायों में यह श्लोक पाया जाता है—

अनयाऽऽ राधि तो नूनं भगवान हरिरीश्वर:
यन्नो विहाय गोविन्द: प्रीतोयामन यद्द रह: ॥

भाग 10-30-28

रास में एकदम लोप हुए कृष्ण के चरण चिह्नों द्वारा उनकी खोज करती हुई गोपियों को एक पुरुष और स्त्री के चिह्न दिखे, जिनको गोपियों ने कृष्ण और उस युवती के चिह्न माने और वे कहने लगीं कि अवश्य वे चरण चिह्न उस बड़भागिनी के हैं, जो कृष्ण के साथ यहाँ से विचरती हुई गई है। वह भाग्यशालिनी अवश्य ही कृष्ण की 'आराधिका' होगी। अनुमानत: वही कृष्णा राधिका पश्चात् काल में केवल राधिका और फिर 'राधा' रह गई। चित्रों में, प्रतिमाओं में और भक्तों के ध्यान में कृष्ण के साथ-साथ राधा की जोड़ी स्थापित करने-कराने का श्रेय ईसा की बारहवीं से लेकर सोलहवीं शताब्दी के मध्य के कवि, कलाकार और आचार्यों को ही दिया जा सकता है। इसके पूर्व कृष्ण की आराधना केवल गोपाल कृष्ण या चक्रधारी रूप में की जाती थी। महाराष्ट्र प्रान्त के मन्दिरों में या तो 'विठोवा' नामधारी अकेले कृष्ण या रुक्मिणी-कृष्ण की मूर्तियाँ पाई जाती हैं। राधा-कृष्ण की उपासना उस प्रान्त में बहुत कम है। सौराष्ट्र में बहुधा 'रणछोड़' के रूप में या द्वारकाधीश के रूप में अकेले कृष्ण के दर्शन होते हैं। जयपुर के प्राचीन राजमन्दिर में अकेले कृष्ण की ही मूर्ति है।

जिस प्रकार कुछ पश्चिमी विद्वानों ने कृष्ण को ऐतिहासिक पुरुष न मानकर, उन्हें पृथ्वी से उठाकर आकाश में स्थित करने का प्रयास किया, उसी प्रकार कई विद्वानों ने रास और राधा को कृष्ण के मानवीय चरित्र से सम्बन्धित न मान उसे ज्योतिष विज्ञान की भूमिका में ले उड़ने का प्रयत्न किया है। उनके मतानुसार चन्द्रमा का प्रति राशि-चक्र पर घूमना ही रासलीला है। वे 'विशाखा' नक्षत्र को राधा मानते हैं, क्योंकि उसके आगे के नक्षत्र का नाम 'अनुराधा' है।

कृष्ण-लीलाओं के सम्बन्ध में श्री नीरजाकान्त चौधरी ने अपनी वृहत् लेखमाला में इस बात को दर्शाने का साहसपूर्ण कदम उठाया कि कृष्ण की कुछ लीलाओं का वर्णन वेदों में भी पाया जाता है। उनके लेख 'कल्याण' मासिक पत्र (वर्ष 22 अंक 415) में 'वेदों में ब्रजलीला' शीर्षक के अन्तर्गत प्रकाशित हुए। ऋग्वेद के 3/44/14 सूत्र का पदच्छेद व अर्थ करते हुए उन्होंने लिखा है—

'अभिसारिणी गोपियों के अभिसार के योग्य उस कृष्ण मूर्ति ने सौन्दर्य-विशिष्ट बहुत से रूप धारण किए तथापि एक मूर्ति बीच में स्थित थी, उसके पार्श्व में गोपी नहीं थी। उसे मानो गोपियों की त्रिधाभूता दृष्टि पान कर रही थी। गोपियों की दृष्टि उस कृष्ण में केन्द्रीभूत रही अर्थात् वह अन्यत्र नहीं हटी।'

'भारतीय वाङ्मय में श्री राधा' के विद्वान लेखक पं. बलदेव उपाध्याय ने राधा-तत्त्व के प्राकट्य और विकास का विस्तारपूर्ण विवेचन किया है। उनके कथनानुसार 'राधा' एक अनुभूति है, एक भावना है, एक कल्पना है, एक चिन्तना है, एक माधुरी है। 'राधा' भारतीय-भक्ति और अनुरक्ति की एक सर्वोत्तम अभिव्यक्ति है। भारतीय साधना और आराधना की परिणति का नाम है—'राधा'। वह गेया है और ध्येया है, साध्या है और आराध्या है।

तात्पर्य यह कि राधा और कृष्ण की पौराणिक लीलाएँ चाहे वेद मंत्रों पर आधारित हों, यथार्थ हों या रूपक हों अथवा कवि की कल्पनाएँ या चिन्तन हों, इस बात से इनकार नहीं किया जा सकता कि वे भारतवर्ष के हिन्दू समाज में बहुत प्राचीनकाल से एक विशिष्ट स्थान बनाए हुए हैं। धार्मिक व सामाजिक हिन्दू जीवन में 'राधा-कृष्ण' के युगल स्वरूप का विशेष योगदान रहा है और वह आज भी प्रचलित है।

गोपाल कृष्ण के इन मनोरम रूपों व व्यवहारों की भिन्न-भिन्न झाँकियाँ भारतीय जीवन की बहुमूल्य निधि हैं। युगल मूर्ति, कृष्ण भक्तों की प्रेम-पूजा की आधारशिला है। गोपाल के लीला-माधुर्य पर मुग्ध हो उनके अगणित प्रेमियों ने अपनी-अपनी भावनाओं की मृदुल कुसुमांजलियाँ उनके विविध स्वरूपों पर अर्पित कर तथा उस परम आनन्द व महान सौन्दर्य के प्रतीक को अपने प्राणों में प्रतिष्ठित कर अपने जीवन को तो सफल बनाया ही है, प्रत्युत उस वाणी के प्रसाद से अमितजनों को भी कृतकृत्य किया है। उसी रूप के ध्यान व धारणा से सूरदास, ज्ञानदेव, तुकाराम, एकनाथ प्रभृति सन्तों ने जीवन साफल्य प्राप्त किया। जयदेव, विद्यापति, चंडीदास ने उसी रूप पर मोहित हो

रस-रंग वर्णन किया। नरसी मेहता में सच्चा वैष्णवस्व जाग्रत् हुआ और बालकुटी अरु कामरिया पर "राज तिहुँ पर को तज डारों" का उद्गार करनेवाले 'रसखान' हिन्दू भक्तों की श्रेणी में विराजमान हो गए। उसी रूप के सतत ध्यान व चिन्तन से गोपी रूप मीरा ने सामाजिक कथन तोड़ 'मेरे तो गिरधर गोपाल, दूसरा न कोई' की पवित्र अभिव्यंजना गुंजारित की। उसी स्वरूप से आन्तरिक चिर सम्बन्ध स्थापित कर देवी यशोदा ने अपना मातृत्व सार्थक किया, गोपों ने सखत्व व भ्रातृत्व पाया और गोपियों ने उसी परम रूप के आकर्षण व मानसिक आलिंगन में एकाकार की अनुभूति प्राप्त की।

सौन्दर्य व आनन्द के उसी विशुद्ध स्वरूप में श्री स्वामी विशुद्धानन्द सरस्वती को परम तत्त्व के दर्शन हुए।

वंशी विभूषित करान्नव नीरदाभात्
पीताम्बराद रुण बिम्ब फला धरोष्टात्।
पूर्णेन्दु सुन्दर मुखारर्विन्द नेत्रात्।
कृष्णात् परम तत्त्व कि मपि न जानामि॥

एवं उसी रूप की सत्यता की साक्षी श्री गौरांग महाप्रभु ने उद्घोषित करते हुए कहा—

जगत्सत्यं सत्यंवा नेति नेति मतिर्मम।
श्रीकृष्ण चरणम्भोजं सत्य मेवन संशयः॥

अर्थात् जगत् सत्य है किन्वा असत्य, यह मैं नहीं जानता, परन्तु श्रीकृष्ण के चरण-कमल अवश्य सत्य हैं, इसमें सन्देह नहीं, यह निर्विवाद है।

भक्तों व सन्तों की ये भावनाएँ निरी काव्य कल्पनाएँ नहीं, केवल भावावेश का अतिरेक नहीं, प्रमाद नहीं। साधना व भावना क्षेत्र के अन्तर्गत वे शाश्वत तत्त्व की अनुभूतियाँ हैं। श्रीकृष्ण के बाल चरित्र का जो उद्घाटन प्राचीन ग्रन्थों व भक्तों की अमर वाणी में हुआ उसे पश्चात्काल के कवियों, दार्शनिकों और आचार्यों ने शनैः-शनैः गोपीजन-वल्लभ और राधाकृष्ण के रूप में विकसित किया। किन्तु विगत सात या आठ शताब्दी के कवियों ने अपने विलास-प्रिय दाताओं की रुचि-पोषण-हेतु उसको अपनी चमत्कृत तूलिका द्वारा रसमयी कल्पनाओं से ऐसा अलंकृत किया कि वह पूर्ण-कलावतःर केवल रस-राज शिरोमणि बनकर ठिठक गया और कृष्ण का सतत क्रियात्मक एवं विचारशील, मंगलकारी योगेश्वर स्वरूप तिरोहित-सा हो गया।

कृष्ण का यह प्रौढ़, विलक्षण, व्यापक व शाश्वत स्वरूप यद्यपि आर्य ग्रन्थों में सुरक्षित है, परन्तु उस पर भी कालान्तर की धूल जम गई है। फिर भी

उस महाप्रकाश की प्रभा मन्द नहीं हुई। यही उस रूप की विशेषता और चरित्र का चत्मकार है। उस स्वरूप के दर्शन से यह पता लग जाता है कि उस महाप्राण के इस संसृति चक्र में आबद्ध होने का क्या प्रयोजन था ? श्री व्यासदेव ने उस उद्देश्य का उल्लेख भागवत में किया है—

संस्थापनाय धर्मस्य प्रशमायेतरस्य च्।
अवतीर्णो''हि भगवान शेन जगदीश्वरः।''

तथा अपने ही मुखारविन्द से स्पष्ट करते हुए कृष्ण ने स्वयं कहा :

''यदायदाहि धर्मस्य ग्लानिर्भवति भारत
अभ्युत्थानम् धर्मस्य तदात्मानं सृजाम्यहम्'।'

अतः अब उन बातों पर विचार किया जाए कि अपने जन्म लेने के उद्देश्यों 'धर्म संरक्षण' तथा 'दुष्टता-दलन' को पूर्ण करने एवं सामाजिक, राजनीतिक तथा सार्वजनिक आदर्श स्थापित करने और अपने द्वारा दिए गए सर्व मंगलप्रद व आशा प्रभृति सन्देशों की सत्यता प्रतिपादित व सिद्ध करने में वे कहाँ तक सफल हुए।

महावीर

जिस बालक ने वृन्दावन में अपने शैशव में मुरली व लकुटी के सिवाय कोई अन्य वस्तु अपने कोमल करों में धारण न की हो, प्रौढ़ अवस्था में उन्हीं भुजाओं को शंख व चक्र से सुसज्जित देख कई लोगों को यह सन्देह होने लगता है कि कृष्ण का वह प्रौढ़ रूप गोपाल रूप का विकास न होकर कोई और कृष्ण नामधारी व्यक्ति भारतीय गगन में छा गया है। अनेक विदेशी विद्वान तो स्पष्ट कहते हैं कि गोकुल में गौएँ चरानेवाले गोपाल कृष्ण और अस्त्र-शस्त्र से सुसज्जित, भारतीय महायुद्ध के नायक भिन्न-भिन्न व्यक्ति थे। चक्रधारी कृष्ण के शौर्य, तेज, विक्रम व पराक्रम से चकित होकर वे संशयग्रस्त हो गए कि भावना-राज्य का बाल सम्राट, युद्ध-स्थल का अजेय सेनापति और सम्पूर्ण देश का नेता कैसे हो सकता है? उनका कथन है कि जीवन की आरम्भिक अवस्था से जो व्यक्ति मृदुता और स्नेह के वातावरण में पनपा हो उसमें कठोर कर्मठता और क्लिष्ट कर्मण्यता का एकाएक उदय और विकास नहीं हो सकता। इस भ्रान्तियुक्त निष्कर्ष पर पहुँचने के पहिले वे विचारक इस बात को भूल जाते हैं कि त्रिगुणात्मक प्रकृति अपने मूल और गुप्त (Unmanifested) रूपों का उद्भव तथा प्रकाशन युग की आवश्यकतानुसार अपने अपूर्व ढंग से करती रहती है। कृष्ण का चरित्र भी इसी तरह विचित्र और विस्मयकारी है। उनकी बाल्यावस्था गो, गोप और गोपियों के परस्पर प्रेम-अनुदान से प्रारम्भ हुई और आयु में ज्यों-ज्यों वृद्धि होती गई त्यों-त्यों उनकी प्रेम परिधि का विस्तार होता गया यहाँ तक कि उस वृत्त में चर-अचर सब समा गए—उस स्वभाव में जहाँ एक ओर मृदुता की सरस-सजल धारा प्रवाहित है वहीं दुष्ट-दलन और समाज विरोधी तत्त्वों के निःशेषन की कठोर चेष्टाएँ भी दर्शित होती हैं। तत्पश्चात् परिस्थितियों ने उन्हें विवश किया कि वे अपने उद्देश्य की सम्पूर्ति के लिए ब्रज की बंसी ब्रज में छोड़, जाति रक्षार्थ, देश रक्षार्थ और धर्म रक्षार्थ पांचजन्य व चक्र धारण करें।

जिस प्रकार अपने नम्र, प्रेममय, निष्कपट व परहित कष्ट-साधन व्यवहार से वे गोकुल के सर्वप्रिय और सर्वमान्य नेता बन गए थे, उसी प्रकार समय आ पड़ने पर वे निर्भीकता, स्थिर बुद्धि, युद्ध चातुर्य और शस्त्रकला से भारतीय वीरों में अग्रगण्य हो गए। बाल्य और किशोर अवस्था के उनके निर्भीक और असाधारण कृत्य उनके स्वाभाविक शौर्य की प्रतिभा प्रकाशित करते हैं। उनका सबसे प्रथम देशव्यापी संघर्ष मथुराधिपति कंस से हुआ। राजा कंस तो कृष्ण जन्म के कई वर्ष पूर्व से ही उनकी अशुभ कामना का इच्छुक था। कृष्ण ने स्वयं मथुरा पर चढ़ाई नहीं की, किन्तु राजा कंस ने ही धन-बल द्वारा कृष्ण व बलदेव दोनों भाइयों को मरवा डालने के लिए प्रपंच रचकर अपनी मृत्यु को स्वयं आमंत्रित किया। कंस वध के पश्चात् कृष्ण को मगधेश जरासन्ध से लोहा लेना पड़ा। कई वर्ष लड़ते-लड़ाते मथुरा परित्याग कर द्वारावती में निर्वासित होना पड़ा। वहाँ स्थिरवास करने के पश्चात् 'वीरत्व' के क्षेत्र में उन्होंने अद्वितीय यश अर्जित किया।

क्षत्रिय वर्ग में एक जन्मजात संस्कार पाया जाता है कि कोई क्षत्रिय वीर दूसरे का आधिपत्य सहज ही स्वीकार नहीं कर लेता। जब उसे इस बात का विश्वास हो जाता है कि उसका आश्रयदाता या विरोधी उससे अधिक बलशक्ति सम्पन्न है तभी वह उसे स्वामीवत् आदर देता है। 'धर्मराज्य' स्थापित करने के हेतु कृष्ण ने जिन पांडव बन्धुओं को चुना था, वे सब राज कुल के थे, राज्याधिकारी थे। यद्यपि उनके स्वत्वों का अनीतिपूर्वक अपहरण हो चुका था, परन्तु आपत्तिकाल में भी अनेकानेक संकट सहते हुए वे धर्मपथ से विचलित नहीं हुए थे। उनमें त्याग था, सत्यनिष्ठा थी, शक्ति थी और नियंत्रण था। अर्जुन तो मूर्तिमंत्र क्षत्रिय, महान पराक्रमी वीर और आत्माभिमानी था। महारुद्र से भी युद्ध करने में वह पीछे नहीं हटा। अपने धनुष और वाणों की शक्ति पर उसे पूरा भरोसा था। किसी भी रण में आगे पैर बढ़ाकर पीछे हटना उसने सीखा ही नहीं था। महाबली भीमसेन महाकाल से भी अपना बल तौलने के लिए सदा प्रस्तुत रहता था। सत्यनिष्ठ धर्माचरणी युधिष्ठिर अपने आचरण से बड़े-बड़े त्यागी, तपस्वियों व ऋषियों को लज्जित कर देते थे। ये सब के सब वीर योद्धा और धर्मात्मा पांडव बन्धु अपना जीवन सूत्र कृष्ण के हाथ में सौंप दें और विनीत भाव से उनके आज्ञानुवर्ती बने रहें यह जितनी विचित्र और अलौकिक बात है उतनी ही सत्य भी है। अतः कृष्ण के किन लोकोत्तर गुणों पर विमोहित हो उन पांडव बन्धुओं ने उनके चरणों में आत्मसमर्पण कर दिया तथा वे विशिष्ट गुण कृष्ण के जीवन में किस मात्रा में आविष्कृत हुए उनका संक्षिप्त दर्शन वांछनीय है।

क्षत्रियों की स्वभावजन्य विशिष्टता का वर्णन गीता में इस प्रकार है—

शौर्य तेजो धृतिदीक्ष्यं युद्धे चाप्य पलायनम्।
दानमीश्वर भावश्च क्षात्रं कर्म स्वभावजम्॥

अर्थात् शौर्य, तेज, धृति (धैर्य), दक्षता, क्षत्रियों के स्वाभाविक गुण हैं। देखना यह है कि उपर्युक्त गुणों ने किस अंश तक कृष्ण का वरण किया था और क्षत्रियत्व के नाते समाज में उनका स्थान कौन-सा था?

भारतीय नभ में कृष्णरूपी सूर्य उदित होने के पूर्व उस काल के महावीरों में सर्वप्रथम गणना वयोवृद्ध भीष्म पितामह की थी। वे आदित्य ब्रह्मचारी और सत्यनिष्ठ पुरुष सिंह माने जाते थे। क्षत्रिय-कुल-संहारक परशुराम से इन्होंने शस्त्र विद्या सीखी थी। भीष्म ने अपने पिता की इच्छापूर्ति व प्रतिष्ठा प्रतिपादन के हेतु बाल्यकाल में ही आजन्म ब्रह्मचारी रहने का वचन दे दिया था। उन्होंने अपने भाइयों के हेतु तीन राज-कन्याओं का अपहरण किया। परशुराम ने उनमें से एक कन्या के साथ विवाह कर लेने पर भीष्म पर जोर डाला। परन्तु अपने प्रण-निर्वाहार्थ भीष्म ने अपने गुरु के वचन की अवहेलना कर दी। समझाने पर भी जब भीष्म न माने तब परशुराम ने क्रोधित होकर उन्हें धमकी दी और अपनी उग्रता व शक्ति परिचय से भयभीत करना चाहा। परन्तु क्षत्रिय ब्रह्मचारी ने अपने गुरुदेव को निर्भीक और स्पष्ट उत्तर दिया—

'गुरुदेव! आप क्षत्रियों के संहार की बार-बार डींग हाँका करते हैं। मालूम होता है कि जब आपने वह भीषण कृत्य किया, उस समय भीष्म के समान क्षत्रिय कदाचित् पैदा नहीं हुए होंगे। जिन पर आपने अपना प्रताप दिखलाया वे लोग तृणवत् रहे होंगे। आप मुझे युद्ध को ललकार रहे हैं सो मैं उससे भयभीत नहीं तैयार हूँ।'

निदान परशुराम और भीष्म का द्वन्द्व युद्ध छिड़ गया। इक्कीस दिन लगातार युद्ध चालू रहते भी जब कोई परिणाम नहीं निकला तब ऋषि समुदाय ने दोनों को शान्त कर युद्ध की समाप्ति करा दी। भीष्म पितामह सरीखे प्रचंड वीर जब राज समाज में कृष्ण के शौर्य व वीरत्व की उग्र घोषणा करें, तब उस सम्बन्ध में अन्य प्रमाणों की आवश्यकता नहीं रहती।

शौर्य

कृष्ण के इस गुण का महत्त्वपूर्ण विवेचन महाराज युधिष्ठिर द्वारा किए गए राजसूय यज्ञ में किया गया है। इस अवसर पर एकत्रित भारतीय क्षत्रिय वीरों

और राजाओं में अग्र पूजा के हेतु कृष्ण का नाम अग्रगण्य क्षत्रिय वीर भीष्म पितामह ने प्रस्तावित किया तथा यह घोषणा कर दी कि—

'वही क्षत्रिय वीर-विजेता माना जाता है जो अन्य क्षत्रियों को युद्ध में जीत ले अथवा उन्हें परास्त करने की सामर्थ्य रखता हो तथा युद्ध में विजय प्राप्त कर लेने पर विजित को प्राणदान दे। इस उपस्थित समाज में ऐसा कोई वीर नहीं जो कृष्ण को रण में हरा सके। अतएव क्षत्रिय श्रेष्ठता के नाते कृष्ण का पद सर्वप्रथम है। महात्मा भीष्म द्वारा कृष्ण के शौर्य व कीर्ति का यह यशोगान विरोधी शिशुपाल को असत्य हुआ और उसने अपने मुँह की खाई।'

यों तो कृष्ण ने किशोर अवस्था में ही जो निर्भीक व असाधारण कृत्य किए, वे उनके स्वाभाविक शौर्य की प्रतिभा प्रकाशित कर देते हैं। कृष्ण मल्लयुद्ध, गदा-युद्ध, बाणयुद्ध आदि की कला में दक्ष थे। चाणूर, शल्य आदि पहलवानों को यम सदन पहुँचानेवाले, कालिय नाग को मर्दित करनेवाले, केशि व कंस का प्राण अपहरण करनेवाले, अपने शौर्य का प्रदर्शन तो कुमार अवस्था में ही कर चुके थे। युवावस्था में करूष देश के राजा क्रदन्त का उन्होंने गदा-युद्ध में हनन किया। शाङ्‌र्गधारी कृष्ण की गति धनुर्वेद में गांडीवधारी अर्जुन से भी अधिक थी। उनकी बाण-संचालन क्रिया की कथा श्रीमद्‌भागवत में इस प्रकार है—'एक बार सूर्यग्रहण के अवसर पर कृष्ण अपनी पटरानियों समेत समन्त पंचक तीर्थ में ग्रहण-स्नान को गए थे। वहाँ पांडव बन्धु भी अपनी माता व रानी द्रौपदी सहित पहुँचे थे। स्त्री समुदाय में परस्पर बातचीत होने लगी। द्रौपदी ने कृष्ण-पत्नियों से यह जानना चाहा कि उनका विवाह कृष्ण से क्योंकर हुआ? भद्रदेश की राजकन्या, वृहतसेन की पुत्री लक्ष्मणा ने अपने स्वयंवर की चर्चा करते हुए कहा—

'महारानी जी! जिस प्रकार आपके पिताजी ने आपके विवाह हेतु मत्स्य वेध का आयोजन किया था वैसा ही मेरे पिता ने मेरे सम्बन्ध में किया था। परन्तु उसमें विशेषता यह थी कि दंड के ऊपर घूमता हुआ मत्स्य जिसे वेधित करना था, वह अदृश्य था। बाहर से दिखता नहीं था। चारों ओर से ढका हुआ था। केवल उसकी परछाईं जल में पड़ती थी और उसी छाया पर से लक्ष्य भेद करना था। पांडव वीर अर्जुन ने उस मछली की परछाईं जल में देख ताड़ लिया कि वह किस स्थान पर है। बड़ी सावधानी से उन्होंने बाण छोड़ा किन्तु लक्ष्य भेद न हुआ। परन्तु कृष्ण ने धनुष पर डोरी चढ़ा, परछाईं देखते हुए ज्यों ही बाण सन्धान किया कि मछली तड़ से नीचे आ गिरी।' (भाग 10-83-19-26)

प्रत्येक अस्त्र व शस्त्र का संचालन और निवारण कृष्ण अच्छी तरह जानते थे। उस ज्ञान के कारण कई अवसरों पर युद्ध क्षेत्र में उन्होंने अर्जुन की प्राण-रक्षा की। निरस्त्र होते हुए भी वे निश्चिन्त और अभय रहते थे। पांडव-पक्ष के दूत बनकर जब वे कौरव सभा में अकेले जाने लगे तब मतिमान विदुर ने उन्हें रोका और सूचना दी कि शत्रु गृह में एक से एक चढ़-बढ़कर पाखंडी, धूर्त व कुटिल पुरुष शस्त्रास्त्रों से सुसज्जित हैं। वहाँ अकेले जाना वांछनीय नहीं। कृष्ण का उत्तर प्राकृतिक शौरत्व तथा आत्मविश्वास का द्योतक है।

'आप मेरे बारे में चिन्ता न करें। दुर्योधन के महलों में एकत्रित सब राजा मेरा बाल भी बाँका नहीं कर सकते। अतः मेरा वहाँ जाना निरर्थक नहीं निश्चित है।' (महा-उद्योग 1)

कृष्ण की शक्ति का अनुमान उनके आयुधों से भी लगता है। वे आयुध बड़े विचित्र और प्रभावशील थे। उनका संचालन व उपयोग केवल वही कर सकते थे। अद्‍भुत विद्युत चक्र 'सुदर्शन' के सम्बन्ध में एक कथा जो स्वयं उन्होंने राजा युधिष्ठिर को प्रकट की, वह इस प्रकार है—

'हे राजन'! आप वन में थे। उस समय द्रोण पुत्र अश्वत्थामा द्वारका आया। यादवों ने उचित सत्कार किया। वह मेरे पास भी आया और कहने लगा कि बड़ी उग्र तपस्या करने पर उसे 'ब्रह्मशिरा' नामक अमोघ अस्त्र की प्राप्ति हुई है। देव, गन्धर्व आदि उस अस्त्र की पूजा करते हैं। वह दिव्य अस्त्र मैं आपको देता हूँ और उसके बदले में आप अपना सुदर्शन चक्र मुझे दे दीजिए। मैंने उसकी बात सुनी-अनुसनी कर दी, परन्तु वह तो मेरे पीछे ही पड़ गया। बारम्बार वही बात कहने पर मैंने उससे कह दिया कि हे ब्राह्मण! ये मेरे धनुष, बाण, शक्ति, गदा और चक्र रखे हैं। इनमें से तुझे जो चाहिए हो उठा ले जा और उसके बदले में मुझे तुझसे कोई अस्त्र नहीं चाहिए। मूर्ख अश्वत्थामा यह सुनते ही सुदर्शन चक्र की ओर झपटा और उसे उठाने लगा। बहुत प्रयत्न करने और ताकत लगाने पर भी जब वह चक्र उससे टस से मस नहीं हुआ तब निराश और लज्जित होकर माथे पर हाथ रखता हुआ, वह चला गया।'

कृष्ण के शौर्य-सम्बन्धी अनेक प्रकरण महाभारत में उपलब्ध हैं। उन सबका वर्णन करना आवश्यक नहीं। इसलिए केवल विशेष व्यक्तियों ने उनके सम्बन्ध में जो भावनाएँ प्रदर्शित कीं, उनका संक्षिप्त विवरण ही यथेष्ट होगा।

स्वाभिमानी वीर अर्जुन के वे वाक्य जो उसने कृष्ण के सम्बन्ध से कुरु-दूत संजय से कहे थे, वे उनकी वीरता के उज्ज्वल प्रमाण हैं—

'हे संजय! सम्भवतः तुम कृष्ण के स्वरूप को नहीं पहिचानते। क़दाचित् तुम्हारे स्वामी कौरव यह सोचते हैं कि मुझसे युद्ध कर, परोक्ष रूप से, कृष्ण पर विजय प्राप्त की जाए। समझ लो कि जो मनुष्य महावीर कृष्ण को जीतना चाहता है, वह मूर्ख है। जो मनुष्य श्वेत-शिला-गिरि को अपने हाथ पर उठाकर तोड़ना चाहता है, उसका हाथ ही टूट जावेगा, किन्तु पर्वत का कोई अनिष्ट नहीं होगा। संग्राम-भूमि में कृष्ण को प्रत्यक्ष या अप्रत्यक्ष रूप से पराजित करने की दुरभिलाषा रखनेवाला मनुष्य, प्रचंड ज्वालाहुत अग्नि को अपने हाथों से ही बुझाने जैसी चेष्टा करनेवाला है। उसके प्रयास व्यर्थ होंगे। जिन कृष्ण ने अकेले ही भोजवंशी वीरों को परास्त कर रुक्मिणी-हरण किया, जिन कृष्ण ने अपने ही पराक्रम से गान्धारों को मार नग्नजित के पुत्रों पर विजय प्राप्त की, जिनके एक ही मुष्टि प्रहार से पांड्य-राजा यमलोक को सिधारा, अजेय एकलव्य भी जिनसे लड़कर मारा गया, शल्य की शतघ्नी को जिन्होंने अपने हाथ पर झेल लिया, नरकासुर का हनन कर जिसने अदिति के मणि कुंडल छीन लिये, उस महापुरुष को दुर्योधन जीतने की इच्छा रखता है ? यह उसकी धृष्टता व दुराकांक्षा नहीं, तो और क्या है ? हे संजय! तुम जानते ही हो कि विख्यात पराक्रमी शल्य कूट युद्ध करता हुआ कृष्ण की कोपाग्नि से भस्म हो गया। मुर दैत्य और उसके अगणित साथियों को कृष्ण ने अकेले ही नष्ट कर दिया। उन विलक्षण पराक्रमी कृष्ण को दुर्योधनादिक यदि युद्ध में हराने की सोचते हैं तो यह उनकी कोरी कल्पना है। वीर शिरोमणि वासुदेव की रण-कुशलता, अमिट शक्ति, और शस्त्र-प्रयोग-दक्षता देखकर संसार चकित हो जाता है। यही नहीं, यदि कोई मुझसे प्रश्न करे कि मैं शस्त्र-सुसज्जित महेन्द्र और निःशस्त्र कृष्ण इन दोनों में से किस एक की सहायता चाहूँगा तो मैं निःशस्त्र कृष्ण को पसन्द करूँगा।'

कृष्ण की शक्ति और पराक्रम से अर्जुन अच्छी तरह परिचित था। खांडव वन प्रकरण में उसने उनकी आत्म-प्रतीति स्पष्ट कर दी थी—

'चक्रपाणि' हृषीकेश जिस समय चक्रधारण कर रणोन्मुख होंगे तो जगत् में कोई व्यक्ति या शक्ति ऐसी नहीं जिसे उनका चक्र भस्म न कर दें। स्वयं वीर होने के कारण अपने अन्तःकरण से अर्जुन पराक्रम में कृष्ण के समकक्ष पहुँचने की इच्छा करता था। उसकी इस आन्तरिक पवित्र स्पर्धा को कृष्ण जानते थे। युद्ध के पूर्व रण-नियंत्रण के समय अर्जुन ने अपनी हार्दिक भावना कृष्ण से प्रकट कर दी और उनसे प्रार्थना की कि वे केवल रण-संचालन करते रहें तथा परामर्श देते रहें। इसी कारण उसने कृष्ण से

सारथित्व करने की अभिलाषा प्रकट की। वह जानता था कि यदि कृष्ण शस्त्र ग्रहण कर युद्ध में उतरे तो वे ही सेनापति होंगे और विजयश्री के अधिकारी भी। अर्जुन यह यश स्वत: उपार्जन करना चाहता था। इसी कारण अपने मित्र व सखा की आन्तरिक अभिलाषा व भावना को पूर्ण करने हेतु कृष्ण ने नि:शस्त्र योगदान देने का वचन दिया तथा अर्जुन का सारथित्व स्वीकार करते हुए कह भी दिया—

''उपपन्न भिदं पार्थ यत्स्यधिति मयासह
सारथ्य ते करिष्यामि काम: सम्पद्यतां तव।''

गुरु द्रोणाचार्य व भीष्म पितामह तो कृष्ण के पराक्रम व कीर्ति का गान सदैव करते रहते थे। यहाँ तक कि कौरव दल के सेनापति के नाते जब महावीर भीष्म ने पांडव पक्ष की अमित क्षति कर डाली और उस पक्ष के विशेष सेनानियों को भी मार डाला तब युधिष्ठिर को तीव्र निराशा ने व्याकुल कर दिया। पूज्य व मान्य होने के कारण अर्जुन अपने दादा पर उग्र बाण छोड़ने या सम्मुख उग्र युद्ध करने में हिचकता था। उसके इस शैथिल्य से क्षुब्ध होकर एवं युधिष्ठिर के निराशायुक्त वचनों को सुनकर कृष्ण ने गर्जना की—

'हे राजन्! अर्जुन यदि चाहे तो अवश्य भीष्म को परास्त कर सकता है, परन्तु वह ऐसा नहीं कर रहा। उसे संकोच होता है। इसलिए आप मुझे आज्ञा दें। यद्यपि मैंने इस युद्ध में शस्त्र ग्रहण न करने का प्रण लिया है परन्तु यदि आप आज्ञा दें और मुझे सेनापति बना दें तो मैं अकेला ही समस्त कौरव वीरों का हनन कर सकता हूँ।'

सत्यनिष्टं एवं धर्मवीर युधिष्ठिर ऐसी आज्ञा क्यों देने चले? परन्तु युद्ध क्षेत्र में अर्जुन का शैथिल्य देखते-देखते कृष्ण खिन्न हो गए और उसे उत्तेजित करने के अभिप्राय से रथ से नीचे कूदे, हाथ में चक्र ले भीष्म पितामह की ओर लपके। महात्मा भीष्म ने कृष्ण की गतिविधि देख अपने वीरत्व का सौभाग्य समझा और जो विनीत प्रमाण-पुरस्कार कृष्ण को अर्पित किया वह अनुपम व अद्वितीय है—

'आइए, आइए, हे देव देवेश! हे चक्रधारी माधव! आपको नमस्कार है, मुझे मारने के हेतु आपका इस प्रकार का श्रम, तीनों लोकों में मेरा गौरव बढ़ानेवाला है।'

कौरव दल के वीरों में, जिसके ऊपर सबसे अधिक विश्वास व भरोसा दुर्योधन को था, जो उसके जीवन का आश्रय था, वह था महारथी कर्ण। गर्व व आत्मप्रशंसा की मूर्ति, जो अर्जुन को भी बल-पौरुष में हेय समझता था,

उस महावीर कर्ण ने भी कृष्ण के विषय में भीष्म के उद्‌गारों का समर्थन करते हुए यही कहा—

'पितामह! कृष्ण के विषय में आपका जो मत है, वह बिलकुल सही है। जैसा आप कहते हैं, कृष्ण वैसे ही सामर्थ्य सम्पन्न हैं वरन् उससे भी अधिक हैं।' यथार्थतः कृष्ण ऐसे ही अप्रमेय अनन्त वीर थे।

तेज

क्षत्रियों का दूसरा विशेष गुण तेज है। यह गुण शौर्य, पराक्रम व आत्म-प्रतीति का एकीकरण है। शौर्य आन्तरिक बल है, तेज उसका बाह्य प्रकाश है। शौर्य क्रियात्मक है, तेज प्रभावात्मक। शौर्य शरीरगत होता है तेज आत्मगत, रूपगत व नामगत होता है।

तेज शब्द द्विअर्थी है। नभमंडल में सूर्य के उदय से अस्त होने तक यद्यपि आकाश के सभी नक्षत्र व तारागण अपने-अपने कक्ष में विद्यमान रहकर विचरण करते हैं परन्तु उस महान अग्निपिंड के तेज के कारण सभी अस्तप्राय या प्रकाशहीन हो जाते हैं। यह प्रभावोत्पादक शक्ति ही तेज है जो सूर्य का उपनाम भी है। कार्य सम्पादन का कौशल शत्रु पर विजय प्राप्त करने की विचारशक्ति और स्फूर्ति, तेजस्वियों के गुण माने जाते हैं। शत्रु बल से आतंकित नहीं होना वरन् विपरीत पक्ष को भयभीत कर देना, तेजस्वियों का साधारण लक्षण है। क्षमा, तेजस्वियों का भूषण है। क्रोध से उत्पन्न होनेवाला आतंक और आत्मगत तेज से उत्पन्न प्रभाव में बहुत अन्तर होता है। क्रोध और तेज परस्पर विरोधी हैं। वनवासी युधिष्ठिर ने तेजस्वियों के गुणों का वर्णन करते हुए क्रुद्ध महारानी द्रौपदी को समझाते हुए कहा था—

'हे द्रौपदी। क्रोधी में तेज का होना सम्भव नहीं। फिर भी पंडित-मन्य मूर्खों ने क्रोध को तेज मान रखा है। क्रोध तमोगुण का परिणाम होने के कारण सदैव नाशकारी माना गया है।'

प्रचंड शक्तिवान तथा तेजमान भीष्म पितामह ने युधिष्ठिर के राजसूय में एकत्रित राजसमाज को सम्बोधित करते हुए कृष्ण के सम्बन्ध में कहा था—

'मेरे राज्य में सामर्थ्य, तेज और पराक्रम में इस समारोह में कृष्ण ही श्रेष्ठ हैं। उनकी उपस्थिति से इस मंडल की वैसी ही शोभा है जैसी आकाश में सूर्य की उपस्थिति से होती है। तमसाच्छन्न स्थान सूर्य के शुभागमन से और वायुहीन स्थान वायु के संचार से जिस प्रकार जीवन-ज्योति से जगमगा

उठते हैं, उसी प्रकार कृष्ण की उपस्थिति से यह सभा ही आह्लादित और प्रकाशमयी हो रही है।'

द्रुपद नगर में अर्जुन द्वारा मत्स्य वेध हो जाने और द्रौपदी की जयमाल धारण करने पर जब निर्धन ब्राह्मण वेशधारी का उत्कर्ष अन्य क्षत्रिय सहन न कर पांडवों से हाथापायी करने लगे, तब कृष्ण की ओजपूर्ण वाणी के एक ही घोष ने कि 'ब्राह्मण कुमार ने द्रौपदी को धर्मपूर्वक प्राप्त किया है अत: किसी को हस्तक्षेप नहीं करना चाहिए' सब विग्रह शान्त हो गया।

तेज एक प्रभा-मंडल है जिसकी किरणें प्रकाशयुक्त होती हैं। प्रकाश का गुण अन्धकार का नाश करना है। जब अनैतिकता व अधर्म का तिमिर समाज को ग्रस्त कर लेता है, तब किसी ऐसे तेजोमय प्रकाश की आवश्यकता स्वयमेव उपस्थित हो जाती है, जो अपनी दीप्ति से उस गहनतम का विच्छेद कर, समाज को पुन: सीधी-सच्ची राह पर आरूढ़ करे। ऐसे तेजयुक्त पुरुषों को प्रबल प्रतिगामी शक्तियों का पग-पग पर तीव्र विरोध सहन कर अपने प्राणों को संकट में डालना पड़ता है। कृष्ण का जीवन अथ से इति तक उस काल में विस्तार से फैली हुई अनैतिकता की गहरी जड़ें खोद-खोदकर उन्हें समूल नष्ट करने के हेतु अर्पित रहा। अन्याय व अत्याचार सहन न कर उसका क्रियात्मक विरोध करने की उनकी स्वाभाविक प्रकृति उनके 'तेज' की द्योतक है।

महाराज धृतराष्ट्र ने अपने दूत संजय को युधिष्ठिर के पास जब यह समझाने को भेजा कि वे धर्माचारिणी हैं, युद्ध में रक्तपात होगा उसका पाप उन्हें भोगना पड़ेगा, इसलिए युद्ध के पचड़े में न पड़ें। वे युद्ध मन्तव्य परित्याग कर राजपाट का मोह छोड़ अपना जीवन धर्म कार्यों में लगाएँ। संजय ने भी अपनी छलपूर्ण वाणी से युधिष्ठिर को आकृष्ट किया। युधिष्ठिर ने धर्म-अधर्म के निर्णय हेतु कृष्ण का सहारा लिया। कृष्ण ने उसका विवेचन करते हुए तेजयुक्त वाणी से अपना मन्तव्य कौरवों से स्पष्ट कह देने को संजय से कहा—

'हे संजय! तुम हस्तिनापुर जाकर सब गुरुवर्यों को मेरा प्रणाम कहना तथा भीष्म पितामह व गुरु द्रोणाचार्य के सम्मुख महाराज धृतराष्ट्र और उनके पुत्रों से कह देना कि वे यथेष्ट दान-पुण्य, यज्ञ, जप, तप आदि कर डालें, ब्राह्मणों को भरपूर दक्षिणा दे डालें तथा जी भर भोग-विलास कर अच्छी तरह तृप्त हो जाएँ। अब केवल चार दिन की चाँदनी और शेष है। फिर उनके सिर पर बड़ा संकट आने वाला है। तुम महाराज धृतराष्ट्र से स्पष्ट कह देना कि उनके पुत्रों ने रानी द्रौपदी पर जो पाशविक अत्याचार किया और उसने त्रस्त व भयभीत होकर 'गोविन्द-गोविन्द' कहकर मुझे गुहारा, उसकी वह दीन और करुण

वाणी आज भी मेरे कानों में गूँज रही है। अभी तक उसके ऋण से मैंने छुटकारा नहीं पाया है। अब तो वह ऋण और बढ़ गया है, जिसका बोझ मेरे हृदय पर शिला की भाँति कसक रहा है। कुरुवंशी याद रखें कि वे जिस गांडीवधारी सव्यसाची अर्जुन से बैर बिसाह रहे हैं, उसकी सहायता के लिए मैं सर्वदा तत्पर हूँ। रण में उसे जीतनेवाला इस संसार में कोई नहीं।'

उनके ऐसे तेजस्वी उद्‌गार सुन संजय भी सहम गया और हस्तिनापुर में महाराज धृतराष्ट्र से कृष्ण का सन्देश वर्णन करते हुए उसने अन्त में कहा—

'हे राजन् सुनिए! सारा संसार एक ओर और अकेले कृष्ण एक ओर। वे चाहें तो क्षण भर में अपनी शक्ति से सब जगत् को भस्म कर सकते हैं। संसार की कोई शक्ति उनका कुछ भी बिगाड़ नहीं कर सकती।' (उद्योग 68)

कृष्ण का तेज ही ऐसा था। जब वे शान्तिदूत बनकर कौरव-राजसभा में उपस्थित हुए और सब समाज के सम्मुख दुर्योधन व उसके सहयोगियों की भर्त्सना की तब रुष्ट होकर दुर्योधनादिक ने उनको पकड़ रखने की गुप्त मंत्रणा की। उस गुप्त योजना का भंडाफोड़ करते हुए कृष्ण ने अपना तेजयुक्त रौद्र रूप प्रकट किया और गर्जना करते हुए कहा था—

'राजन्, क्रोध में आकर आपके पुत्र मुझे बन्दी बनाने का दुस्साहस करना चाहते हैं, उन्हें आप उनकी इच्छा पूर्ण करने की आज्ञा दे दीजिए और मुझे भी अनुमति दीजिए। फिर देखिए कि वे मुझे कैद करते हैं या उनको और उनके अनुयायियों को बाँधकर मैं पांडवों के सुपुर्द कर देता हूँ। अपनी ओर से मैं आपके पुत्रों को आज्ञा देता हूँ कि उनकी जैसी इच्छा हो, वे करके देख लें।' ऐसा कहते-कहते कृष्ण ने अट्टहास किया। उनके तेज को देखकर समस्त सभा काँप उठी मानो बिजली कड़क गई हो। उस तेजोमय रूप को देखकर सबकी आँखें बन्द हो गईं। सब सहम गए। दुर्योधनादिक के शरीर-बन्ध ढीले पड़ गए। पश्चात् कृष्ण अपना आसन छोड़कर महल से बाहर जाने को उद्यत हुए तो सबके सब विनीत भाव से नीचा मुँह किए उनके पीछे-पीछे चलने लगे। यह था कृष्ण के तेज का अद्‌भुत प्रभाव।

धृति

बड़े-से-बड़ा संकट उपस्थित हो जाने पर, पुत्र-पौत्रादि के सहसा निधन पर, एकाएक सम्पत्ति विहीन होने पर एवं युद्ध-स्थल में अनेक विपत्तियों से घिरे रहने पर भी व्याकुलता और आतुरता के वशवर्ती न होकर, मानसिक सन्तुलन

स्थिर रखते हुए कर्तव्य-पालन में संलग्न रहना ही, धैर्य या धृति है। कृष्ण के मानस में धैर्य और दाक्ष्य इतना अधिक है जो अन्यत्र दुर्लभ है। इन गुण विशेषों के कारण महान आपत्तियों के पहाड़ टूटने पर भी वे कभी विचलित नहीं हुए और न अपने कर्तव्य से पराङ्मुख। अपनी स्थिर बुद्धि और शान्तचित्त से वे सदा अपने मित्रों व सहयोगियों को कर्तव्य-स्मृत होने से बचाते रहे। धर्मराज, उनके वीर भाई व राजमहिषी द्रौपदी को निर्धन अवस्था में, फटे-पुराने चीथड़ों में अपनी लाज समेटे वन में विचरते देख आवेश को मन ही मन पीकर द्रौपदी के अश्रु-सिंचित आँचल को धैर्य की आशान्वित पवन से सुखा देने की क्षमता कृष्ण में ही पाई जाती है। उनके प्रेमाश्वासन से ही पांडवों ने तेरह वर्ष का विपरीत काल धैर्यपूर्वक काट लिया। स्यमन्तक मणि की चोरी का मिथ्या आरोप सहन करते हुए, उसकी खोज में निकल पड़ना, खोज में भी मणि प्राप्त न होने पर अपने अग्रज द्वारा उसे छिपा लेने की शंका का भाजन बन जाना, अनिरुद्ध के विवाहोत्सव में बलराम द्वारा अकारण अपने साले व अनिरुद्ध के श्वसुर का वध कर देना, आदि ऐसी घटनाएँ हैं जिनमें यदि कृष्ण चिर-धैर्य से काम न लेते तो परिणाम अति भयंकर हो सकते थे। परन्तु सद्विचारों द्वारा उत्पन्न उनकी मानसिक शान्ति अविचल बनी रही।

कृष्ण के अतुलित धैर्य का उदाहरण उस समय दृष्टिगत होता है जब उनकी इकलौती बहिन सुभद्रा का गुलाब के पुष्प जैसा कमनीय और सर्वगुणशील एकमात्र पुत्र अभिमन्यु अनीतिपूर्वक युद्ध में कौरव पक्ष के सप्त महारथियों द्वारा वध कर डाला गया। कृष्ण स्वयं उसे अपने निजी पुत्रों से भी अधिक प्यार करते थे और उसकी शिक्षा-दीक्षा स्वयं अपने हाथों सुरक्षित रखे हुए थे। उस खिलते हुए फूल के सहसा नष्ट हो जाने पर कृष्ण को कितना गहरा दुख हुआ होगा, इसका अनुमान ही किया जा सकता है। धर्मराज युधिष्ठिर अपनी सुध-बुध खो बैठे थे। भीम और अर्जुन जैसे पराक्रमी क्रोध व शोक से विकल हो बुद्धिहीन हो गए थे। बिना समझे-बूझे अर्जुन ने जयद्रथ-वध की घोर प्रतिज्ञा ले डाली थी, जो अकाल मृत्यु के रूप में उसके जीवन की ग्राहक बन गई थी। सुभद्रा और दुधमुँही उत्तरा के आर्तनाद से आकाश फटा जा रहा था। ऐसी विकट परिस्थिति में यदि कृष्ण न सम्हालते तो न केवल पांडवों की नौका अथाह समुद्र में डूबती वरन् भारत का भाग्य भी उसी के साथ-साथ रसातल को चला जाता। परन्तु परिस्थिति की गम्भीरता को देखते हुए वे उस कष्ट को मन ही मन सहन कर गए और धैर्यपूर्वक एक ही झटके से अर्जुन को उसकी मोह-निद्रा से उन्होंने सचेत कर दिया—

'सखा, युद्धवीर होते हुए भी इतने व्याकुल? अरे! शूरवीरों को तो इसी मार्ग से जाना पड़ता है क्योंकि वे युद्ध में पीठ तो दिखला नहीं सकते। फिर वीर अभिमन्यु ने तो बड़े-बड़े महाबली राजाओं को युद्ध में मारा है और शत्रुओं के सम्मुख अकेले डटे रहकर वह कार्य किया है जिसकी चमत्कृत कीर्ति दिगन्त-व्यापिनी हो उठी है। वीरों के लिए जो मृत्यु वांछनीय होती है, वही उसने प्राप्त की है। वह मृत्यु शोचनीय नहीं। इसलिए उठो, इन सबको सान्त्वना दो। ऐसे अवसर पर तुम्हें इतना शोक नहीं करना चाहिए।'

अर्जुन तो पुरुष था, वीर था। वीरत्व की गाथा व क्षत्रियों के कर्तव्य-पालन की कथा से उसके अश्रुपात रुक गए। अभिमन्यु की मृत्यु का बदला जयद्रथ से लेने के हेतु उसने एकदम शपथ ले ली। परन्तु अन्त:पुर में करुणा व शोक का जो सागर फूट पड़ा था, उस विह्वल स्त्री-समाज को कौन किस तरह सहारा देता? इसका विकट भार भी कृष्ण पर पड़ा।

ज्यों ही सुभद्रा की दृष्टि अपने भाई पर पड़ी त्यों ही वह बेहाल हो गई। उत्तरा पत्थर की मूर्ति के समान निर्वाक् और निर्दृष्टि थी। द्रौपदी की अवस्था करुणाजनक थी। कृष्ण ने सान्त्वना देते हुए सुभद्रा से कहा—

'बहिन, तेरा पुत्र भाग्यशाली था। वह उच्च कुल में उत्पन्न धीर-वीर क्षत्रिय था। यह मृत्यु उसके योग्य ही हुई है। इसलिए शोक का परित्याग कर दो। बड़े-बड़े सन्त पुरुष तपस्या, ब्रह्मचर्य, शास्त्रज्ञान और सद्बुद्धि के द्वारा जिस अमर गति को प्राप्त करने की इच्छा करते हैं, वही गति तेरे पुत्र की हुई है। हम लोग तो उस गति के लिए तरसते हैं।

'तुम मेरी बहिन हो, वीर कन्या हो, वीर पत्नी और वीर माता हो। कल्याणी! इस नृशंस कृत्य का बदला लेने के लिए तुम्हारे पति प्रतिज्ञा कर चुके हैं और वह शीघ्र ही पूर्ण होगी।' कृष्ण ने उसके मस्तक पर हाथ फेरते हुए उसका ध्यान एकाएक उत्तरा की ओर आकर्षित कर दिया और कहा, 'तू उसे भी दिलासा देगी या रोती ही रहेगी।' यह वाक्य चमत्कार कर गया। सुभद्रा उत्तरा की ओर मुड़ गई और उसे शान्त करने के लिए अपने मृत पुत्र को आशीर्वचन उच्चारण करने लगी। ममता की मारी, मोह की मूर्ति जो सुभद्रा अभी शोक-सागर में डूब-उतरा रही थी, कृष्ण के उपदेश से एकदम वीर जाया और वीर माता बन गई।

कृष्ण के निष्कम्प और अविचलित अन्त:करण का साक्षी वह दृश्य भी है, जब युद्ध समाप्ति पर महाराज धृतराष्ट्र के निवेदन पर, वे महारानी गान्धारी को समझाने उनके महलों में गए। जिस माता के सौ वीर पुत्र अठारह दिनों के भीतर युद्ध में समाप्त हो गए हों, जो अपने अन्धे पति का महत्त्व स्थापित रखने

सर्वथा अपनी आँखों पर पट्टी बाँधे रहती हो, जो रण में प्रयाण करते समय अपने पुत्रों का मुख दर्शन भी न कर सकी हो और जो दैवगति से महारानी पद से भी स्मृत हो गई हो, वह देवी कृष्ण को सम्मुख पाकर शोक विह्वल एवं क्रोधित हो कृष्ण को शाप देती है—

'हे जनार्दन! तुम्हारे पास इतने बहुत से सेवक थे, इतनी भारी सेना थी, तुम स्वयं महाबली हो, वाक्-चातुर्य में प्रवीण हो। तुम यदि चाहते तो दोनों पक्षों में सन्धि स्थापित करा सकते थे। जानबूझकर यह सर्वनाश तुम उपेक्षा की दृष्टि से देखते रहे। मैं तुम्हें शाप देती हूँ कि तुम्हारा भी कुल क्षय शीघ्र होगा और जिस समय तुम अकेले वन में घूमते फिरोगे उस समय अनाथ के समान मारे जाओगे। आज भरत-वंश की स्त्रियाँ जिस तरह रुदन और शोक कर रही हैं उसी तरह तुम्हारे वंश की स्त्रियाँ भी अपने सम्बन्धियों के विछोह में रुदन करती फिरेंगी।'

इस भयंकर शाप को सुनकर सबके रोंगटे खड़े हो गए। यद्यपि विनाश के लिए अपराधी गान्धारी पुत्र ही थे, परन्तु सर्व-संहार का आरोप राजमाता ने कृष्ण पर आरोपित कर उन्हें शापित किया। कृष्ण ने मुस्कराते हुए शान्त चित्त से उसे अंगीकार कर निवेदन किया, 'देवी, आपने क्रोधवश जो शाप मुझे दिया उसे मैं स्वीकार करता हूँ, परन्तु आपसे भी मेरी प्रार्थना है कि आप अपने क्रोध व शोक का अब परित्याग कर दें।

एक कवि ने सच कहा है—

''चलन्तु गिरयः काम युगाना पवना हताः।
कृच्छ रेऽपि न चलत्येव धीराणां निश्चलं मनः॥''

युगान्त कालीन कालचक्र से बड़े-बड़े पर्वत भले ही हिल जाएँ परन्तु धैर्यवान पुरुषों के निश्चल अन्तःकरण किसी भी संकट में नहीं डगमगाते। कृष्ण का धैर्य-गुण ऐसा ही था।

दाक्ष्यं

कार्य करने की निपुणता, चातुर्य या कौशल ही 'दक्षता' मानी जाती है। परन्तु क्षत्रियों से सम्बन्धित या युद्धस्थल में 'दाक्ष्य' का अर्थ 'अनवरत या अखंड सावधानी' माना जाता है। अपने कमजोर अंग की सुरक्षा तथा शत्रु के कमजोर अंग पर आक्रमण और निगरानी करते रहना, रण-निपुणता या दक्षता मानी जाती है।

इस क्षत्रियोचित्त विशिष्ट गुण का अद्भुत व अलौकिक विकास कृष्ण के चरित्र में पाया जाता है। अपार सामर्थ्य से उद्दिष्ट मन्तव्य को पूर्ण करने की क्रिया में सतत सावधानी व चातुर्य का ऐसा विलक्षण संयोग उनके कार्यों में उपलब्ध होता है, जिसके कारण असम्भव प्रतीत होनेवाले कार्य भी सम्भव हो गए। कृष्ण की अखंड सावधानी ही पांडवों का कवच थी जो अनेक स्वनिर्मित या स्वनिर्मित संकटों में उनकी रक्षा कर सकी। यदि कृष्ण की चतुर्दिक् दृष्टि पांडवों की रक्षा न करती तो वे समाप्त हो गए होते। शस्त्र, शास्त्र और व्यक्ति के मर्मज्ञ होने के कारण कृष्ण यह तुरन्त भाप लेते थे कि अमुक व्यक्ति कितना वीर है, उसकी शक्ति और त्रुटि कहाँ है। यह जानते भी उन्हें देर न लगती कि शत्रु-प्रेरित अस्त्र या शस्त्र कितना घातक है और उसका प्रतिकार किस प्रकार किया जा सकता है। निश्चित बुद्धि, सूक्ष्म दृष्टि, सूझबूझ व चातुर्य का जो विंचित्र योग कृष्ण के पास था, वह अद्वितीय था।

प्राग्-ज्योतिषपुर का राजा भगदत्त अपने महामत्त गजराज पर सवार होकर कौरवों की ओर से युद्ध में आया। उस मदोन्मत्त गज के प्रबल आक्रमण से पांडव पक्ष के कई वीर मृत हो गए। महावीर भीमसेन भी उस गज के आक्रमण की गति को न रोक सका। वह हार मानकर एक ओर खड़ा हो गया। यह दृश्य देखते ही कृष्ण ने अर्जुन को इशारा किया और रथ भगदत्त की ओर मोड़ दिया। सचेष्ट द्रोणाचार्य ने देखा कि अर्जुन भगदत्त की ओर बढ़ रहा है। उसका मार्ग अवरुद्ध करने के हेतु, संशप्तकों तथा त्रिगर्त के वीरों को अर्जुन के सम्मुख कर दिया। गुरु द्रोण का यह अभिप्राय था कि अर्जुन आगे न बढ़ पाए और यदि बढ़े तो उन पर पीछे से हमला कर दिया जाए। अर्जुन द्विविधा में पड़ गया और यह निश्चय न कर सका कि वह संशप्तकों व त्रिगर्तों से युद्ध करे या भगदत्त के सामने पहुँचकर अपने दल की रक्षा करे। कृष्ण ने आदेश दिया कि शत्रु से सामने का द्वन्द्व सरल होता है। पीछे से किए गए आक्रमण का बचाव कठिन होता है। उसमें हानि अधिक होती और जीत निश्चयात्मक नहीं रहती। इसलिए अर्जुन संशप्तकों व त्रिगर्तों को साफ करने के पश्चात् ही भगदत्त से निपटे। अर्जुन ने वैसा ही किया और अपने तीखे बाणों से संशप्तकों व त्रिगर्तों को छिन्न-भिन्न कर भगदत्त के सम्मुख उपस्थित हो, उसे घायल कर दिया। अपनी बचत का अन्य उपाय न देख भगदत्त ने हाथी के अंकुश को वैष्णवासु-मंत्र से अभिमंत्रित कर अर्जुन की छाती को लक्ष्य बनाकर वार किया। उसके प्रतिकार का अर्जुन के पास कोई साधन न था। उस घातक शस्त्र से अर्जुन की रक्षा करने के हेतु कृष्ण ने अपने देह की ढाल अर्जुन के सामने

खड़ी कर दी। रथ पर खड़े होकर उन्होंने उस शस्त्र को स्वयं झेल लिया। वे उसका प्रतिकार जानते थे अतएव उसे सहन कर सके। कृष्ण का यह कृत्य देखकर अर्जुन के स्वाभिमान को धक्का लगा और वह इस महान उपकार की कृतज्ञता के बदले कृष्ण से बोल उठा—

'हे जनार्दन! तुमने यह प्रतिज्ञा की थी कि युद्ध में तुम केवल मेरे सारथी बन रथ हाँकोगे परन्तु इस समय तुम अपनी प्रतिज्ञा की रक्षा न कर मेरी रक्षा करने लगे। मैं अपने धनुष व बाण से समूची पृथ्वी को जीत सकता हूँ? वह अंकुश क्या चीज थी। उसे अपने ऊपर रोककर आपने उचित कार्य नहीं किया।

अर्जुन की बातें सुनकर मुस्कराते हुए कृष्ण ने इतना ही कहा—'वह अस्त्र इतना प्रचंड और विलक्षण था कि उससे कोई अवध्य नहीं था। उसके प्रहार को तुम सम्हाल नहीं सकते थे। तुम्हारे पास उसका कोई प्रतिकार न था, इस कारण वह आघात स्वयं मुझे सहना पड़ा। तुम इन बातों में मत पड़ो, आगे भगदत्त खड़ा है, उसे मारने का उद्योग करो।' (द्रोण 29-36-37)

यदि कृष्ण शस्त्रास्त्रों के इतने जानकार और सावधान नहीं होते तो अर्जुन वहीं ढेर हो जाता, उपालम्भ का उसे मौका ही न मिलता। माना कि अर्जुन क्षत्रिय था, महावीर था। परन्तु उसमें दर्प और अभिमान भी था। वह भावुक भी था। परिणाम को सोचे बिना ही विचित्र-विचित्र प्रण ठान लेने की उसे आदत पड़ गई थी। आतुरता व भावावेश में वह कई बार ऐसी झंझटों में उलझ जाता है कि यदि कृष्ण उसके सावधान सहायक न होते तो वह उन आपत्ति-जालों से निकल ही न सकता था। अर्जुन में जहाँ ये दोष थे वहाँ एक अद्‌भुत गुण भी था कि वह कृष्ण के आदेश मानने में या उनके बतलाए हुए मार्ग का अनुसरण करने में कभी आनाकानी नहीं करता था।

अभिमन्यु के वध से क्षुब्ध अर्जुन ने प्रतिज्ञा कर डाली कि यदि दूसरे दिन सूर्यास्त के पहिले उसने जयद्रथ का वध नहीं किया तो वह अग्नि में कूदकर जल मरेगा। साधारणतया महारथी होते हुए भी जयद्रथ अर्जुन के लिए अवध्य न था। परन्तु सूर्योदय से सूर्यास्त के बीच बारह घंटों के भीतर जयद्रथ का वध कर डालने की अर्जुनीय प्रतिज्ञा जब कौरव दल के सेनापति व सेनानियों ने सुनी तो उनके बीच कुछ खलबली के साथ-साथ आनन्द की लहर भी उठ गई।

जिस अर्जुन की शक्ति के बल पर यह महायुद्ध आमंत्रित किया गया था, उसकी उक्त मूर्खतापूर्ण प्रतिज्ञा पर कृष्ण को महान आश्चर्य हुआ।

उसने ऐसी विकट परिस्थिति उत्पन्न कर दी थी कि कृष्ण के सिवाय अन्य किसी को उसके भयानक परिणाम की चिन्ता ही न थी। परन्तु प्रतिज्ञा तो हो चुकी थी। वह अमिट थी। जिस अर्जुन का पराभव अन्य वीरों द्वारा सम्भव न था, उसने अपने विनाश को स्वयं आमंत्रित कर लिया था। उसका मरण पांडवों का ही नि:शेषण न था वरन् कृष्ण के संकल्पित धर्म-संस्थापन की भी इतिश्री थी।

कौरव पक्षीय योजनाओं व मंत्रणाओं का पता लगाकर कृष्ण ने उन सबका प्रतिकार करने के लिए मन ही मन योजना बना डाली। यद्यपि वे अर्जुन की प्रतिज्ञा से क्षुब्ध थे, परन्तु उसे पूर्ण कराए बिना, उनके जीवन का सारा उद्योग विफल होने को था। कृष्ण ने विषादयुक्त आत्माभिमानी अर्जुन से विचार-विमर्श करना उचित नहीं समझा और उसे विश्राम करने तथा शान्त होने का आदेश देकर जब वे अकेले रह गए तब अर्धरात्रि में उन्होंने अपने परम विश्वासी सारथी दारुक को अपने निकट बुलाकर आदेश दिया—

'हे दारुक! तू मेरा विश्वासपात्र है। अत: सबेरा होते ही तू मेरा रथ तैयार रखना और उसमें मेरे सब आयुधों को यथास्थान रखकर मेरे पास ले आना। मेरा रथ तू अर्जुन के रथ के पीछे युद्ध क्षेत्र में भी लेकर चलना। मैं प्रयत्न करूँगा कि अर्जुन द्वारा जयद्रथ मारा जाए। यदि किसी तरह यह सम्भव न हो सका तो प्रसंग आ पड़ने पर मैं स्वत: युद्ध करूँगा और दुर्योधन की सारी सेना नष्ट कर अर्जुन की प्रतिज्ञा पूरी कराऊँगा।'

द्रोणाचार्य को विदित था कि अर्जुन उस दिन जयद्रथ की टोह में रहेगा, कृष्ण उसके साथ होंगे, धर्मराज अरक्षित रहेंगे। इस कारण उन्हें बन्दी बना लेना सहज होगा। उनके बन्दी हो जाने से युद्ध समाप्त हो जाएगा। कृष्ण इस सम्भावना से अनभिज्ञ नहीं थे। अतएव युद्ध में जाने के पूर्व कृष्ण ने अपने परम विश्वासी सात्यकि को अपने पास बुलाया और अर्जुन की अनुपस्थिति में धर्मराज की सुरक्षा का पूर्ण भार उसे सौंपकर आदेश दिया कि वह धर्मराज पर आँच न आने दे और कैसा भी संकट क्यों न हो वह धर्मराज को अकेला, असुरक्षित छोड़कर अन्यत्र कहीं न जाए। इस प्रकार युधिष्ठिर की सुरक्षा का प्रबन्ध कर स्वयं सुसज्जित तथा रण-नाट्य के लिए तैयार होकर कृष्ण प्रात:काल अर्जुन को उसके रथ पर बिठा, युद्ध क्षेत्र के लिए चल पड़े। दारुक उनका रथ पीछे-पीछे लिये रहा।

जयद्रथ की रक्षार्थ कौरव पक्ष के सेनापति द्रोणाचार्य ने ऐसे विकट और विचित्र व्यूह की रचना की जो महाभारतीय युद्ध में अपने ढंग का अपूर्व व

अनोखा था। वह चक्र-शकट-व्यूह अत्यन्त दीर्घ था। उस अभेद्य-पद्माकर व्यूह के भीतर जयद्रथ छिपा हुआ था। दुमर्षण की गजसेना नष्ट कर अर्जुन परामर्शानुसार गुरु द्रोण के सम्मुख उपस्थित हो गया और उसने निवेदन किया—

'हे ब्राह्मण श्रेष्ठ, आप मेरे मंगल और कल्याण के लिए आशीर्वाद दीजिए। मैं इस दुर्भेद्य सैन्य-समूह में प्रवेश करना चाहता हूँ। धर्मराज और श्रीकृष्ण के समान आप मेरे पिता-तुल्य हैं।

'हे गुरुवर्य! जिस प्रकार अश्वत्थामा की रक्षा आपका कर्तव्य है, उसी प्रकार मेरी रक्षा भी। आपकी कृपा से मैं सिन्धुराज का वध करना चाहता हूँ। उसके लिए प्रतिज्ञा कर चुका हूँ। अतएव आप मेरी प्रतिज्ञा की रक्षा कीजिए।'

अर्जुन की आदरसूचक वीरवाणी सुनकर गुरुदेव ने तुरन्त उत्तर दिया— 'अर्जुन, मुझे जीते बिना तू जयद्रथ का वध नहीं कर सकता।'

गुरु-शिष्य का युद्ध छिड़ गया। रणोन्माद में अर्जुन यह भी भूल गया कि उसने कोई प्रतिज्ञा ले रखी है जिसकी पूर्ति की अवधि निश्चित है। परन्तु कृष्ण तो सदा सचेत थे। अर्जुन को द्रोण के साथ इस प्रकार युद्ध में संलग्न देख और उस संघर्ष का शीघ्र ही कोई निश्चित परिणाम असम्भव देख, कृष्ण मुँह फेरकर अर्जुन से बोले, 'हे पार्थ, कितना समय व्यतीत हो चुका है, ऐसा न हो कि सारा दिन यहीं समाप्त हो जाए। यहाँ स्फूर्ति और वीरता प्रदर्शित करते रहना ठीक नहीं। इसलिए द्रोण को छोड़कर हमें आगे बढ़ना चाहिए।'

तदनन्तर कृष्ण ने अर्जुन के रथ को इस तरह घुमाया कि अर्जुन द्रोण की परिक्रमा करता हुआ एक ओर से आगे बढ़ गया और द्रोण पीछे छूट गए, उनका अद्‌भुत रथ व रण-संचालन-चातुर्य देख गुरु द्रोण अर्जुन से कहते ही रह गए कि शत्रुओं को पराजित किए बिना वह क्यों दूर जा रहा है। अर्जुन को भी यह बात खटकी परन्तु कृष्ण ने उसका समाधान कर दिया कि द्रोण शत्रु नहीं हैं।

स्पष्ट है कि युधिष्ठिर न तो रण-व्यापार में दक्ष थे और न रण-कुशल-सेनापति ही थे। जैसी भूल उन्होंने अर्जुन व कृष्ण की अनुपस्थिति में, बालक अभिमन्यु की बात मानकर उसे चक्रव्यूह में प्रवेश करने की पहिले दिन अनुमति देकर की थी, वैसी ही भूल यहाँ भी की। यह तो कृष्ण की सूझ-बूझ और सचेतनता थी कि उन्होंने गुरु द्रोण को युद्ध क्षेत्र में किसी-न-किसी तरीके से उलझाए रखा ताकि रण-क्षेत्र में जाकर उन्हें अकेले धर्मराज से

साक्षात्कार करने का अवसर ही न मिल पाए। वहाँ व्यूह में सात्यकि ऐसी विषम परिस्थिति में ग्रस्त हो गया कि उसके प्राण ही संकट में पड़ गए। शुरू में तो गुरु द्रोण ने उसकी गति रोकी। अपने शौर्य से सात्यकि ने गुरु द्रोण के भी छक्के छुड़ा दिए परन्तु वह चारों ओर से कौरव दल से इस तरह घिर गया कि न तो आगे ही बढ़ सकता और न पीछे ही हट सकता। कृष्ण ने सात्यकि को देख लिया और अर्जुन का ध्यान भी उस ओर आकर्षित किया। युद्ध करते-करते सात्यकि बिलकुल थक गया। उसी समय कौरव-हितैषी और शिनि-वंश विरोधी भूरिश्रवा ने सात्यकि पर प्रचंड आक्रमण कर दिया। भूरिश्रवा ने थके-माँदे सात्यकि को पृथ्वी पर पटक दिया। इसके पहिले कि सात्यकि उठकर खड़ा हो जाए उसने सात्यकि की गर्दन काट डालने के लिए तलवार निकालने की चेष्टा की। परन्तु कृष्ण केवल रथ-संचालन ही न कर रहे थे, उनकी दृष्टि चतुर्दिक् घूमती रहती थी। थकित और पस्त सात्यकि पर उसके प्राण-अपहरण करने के ग्राहक भूरिश्रवा का भयंकर आक्रमण उन्होंने देखा और अपने प्रिय सेनानी-शिष्य की हीनदीन दशा देखकर तुरन्त ही उन्होंने अर्जुन का ध्यान उस ओर आकर्षित कर सात्यकि की रक्षा करने का आग्रह किया। इसी समय भूरिश्रवा ने सात्यकि की गर्दन पर तलवार चलाने के हेतु अपना हाथ ऊँचा उठाया। अर्जुन ने अपने गांडीव पर क्षुरप्र-बाण रख रथ पर से ही उसे छोड़ दिया। इसके पूर्व कि भूरिश्रवा की तलवार सात्यकि की गर्दन पर पड़े अर्जुन के तीखे तीर ने भूरिश्रवा का हाथ ही काट डाला। सात्यकि के प्राण बच गए। उसके जीवनदान का श्रेय जितना अर्जुन की तीरंदाजी को है, उससे कहीं अधिक श्रेय कृष्ण की सावधानी को है।

जब कृष्ण अर्जुन के रथ को द्रुतगति से आगे बढ़ाते जा रहे थे, उन्होंने देखा कि लगातार परिश्रम व दौड़ के कारण रथ के घोड़े इतने थक गए हैं कि यदि उन्हें थोड़ा विश्राम व जल नहीं दिया गया तो वे शिथिल होकर गिर पड़ेंगे। निदान वे रथ को रण-क्षेत्र से बाहर उस ओर बढ़ा ले गए जहाँ सरोवर था। वहाँ पहुँचते ही उन्होंने घोड़े ढील दिए और अर्जुन को सुरक्षा हेतु सचेष्ट कर वे स्वयं उन थके हुए अश्वों की परिचर्या करने में लग गए, तदनन्तर अर्जुन को रथ में बिठा आगे बढ़, समय रहते जयद्रथ-वध सम्पन्न कराया। कृष्ण की इस अखंड सावधानी तथा प्राणिमात्र पर ममत्व व समत्व भाव पर बलिहारी होना पड़ता है।

कृष्ण का मानसिक धैर्य, सतर्कता, चतुर्मुखी तीव्र दृष्टि, रणदक्षता व आत्म-प्रतीति इतनी उच्च थी कि इतिहास में इन विशिष्ट गुणों के समुच्चय का

अन्य उदाहरण उपलब्ध नहीं है। इन गुणों के कारण ही पांडवों को जयश्री प्राप्त हुई। इतना ही नहीं, कर्ण के नाग-बाण से अर्जुन की रक्षा और भीमसेन को धृतराष्ट्र के आलिंगन से जीवित रखने का श्रेय भी कृष्ण के चातुर्य व दूरदर्शिता को ही प्राप्त होता है।

दानं

दान शब्द केवल अर्थदान का द्योतक नहीं। दान क्रियाओं से 'औदार्य' गुण पनपता है। हृदय की उदारता ही यथार्थ में दान का ओज है। उदार पुरुष की प्रेम परिधि बढ़ती जाती है और एक समय आता है जब वह अपनी मानसिक सीमा में समस्त वसुधा को समेट लेता है।

'उदार चरितानां वसुधैव कुटुम्बकम्'

जिस हृदय में केवल स्वार्थमय अपनत्व प्रबल होता है उस अन्त:करण में उदारता पनप ही नहीं सकती। जो हृदय केवल अपने ही लिए धड़कता है उससे संसार का क्या लाभ ? जो हृदय अपनत्व के वृत्त को बढ़ाता हुआ सकल मानव समाज ही नहीं वरन् समस्त प्राणिमात्र को उसमें बद्ध कर लेता है, वही 'महापुरुष' की उपाधि से विभूषित होता है।

इस गुण का महत्त्व तो कृष्ण की बाल्यावस्था में ही चमकने लगा था। बाल्य-स्वभाव के अनुसार जब वे अपने या अन्य घरों से दही-माखन निकालते तो उसका स्वत: उपभोग न कर अन्य बाल सखाओं में उसे वितरित कर देते थे। इतना ही नहीं, वृक्षों पर बैठे और उनकी ओर ताकते हुए वानर-गण भी उस दान-लीला में सम्मिलित कर लिये जाते थे। अन्य के दुख से दुखी होकर यथासाध्य उसका कष्ट निवारण करना तो बालकृष्ण का स्वभाव ही बन गया था। उनके जीवन में सहृदयता, सहानुभूति और उदारता के दर्शन पग-पग पर होते हैं। गुरुकुल के सहपाठी अकिंचन सुदामा को अमित द्रव्य दान देकर उसका आर्थिक कष्ट हरण करने का इतिहास जग-प्रसिद्ध है। परन्तु ऐसे तो सहस्रों दान कृष्ण ने दिए। क्षमा माँगने या कुकृत्य का प्रायश्चित्त करने पर कितने प्राणियों को कृष्ण ने जीवनदान दिया, उनकी कथाएँ पुराणों में भरी पड़ी हैं।

'दान' की व्याख्या करते हुए आचार्य विनोबा भावे के भाव मनन योग्य हैं। उनके कथन का सार इस प्रकार है—'दान' का अर्थ है, समाज का ऋण चुकाने के लिए किया गया प्रयोग। दान का अर्थ परोपकार नहीं। समाज से हमने अपार सेवा ली है। जब मैं इस संसार में आया तब दुर्बल और असहाय

था। इस समाज ने मुझे छोटे से बड़ा किया है। इसलिए मुझे समाज की सेवा करनी चाहिए। परोपकार का अर्थ है निःस्वार्थ सेवा। परन्तु हम तो समाज से पहिले ही से भरपूर ले चुके हैं। समाज के इस ऋण से मुक्त होने के लिए जो सेवा की जाए, वही 'दान' है। समाज का ऋण चुकाने के लिए तन, मन, धन तथा अन्य साधनों से जो सहायता की जाती है, वह 'दान' है। दान से समाज में साम्यावस्था प्राप्त होती है।'

इस दृष्टिकोण से कृष्ण यथार्थ में कितने अपार दानी थे। उनके सारे कार्य समाज की वृद्धि और उत्थान के हेतु हुए इसलिए उनकी दानशीलता अलौकिक होनी ही चाहिए। दान का दूसरा दिन स्वरूप 'त्याग' है। त्याग में यथार्थ औदार्य निहित है। साधारणतया दान देनेवाले में अहम्मन्यता का भाव विद्यमान रहता है परन्तु त्याग में वह भाव विशेष हो जाता है। मथुरा का सिंहासन त्यागकर उग्रसेन को उस पर आसीन करना साधारण त्याग नहीं था। भारतीय युद्ध के यथार्थ विजेता कृष्ण को धर्मराज युधिष्ठिर ने भारत का राज्य अर्पित करना चाहा, उसे त्यागकर एक सेवक की भाँति उनके आज्ञाकारी बने रहना कितना अलौकिक त्याग था ? क्षत्रियोचित औदार्य गुण की प्रधानता कृष्ण के जीवन में पूर्णतः चरितार्थ हुई है।

युद्धेचाप्य पलायनम्

यहाँ उस प्रसंग का पुनः उल्लेख अनुपयुक्त नहीं होगा, जो कृष्ण के जन्मजात व स्वाभाविक शौर्य गुण के विरोध में बहुधा कथन किया जाता है और जो उनकी कीर्ति-चन्द्रिका में कलंकवत् मान लिया जाता है। 'युद्धेचाप्य पलायनम्' तो क्षत्रियों का जीवन सिद्धान्त है। सच्चा क्षत्रिय अपने प्राण हथेली पर लिये फिरता है। यह निर्भयता क्षत्रियत्व का भूषण है। युद्ध करते समय भारी से भारी संकट आ पड़ने पर भी पीठ न दिखाना और प्राणों की चिन्ता न करते हुए युद्ध में डटे रहना ही 'युद्धेचाप्य पलायनम्' कहा जाता है। जो क्षत्रिय प्राणों के भय से रण से विमुख होकर भाग निकलता है, वह समाज का कलंक माना जाता है। भय और आत्म-स्वार्थ पर विचार करने से मानना पड़ेगा कि कृष्ण के जीवन में 'रण' से भाग जाने का जो दोष यदा-कदा आरोपित किया जाता है, वह नितान्त असंगत एवं अनुचित है।

यदि कृष्ण को जरासन्ध या कालयवन से अपनी जान ही बचानी होती तो वे रात्रि में या अँधेरे में छिपकर मथुरा से भाग गए होते और जरासन्ध के आने

तक वहाँ ठहरते ही नहीं। परन्तु वे तो दिन-दहाड़े, निर्भयतापूर्वक जरासन्ध के सामने से निकले और निःशस्त्र होकर निकले। इससे स्पष्ट है कि प्राणों का भय या मोह तो उन्हें था नहीं। फिर जरासन्ध से युद्ध न करने का कोई अन्य कारण ही होना चाहिए, यह विचारणीय है।

उस काल में युद्ध के दो रूप मान्य थे। एक द्वन्द्व युद्ध और दूसरा सामूहिक युद्ध। इन दोनों युद्धों में बड़ा अन्तर है। द्वन्द्व युद्ध में तो केवल व्यक्तिगत शक्ति व कौशल की परीक्षा होती है, परन्तु सामूहिक युद्ध में व्यक्तिगत शौर्य उतना प्रभावोत्पादक नहीं होता जितना संगठित युद्ध। उसमें सैन्य के सेनापति का चातुर्य, रण-संचालन, आदि कई बातें मुख्य हुआ करती हैं। सामूहिक युद्धों में जितना रक्तपात व हिंसा होती है, उसके विरोध में हर युग में, हर देश में आवाजें उठती रही हैं और आज भी उठती हैं। परन्तु राष्ट्रनायकों की महत्त्वाकांक्षाएँ व राज्य-लिप्साएँ उन विरोधों को सदा दबाती रही हैं। मगधराज ने कई युद्धों में कृष्ण के नेतृत्व में एकत्रित मथुरा के यादवों से हार खाई और अन्तिम बार फिर एक विशाल सेना इकट्ठी कर उसने मथुरा-आक्रमण का आयोजन किया तथा यवन सेनापति को दूसरी ओर से चढ़ाई करने को निमंत्रित किया। कृष्ण ने उस महासंघर्ष के विनाशक परिणामों के विचार से यादव मंडली की सम्मति से यह पहिले ही निश्चय कर लिया था कि वह संघर्ष टाल दिया जाए। इसी कारण मथुरा के यादव समाज व अन्य नागरिकों को उन्होंने द्वारकापुरी में भेज दिया था जो थोड़े-बहुत नागरिक वहाँ रह गए थे उनको व उनकी पुरी को ध्वस्त न होने देने की इच्छा से कृष्ण और उनके अग्रज बलराम वहाँ ठहर गए थे। केवल अपने कारण अन्य नागरिकों का अहित नीति व औचित्य के विपरीत था। युद्ध न करने का निश्चय तो वे पहिले से ही कर चुके थे। जरासन्ध को यह कहने का मौका न मिल पावे कि वे भयभीत होकर अपने प्राणों की रक्षा हेतु मुँह छिपाकर भाग गए, वे वहाँ मौजूद रहे और मगधराज की दृष्टि के सम्मुख से ही वे निःशस्त्र और निर्भय होकर निकले और द्वारका चले गए। जरासन्ध ने उन्हें द्वन्द्व युद्ध की चुनौती भी नहीं दी। हाँ, उन्हें बन्दी बनाने के लिए अथवा अपनी कल्पित जीत का विजय डंका बजाने के लिए, उसने ससैन्य उनका पीछा किया किन्तु कोई कृष्ण की छाया भी नहीं छू सका। आजकल की सामरिक भाषा में कृष्ण का यह कृत्य 'रण-दक्षता' या 'युद्ध कौशल' ही माना जाएगा न कि युद्ध से पलायन।

बलवान शत्रु के अनपेक्षित संहारक बल से प्रजा की रक्षा कर, पुनः दूसरे उपयुक्त अवसर तथा स्थल पर युद्ध करना रण-भीरुता या रण-पलायन नहीं

माना जा सकता। इतिहास ऐसे उदाहरणों से भरा पड़ा है जब किसी विशेष स्थान पर सेनापतियों ने प्रतिपक्षी से युद्ध न कर कुशलतापूर्वक अपनी सैन्य व सामग्री अन्य उपयुक्त स्थान पर हटाकर शत्रुओं से मोर्चा लिया, विजय प्राप्त की और वीर शिरोमणियों की उपाधि से विभूषित हुए। यदि किसी भी कारण से शत्रु के सामने से हटकर अन्यत्र या अन्य स्थान व समय पर उससे युद्ध करना भी 'पलायन' माना जाता होता तो जयद्रथ वध के प्रकरण में गुरु द्रोण से युद्ध न कर उनका सामना छोड़ निकल जाना, कर्ण से स्वयं युद्ध न कर सात्यकि को युद्ध के लिए भेज अपनी यात्रा में अग्रसर होना, आदि अर्जुनीय क्रियाएँ भी 'पलायन' मानी जातीं। परन्तु अर्जुन के उपर्युक्त कृत्य 'रण-कौशल' के अन्तर्गत ही समाविष्ट होते हैं। उसी तरह कृष्ण का मथुरा में ही जरासन्ध से अन्तिम युद्ध न कर कुछ समय के लिए टाल देना 'रण पलायन' नहीं वरन् 'रण-चातुर्य' ही माना जाएगा। द्वारावती में यादवी सेना का विधिवत् संगठन कर थोड़े ही समय के पश्चात्, रुक्मिणी-वरण के अवसर पर कृष्ण ने जरासन्ध, शिशुपाल तथा उनके अन्य सहायकों की एकत्रित सेना से लोहा लिया, उनको हराया और रुक्मिणी को ले आए। मथुरा की निष्क्रियता का प्रतिकार विदर्भ में सक्रिय हो गया।

ईश्वर-भाव

ईश्वर-भाव वह सद्गुण है जिसे आर्य ऋषियों ने क्षत्रिय वर्ग की कल्पना से साकार करना चाहा। अत्याचारियों से पीड़ितों की रक्षा करना, अन्याय व अनीति को रोक कर सदाचार व धर्माचरण को प्रोत्साहन देना, प्रजा वर्ग का निरन्तर हित-चिन्तन कर उसका यथोचित पालन-पोषण करना आदि प्रवृत्तियों को ही ईश्वर भाव या संरक्षण भाव कहा जाता है। क्षत्रियों के जिन विविध गुणों का इसके पहिले वर्णन किया गया है, उन सबका समवेत रूप यह भाव है। उस काल के क्षत्रिय-राजाओं में इसी भावना को पुष्ट करने के निमित्त तथा उसे स्वयं आचरित करने में कृष्ण का समग्र जीवन व्यतीत हुआ। नारी-वर्ग के संरक्षण हेतु भौमासुर का विनाश कर, अगणित बालाओं को नारकीय जीवन से उद्धार कर, उन लांछित अबलाओं को अपने संरक्षण में लेने का उत्कृष्ट कर्म 'ईश्वर-भाव' का रूप है।

जरासन्ध के कारागृह से छियासी राजाओं को मुक्त कर उन्हें स्वतंत्र जीवन व्यतीत करने का आश्रय देना मानवता में 'ईश्वर-भाव' का उज्ज्वल

प्रकाश है। यह भाव उसी हृदय में जाग्रत् होता है जो साधारण मानव से अधिक परिपुष्ट, निर्भीक, परहिताकांक्षी व स्वतंत्र होता है। शक्ति, शौर्य, तेज, सद्विचार व सहृदयता से युक्त परम स्वतंत्र पुरुष ही संरक्षणता का आदान कर सकता है। चरित्रहीन, अशक्त, कुविचारी पुरुष तो अपने ही दुर्गुणों के अधीन पतित रहता है। वह स्वयं ही पराधीन होता है तो दूसरों को क्या स्वाधीन कराएगा। जो प्रकाश स्वयं अपनी दीप्ति पर मोहित न होकर चारों ओर फैले हुए तिमिर को हटाकर दिशाओं को प्रज्वलित करता है, वही सच्चा प्रकाश 'ईश्वर-भाव' है। कृष्ण के इस उज्ज्वल प्रकाश ने चारों ओर अन्धकार विनष्ट कर जगत् को दिग्दर्शन दिया। उसकी रेषाएँ आज भी दीप्तिमान हैं जो उनके ज्योतिर्मय, तेजोमय रूप को आलोकित करती हैं।

अभिजात

जिस प्रकार क्षत्रियोचित गुणों की विशिष्टता के कारण कृष्ण ने 'वीरोत्तम' पद प्राप्त किया था उसी प्रकार सामाजिक, राजनीतिक, बौद्धिक-व्यक्तिगत या सार्वजनिक जीवन तथा कार्य विज्ञान के क्षेत्र में जो आदर्श उपस्थित किए तथा जिनके कारण वे 'पुरुषोत्तम' कहलाए, उन स्फूर्तिप्रद रूपों का संक्षिप्त दर्शन निम्न प्रकार से हैं—

पुत्र-रूप

भारतीय समाज में आदर्श पुत्र के नाते सूर्यवंशी वीर जिस उच्च आसन पर विराजमान हैं, निस्सन्देह वहाँ किसी अन्य मानव रूपधारी आत्मा की पहुँच सम्भव नहीं। महापुरुषों के जीवन की विशेष परिस्थितियों में ऐसे अवसर आते हैं, जिनका पूर्ण उपयोग कर, वे अपना मानवीय जीवन भव्य और दिव्य बना लेने में समर्थ होते हैं। राम को जिस परिस्थिति में आदर्श स्थापित करने का अवसर प्राप्त हुआ वैसा योगायोग कृष्ण को उपलब्ध नहीं हुआ। जन्म ही से अपनी माता की मृदुल गोद व पिता की छत्रच्छाया व प्रेम से वंचित होकर उन्हें नन्द गोप और यशोदा के वनीय प्रांगण, ब्रज की वीथियों और वृन्दावन के कुंजों में अपना बाल्यकाल व्यतीत करना पड़ा। फिर भी वे अपने जन्मदाताओं को भूले नहीं। यथार्थ में उन्हें दो माताओं व दो पिताओं के प्रेम की उपलब्धि हुई और इसी कारण उन्हें दुगुना मातृ-पितृ ऋण चुकाना पड़ा। जब वसुदेव और देवकी बन्दीगृह में तपस्या कर रहे थे तब उनकी बाल-लीला का आनन्द उनके पालक नन्द व यशोदा लूट रहे थे। वे इस तथ्य से भी कदाचित् अनभिज्ञ थे कि यशोदा उनकी माता नहीं और उनकी जन्मदायी देवकी हैं। छुटपन में जब ज्येष्ठ बन्धु बलराम उनको चिढ़ाने के लिए कह देते कि नन्द-यशोदा उनके जनक-जननी नहीं तब वे खीझकर अग्रज की शिकायत माता से करते।

बाल अपवादों से रूठे हुए बालकृष्ण का मलिन मुखमंडल देख यशोदा देवी जब उस उदासी का कारण पूछती व डाँटती तब वे कहते—

"मैया मोहिं दाऊ बहुत खिझायो।
मोसों कहत मोल को लीन्हों, तोहि जसुमति कब जायो॥
कहा कहौ, इहि रिस के मारे, खेलन हौं नहिं जात।
पुनि-पुनि कहत कौन है माता, को है तुम्हरो तात॥" (सूरदास)

अनुमानत: अपने जन्मदाताओं का रहस्य कृष्ण को उस समय प्रकट हुआ जब कंस की प्रेरणा से अक्रूर उन्हें तथा बलराम को मथुरा ले आने के लिए भेजे गए। यह जानकर कि उनके ही कारण उनके पूज्य माता-पिता कितना अनादरित व कष्टप्रद जीवन व्यतीत कर रहे हैं, गोपाल कृष्ण के मस्तिष्क में कैसा तूफान उठा होगा? अक्रूर से एकान्त में बातचीत होने पर उन्होंने वसुदेव व देवकी को बन्धनमुक्त करने का निश्चय किया। मथुरा पहुँचने पर न तो वे माता-पिता के स्थान पर ठहरे और न उन्हें देखने या मिलने गए वरन् अक्रूर के द्वारा सन्देशा भिजवा दिया कि वे उनका दर्शन मुक्त अवस्था में ही करेंगे। कंस वध के पश्चात् उन्होंने अपने पूज्यवरों के बन्धन खुलवाए और उनके चरणों पर मस्तक रख अत्यन्त नम्रता और श्रद्धा से निवेदन किया—

"दुर्दैववश हम लोगों को आपके चरण स्पर्श का सौभाग्य अभी तक प्राप्त न हो सका था और न हम अभी तक आपकी कोई सेवा ही कर सके। हमारे जीवन के इतने दिन व्यर्थ गए। हमारे कारण ही दुष्ट कंस ने आप दोनों को इतने घोर कष्ट दिए। आप हमें क्षमा करें।"

वर्षों के कठोर तप के पश्चात् अपने वीर किशोरों को अंक में भरकर वसुदेव व देवकी जितने कृतकृत्य हुए उससे अधिक दुख व कष्ट नन्द-यशोदा को कृष्ण के वियोग का हुआ। तत्पश्चात् चाहते हुए भी कृष्ण वृन्दावन न जा सके, परन्तु उस पवित्र भूमि की गाथा व ब्रजवासियों के निष्कपट प्रेम को वे आजन्म हृदय में धारण किए रहे। यही व्यथा जीवन भर राधा को भी खलती रही और वह कहती रही—

"और जन्मान्तरों की अनन्त पगडंडी के
कठिनतम मोड़ पर खड़ी होकर
तुम्हारी प्रतीक्षा कर रही हूँ।" (कनुप्रिया)

उस मधुर स्मृति का पावन उल्लेख उन्होंने अपने प्रिय सखा उद्धव से किया है—

'ऊधो!' मोहि ब्रज बिसरत नाहीं।

मथुरा में वसुदेव और देवकी तो अपने दोनों पुत्रों को पाकर अपने नवोदित भाग्य की सराहना में मुग्ध थे और वहाँ ब्रज में नन्द 'गृह कारज नाना जंजाला' में फँसे रहकर किसी प्रकार कालयापन करते रहते, परन्तु यशोदा अपने शून्य सदन में दिन-रात कलपती रहतीं और अपने हृदय के अंश गोपाल कृष्ण की सुखकामना करती हुई देवकी को सन्देश भेजकर ही चित्त को सान्त्वना देतीं—

''सन्देसो, देवकी सों कहियो
हों तो धाय तुम्हारे सुत की मया करत नित रहियो।''

माता यशोदा की प्रेम दृष्टि में उसके गोपाल आजन्म 'अनख लड़ैते' बने रहे। इस वात्सल्यता का क्या प्रत्युपकार हो सकता था? सच तो यह है कि वे अपनी जन्मदात्री के ऋण से भले ही विमुक्त हो गए हों, परन्तु यशोदा के ऋण से मुक्त न हो सके।

कालान्तर में कृष्ण को नन्द-यशोदा से मिलने का सौभाग्य कुरुक्षेत्र में मिला। सूर्यग्रहण के पर्व-स्नान के लिए महाराज उग्रसेन, वसुदेव, देवकी, बलराम व स्त्री-समाज सहित वहाँ गए, नन्द-यशोदा व गोप-गोपियाँ भी उसी हेतु वहाँ पहुँचे। कृष्ण का वहाँ आना सुनते ही समस्त गोप-समाज पता लगाकर उनके डेरे पर आ गया। दृष्टि पड़ते ही कृष्ण व बलराम दोनों ने आगे दौड़कर माता यशोदा व पिता नन्द के चरणों पर अपना मस्तक टेक दिया। महाभाग्य यशोदा व नन्द ने दोनों पुत्रों का आलिंगन किया और बहुत दिनों से जो विछोह ज्वाला उनके हृदयों में धधक रही थी, उसे शान्त किया। रोहिणी व देवकी ने नन्दरानी यशोदा को अपने अंक में भर लिया था प्रेमाश्रु की धार बहा दी। प्रेमोद्रेक से सबके कंठ अवरुद्ध थे। कृष्ण व बलराम भी मुग्ध और मूक थे। समाधान होने पर देवकी के कंठ से कृतज्ञता की वाणी प्रस्फुटित हुई—

'यशोदारानी! आपने व ब्रजेश्वर नन्द जी ने हम लोगों के साथ जो अलौकिक व्यवहार किया है, उसने सदा के लिए आपका ऋणी बना दिया है। इस जीवन में आपके उस परम उपकार को भूल जाना घोर कृतघ्नता होगी। सच पूछिए तो यथार्थ में आप ही इनके माता-पिता हैं। आप दोनों सन्त रूप हैं। आपके सत्कृत्यों का बदला हम किसी भी तरह चुका नहीं सकते।'

वसुदेव ने भी नन्दबाबा के प्रति ऐसे ही उद्‌गार प्रकट किए। वे गद्‌गद थे। नन्द की मैत्री और परोपकार के स्मरण से पुलकित थे। नन्द ने उन्हें शान्त किया और कृष्ण व बलराम को हृदय से लगाकर आशीर्वाद दे, विदा ली।

कृष्ण अपने पूज्यों के सदा आज्ञानुवर्ती बने रहे, उन्हें सदा सुख देते रहे। पिता या माता को किसी प्रकार का मानसिक सन्ताप न हो, इस हेतु वे यहाँ तक सचेष्ट थे कि कोई दुखद समाचार भी वे उनको न सुनाते थे। भारतीय युद्ध की समाप्ति पर जब कृष्ण अपनी बहिन सुभद्रा के साथ द्वारावती आए और वसुदेव जी ने युद्ध का सब हाल जानना चाहा तब समस्त वृत्त संक्षेप में सुनाते हुए यह समझकर कि वसुदेव जी दुखी होंगे, उन्होंने अभिमन्यु-वध की चर्चा नहीं की। पुत्र का स्मरण करती हुई जब सुभद्रा जोर-जोर से रोने लगी, तब पिता के बार-बार आग्रह पर उस वीर की करुणाजनक कथा कृष्ण ने बतलाई। उनके सरल और विनीत व्यवहार से राजा उग्रसेन अपने पुत्रों की मृत्यु भूल गए और उनका वात्सल्यपूर्ण हस्त सदा कृष्ण के मस्तक पर रहा आया।

भ्रातृ-रूप

कृष्ण जैसे आदर्श पुत्र थे वैसे ही आदर्श बन्धु थे। कृष्ण व उनके अग्रज बलराम में घनिष्ठ सौहार्द्र था। दोनों प्रायः एक साथ ही रहा करते और एक-दूसरे के सहकारी व सहायक बने रहते थे। आयु में बलराम जी ज्येष्ठ थे। इस कारण कृष्ण सदा उनका आदर करते व बड़प्पन देते थे। बाल्यकाल में यदि कभी कौतूहल करने के लिए बलराम अनुज को चिढ़ा भी देते, तो तुरन्त ही उसका मार्जन कर कृष्ण का स्नेह अर्जित कर लेते। वन में गोचारण करते-कराते अथवा खेलकूद में थककर जब बलराम लेट जाते तो कृष्ण उनके चरण चापते व पत्तों का पंखा बनाकर झलने लगते। भ्रातृ प्रेम और सेवा का जो आदर्श त्रेतायुग में भरत व लक्ष्मण ने अपने अग्रज राम के साथ स्थापित किया वह तो चिरस्थायी व चिरस्मरणीय है परन्तु अनुज कृष्ण ने अग्रज बलराम के साथ भी जो व्यवहार आजन्म किया, वह भी महान और अप्रतिम है।

स्वभाव से बलराम रुक्ष थे। अपने बल के घमंड में वे सदा मस्त रहते थे। वारुणी प्रिय थे। अल्हड़ व क्रोधी थे। कृष्ण इसके बिलकुल विपरीत थे। स्वभावों में इतना अन्तर होते हुए भी कृष्ण अपने अग्रज के सदा आज्ञानुवर्ती रहे। बलराम यह जानते थे कि बौद्धिक ज्ञान व सामाजिक और राजनीतिक व्यवहार में कृष्ण उनसे अधिक पटु हैं। इसलिए जब ऐसे प्रसंग उपस्थित होते, जिनमें सोच-विचार या राजनीति की उलझनें प्रस्तुत होतीं, तब बलराम अपने अनुज की राय जानने के इच्छुक रहते और अन्त में कृष्ण की राय को मान्यता

देते। उनकी रुचि के विरुद्ध कोई कार्य चाहे उन्हें रुचिकर हो या अरुचिकर, बलराम कभी न करते थे।

अर्जुन द्वारा सुभद्रा-हरण किए जाने पर बलराम के क्रोध का पारा इतना ऊँचा चढ़ गया कि उनकी गर्जना से यादव-धर्म-सभा में हड़कम्प मच गया और कृष्ण के सिवाय अन्य यादवगण अनर्थ पर उतारू हो गए। अर्जुनीय कृत्य का तीव्र ध्वनि में उलाहना देते हुए बलराम कृष्ण की ओर देखने लगे। कृष्ण ने अपनी सरल वाणी और तर्कयुक्त बातों से उनका व साथी यादवगणों का क्रोध शान्त किया। परिणाम यह हुआ कि घड़ी भर पहिले जो सभारूपी पर्वत ज्वालामुखी बनकर अग्नि व धूप से वातावरण को प्रकोपित किए हुए था, वह कृष्ण की शान्तिपूर्ण विचार शैली से शीतल बन गया और स्वयं बलराम ने सुभद्रा का विधिवत् विवाह अर्जुन के साथ कर देने का प्रस्ताव किया और सभा ने उसका अनुमोदन किया।

द्वारका में स्यमन्तक मणि की चोरी हो जाने पर सत्राजित नामक यादव ने उसका मिथ्याभियोग कृष्ण पर लगाया। सत्य प्रकट करने एवं अपने को निर्दोष प्रमाणित करने के लिए उस मणि की खोज में कृष्ण घर से निकल पड़े। वह मणि यथार्थ में प्रसेन नामक यादव ने चुराई थी और पकड़े जाने के भय से वन में भाग गया था। खोज करते हुए भूमि चिह्नों तथा प्रसेन के वस्त्रादिकों से कृष्ण जान गए कि प्रसेन को बाघ ने खा लिया और उस बाघ को किसी रीछ ने मार डाला है। प्रसेन की मृत्यु और मणि की अप्राप्ति सुनकर बलराम को सन्देह हो गया कि कृष्ण ने वह मणि स्वयं हथिया ली है कि कहीं बलराम उसे माँग न बैठें। क्षुब्ध होकर बलराम यह कहते हुए अन्यत्र चले गए कि जब तक वह मणि उनके सम्मुख नहीं आएगी वे द्वारका न आएँगे। निरपराधी अनुज पर अग्रज का ऐसा अकारण सन्देह किसी भी भाई को असह्य हो सकता था और उसके कारण भाई-भाई का प्रेमसूत्र सर्वदा को खंडित हो सकता था, परन्तु कृष्ण ने भ्रातृत्व का बन्धन खंडित करने की अपेक्षा अग्रज के सन्देह की निवृत्ति कर देने का मार्ग अपनाया और बहुत परिश्रम करने के पश्चात् वह मणि खोज निकाली। भाई का विषाक्त सन्देह दूर करने पर ही कृष्ण ने शान्ति की श्वास ली और उन पर जो मिथ्या लांछन लगाया गया था उसका भी परिहार हो गया। इस भीषण परिस्थिति में भी कृष्ण ने अपनी वृत्ति अग्रज की ओर विचलित नहीं होने दी और न ही उनकी ज्येष्ठता की प्रतिष्ठा पर आघात होने दिया। कृष्ण की सौजन्यता, ज्येष्ठ बन्धु के प्रति आदर और आत्मीयता का यह उत्कृष्ट दर्शन है।

कृष्ण स्वयं दुख सहकर अपने अग्रज की ज्येष्ठता का कितना ध्यान रखते थे यह एक अन्य प्रसंग से भी प्रकट होता है। रुक्मिणी-हरण के समय से ही कृष्ण व रुक्मी में तीव्र मनोमालिन्य चला आता था। उसे दूर करने के लिए रुक्मिणी ने अपने पौत्र अनिरुद्ध का विवाह अपने भाई रुक्मी की कन्या से निश्चित किया। विवाह के अवसर पर कई राजा एकत्र हुए, उनमें कलिंग नरेश भी थे। विवाह के पश्चात् राजाओं में चौपड़ प्रारम्भ हुई। बलराम जी को भी चौपड़ खेलने का बहुत शौक था। निदान रुक्मी और बलराम दोनों चौपड़ खेलने बैठे और दाँव लगाने लगे। रुक्मी की ओर से कलिंगाधिपति पासा फेंकने लगे। वे पासा फेंकने में प्रख्यात थे, परन्तु बलराम को हाथ साधकर पासा फेंकना न आता था। परिणाम यह हुआ कि रुक्मी जीतने और बलराम हारने लगे। बलराम की हार पर कलिंग नरेश ठहाका मारकर हँसने लगे। उनकी ओर बलराम ने नयन तरेरे कि रुक्मी ने अपने सहायक का पक्ष लिया। उपहास क्रोध में परिणत हो गया और अन्तिम दाँव पर दोनों में कुछ कहा-सुनी हो गई, जिसमें रुक्मी ने बलराम जी से कह दिया कि आखिर वे वन-वन भटकनेवाले ग्वाले ही तो हैं, पासा फेंकना क्या जानें, ये चौपड़ तो राजाओं का खेल है। बलराम इस व्यंग्य से एकदम क्रोधित हो उठे और उन्होंने सहसा एक लोहांगी उठाकर रुक्मी का मस्तक विदीर्ण कर डाला। वह बेचारा वहीं ढेर हो गया। इतने से भी सन्तुष्ट न होकर बलराम जी ने मुष्टि-प्रहार से कलिंग नरेश के दाँत तोड़ दिए। रंग में भंग हो गया। सभा में खलबली मच गई। मांगलिक अवसर पर जरा-सी बात पर बलराम का वह जघन्य कृत्य अत्यन्त अशोभनीय था, परन्तु उनसे बोलने की हिम्मत किसी की न पड़ी। बलराम तुरन्त उठ खड़े हुए और जाकर कृष्ण से अपना क्रूर वृत्त कह डाला।

बलराम के इस घोर कर्म से कृष्ण, रुक्मिणी और नवविवाहिता वधू के चित्तों पर क्या बीती, इसका अनुमान ही लगाया जा सकता है। परन्तु कृष्ण ने अपने अग्रज से एक शब्द भी नहीं कहा। अश्रुपूरित नयनों व गीली वाणी से उन्होंने रुक्मिणी और रोचना को समझाया तथा सान्त्वना दी। परिताप को मन ही मन पीकर अपनी सहनशीलता व भ्रातृ-मान-मर्यादा की परिसीमा कृष्ण ने अंकित कर दी।

दुर्योधन बलराम का शिष्य था और वे उससे स्नेह भी रखते थे तथा समय पड़ने पर उसकी सहायता को उद्यत रहते थे। उपलैव्य में जब युद्ध मंत्रणा हो रही थी, बलराम भी मौजूद थे। उस समय उन्होंने अपना मत युद्ध के विरोध में प्रकट किया और द्यूत में अपना राज्य खो देने का अपराध युधिष्ठिर के मत्थे

मढ़ दिया तथा राय दी कि यदि दुर्योधन से उन्हें अपना राज्य या उसका हिस्सा चाहिए है तो वे उसकी याचना करें, न कि बल प्रदर्शन। यह जानकर कि बड़े भाई का स्पष्ट विरोध करने से उस सभा में उनका मान भंग होगा तथा समर्थन करने से अन्याय व अनीति को प्रश्रय मिलेगा, कृष्ण ने उस संयत भाषा का प्रयोग किया जिसमें दोनों भाव सध जाएँ। बलराम के कथन को समयोचित बतलाते हुए अन्त में द्रुपदराज के कथन को न्यायोचित मान, मीठे शब्दों में उसका समर्थन कर, अपने भ्रातृत्व व पांडव-पक्ष के न्यायत्व का परिचय दिया।

बलराम जी अपने अनुज के इस प्रेम व आदर भाव को अच्छी तरह जानते थे। इसी कारण वे कृष्ण के मत के विपरीत कोई विरोधात्मक कार्य कभी नहीं करते थे। दोनों में इतना परस्पर प्रेम व विश्वास था कि एक के बिना दूसरा जीवित रहने को तैयार न था। कृष्ण से निपटकर जब द्वारका में दुर्योधन अपने गुरु बलराम के पास रण-निमंत्रण देने पहुँचा, तब बलराम ने उस विषय पर कृष्ण का मन्तव्य जान, दुर्योधन को कोरा उत्तर दे दिया—

'हे नरकेसरी! तुम्हें मालूम ही है कि मैंने द्रुपद सभा में तुम्हारे विषय में क्या कहा था? परन्तु कृष्ण ने उस पर ध्यान नहीं दिया। वास्तव में सत्य यह है कि कृष्ण के बिना मैं एक क्षण भी जीवित नहीं रह सकता। यह भी सम्भव नहीं कि कृष्ण के विरोध में मैं तुम्हारा साथी बनूँ, अतएव युद्धकाल में मैं द्वारका में न रहकर अन्यत्र चला जाऊँगा।'

कृष्ण का अपने ज्येष्ठ बन्धु के प्रति जो अनुराग व आदर था उसका अन्तिम दर्शन उनके मानवीय जीवन के अन्तिम समय में होता है। प्रभास क्षेत्र में जब सब यादव आपसी विग्रह में कट-मर चुके, तब बलराम को वहाँ न पाकर कृष्ण अत्यन्त चिन्तित हुए और बलराम उन्हें समुद्र के किनारे ध्यानावस्थित मिले। कृष्ण उनके हृदय की भावना समझ गए और तुरन्त ही उन्होंने अपने सारथी दारुक को हस्तिनापुर जाकर घटना का संवाद अर्जुन को प्रेषित करने तथा शीघ्र द्वारका आने का आदेश दिया। बलराम के पास पहुँचकर उन्हें अक्रूर की मृत्यु का समाचार सुनाया और निवेदन किया कि जब तक वे स्वयं द्वारकापुरी में स्त्रियों की रक्षा का प्रबन्ध करके लौट न आवें तब तक वे कृष्ण की प्रतीक्षा करें अर्थात् प्राण विसर्जन न करें। तात्पर्य यह कि कृष्ण भी अपने अग्रज के बिना जीवन धारण करने को तैयार नहीं थे। दोनों अभिन्न हृदय थे। कृष्ण सर्वस्व त्यागकर सकने में समर्थ थे, परन्तु बन्धु-विछोह की कल्पना भी उन्हें असत्य एवं अग्राह्य थी। दोनों का युग्म अटूट था तथा दोनों ने एक साथ ही इहलीला समाप्त की।

सखा-रूप

कृष्ण का चराचर जगत् से मैत्री भाव था, परन्तु सांसारिक नाते से उनके सखा वर्ग में जो विशिष्ट व्यक्ति दृष्टिगोचर होते हैं उनमें एक थे गुरुकुल के सहपाठी ब्राह्मण पुत्र सुदामा और दूसरे हैं युवावस्था के अनन्य साथी पांडु पुत्र अर्जुन। विद्यालयों में साथ-साथ अध्ययन करनेवाले विद्यार्थियों में मित्रता का साधारण सम्बन्ध स्थापित हो ही जाता है। यद्यपि वह बहुधा चिरस्थायी नहीं होता। उसकी घनिष्ठता परिस्थितियों पर अवलम्बित रहती है। पांचाल के राजा प्रथत के पुत्र राजकुमार द्रुपद और भरद्वाज पुत्र द्रोण भी तो एक साथ ही आश्रम में शस्त्रविद्या सीखते थे। दोनों समवयस्क थे। दोनों में मैत्री हो गई। प्रसन्नावस्था में राजकुमार द्रुपद ने द्रोण से कह दिया कि जब वह राजा होगा तब उनको सब प्रकार से पुरस्कृत करेगा, यहाँ तक कि राज्य व सम्पत्ति भी उनके अधीन कर देगा। धनुर्विद्या सीखकर द्रुपद अपने राज्य की ओर तथा द्रोण अपने पिता के आश्रम चले गए। कुछ काल पश्चात् द्रुपद राज्यासीन हो गए, किन्तु द्रोण निर्धन ही रहे। एक दिन जब द्रोण पुत्र अश्वत्थामा अपने अन्य साथियों समेत खेल रहा था, तब उसने देखा कि अन्य ऋषि कुमार दूध पी रहे हैं। द्रोण के पास एक गाय भी न थी। इस कारण अश्वत्थामा बिना दूध के रह गया। वह अपने पिता का इकलौता और बड़ा लाड़ला बेटा था। वह दूध के लिए मचल गया। बहुत प्रयत्न करने पर भी द्रोण को कहीं से भी दूध देनेवाली गाय प्राप्त न हो सकी। द्रोण पत्नी ने पानी में आटा घोलकर उस द्रव्य को दूध कहकर अश्वत्थामा को पिलाया और उसे शान्त किया।

द्रोण अपनी हीनता पर बहुत दुखी हुए और अपने आपको धिक्कारते हुए आश्रम से बाहर निकल गए। घूमते-घूमते पुरानी बातों का स्मरण करते वे राजा द्रुपद के पास पहुँचे और उन्हें विद्यार्थी जीवन में दिए हुए अभिवचनों का स्मरण कराया। द्रुपद ने द्रोण का तिरस्कार करते हुए कह दिया—

'ब्राह्मण! तुझे यह कहते जरा भी संकोच नहीं हुआ कि तू मेरा मित्र है। एक ऐश्वर्य सम्पन्न राजा की एक श्रीवर्हित साधारण जन से मैत्री कैसी? यदि लड़कपन में, खेल-खेल में या अन्य किसी सामयिक प्रयोजन में मेरी-तेरी मैत्री हो भी गई हो, तो क्या? धनी और दरिद्र की मैत्री हो ही नहीं सकती।'

राजा की बात ने द्रोण का हृदय छेद दिया। वे क्षुब्ध होकर चले गए और समय पाकर उन्होंने द्रुपद से बदला भी लिया। बाल्य मैत्री का एक चित्र यह है और दूसरा है कृष्ण और सुदामा का। वे दोनों उज्जयिनी में गुरु सान्दीपन

के गुरुकुल में अध्ययन करते थे। यद्यपि यह आश्रम साहचर्य थोड़े ही दिन रहा परन्तु कृष्ण के जन्मजात स्वाभावानुसार सहपाठी जीवन में सुदामा से उनकी मैत्री स्थापित हो गई। अध्ययन समाप्त होने पर दोनों विलग हो गए। कृष्ण द्वारकाधीश हो गए और सुदामा निर्धन से भी निर्धन। गरीब अवस्था में सुदामा कभी-कभी अपने सहपाठी मित्र कृष्ण के उदार हृदय की चर्चा अपनी पत्नी से कर लेते थे। अधिक कष्टग्रस्त हो जाने पर और अपनी पत्नी के विशेष अनुरोध और आग्रह पर विप्र सुदामा झिझकते-झिझकते द्वारका दरबार में पहुँच गए। समाचार मिलते ही कृष्ण ने उस निर्धन मित्र का जो आदर-सत्कार किया वह अद्‌भुत और अद्वितीय था। कृष्ण ने जर्जर देह सुदामा का हाथ पकड़े हुए उसे अपने सिंहासन पर स्थान दिया, शरीर की धूल अपने वस्त्र से झाड़कर पैरों के काँटे निकाले, चरण धोने के लिए रुक्मिणी देवी से जल मँगवाया जो शब्द उच्चारण किए उन्हें कविवर नरोत्तमदास ने इन शब्दों में व्यक्त किया है—

ऐसे बिहाल बिवाइन ते पग कंटक जाल गड़े पुनि जोये।
हाय महादुख पायो सखा तुम आए इतै न कितै दिन खोये॥
देखि सुदामा की दीन दशा, करुणा करि कै करुणानिधि रोये।
पानी परात को हाथ छुयो नहिं, नयनन के जल से पग धोये॥

राज्यश्री सम्पन्न व्यक्ति के सम्मुख सुदामा ने न तो पुरानी मित्रता का स्मरण कराया और न याचना के लिए हाथ फैलाया। उनके कहे बिना कृष्ण ने सुदामा को श्री सम्पन्न कर अपने सहज दातव्य भाव को सार्थक कर मैत्री का आदर्श प्रदर्शित कर दिया।

यह तो हुई कृष्ण की अपने सहपाठी मित्र पर साधारण सी कृपा। यथार्थतः मित्र और सखा का सच्चा सम्बन्ध तो कृष्ण का अर्जुन से स्थापित हुआ। वह सम्बन्ध अपनी अपूर्वता में अनोखा और अनुपम है। उस सम्बन्ध को देखने, सुनने और समझने पर यही प्रतीत होता है कि सार्वजनिक जीवन के सिद्ध्यर्थ कृष्ण के बिना अर्जुन और अर्जुन के बिना कृष्ण दोनों अपूर्ण थे। दोनों के योग से ही वह महान अनुष्ठान जो कृष्ण ने अपने चित्त में सँजोया था पूर्ण हो सका। अर्जुन व कृष्ण चाहे नर-नारायण कहे जाएँ, चाहे क्रिया व मन, चाहे जीव व ब्रह्म, यह निश्चित है कि दोनों के पूर्ण सहयोग के बिना, वह महत् कार्य जो कृष्ण ने संकल्पित किया था, प्रतिफलित नहीं हो सकता था।

कृष्ण व अर्जुन दोनों क्षत्रिय थे, वीर थे। अर्जुन को अपने गांडीव का अभिमान था। किसी अन्य क्षत्रिय के सामने मस्तक नत करना, उसने सीखा नहीं था। बचपन से ही उसे मारकाट का अभ्यास हो गया था, परन्तु कृष्ण को

जन्म से ही माता यशोदा ने प्रेम और सात्त्विकता का शुद्ध दुग्ध पान कराया था। उसी प्रेम और सहानुभूति के अहैतुक प्रसार से कृष्ण ने अर्जुन के हृदय को अपनी ओर आकर्षित किया और अर्जुन की अद्वितीय पराक्रम शक्ति ने नीतिमान कृष्ण को अपनी ओर। इस प्रकार दोनों एक सूत्र में बद्ध हो गए। कृष्ण ने सखा-अर्जुन को अभिमंत्रित कर उसे सार्वजनिक जीवन का भागीदार बनाया और मैत्री, त्याग व सद्परामर्श की अविरल धाराओं से उसे सराबोर कर दिया। परिणाम यह हुआ कि अर्जुन ने भी अपनी शक्ति, बुद्धि व हृदय तथा उसमें वास करनेवाले विश्वास व श्रद्धा को कृष्ण के चरणों में अर्पित कर दिया। हृदय के अन्तरंग में पनपती व पोषित होती हुई प्रेम मल्लिका समय पाकर पत्रों व पुष्पों से आच्छादित व प्रस्फुटित हुई और उसने विश्व को अपनी सुगन्ध व सौन्दर्य से मोहित किया। कृष्ण और अर्जुन दोनों एक-दूसरे के हृदयों से कितने निकट थे, इसका प्रमाण उन दोनों की पारस्परिक प्रतिज्ञाएँ थीं। कृष्ण ने स्पष्ट शब्दों में युधिष्ठिर से कह दिया था—

तव भ्राता मम सखा सम्बन्धी शिष्य एवच।
मासा न्युत्कृत्य दास्यामि फाल्गुनाय महिपते॥
एष चापि नख्याघ्रो मत्कृते जीवत ज्यजेत।
एष नः समय स्तात तारयेम परस्परम्॥

यही कारण था कि अभिमन्यु की मृत्यु पर जब अर्जुन ने दूसरे दिन सायंकाल के पूर्व जयद्रथ के वध की भीषण प्रतिज्ञा ले डाली, तब उसके प्रण को पूर्ण कराने की चिन्ता में व्यग्र कृष्ण ने अर्ध रात्रि को अपने विश्वासी सारथी दारुक को सशस्त्र रथ तैयार करने की आज्ञा देते हुए, अपनी भावना व्यक्त की—

'हे दारुक! अर्जुन से अधिक प्रिय मुझे कोई नहीं। अर्जुन के बिना इस संसार को मैं एक क्षण भी नहीं देख सकता। तू इस बात को निश्चय जान कि अर्जुन मेरा आधा शरीर है।'

अर्जुन द्वारा सूर्यास्त के पूर्व जयद्रथ-वध सम्पन्न कराने का श्रेय यथार्थ में कृष्ण की रण-चातुरी, बुद्धिमत्ता व चतुर्दिक् दृष्टि को था। प्रतिज्ञा पूर्ण हो जाने पर कृष्ण ने अर्जुन को छाती से लगा लिया, और विजय शंख बजाते हुए धर्मराज के सन्मुख उपस्थित हुए। युद्ध का वृत्तान्त सुनाते हुए अपने कार्यों का किंचित् उल्लेख न कर कृष्ण ने अपनी प्रसन्नता व्यक्त करते हुए कहा—'महाराज, आपकी भक्ति से जिसका अन्तःकरण व्याप्त है, उस नर-शार्दूल अर्जुन ने आज सहस्रावधि योद्धाओं को यमपुर भेज, जयद्रथ की समाप्ति कर दी।'

अपने यश की पता अर्जुन के मस्तक पर बाँध सारथी कृष्ण एक ओर निर्द्वन्द्व खड़े हो गए। यही तो है मैत्री का रूप और उसकी उत्कृष्टता।

अर्जुन और कृष्ण की एकनिष्ठा से स्वयं दुर्योधन परिचित था। उसने एक बार स्पष्ट कहा था—

'कृष्ण अर्जुन की आत्मा है और अर्जुन कृष्ण की। अर्जुन जो कुछ भी कृष्ण से कहेगा वे वैसा ही करेंगे। अर्जुन के लिए कृष्ण दिव्य लोक का भी त्यागकर सकते हैं और अर्जुन भी कृष्ण के लिए प्राणों का परित्याग कर सकता है।'

मैत्री आत्मीयता में साकारित होती है। अर्जुन से कृष्ण की कितनी आत्मीयता थी तथा उस पर कितना विश्वास था इसका प्रमाण प्रभास क्षेत्र की अन्तिम घटना है।

यादवगण अपने हाथ रक्त रंजित कर एक-दूसरे का स्वाहा कर चुके थे। कृष्ण भी अपने ज्येष्ठ बन्धु बलराम के साथ-साथ अपनी मानवलीला समाप्त करने के इच्छुक थे। भौतिक जीवन की उस अन्तिम घड़ी में कृष्ण ने प्रभासपट्टन से द्वारका जाकर अपने वृद्ध पिता को यादव-संहार का हाल सुनाते हुए अपना अन्तिम निश्चय व्यक्त किया और उन सबको धीरज बँधाते हुए कहा, 'जब तक अर्जुन द्वारका नहीं आ जाता तब तक वे सबकी देखभाल करें और अर्जुन आते ही सब सँभाल लेगा। हे पिताजी, जो मैं हूँ सो अर्जुन है और जो अर्जुन है सो मैं हूँ। हम दोनों में किसी प्रकार का भेद नहीं।'

ये उद्‌गार कृष्ण के महान हृदय में प्लावित मैत्री, सद्‌भाव व आत्मीयता का इतना मधुर व उज्ज्वल प्रमाण उपलब्ध करते हैं कि अन्य उदाहरणों की आवश्यकता ही नहीं रहती।

गृहस्थ-रूप

पुराणों के अनुसार कृष्ण के महलों में हजारों पतियों का जमघट था। इनमें वे राजकन्याएँ भी सम्मिलित थीं जिनकी मुक्ति श्रीकृष्ण ने भौमासुर के बन्धन से की थी। यदि उनकी संख्या इस नारी समूह से घटा भी दी जाए तब भी उनकी आठ विशेष रानियाँ शेष रह जाती हैं। भागवत के अनुसार वे निम्नलिखित हैं—

1. रुक्मिणी, 2. जामवन्ती, 3. सत्यभामा, 4. भद्रा, 5. कालिन्दी, 6. मित्रवृन्दा, 7. सत्या, 8. लक्ष्मणा।

इन अष्ट नायिकाओं में से रुक्मिणी, भद्रा, सत्या, मित्रवृन्दा व लक्ष्मणा राजकुलों की और कालिन्दी, जामवन्ती व सत्यभामा साधारण कुलों की

कन्याएँ थीं। महाभारत में रुक्मिणी और सत्यभामा का उल्लेख कुछ स्थलों पर आया है, शेष की कोई चर्चा नहीं मिलती। अन्य ग्रन्थों में यह संख्या 8 से बढ़कर कहीं दस और कहीं बारह, चौदह तक हो गई है।

भारतीय ग्रन्थों में कृष्ण की इतनी अधिक रानियों व पटरानियों का वर्णन होने के कारण अन्य धर्मावलम्बी व विदेशी सज्जन उनके ऊपर कामुकता व विलासिता का आक्षेप लगाते हैं। सामाजिक जीवन के आधुनिक दृष्टिकोण एवं साम्प्रत में नारी वर्ग का जो मूल्यांकन किया जा रहा है उसके विचार से यह प्रश्न विशेष रूप से विवादग्रस्त हो जाता है कि क्या कृष्ण कामुक थे अथवा उनका गार्हस्थ्यिक जीवन विलासिता का केन्द्र था?

यह तो निस्संकोच कहा जा सकता है कि त्रेतायुग में रघुकुल तिलक रामचंद्रजी ने उस काल में प्रचलित बहुविवाह के विरुद्ध एकपत्नी व्रत का जो महान आदर्श स्थापित किया था, वह पश्चात् काल में शिथिल हो गया और राजवंशियों के साथ-साथ अन्य जातियों में भी पुरुषों के बहुविवाह की प्रथा पुनः प्रचलित हो गई। अनुलोम व प्रतिलोम विवाह भी होने लगे। यहाँ तक कि नियोग की प्रथा चालू हो गई। क्षत्रियों में तो पुरुषों का बहुविवाह एक साधारण बात हो गई। सामाजिक व राजनीतिक परिस्थितियाँ दिन-प्रतिदिन जटिल होती जा रही थीं। उस काल की प्रचलित प्रथाओं व मान्यताओं के परिवेश में ही कृष्ण के सामाजिक व राजनीतिक जीवन का स्पष्टीकरण उपयुक्त होगा। आधुनिक धारणाओं के आधार पर उस काल के महापुरुषों का मूल्यांकन न्यायसंगत नहीं होगा।

प्रथम विचारणीय बात यह है कि एक से अधिक पत्नियों के होने से ही क्या किसी पुरुष पर कामुकता या विलासिता का दोष आरोपित किया जा सकता है? भारतीय राजवंशों में तो विवाह केवल गार्हस्थ्यिक दृष्टि से ही नहीं, वरन् राजकारणों से भी सम्बन्धित रहते थे। इतिहासकार लिखते हैं कि छत्रपति शिवाजी ने आठ विवाह किए थे और पंजाब केसरी रणजीतसिंह की बारह रानियाँ थीं। परन्तु कोई विचारक उन पर कामुकता का दोष आरोपित नहीं करता। राजकारणों की मजबूरी एवं शास्त्र निषेध न होने के कारण तथा विशेष परिस्थितियों में एक से अधिक विवाह मान्य और अनिवार्य माने जाते रहे हैं।

किसी स्त्री के रूप-लावण्य पर मोहित हो जाना और किसी भी प्रकार उसे हस्तगत करने की चेष्टा, कामवासना या कामुकता कही जा सकती है। कामासक्त पुरुष अन्य संसारी कर्तव्य-कर्मों को छोड़कर जब स्त्रियों के संसार में मग्न रहे तभी उसे विलासी कहा जा सकता है। कृष्ण के जीवन में कभी

कोई ऐसा प्रसंग नहीं मिलता जब किसी तरुणी पर रीझकर उन्होंने उसे किसी भी प्रकार प्राप्त करने की उत्सुकता प्रदर्शित की हो या कोई चेष्टा की हो। देवी रुक्मिणी की हार्दिक अभिलाषा की पूर्ति के हेतु उन्होंने उनका वरण किया। जामवन्ती व सत्यभामा को उनके पिताओं ने स्वेच्छा से कृष्ण को अर्पित किया। लक्ष्मणा को स्वयंवर में जीता। इसी तरह अन्य कन्याओं को या तो उनकी इच्छा या माता पिताओं के आग्रह से स्वीकार किया। केवल इसी विचार से कि कृष्ण के आठ रानियाँ थीं, उन पर कामुकता या विलासिता का लांछन नहीं लगाया जा सकता।

उन कन्याओं का प्रश्न अवश्य शेष रह जाता है जिनकी मुक्ति प्राग्ज्योतिषपुर में की गई थी। समस्या थी उनके मानवी जीवन की। उनके चरित्र व उनकी मानसिक व्यथा का उल्लेख 'कृष्णायन' के कवि ने बड़ी हार्दिकता से किया है—

'रूप राशि पै द्युति रहित, कलुषित पै निष्पाप
जात रूप रज ध्वस्त जनु, जय जीवन अभिशाप।'

उनके जटिल प्रश्न को पवित्र व विशाल हृदयधारी कृष्ण सरीखे महापुरुष ही हल कर सके। जिस रूप में उस समस्या को सुलझाकर उन देवियों के शील व चरित्र की रक्षा की गई, उस पवित्र कार्य से मनस्वी कृष्ण के महान चरित्र पर लांछन की अपेक्षा उनकी सामाजिक अभ्युत्थान की अभिरुचि और नारी वर्ग के उत्कर्ष की करुणाजनक अभिलाषा प्रदर्शित होती है। साथ ही वह महद् कार्य उनके मानसिक व नैतिक साहस की उत्कृष्ट कीर्ति छटा में चार चाँद लगा देता है।

इन स्त्रियों के साथ कृष्ण का क्या व कैसा सम्बन्ध था, इसका उल्लेख श्री शुकदेव जी ने किया है—

"परीक्षित! सच पूछो तो वे अपने पति भगवान कृष्ण की महिमा नहीं समझती थीं। अपने आत्मानन्द में एकरस स्थित कृष्ण के कमल-कली के समान सुन्दर मुख, विशाल बाहु, कर्ण स्पर्शी नेत्र, प्रेम भरी मुस्कान और मधुर वाणी से वे सुन्दरियाँ स्वयं मोहित रहती थीं। अपने श्रृंगार व हाव-भाव से वे उनको अपनी ओर आकर्षित करने की चेष्टा करती थीं परन्तु किसी प्रकार तथा किन्हीं साधनों से वे कृष्ण के मन में चंचलता उत्पन्न न कर सकीं।"

सम्भावित सामाजिक कलंक-कूप से उन अबलाओं को उबारकर, निराश्रितों को आश्रय प्रदान कर, कृष्ण ने अपने महलों को यथार्थ सेवा-सदन बना रखा था, जहाँ वे बालाएँ सुरक्षित थीं और प्रतिष्ठा व सम्मानपूर्वक अपना

शीलयुक्त जीवन व्यतीत कर सकती थीं। कृष्ण की इस उदार प्रक्रिया पर विषाक्त धूम्र छोड़ना धृष्टता है। यह प्रकरण तो उनके उज्ज्वल चरित्र को अधिक उज्ज्वल और विभूतित्व को महान बनाने में समर्थ है।

कृष्ण कामासक्त थे या काम-विवर्जित, इस सम्बन्ध में धर्माचारी युधिष्ठिर के प्रमाणकारी वचन स्वयं साक्षीभूत हैं—'हे कृष्ण, कोई तो मित्रता के कारण मेरे दोष नहीं बताता, कोई स्वार्थवश मीठी-मीठी बातें कहता है। हे महात्मन्, इस पृथ्वी पर ऐसे मनुष्य ही अधिक हैं, इसलिए उनकी सम्मति लेकर कोई काम नहीं किया जा सकता। तुम उक्त दोषों से रहित और काम-क्रोध से विवर्जित हो, इस हेतु मुझे यथार्थ परामर्श दो।'

यदि कृष्ण में कुत्सित कामुकता सरीखा कोई दुर्गुण या विलासिता का व्यसन होता तो उस काल के वयोवृद्ध आबाल ब्रह्मचारी भीष्म और गुरु द्रोणाचार्य सरीखे विद्वान और स्पष्टवक्ता उन्हें अग्र पूजा का अधिकारी कदापि घोषित न करते और उनके घोर विद्वेषी शिशुपाल ने भी उन्हें इस दोष का दोषी नहीं माना, तब उनके ऊपर कामुकता या विलासिता का कीचड़ उछालना अनर्गल प्रलाप ही माना जाएगा। यह जानी-मानी बात है कि जिस गृहस्थ के घर में एक से अधिक स्त्रियाँ होती हैं वहाँ द्वेष व कलह का प्रदर्शन प्रतिदिन का व्यापार बन जाता है। फिर जिस घर में भिन्न-भिन्न विचार व भावनाओं की सहस्रों स्त्रियों का जमघट हो वह तो पारस्परिक ईर्ष्या, विवाद, विषाद, विग्रह आदि के कारण साक्षात् नरक हो जाएगा और चौबीसों घंटे शैतान का क्रीड़ा-स्थल बना रहेगा। ऐसे घर का स्वामी पल भर भी चैन की साँस नहीं ले सकेगा। द्वारका के वैभव सम्पन्न राज्य व समाज के कर्णधार कृष्ण अपने आनन्दमय गृहस्थाश्रम में उसी प्रकार निर्लिप्त रहते थे जैसे सरोवर में कमल। उनके गार्हस्थ्यिक जीवन के सम्बन्ध में कुछ ऐसी ही शंका ऋषि नारद को हुई और उत्सुकतावश वे कृष्ण का दैनिक जीवन अपनी आँखों से देखने के लिए द्वारका पहुँचे तथा सम्पूर्ण आवास का भ्रमण व निरीक्षण कर एवं कृष्ण की दिन व रात्रिचर्या व व्यस्त कार्यक्रम देखकर चकित हो गए और अन्त में कह उठे—

"क्यों न हो, कृष्ण योगीश्वर ही नहीं, योगेश्वर जो हैं।"

मनोविजयी

त्रिविधं नरक स्येदं दारं नाश नमात्मनः
काम क्रोध स्तथा लोभस्त स्मादे तत्जयं त्यतेज–

(गीता 16–21)

उपर्युक्त सूत्र का उपदेशक कामासक्त नहीं हो सकता और न ही था। कृष्ण 'काम विवर्जित' ही न थे, किन्तु उनके अन्तःकरण की वृत्ति भी निरासक्त थी। सांसारिक वैभव व सम्पन्नता में वे निर्लिप्त थे। यह मान्यता बिलकुल गलत है कि केवल अध्यात्मवादियों के लिए ही इन्द्रिय-जय आवश्यक है। प्रत्येक प्राणी के लिए जो समाज का अंग है, 'इन्द्रिय-जय' उतना ही आवश्यक है जितना आत्मज्ञान साधक के लिए। विशेषकर उन क्षत्रियों के लिए जो राजकारणों से सम्बन्धित रहते हैं, इन्द्रियों के वशीभूत हो जाना, महान दुर्गुण है। प्रसिद्ध राजशास्त्र विशारद कौटिल्य का कथन है कि—

'राज्य मूलं इन्द्रिय जयः'

इस सिद्धान्त की चर्चा करते हुए महामति कौटिल्य ने अर्थशास्त्र में लिखा है—'इन्द्रिय-जय' से विद्या व विनय की प्राप्ति होती है। इसलिए काम, क्रोध, लोभ, मान, मद, मत्सर का त्यागकर नेत्र, कान, जिह्वा व त्वचा सम्बन्धी जिह्वा शब्द, स्पर्श, रूप, रस और गन्ध का शास्त्रानुकूल सेवन ही 'इन्द्रिय-जय' कहा जाता है। जिसकी इन्द्रियाँ स्वाधीन नहीं और जो शास्त्रों के विरुद्ध वर्तन करता है, उस राजा का राज्य कितना ही विस्तृत क्यों न हो वह समुद्रवलयांकित पृथ्वी का भी अधिकारी क्यों न हो, वह राज्य अल्पकाल में ही नष्ट हो जाएगा। इसलिए राजर्षियों का जितेन्द्रिय होना आवश्यक है।

कृष्ण की काम-विवर्जिता का प्रमाणीकरण हो जाने के पश्चात् यह देखना शेष रह जाता है कि अन्य विकारों का उन पर कितना प्रभाव था अथवा उन विकारों पर कृष्ण का कितना प्रभुत्व था।

क्रोध

क्रोध यदि अग्नि है, तो सहनशीलता जल है, जो उस प्रकोप को सदा शान्त करता रहता है। कृष्ण प्रेम व विनय की मूर्ति थे। अपने मृदुल कर स्पर्श से, मधुर व नीतियुक्त वाणी से वे अन्य लोगों की मानसिक उत्तेजना सहज ही शान्त कर देते थे। यद्यपि विशेष परिस्थितियों में उन्हें क्रोध का प्रदर्शन करना भी पड़ा है। राजसूय यज्ञ में शिशुपाल का प्रसंग उसका मुख्य उदाहरण है। अपनी शान्त प्रकृति के कारण कृष्ण शिशुपाल के दुर्व्यवहार की अवहेलना करते रहे। जब तक उसकी उत्तेजना शब्दों तक सीमित रही, तब तक कृष्ण उन क्रूर कुटिल वाग्बाणों को सहन करते गए। उनकी शान्तिप्रियता को शिशुपाल ने उनकी अशक्ति या निर्बलता मानकर आवेग में आकर तलवार खींच ली और युद्ध के लिए ललकारता हुआ आगे बढ़ा। उसी समय कृष्ण अपने आसन से उठ खड़े हुए। उनका रोषयुक्त मुख और तेजयुक्त नेत्र देखकर सब सभासदों की आँखें चौंधियाँ गईं। उसे सचेत करते हुए कृष्ण ने स्पष्ट कह दिया कि राजसमाज में उसका व्यवहार सभ्यता से परे है, अतएव अक्षम्य है। शान्त होने के बजाय शिशुपाल ठहाका मारकर हँसने लगा और उनकी ओर झपटा कि कृष्ण ने उसका शिरोच्छेद कर दिया। कृष्ण के क्रोध-प्रदर्शन का दूसरा प्रसंग कौरव सभा में आया जब उन्हें दुर्योधन और उसके साथियों की दुरभि सन्धि का पता लगा। उस समय कृष्ण ने केवल उत्तेजित अट्टहास ही किया कि समस्त सभासद चौंक उठे, निस्तेज हो गए और नतमस्तक उनकी विदाई करने को उठ खड़े हुए। क्रोध का प्रकोप हिंसामूलक होता है। कृष्ण स्वभाव से अहिंसक थे। क्रोध सरीखी भावना उनके चित्त पर अपना क्षणिक खेल दिखलाती और तुरन्त ही लोप हो जाती थी। जीवन में ऐसे भी अवसर आते हैं जब रुष्टता या क्रोध का प्रदर्शन समाज के हित के लिए आवश्यक हो जाता है। किसी घृणित अनीति या अत्याचार को देखकर चुपचाप रह जाना या उससे आँख-मिचौली कर तटस्थ हो जाना भी सामाजिक अपराध है। राष्ट्रकवि दिनकर ने कहा भी है—

''समर शेष है-नहीं पाप का भागी केवल व्याघ
जो तटस्थ हैं समय लिखेगा उनके भी अपराध।''

किसी गर्हित कृत्य को देखने पर रोषपूर्ण वाणी से उसका प्रतिकार करना, सद्गुण है। ऐसे अवसरों पर क्रोध का प्रदर्शन न्याययुक्त या धर्मयुक्त क्रोध (Rightious Anger) माना जाता है। केवल अपने स्वार्थ साधन के निमित्त या

अन्यों का अपहित करने के लिए किया गया क्रोध पापमूलक होता है। कृष्ण ने जिन स्थलों पर क्रोध प्रकट किया वे समाज हित के ही प्रसंग थे।

एक बार द्वारकापुरी में एक महाक्रोधी तपस्वी आया। उसके शरीर का रंग ताम्रवर्ण था। वह वल्कल-वस्त्र पहिनता और हाथ में सदा कटीली छड़ी लिये रहता था। वह इच्छानुसार निर्द्वन्द्व घूमा करता और सभा भवन व नगर के चौराहों पर चिल्ला-चिल्लाकर हाँक लगाता था कि क्या नगर में कोई ऐसा पुरुष है जो उसे सत्कारपूर्वक अपने घर टिका सके? उस क्रोध मूर्ति तपस्वी को, जिसका नाम दुर्वासा था, अपने घर में किसी ने आश्रय नहीं दिया। जब उसे नगरी में ठहरने का कहीं स्थान न मिला, तब वह समस्त नगरवासियों की निन्दा करने लगा और शाप देने को तत्पर हुआ। निदान कृष्ण उसे साग्रह महल में ले आए और वहीं उसे ठहरा दिया।

एक दिन अपने पलंग, बिछौने तथा अन्य सब सामान को अग्नि में भस्म कर वह एकाएक गायब हो गया। जब लौटकर आया तब बोला, 'कृष्ण, मेरा मन इसी समय गरमागरम दुग्धपाक खाने को चाह रहा है, जल्द बनवाकर ला।' उसके आते ही कृष्ण समझ गए कि वह तंग करने का प्रयोजन किए हुए है, वे उसकी सब विचित्रताएँ और क्रियाएँ सहन करने को तैयार थे। अतः उसके लिए गरम खीर बनवाकर उन्होंने उसे परोसा। थोड़ी-सी खाकर वह बोला कि कृष्ण बाकी गरम दुग्धपाक अपने शरीर में लपेट ले। बिना हिचकिचाहट के कृष्ण ने वैसा ही किया और उसका उच्छिष्ट, केवल पैर के तलुवे छोड़कर, बाकी सब शरीर पर चुपड़ लिया। उस समय रुक्मिणी उनके निकट खड़ी सब तमाशा देख रही थीं। उस विप्र ने कहा कि वह बचा हुआ दुग्धपाक रुक्मिणी को भी लपेट दे। कृष्ण ने वैसा ही कर दिया। तब उसने घूमने के लिए रथ मँगाया। उसने रथ में जुते घोड़े छुड़वा दिए और कृष्ण व रुक्मिणी को उस रथ में जुतने की आज्ञा दी। वे दोनों रथ में जुत गए और वह ब्राह्मण हाथ में कोड़ा लेकर उस पर सवार हुआ और आज्ञा दी कि उस रथ को खींचते हुए नगर परिभ्रमण के लिए ले चले। निदान रथ पर उस ब्राह्मण को बिठाए सड़क पर से रथ खींचते हुए कृष्ण व रुक्मिणी दोनों आगे बढ़ें। उनका चित्र-विचित्र रूप और अश्व-क्रिया देखकर नागरिकों की भीड़ एकत्रित हो गई। सब लोग चकित थे। भीड़ देखकर उसने रथ पर बैठे-बैठे, दोनों को हंटर फटकारना शुरू कर दिया और तीव्र गति से दौड़ने की आज्ञा प्रसारित की। कृष्ण तो मार सह गए, परन्तु रुक्मिणी उस कष्ट से तिलमिला गई। उन्होंने रुक्मिणी को शान्त रहने का परामर्श दिया परन्तु एकत्रित यादवगण

उस मुनि के असभ्य आचरण व अमानुषिक व्यवहार से क्रोधित हो उठे। तपस्वी ने क्रोधित होकर कहा कि यदि किसी ने कोई शब्द उच्चारित किया तो वह शाप दे देगा। कृष्ण ने विनयपूर्वक नागरिकों को शान्त रहने का आदेश दिया। रथ खींचती व दौड़ती हुई रुक्मिणी रास्ते में ठोकर खाकर गिर पड़ी। तब अकेले उन्होंने दोनों ओर से उस रथ को सम्हाला और उससे क्षमा माँगते हुए आगे बढ़े। इतने में रुक्मिणी भी खड़ी हो गई और पुनः रथ की बाजू में लग गईं। तब उस क्रोधमूर्ति ने रथ रुकवा दिया और कहने लगा—

'कृष्ण तूने विजय प्राप्त कर ली है। क्रोध अपनी सत्ता तुझ पर नहीं जमा सका, वह तेरे वशीभूत है। मैं प्रसन्न होकर तुझे वरदान देता हूँ कि जहाँ-जहाँ तेरे शरीर में दुग्धपाक लगा है, वहाँ शस्त्राघात होने पर भी तेरी मृत्यु नहीं होगी। यह स्मरणीय है कि कृष्ण ने अपने तलुवों में दुग्धपाक नहीं लगाया था और जरा का बाण तलुवे में लगने से ही प्रभु की मृत्यु हुई थी। रुक्मिणी तेरी कीर्ति दिगदिगन्त में व्याप्त होगी। अपूर्व पतिनिष्ठा के कारण तेरा और तेरे पति का अक्षय सम्बन्ध रहेगा।'

ऐसे शुभ वचन कहता हुआ वह तेजस्वी, तपस्वी ब्राह्मण प्रसन्नचित्त द्वारका से चला गया।

लोभ

काम की प्रतिकूलता से क्रोध और अनुकूलता से लोभ की जड़ें फैलती हैं। 'अर्थ' का अपरिमित संचय और उसके वितरण में कृपणता, लोभ का मूर्तिमान रूप है। लोभरूपी मनोवृत्ति का दमन केवल दान और त्याग से सम्भव होता है। कृष्ण कितने निर्लोभी, दानी व त्यागी थे, इसका विशेष विवेचन अपेक्षणीय नहीं। इन सात्त्विक गुणों से उनका जीवन ओतप्रोत है। उनके 'औदार्य' गुण में उनकी निर्लिप्तता एवं निर्लोभ का वर्णन हो चुका है। कंस वध के पश्चात् मथुरा के राज्य पर अपना स्वत्व स्थापित न कर, राजा उग्रसेन को राज्य सिंहासन पर आग्रहपूर्वक आरूढ़ करा देना। कृष्ण के निर्लोभत्व का स्पष्ट प्रमाण है। राजसूय यज्ञ प्रारम्भ करने के पूर्व धर्मराज युधिष्ठिर ने बड़े मार्मिक वचन कहे—

'कृष्ण, आपके ही कारण मुझे इस पृथ्वी का राज्य प्राप्त हुआ है, अतएव मेरी हार्दिक इच्छा है कि आप ही इस यज्ञ की दीक्षा लें और हम सबको कृतार्थ करें।'

युधिष्ठिर की भावना वाणी का कृष्ण ने जो उत्तर दिया वह उनके रूप और गुणों के अनुकूल था—

'हे कुरुनन्दन! आप ही इस साम्राज्य के अधिपति हैं। इसलिए यज्ञ आपको ही करना चाहिए। मैं तो आपकी सेवा में सदा प्रस्तुत रहूँगा।'

ऐसा ही अवसर महाभारतीय युद्ध की समाप्ति और युधिष्ठिर द्वारा सम्पन्न अश्वमेध के पश्चात् भी उपस्थित हुआ। युधिष्ठिर ने यज्ञ दक्षिणा में सारा राज्य महर्षि व्यास को दान कर दिया किन्तु उन्होंने अस्वीकृत कर दिया, तब कृतज्ञता के रूप में युधिष्ठिर ने वही राज्य कृष्ण को देने का विचार प्रकट किया। कृष्ण ने भी तुरन्त ही उसे अस्वीकार कर दिया। महायुद्ध के परिणामस्वरूप विजयमाल स्वयं ग्रहण न कर जिसने उसे भीम और अर्जुन के गले में डाल दी एवं स्वार्जित यश व कीर्ति जिसने दूसरों को अर्पित कर देने की असाधारण क्षमता प्रदर्शित की, उस महापुरुष की वित्तेषणा व लोकेषणा में निरासक्ति और निर्लिप्ति स्वयं प्रमाणित है।

मोह

काम, क्रोध, लोभ बुद्धि को आच्छादित कर अज्ञानरूपी अन्धकार का प्रसार करते हैं। उसके प्रादुर्भाव से मिथ्या ममत्व उत्पन्न होता है, जो 'मोह' कहलाता है। अज्ञानजनित बुद्धि से मिथ्याभिमान उत्पन्न होता है, जिसका प्रदर्शन 'मद' कहा जाता है। मत्सर उसका सखा है। ईर्ष्या, द्वेर्ष्या, डाह आदि उसके रूप हैं।

अर्जुन को मोहान्धकार से छुड़ानेवाला स्वयं मोहग्रस्त हो ही नहीं सकता। जिस वृहद् कुटुम्ब और यादव समाज के कृष्ण एकमात्र कर्णधार थे, उन सब पर उनकी भावना समत्व की थी न कि ममत्व की। कृष्ण मानवता के पुजारी थे। वे उन सद्गुणों के प्रशंसक व उपासक थे जो मानवता को संवर्द्धित करने में सहायक हो सके तथा उन अवगुणों के विरोधी थे जो मनुष्य को उसकी स्थिति से नीचे गिरानेवाले हों। इसी कारण अपने ही वंशजों व जाति भाइयों की अनैतिक प्रवृत्ति में उत्तरोत्तर वृद्धि देख, उनका संहार करने-कराने में कृष्ण को किंचित् संकोच नहीं हुआ और इस प्रकार उन्होंने अपने निर्ममत्व का प्रत्यक्ष दिग्दर्शन संसार को करा दिया।

सारांश यह कि तेज, क्षमा, धैर्य, शुचिता, अद्रोह, निर्भयता, निरभिमानता, निर्लिप्तिता, औदार्य आदि दैवी सम्पत्ति के सद्गुणों से कृष्ण सम्पृक्त थे। इन

विशिष्टताओं की दीप्ति का ही चमत्कार था, जिसके प्रभाव में अर्जुन सरीखे स्वाभिमानी, पराक्रमी और वीर भीमसेन सरीखे उद्दंड बलाभिमानी और युधिष्ठिर सरीखे धर्मनिष्ठ महापुरुषों ने अपने जीवन की बागडोर उनके हाथों में सौंप दी थी। आश्चर्य तो इस बात पर होता है कि तप, शक्ति और ज्ञान के भंडार वयोवृद्ध भीष्म पितामह भी जो अपने गुरु परशुराम से युद्ध करने में भी पीछे नहीं हटे, वे रणक्षेत्र में कृष्ण को अपनी ओर झपटते देख, विनम्रतापूर्वक शुद्ध चित्त से उनकी अभ्यर्थना करने लगे तथा उन्होंने अपना मन भी उनके चरणों में अर्पित कर दिया।

लोकसंग्रही

सृष्टि में कर्म सर्वत्र श्लाघनीय है परन्तु सभी कर्म 'लोकसंग्रह' के अन्तर्गत नहीं आते और न सभी व्यक्ति 'लोकसंग्रही' होते हैं। अपने चारों ओर मनुष्यों का समुदाय एकत्रित कर जैसा वह कहे वैसा करते रहना या मनमाना कर्म करना कदापि लोकसंग्रह नहीं। लोकमान्य तिलक ने इसे प्रतिपादित करते हुए कहा है कि—

"अज्ञानी और मनमाना बर्ताव करनेवाले लोगों को ज्ञानवान बनाकर सुस्थिति में एकत्र करना और उन्हें आत्मोन्नति के मार्ग में लगाना लोकसंग्रह है।" उनके मतानुसार, " 'लोक' शब्द केवल मनुष्यवाची नहीं। वह व्यापक शब्द है और 'लोकसंग्रह' पद से यह अर्थ विवक्षित है जिससे अकेले मनुष्य का ही नहीं किन्तु अन्य (देवलोक, पितरलोक आदि) सब लोकों का भी उचित धारण, पोषण हो और वे परस्पर एक-दूसरे का प्रेम सम्पादन करें वही लोकसंग्रह है।" सारी सृष्टि के पालन-पोषण करने का अधिकार तो भगवान का है। ज्ञानी पुरुष को वही अधिकार अपने ज्ञान के कारण प्राप्त हुआ करता है। ज्ञानी पुरुष को जो बात प्रामाणिक जँचती है, अन्य लोग भी उसे प्रमाण मानकर तदनुकूल व्यवहार करने का प्रयत्न करते हैं। इसी अभिप्राय को मन में लाकर शान्ति पर्व में युधिष्ठिर से महात्मा भीष्म ने कहा है—

"लोकसंग्रह संयुक्तं विधाता विहितं पुरा।
सूक्ष्म धर्मार्थ नियत सतांचरित मुक्तमम्॥"

अर्थात् साधुओं का उत्तम चरित्र लोकसंग्रह कारक और सूक्ष्म प्रसंगों पर धर्मार्थ का निर्णय कर देनेवाला होता है। स्वयं ब्रह्मदेव ने उसकी सृष्टि की है। लोकसंग्रह विहित कर्मों का ज्ञानयुक्त सम्पादन मात्र है और साधु पुरुष ही इसे करने के अधिकारी हैं। वे संसार के नेत्र हैं। यदि वे अपना काम छोड़ दें तो समस्त जगत् ही अन्धकार में नष्ट हो जाएगा। इस कारण साधु पुरुषों के कर्तव्यों में 'लोकसंग्रह' प्रधान कर्तव्य है। जिसे परमेश्वर के स्वरूप का

ऐसा अपरोक्ष ज्ञान हो कि सब प्राणियों में एक आत्मा है, उसके मन में 'सर्वभूतानुकम्पा' आदि उदात्त वृत्तियाँ जाग्रत् हो जाती हैं। तब स्वभाव से ही उसके मन की प्रवृत्ति लोककल्याण की ओर झुक जाती है। ऐसे पुरुषों के लक्षण सन्त तुकाराम ने बतलाए हैं जो कविवर मैथिलीशरण गुप्त के शब्दों में निम्नरूपेण हैं—

वास उसी में है विभु वर का, है बस सच्चा साधु वही।
जिसने दुनिया को अपनाया, बढ़कर उनकी बाँह गही॥
आत्म-स्थिति जानी उसने ही, पर-हित जिसने व्यथा सही।
पर हितार्थ जिसका वैभव है, उससे ही है धन्य मही॥

अतएव यह निश्चित रूप से कहा जा सकता है कि सच्चे कर्मयोगी के निःस्वार्थ बुद्धि एवं फलासक्ति रहित लोकहितार्थ किए जानेवाले कर्म ही 'लोकसंग्रह' के अन्तर्गत आते हैं। आचार्य विनोबा के कथनानुसार, गीता में 'कर्म' शब्द स्वधर्म के अर्थ में व्यवहृत हुआ है। हमारा खाना, पीना, सोना—ये कर्म ही हैं, परन्तु गीता के 'कर्म' शब्द से ये सब क्रियाएँ सूचित नहीं होतीं। 'कर्म' से वहाँ मतलब स्वधर्माचरण से है। यह स्वधर्म निश्चित कैसे किया जाए—इस सरल प्रश्न का सरल उत्तर है कि वह स्वाभाविक हो। स्वधर्म सहज होता है। उसे कहीं खोजने नहीं जाना पड़ता। सच तो यह है कि हमारे जन्म के साथ ही हमारा स्वधर्म भी जन्मता है। बल्कि यह भी कह सकते हैं कि वह तो हमारे जन्म के पहिले से ही हमारे लिए तैयार रहता है। वह हमारे जन्म का हेतु है। हमारा जन्म उसकी पूर्ति के लिए होता है, यह कर्म शुद्ध निष्काम भावना से प्रेरित और लोकहितकारी होता है।

स्वधर्म में स्वदेशी धर्म, स्वजातीय धर्म और स्वकालीन धर्म का समावेश होता है। इस स्वधर्म का विधिवत् पालन ही 'लोकसंग्रह' है। इस परिप्रेक्ष्य में ज्यों-ज्यों कृष्ण के चरित्र का परिशीलन किया जाता है, त्यों-त्यों यह स्पष्ट होता जाता है कि वह चरित्र गीतोक्त कर्मयोग के समस्त अंगोपांगों का स्पष्टीकरण करनेवाले उदाहरणों का अपूर्व संग्रह है। उसमें व्यक्तिधर्म, समाजधर्म, राष्ट्रधर्म और समष्टिधर्म का अद्भुत एकीकरण व सामंजस्य पाया जाता है। उससे यह भी स्पष्ट हो जाता है कि व्यक्तिधर्म और कुलधर्म की अपेक्षा राष्ट्रधर्म श्रेष्ठ है। उस चरित्र की अपूर्वता चमत्कार प्रदर्शन में नहीं, किन्तु साध्य कर्मों के दिग्दर्शन और शुद्ध आचरण में दर्शित होती है।

बाल्यकाल में ही कृष्ण ने समस्त गोप समाज में सर्वात्म प्रेम का प्रसार कर, सब बाल-वृद्ध, नर-नारियों को अपनी ओर आकृष्ट कर लिया। उस

समाज में धर्म के नाम से प्रचलित मिथ्या मान्यताओं व निसत्व रूढ़ियों को समाप्त कर इन्द्र-यज्ञ के स्थान पर गो-गिरि संवर्द्धन यज्ञ प्रचलित किया। यज्ञों में पशु वध बन्द कराने के हेतु स्वयं गोचारण व गोरक्षण किया। अनेक आधिभौतिक व आधिदैविक विपत्तियों से गोपजनों के जनधन की रक्षा कर उन्हें स्वावलम्बन का पाठ पढ़ाया। अपने आपको उनका साधारण बन्धु कह सबसे समत्व स्थापित कर, बाल कर्मयोगी ने नम्रता, निरहंकारिता व सौजन्यता की मर्यादा बाँधी। समाज को सुखी व समृद्ध बनाने तथा आततायियों व समाज विद्रोही तत्त्वों को निरसन करने हेतु कई बार अपनी जान जोखिम में डाली। इन सब कार्यों में गोपाल कृष्ण का स्वत: कोई स्वार्थ न था, वे सब कार्य लोकहितार्थ थे। नि:स्वार्थ और सेवाभाव से किए गए इन कर्मों का यह परिणाम हुआ कि किशोरावस्था में ही कृष्ण वनवासी गोप समाज के पूर्ण प्रेम व श्रद्धा के पात्र बन गए तथा उनके नेतृत्व में लोगों का एक अभूतपूर्व विश्वास जाग्रत् हो उठा। उनके इंगित पर जनसाधारण अपना सर्वस्व न्योछावर करने के लिए तत्पर रहने लगा।

उनकी कीर्ति ब्रजमंडल की सीमा लाँघकर मथुरा के पीड़ित और त्रस्त यादवों में व्याप्त हुई और उनमें भी अपने उद्धार की नवीन आशा का संचार हुआ। उनकी प्रेरणा व निवेदन पर उनका परित्राण करने हेतु वृन्दावन का मनोहर व सुखमय स्थान त्याग, मथुरा के कंटकाकीर्ण पथ पर कृष्ण ने आगे पैर बढ़ाए और जाति बान्धवों के हितार्थ कंस का वध कर उन सबको अभयत्व प्रदान किया। यादव समाज की वृद्धि और स्वस्थ जीवन के हेतु कीर्ति-अपकीर्ति का विचार न कर, मथुरा को त्याग द्वारावती में नवीन राजधानी स्थापित की। सामाजिक न्याय और मानवता के गिरते हुए मूल्यों को उठाने के लिए सम्राट जरासन्ध की समाप्ति कर चौरासी क्षत्रिय नरेशों को निश्चित मृत्यु से बचाया एवं भौमासुर तथा मुर आदि दस्युओं का वध कर सहस्त्रों साध्वी बालाओं को संरक्षण दिया।

कृष्ण के इतने ही सार्वजनिक कार्य उनके लोकसंग्रह की चामत्कारिक छटा प्रकाशित करने के लिए पर्याप्त है। कृष्ण यदि चाहते तो द्वारका में स्थिर निवास कर लेने के पश्चात् बिना किसी झंझट या कष्ट के अपना शेष जीवन राजकीय वैभव सहित आनन्दपूर्वक व्यतीत कर सकते थे, परन्तु कर्मयोगी निरालस्य होते हैं। उनके जीवन की प्रत्येक घड़ी लोकहित चिन्तन में व्यतीत होती, उनके हृदय का प्रत्येक स्पंदन नि:स्वार्थ लोकसेवा के भाव से गतिमान होता और उनकी प्रत्येक क्रिया समाज, देश व जगत् के उत्थान, साधु सन्तों

के परित्राण व दुष्कर्मों के विलोप करने के निमित्त हुआ करती है। ऐसे ही विशिष्ट कर्मयोगी युगद्रष्टा व युगस्रष्टा माने जाते हैं। ये युग पुरुष संहारक व सृजक दोनों होते हैं। समाज में प्रचलित कुरीतियों, अनैतिक व्यापारों व अत्याचारों को जानकर या देखकर वे शान्त नहीं बैठ जाते, वरन् उन कुरीतियों को समाप्त कर उनके स्थान पर शुद्ध संस्कारों को प्रचलित करते एवं दुष्टों का दमन कराते हैं। द्वारका में समृद्धपूर्ण जीवन निश्चित हो जाने पर भी कृष्ण ने समस्त देश की गिरती हुई दशा पर आँख-मिचौली नहीं की वरन् उसके उद्धार व अभ्युदय के हेतु कृत संकल्प हुए।

निर्वासित, पदच्युत, श्रीहीन, दरिद्रता के परिवेश में भस्माच्छादित—अपनी वृद्धा माता की सेवा का भार उठाते हुए पांडव बन्धुओं को अपनी सूक्ष्मदृष्टि से पहचान लेना और द्रौपदी स्वयंवर के पश्चात् ही स्वयं अपने पद, वैभव व विभूति को विस्मरण कर, उनके वास स्थान पर जाकर अपना परिचय दे, बिना उनकी याचना के स्वयमेव हर प्रकार से उनकी सहायता करने की भावना कृष्ण के समान निष्काम कर्मयोगियों के हृदय में ही उठ सकती थी। उनके इस एक अप्रत्याशित कर्म ने ही पांडवों को उनका आजन्म ऋणी बना दिया। कृष्ण की यह दीनबन्धुता मानापमान-हीनता, सदयता, निर्मलता, नम्रता और गुणग्राहकता उनके शुद्ध अन्तःकरण की विशालता का उज्ज्वल परिचय देती है। बिना किसी आत्मस्वार्थ के संकटग्रस्त मानवों की स्वेच्छापूर्वक सहायता करना मानवीय महत्ता का लक्षण है। परहित साधना लोकहितैषियों का स्वभावजन्य कर्म हो जाता है। जिसने अपने अकिंचन सहपाठी के पग प्रक्षालन कर उसे लक्ष्मी सम्पन्न कर दिया, जिसने राजमहल के मेवा-मिष्टान्न परित्याग कर, सूखी रोटी और भाजी खाकर निष्कपट हृदय विदुर को समादरित किया, जिसने राजसूय यज्ञ के सर्वेसर्वा होते हुए, विद्वानों के चरण धोने और उनकी जूठी पत्तलें उठाने का कार्य भार अपने ऊपर लिया, उस महाप्राण की सहज समदृष्टि व व्यवहार-कुशलता की शुद्धता, उसके लोकसंग्रही रूप को स्वतः प्रज्वलित कर देती है।

कृष्ण की यह मान्यता थी कि कोई भी कर्म उच्च या नीच नहीं होता, किन्तु हृदय की भावना या अभिप्राय ही कर्म को उच्च व नीच बना देता है। वैभव व ऐश्वर्य सम्पन्न होते हुए भी जिस प्रेम से उन्होंने अपने सखा अर्जुन का सारथित्व स्वीकार किया, उसी प्रेम व श्रद्धा से उन्होंने रथ के अश्वों की भी सेवा की। गोपालक रूप में जिस प्रकार उनकी वंशी की ध्वनि सुनकर इधर-उधर चरती हुई गौएँ अपना तृण चरना छोड़कर उनकी ओर आकृष्ट हो

जाती थीं, उसी प्रकार अर्जुन के रथ के घोड़े उनके देखते या उनकी आवाज सुनते ही स्फूर्ति से हिनहिनाने लगते और टापों से भूमि खनन करने लगते थे। सारथी कृष्ण भी उनको नहलाते, सहलाते और अपने पीताम्बर में दाना लाकर स्वयं उन्हें खिलाते और पानी पिलाते। तात्पर्य यह कि कर्मयोगी अपने सन्मुख के कार्य को निस्संकोच होकर पूर्ण श्रम व कौशल से करने में हिचकता नहीं है।

यादव समाज में प्रचलित दुर्गुणों को निर्मूल करने में वे दत्तचित्त रहे। द्वारका स्थित यादवों में मद्यपान होने लगा था। उसे सामाजिक हानि, बल-क्षय व आपसी विग्रह उत्पन्न करने में सक्षम मान कृष्ण ने मद्य निषेध का प्रचार किया। राजाज्ञा द्वारा मद्यपान निषिद्ध ठहराकर उसे 'अपराध' घोषित कराया। उस आज्ञा से द्वारावती में शराब पीनेवाले को मृत्युदंड तक दिया जा सकता था। घोषणाएँ निम्न प्रकार की थीं—

1. आघोषितं च नगरे न पातव्यां सुरेति वै।

2. सुरा सवो न कर्तव्यः सर्वेनगर वासित्रिः

इन घोषणाओं से सुरापान बहुत समय तक बन्द रहा, परन्तु आदत से लाचार कुछ लोग लुक-छिपकर फिर पीने लगे। तब पुनः घोषणा हुई। द्वारका में मद्य-निषेध होने के कारण यादवों ने प्रभास क्षेत्र में जाकर, मनमानी मदिरा पीकर, आपस में झगड़ा कर डाला और एक-दूसरे से लड़कर मर गए।

सार्वजनिक कार्यों में रत रहते हुए भी कृष्ण अपने दैनिक लोककर्मों से कभी उदासीन नहीं रहे। उनकी दैनिकचर्या श्रीमद्‌भागवत में विस्तारपूर्वक वर्णित है। हस्तिनापुर को सन्धि-अभियान पर जाते हुए मार्ग में जहाँ भी वे विश्राम के लिए ठहरे वहाँ सन्ध्योपासना के पश्चात् विद्वानों को आमंत्रित कर उन्होंने शिष्टाचारपूर्वक उनका अभिनन्दन किया व दान देकर उनका सत्कार किया। हस्तिनापुर में देवी कुन्ती के चरण स्पर्श कर उन्हें सान्त्वना दी। युधिष्ठिर की चरण वन्दना वे किया ही करते थे। वीर शय्या पर लेटे हुए महात्मा भीष्म के पास जब वे धर्मराज को ले गए तब उनके चरण छूकर करबद्ध उनके सम्मुख खड़े रहने व युधिष्ठिर को उपदेश देने की प्रार्थना आदि का विस्तृत विवरण महाभारत में उपलब्ध है।

स्वतः अपने सदाचरण व व्यवहार से कृष्ण ने समाज को संगठित करने तथा उसे सभ्य व समृद्ध बनाने के हेतु जो लोकसंगृही कर्म किए उनके संक्षिप्त दर्शन हो जाने पर भी उनका वह महान लोकसंग्रही रूप, जो विश्व मंगलकारी है तथा जिसमें बहुत से रूप विलय हो जाते हैं, के दर्शन अभी भी शेष हैं।

अंग्रेजी के एक महान लेखक का वाक्य है—"यथार्थ में ऐसा कोई व्यक्ति महान नहीं हो सकता जो वास्तव में सदाचारी न हो।" संसार के इतिहास में सुलझे हुए आदमी सभी जगहों पर नहीं हुए। वे युगोपरान्त कहीं-कहीं उत्पन्न होते हैं। विश्व को महापुरुषों की परम अपेक्षा है।

लोक में बढ़ती हुई अनैतिकता, अधर्म व अत्याचार के गर्त से समाज व राष्ट्र को निकालकर, उसे स्वधर्म और नैतिकता की आधारशिला पर पुनः प्रतिष्ठित कर, विश्वकल्याण के हेतु एक संगठित-धर्म-साम्राज्य स्थापित करना ही वह महान गुरु भार था जो कृष्ण ने अपने मस्तक पर उठाया। एक बार स्थापित किया हुआ वह धर्मराज्य उसके अधिकारियों की प्रमत्तता से थोड़े ही समय में तिरोहित हो गया। उस असफलता पर निराश न होते हुए कृष्ण ने उस संकल्पित राजसंस्था को पुन: संस्थापित करने का जो महा-उद्योग किया, उस महायज्ञ में उनके जिस भव्य व दिव्य स्वरूप का उद्‌घाटन हुआ, वह अपनी प्रतिष्ठा आप ही स्थापित कर देता है।

इस लोकसंग्रही रूप में कृष्णरूपी चन्द्र अपनी सम्पूर्ण कलाओं सहित विश्वगगन में उदित हुआ है, जिसकी प्रभा दिवोरात्रि चमत्कृत होती रहती है। उसके सौम्य और सुधावर्षक प्रकाश से शोक और क्लेश में डूबते-उतराते व्याकुल मानवों को धैर्य, बल, विश्राम और विश्वास प्राप्त होता है। सत्य पर आधारित चित्त का वह ऐसा आनन्ददायी प्रकाश है, जो विश्व मंगलकारी बनकर, सौन्दर्य की पराकाष्ठा को पहुँच गया है। सतत परिश्रम सांसारिक अलिप्तता एवं बौद्धिक तथा नैतिक सात्त्विकता उनके मानवी जीवन में आदर्श मूर्तिमान हुए वे अनुपम हैं। इस स्वरूप में प्रेम, कर्म और ज्ञान का समुच्चय प्रकट होकर जीवन की वे क्रियाएँ व धाराएँ स्पष्ट हुई हैं, जो नर और नारायण के मध्य का अन्तर नि:शेष करने में समर्थ हैं।

राजनीतिज्ञ

कृष्ण की राजनीति का महत्त्व निरूपण करने के लिए महाभारतीय युद्ध के पूर्व देश व समाज की अवस्था तथा उस काल में जिन राजनीतिक सिद्धान्तों की मान्यता थी, उनकी विवेचना आवश्यक है। अर्वाचीन काल में राजनीति के जो विचार प्रचलित हैं उनकी झिलमिलाहट में कृष्ण के राजदर्शन का मूल्यांकन समीचीन नहीं होगा। पाश्चात्य राजनीतिक सिद्धान्तों को कृष्ण की राजनीति में चस्पाँ करने की चेष्टा व्यर्थ है। हजारों वर्ष पूर्व के युग की राजनीतिक धारा में आधुनिक युग के सिद्धान्तों का समावेश करना उचित नहीं।

प्राचीन भारतीय राजदर्शन तथा चीनी व यहूदी राजदर्शन प्राय: एक से ही मूलभूत सिद्धातों पर अंकुरित हुए तथा प्राचीन राजनीतिज्ञों ने भारतीय सिद्धान्तों को मान्यता दी। यूनान व रोम ने नागरिकता पर अधिक बल दिया और व्यक्ति को राज्य की इकाई माना, जबकि भारतीय राज-शास्त्रियों ने संघ या समूह को मान्यता दी। पश्चात् के काल में, भिन्न-भिन्न परिस्थितियों के कारण, पश्चिमी विचारधाराएँ प्राचीन कूल-किनारे परित्याग कर नई भूमि में बह निकली और उनका आधुनिक रूप मूलरूप से भिन्न हो गया। अब तो यदि कहा जाए कि साम्प्रतकाल में पृथ्वी के विविध राज्यों या राष्ट्रों में जो भिन्न-भिन्न राजशास्त्र या शासन प्रणालियाँ प्रचलित हैं वे यूरोप खंड के विचारकों की अनुदेन हैं तो अन्योक्ति नहीं होगी।

अतीतकाल में राज्य संगठन का विवरण प्रस्तुत करते हुए भीष्म पितामह ने धर्मराज युधिष्ठिर से कहा था—

''पूर्व काल में कोई राज्य नहीं था और न कोई राजा ही था। उस युग में किसी प्रकार का दंड भी नहीं था क्योंकि दंड देनेवाला भी कोई था ही नहीं। धर्म-बन्धन में बँधे हुए लोग आपस में एक-दूसरे की सहायता व रक्षा किया करते थे। कालान्तर में समाज में उपद्रव आरम्भ हुए और पशुबल पर मनुष्य का जीवन निर्भर हो गया। उस समय जनपुकार से द्रवीभूत हो ब्रह्मदेव ने नीति-

शास्त्र की प्रथम रचना की और उसका नाम 'त्रिवर्ग' रखा। उसमें नीति के छह गुणों मित्र, देश, काल, उपाय, साहस और कारण का तथा कर्मकांड, ज्ञानकांड, कृषि-वाणिज्य आदि आजीविका के उपायों का और दंडनीति व अन्य विद्याओं का वर्णन किया। उस वृहद् रचना का संक्षिप्तीकरण बृहस्पति ने किया जो 'बार्हस्पत्य' नाम से प्रचलित हुआ। शुक्राचार्य ने उसे और भी संक्षिप्त किया। वह शुक्र नीति के नाम से प्रख्यात हुई। प्रथम अभिमंत्रित और नीति नियंत्रित राजा पृथु हुआ। उसने समस्त प्रजा का रंजन किया। उसकी 'क्षत्रिय' संज्ञा हुई। धरा का उसने विधिवत् पालन किया अतएव लोग धरा को पृथ्वी कहने लगे। तभी से पृथ्वी के लोग यह मानने लगे कि देवता और नरदेव में कुछ भेद नहीं अर्थात् राजा देवोपम है।''

इस मान्यता को तत्त्वज्ञानी कपिल के सांख्य सिद्धान्त ने बल दिया। प्रतीत तो ऐसा होता है कि सांख्यशास्त्र में पुरुष और प्रकृति का जो सम्बन्ध निश्चित किया गया है वही सिद्धान्त भारतीय राजशास्त्र में उतर आया है। राजा और प्रजा का सम्बन्ध पुरुष और प्रकृति जैसा मान लिया गया। जैसे पुरुष और प्रकृति के पूर्ण सहयोग के बिना संसार की उत्पत्ति व प्रगति सम्भव नहीं वैसे ही राजा और प्रजा की सहमति के बिना राज्य की स्थिति व प्रगति सम्भव नहीं। राजा पुरुष और प्रजा उसकी प्रकृति है, ऐसी प्राचीन मान्यता थी। प्रजारूपी प्रकृति-मंडल की ओर सदैव सचेत रहने व उसे रक्षित रखने का अधिकार राजा को था।

अतएव आर्यों में जो शासनतंत्र प्रचलित हुआ वह राजतंत्र (Monarchy) के रूप में प्रकट हुआ और राज्यपद 'देवत्व' से मंडित हो गया। मानवों के अभ्युदय एवं श्रेय अर्थात् लोकहित व परलोक-सिद्धि के हेतु आर्य ऋषियों ने राज्य व राजा की स्थापना की। वही कल्पना अरस्तू और अफलातून तथा अन्य विचारकों द्वारा यूरोपखंड में भी फैली और सत्रहवीं शताब्दी तक ही नहीं वरन् किसी न किसी रूप में बीसवीं शताब्दी के प्रथम चरण तक प्रचलित रही। महाभारत-काल में भारतीयों की धारणा थी कि राजा ईश्वरांशी होता है। देवताओं की कृपा से ही उसे राज्यपद तथा शासनाधिकार प्राप्त होता है। राजा उच्चता और पवित्रता का द्योतक माना जाता था तथा उसकी आज्ञा सर्वोपरि थी। साधारणतया राजाज्ञा की अवहेलना कोई नहीं कर सकता था और राजा का विरोध करना महान पातक माना जाता था। यही कारण था कि उस काल के महाशक्ति सम्पन्न वयोवृद्ध ज्ञानी भीष्म तथा शास्त्र व शस्त्र के मर्मज्ञ गुरु द्रोण भी यह मानते हुए कि कौरवों का पक्ष न्यायोचित व नैतिक नहीं। राजा

की इच्छा के विरुद्ध स्वतंत्र वर्तन न कर सके। जब भीष्म पितामह पर कृष्ण ने अनैतिक पक्ष के समर्थन का आरोप लगाया तब बूढ़े बाबा ने उसी शास्त्रीय वचन का अवलम्ब लिया कि 'राजा परम दैवतम्।'

यह सिद्धान्त यूरोप में भी प्रचलित रहा। यद्यपि वहाँ मानवाधिकार और व्यक्ति-स्वातंत्र्य की विचारधाराएँ दिन-प्रतिदिन बलवती होती गईं। फ्रांस की राज्य क्रान्ति में मानवीय स्वतंत्रता (Liberty), समता (Equality) और बन्धुत्व (Fraternity) के उत्कृष्ट विचारों का विस्फोट हुआ। नवीन विचारों का समन्वय रूप लोकतंत्र में उभरा और राष्ट्रीयता ने जन्म लिया। उसी काल के लगभग यूरोप में वैज्ञानिक अनुसन्धान, अन्वेषण और यांत्रिक साधनों का युग प्रारम्भ हुआ। जीवन की विचारधारा भौतिक आधार पर निर्मित होने लगी। धार्मिकता और अध्यात्म के मूल्य गिरने लगे। राष्ट्रों में स्पर्धा बढ़ी एवं राज्य व व्यापार विस्तृत करने के हेतु प्रतिद्वन्द्विता एवं महत्त्वाकांक्षाओं के साथ-साथ अल्पज्ञों, अशक्तों व श्रमिकों का शोषण बढ़ा तथा साम्राज्यवाद (Capitalism) ने जन्म लिया। जिन देशों ने राजतंत्र के विकासवादी सिद्धान्तों का आश्रय लिया वहाँ लोकतंत्र पनपा। परन्तु जहाँ एकतंत्रीय शासन के पैर मजबूत थे वहाँ उत्क्रान्तियाँ हुईं और एकाधिकारी राजसत्ता के स्थान पर अधिनायकत्व (Dictatorship) का सूत्रपात हुआ। यही अधिनायकवाद कहीं साम्यवाद, कहीं फासिज्म, कहीं राष्ट्रीय-समाजवाद के नाम से घोषित हुआ।

राजसत्ता व शासन के सम्बन्ध में जहाँ तक भारतवर्ष का सम्बन्ध है, वहाँ उन्नीसवीं शताब्दी के अन्त तक केवल राजशाही जारी रही, सत्ता चाहे भारतीय नरेशों की रही हो या विजातीय विदेशी लुटेरों, आक्रमणकारियों या विजेताओं की। आधुनिक युग में यूरोपीय विचारधाराओं का भारत में भी प्राबल्य है। इन सब सबल, समर्थ किन्तु परस्पर विरोधी तंत्रों के बीच कृष्ण द्वारा प्रसारित राजनीति कहाँ स्थान पाती है?

कृष्ण राज्यपद की पवित्रता और श्रेष्ठता पर विश्वास करते थे, किन्तु उस पद पर आसीन राज-भोक्ता को वे दिव्य-सत्तायुक्त न मानकर न्यायशील, सदाचारी एवं प्रजा-संरक्षक मानते थे। राजा ईश्वरांशी है, दिव्य-सत्ता युक्त है, उसके कार्यों का अथवा आज्ञाओं का, चाहे वे कितनी ही अनैतिक व लोक अमंगलकारी हों, कभी विरोध न करना चाहिए, इस प्रचलित धारणा पर सबसे कठोर प्रहार पहले पहल कृष्ण ही ने किया। राजा कंस का वध करके उन्होंने उस काल के निरंकुश व स्वेच्छाचारी राजाओं को चुनौती दे दी कि अत्याचारी, अनाचारी व समाजद्रोही शासक वध्य हैं। इस राजनीतिक भूकम्प से मगध का

सिंहासन डोल उठा। महाबली और निरंकुश जरासन्ध के कल्पित साम्राज्य की नींव हिल गई। परिणामतः जरासन्ध व उसके गुट ने मथुरा-मंडल के नवीन नेता को अपने पशुबल से कुचल डालने का निश्चय किया। मगधेश ने कई बार मथुरा पर आक्रमण किया। उन आक्रमणों से त्रस्त होकर, मथुरा परित्याग कर दूर देश द्वारका में यादव समुदाय को ले जाना, सुरक्षित व संगठित करना आदि महान कार्य कृष्ण की व्यावहारिक राजनीति के महत्त्वपूर्ण अध्याय थे। उस सुदूर स्थल में कृष्ण ने पुनः शक्ति संगठित की और जिस प्रकार मेघ-पटलों से आवृत हो जाने और उनके विच्छिन्न होने पर आकाश में चन्द्रमा फिर अपने नवीन प्रकाश से चमकने लगता है, उसी प्रकार आपदाओं का निवारण हो जाने पर कृष्णरूपी चन्द्र पूर्ण छटा से पुनः गगनचारी हो गया। कतिपय विचारक यह आक्षेप लगाते हैं कि कृष्ण साम्राज्य-शाही के दायरे के बाहर पैर नहीं रख सके और आधुनिक अर्थों में वे प्रजातंत्रवादी अथवा समाजवादी नहीं हैं। परन्तु जिस यादव समाज के मुखिया कृष्ण थे, उसका राजनीतिक संगठन गणतंत्र पर आधारित था। लोकसत्ता के कट्टर समर्थक तो वे जन्म से ही थे। द्वारका में गण संघ स्थापित था ही। देश के जिन भागों में गणतंत्र प्रचलित था वहाँ उन्होंने वही प्रथा चलने दी और जहाँ राजतंत्र का प्रचलन था, वहाँ उसी शासन को सत्य, न्याय, नीति व लोकहित के सुदृढ़ मूलाधारों पर पुनः प्रस्थापित करने का प्रयत्न किया। उस काल में राजा या सम्राट जो कहे या करे, वही धर्म था। कंस, कालयवन, नरकासुर, जरासन्ध, शिशुपाल आदि की यही मान्यता थी। दिल्ली सम्राट कौरवेश्वर भी इसी वृत्ति में पलकर बड़े हुए थे। ये सब पराक्रमी नृपति अज्ञानी नहीं थे। उनके मंत्रिमंडल में इतिहासवेत्ता, अर्थशास्त्री और धुरन्धर राजशास्त्री भी थे, परन्तु उनकी सुनता कौन था। 'काका कालेलकर के कथनानुसार, जरासन्ध कहता था—आप ऐतिहासिक सिद्धान्तों को रहने दीजिए, मेरा पुरुषार्थ अपने बुद्धिबल व बाहुबल से इन सिद्धान्तों को मिथ्या सिद्ध करने में समर्थ है।

कौरवेश्वर कहते थे—जितने रत्न हैं सब हमारी विरासत हैं। वे सब हमारे पास आने ही चाहिए क्योंकि उनका उपभोग करने के लिए ही हम पैदा हुए हैं। दुनिया में जितने सरोवर हैं सब हमारे ही विहार के लिए हैं। बगैर लड़े हम किसी को सुई की नोक बराबर जमीन भी नहीं देंगे। कृष्ण को इन सब वज्र नीतियों से लोहा लेना पड़ा और अन्त में उन्होंने जो साम्राज्य स्थापित किया उसके मूर्तिमन्त प्रतीक थे धर्मराज युधिष्ठिर। राज्य या राज्य श्री से उनकी कोई आसक्ति न थी। राज्यपद को तो वे एक भार ही समझते थे तथा उस बोझ को

फेंक देने की उनकी उत्सुकता कई बार संकटप्रद हो जाती थी। कृष्ण द्वारा स्थापित नवीन साम्राज्य एवं मगध और हस्तिनापुर में उसके पूर्व परिचालित साम्राज्यों में जमीन–आसमान का अन्तर था। युद्धोपरान्त स्थापित धर्मराज्य की कुछ विशेषताएँ इस प्रकार हैं—

1. राज सत्ताधारी स्वेच्छाचारी नहीं हो सकता था। उसके ऊपर ऋषियों का अंकुश था। दंडनीति पवित्र मानी जाती थी और उसका नियंत्रण राजा के ऊपर भी था। शासन वैधानिक था।
2. राजा उच्छृंखल या निरंकुश नहीं हो सकें, इसलिए कोई भी राजकीय निर्णय लेने के पूर्व उसे प्रजा प्रतिनिधियों से परामर्श करना पड़ता था। राजा की सहायता के लिए दो परामर्शदात्री सभाएँ थीं।
3. लोकमत की अवहेलना नहीं की जाती थी। विपरीत लोकमत को अपनी राय का हामी बनाना तथा क्षुब्ध लोकमत को शान्त करने का दायित्व सभा–सदों व मंत्रियों पर रहता था। राज्य ग्रहण करने के पूर्व युधिष्ठिर ने पुर, उपनगर एवं ग्राम पंचायतों के प्रतिनिधियों को एकत्रित किया था। उसमें चारों वर्णों के लोग सम्मिलित थे। उनकी अनुमति लेकर ही वे अभिषेक कराने को राजी हुए थे।
4. देश की सुदृढ़ता, सुरक्षा, निवासियों की शिक्षा तथा कृषि शिल्पादि उद्योगों की योजना व व्यवस्था के साथ ही निष्पक्ष न्यायवितरण का विशेष उत्तरदायित्व राजा पर रहता था।

यह तो हुआ केन्द्रीय सत्ता के संगठन व व्यवहार का संक्षिप्त चित्र। साम्राज्य के अन्तर्गत जो अनेक छोटे–बड़े राजा थे, वे सब स्वतंत्रता प्रिय थे। अतएव उन सबकी आन्तरिक स्वतंत्रता कायम रखते हुए तथा उनके सह–अस्तित्व का विश्वास दिलाते हुए कृष्ण ने उन सबसे केन्द्रीय सत्ता की सार्वभौमिकता स्वीकार कराके अखंड धर्म राज्य स्थापित करने में उन सबका सहयोग प्राप्त किया। यदि जरासन्ध के राजचक्र को निरंकुश राजतंत्र कहा जाए तो कृष्ण द्वारा स्थापित धर्मराज्य स्वतंत्र राज्यों का एक स्वेच्छा निर्मित वैधानिक राज संघ माना जा सकता है। अतएव यह निश्चित रूप से कहा जा सकता है कि आधुनिक युग के प्रजातंत्रीय सिद्धान्त भारतीय राजनय के अंगीभूत सूत्र थे। जब तक राजशासन न्यायिक, नैतिक और लोक–हितैषी बना रहा, तब तक जन्मसिद्ध अधिकारों की चर्चा ही जनता को नहीं करनी पड़ी परन्तु जब स्थिति भयंकरता की पराकाष्ठा व नाश के कगार पर पहुँची तब किसी न किसी त्राणकर्ता ने दलदल में फँसी हुई जनता का उद्धार करने में अपनी क्षमता

प्रदर्शित की। कृष्ण की सृजनात्मक राजनीति के आश्रय से ही उस युग की अस्त-व्यस्त एवं अधोगति को प्राप्त राजसत्ता का पुनः निर्माण सम्भव हुआ।

कई विरोधी कृष्ण पर यह आरोप लगाते हैं कि उन्होंने जिस नीति का अवलम्बन किया, उसमें वे विशुद्ध नैतिकता के सिद्धान्तों से विचलित हो गए। कोई-कोई तो उन्हें यूरोपीय कूटनीतिज्ञ मेकियावेली तक कह डालने की धृष्टता करते हैं। दूसरा आरोप जो उन पर मंडित किया जाता है, वह यह है कि कृष्ण ऊपर से केवल दिखावे मात्र के लिए अहिंसक थे। युद्ध से परावृत अर्जुन को बारम्बार समझा-बुझाकर उन्होंने युद्ध के लिए प्रोत्साहित किया और जबरन भारतीय महायुद्ध कराके तथा अन्त में अपने जाति भाई यादवों का भी भीषण संहार कराके भारतीय वीरों की इतिश्री करा दी। युद्ध के पश्चात् भारतभूमि का क्षत्रियविहीन हो जाना ही उसकी स्वतंत्रता-अपहरण और दासत्व-बन्धन का कारण हुआ। इसलिए कृष्ण को सत्य व अहिंसा का पुजारी न मानकर घोर हिंसा व कुटिलता का प्रश्रयकर्ता माना जाना चाहिए।

ऐसे विद्वान आलोचक बहुधा यह भूल जाते हैं कि जिस प्रकार धर्म के दो भेद है—एक सामान्य धर्म और दूसरा आपद्धर्म, उसी प्रकार राजनीति के भी दो भेद हैं—एक सामान्य और दूसरा कूट। महाभारत काल में मुख्य नीति यही थी कि जहाँ तक सम्भव हो—राजा अपने शत्रु से भी कपट का व्यवहार न करे। राजसंकट के समय या युद्धक्षेत्र में कूटनीति का उपयोग क्षम्य माना गया है। सामरिक नीति का विवेचन करते हुए भीष्म पितामह ने स्पष्ट कहा है—

"कपटी योद्धा के साथ कपटयुद्ध और धर्मयुद्ध करनेवाले के साथ धर्मयुद्ध करें। हे धर्मराज, जो जन जैसा व्यवहार करे, उसके साथ वैसा ही व्यवहार अधर्म नहीं। कपटी के साथ कपट और सदाचारी के साथ सदाचारयुक्त व्यवहार करना चाहिए।"

मेकियावेली का उपमान कृष्ण के लिए सर्वथा अयोग्य है। हाँ, उसकी टक्कर का राजनीतिज्ञ महाभारत काल में भी था। वह कौरव सभा का पंडित था। उसका नाम कणिक था। उसी के अनुसार पांडवों के विपक्षी दुर्योधन व उसके साथी कार्य करते थे। सम्भावना तो यह है कि कदाचित् मेकियावेली ने अपनी राजनीति निर्धारित करने में कणिक महोदय को ही अपना गुरु माना हो। कणिक और मेकियावेली की विचारधाराओं में बहुत साम्य है। दोनों ने राजव्यवहार में नैतिकता पर प्रतिबन्ध लगाकर उसका बहिष्कार प्रतिपादित किया है। जहाँ तक कृष्ण की नीति का प्रश्न है वहाँ यह निश्चयपूर्वक कहा जा सकता है कि उनके चरित्र की बारीक से बारीक छानबीन करने पर भी यह

सिद्ध नहीं होता कि उन्होंने स्वार्थ-साधन करने के हेतु कभी भी कुटिल व्यवहार किया हो या हिंसा को प्रश्रय दिया हो।

जिन राक्षसों या राजाओं का वध कृष्ण द्वारा हुआ वह कार्य भी उन्होंने या तो आत्मरक्षार्थ किया या लोकरक्षार्थ। कंस, शिशुपाल, शाल्व, कृत्रिम वासुदेव आदि ने कृष्ण पर ही प्रथम आक्रमण किया, उसके पश्चात् ही कृष्ण ने उन पर हाथ उठाया। सत्य भाषण पर उनकी कितनी दृढ़ श्रद्धा व आत्म-प्रतीति थी, यह तो उनके उस एक वाक्य से ही प्रमाणित हो जाती है जिसका उच्चार उन्होंने उत्तरा के गर्भ से मृतप्राय पुत्र उत्पन्न होने और सुभद्रा द्वारा उसे पुनर्जीवित कर देने की अभ्यर्थना करने पर किया था—

"नोक्त पूर्व मया मिथ्या सवै रेष्वपि कदाचन
न च युद्धात्परा वृतः यथा संजीय तामपम।"

हे बहिन, यदि मैंने कभी हास-परिहास में भी मिथ्या भाषण न किया हो, युद्ध में आगे बढ़ाए हुए पैर कभी पीछे न हटाए हो तो मेरी प्रतिज्ञा फलित हो और यह बालक जी उठे और बालक में पुनः प्राण संचार हो गया। कृष्ण की विशुद्ध आत्मा, सत्यवादिता और आत्म-प्रतीति का यह ज्वलन्त प्रमाण है।

आलोचकगण एक दूसरे प्रसंग की ओर भी अँगुली उठाते हैं। वह है कृष्ण द्वारा आचार्य द्रोण के कानों तक यह मिथ्या संवाद पहुँचाना और धर्मराज द्वारा उसका समर्थन कराना कि अश्वत्थामा मारा गया है। प्रथम तो यह प्रसंग अति सन्देहजनक है कि ऐसा कोई समाचार द्रोणाचार्य को सुनाया गया। बंकिमचन्द्र प्रभृति अन्य भारतीय विद्वान, जिन्होंने महाभारत का विशेष अध्ययन किया है, इस कथा को क्षेपक मानते हैं। कृष्णायन में उक्त कथा का कोई उल्लेख नहीं। कई महाशयों का मत है कि युद्धस्थली पर द्रोणाचार्य की अजेयता दर्शाने के हेतु यह कथोपकथन बाद में जोड़ दिया गया है। एक बात यह भी विचारणीय है कि कृष्ण ने अनेक स्थलों पर रण सम्बन्धी युक्तियाँ अर्जुन व अन्य पांडवों को बतलाईं और वे सब सफल रहीं। केवल यह कथित निदर्शन ही ऐसा प्रयोग है जो सफल नहीं हुआ। यह सुनकर कि अश्वत्थामा मारा गया और धर्मराज द्वारा उसका अर्ध अनुमोदन किए जाने पर भी आचार्य द्रोण ने युद्ध बन्द नहीं किया और न न्यस्त-शस्त्र हुए। युद्ध में उनकी गति इस कारण धीमी हुई कि उनके अस्त्र समाप्त हो चुके थे और पाँच दिन युद्ध करते हुए वे बिलकुल थक गए थे। दूसरा मनोवैज्ञानिक कारण यह भी था कि अन्तरिक्ष से प्राचीन महर्षियों के नीति वाक्य उनके मस्तिष्क में गूँजे अथवा उनका लुप्त-सुप्त स्वधर्म पुनः जाग्रत् हो गया। तब वे युद्ध से नहीं वरन् जीवन से भी अन्यमनस्क हो गए।

महाभारत में द्रोण वध के पश्चात् यद्यपि अर्जुन सात्यकि आदि ने धृष्टद्युम्न के ऊपर काफी आक्रोश प्रकट किया परन्तु उस ग्रन्थ में भीमसेन या युधिष्ठिर के ऊपर असत्य भाषण करने या कृष्ण पर उसकी प्रेरणा देने का दोषारोपण किसी भी ओर से किए जाने का कोई उल्लेख नहीं। परन्तु जो इस कथा-भाग पर विश्वास करते हैं उनके सम्बन्ध से तो इस तथ्य की व्याख्या करना जरूरी होगा कि कृष्ण और युधिष्ठिर का द्रोण सम्बन्ध से जो संवाद हुआ वह धार्मिक मर्यादा के अन्तर्गत है अथवा वहिर्गत। विचार करने के पूर्व यह स्मरण रखना पड़ेगा कि यह वार्ता साधारण या सामान्य अवसर की नहीं, किन्तु समरांगण की है। सामान्य अवसरों पर सामान्य नीति और समर में या आपत्ति काल में असामान्य नीति का वर्तन शास्त्रविहित है। उस काल में साधारण तथा मुख्य नीतियाँ यही थीं कि जहाँ तक सम्भव हो राजा अपने शत्रु से भी कपट का व्यवहार न करे। हाँ, यदि शत्रु कपटपूर्ण आचार करने से बाज न आए तो उसके साथ वैसा ही व्यवहार किया जा सकता है। राज्य संकट के समय या युद्ध क्षेत्र में कूटनीति का प्रयोग क्षम्य माना गया है। सामरिक नीति का विचेचन करते हुए भीष्म पितामह ने स्पष्ट कहा है—

'कपटी योद्धा के साथ कपटयुद्ध और धर्मयुद्ध करनेवाले के साथ धर्मयुद्ध करें। हे धर्मराज! जो जन जैसा व्यवहार करे उसके साथ वैसा ही व्यवहार अधर्म नहीं। कपटी के साथ कपट और सदाचारी के साथ सदाचारयुक्त व्यवहार करना चाहिए।' अंग्रेजी में कहावत है कि—All is fair in love and war परन्तु भारतीय इस विदेशी नियम के कायल नहीं। वे युद्ध क्षेत्र में भी अधर्म का व्यवहार उचित नहीं मानते थे। कुछ विशेष परिस्थितियों में ही वे धर्म और नीति के अपवादों को ग्राह्य मानते थे और ऐसे अवसरों पर भी असत्य भाषण या किसी अधार्मिक कृत्य के परिहार के लिए तप द्वारा मार्जन करते थे। अतएव यह नितान्त आवश्यक हो जाता है कि स्वयं आचार्य द्रोण, जिनके निरसन के हेतु युधिष्ठिर व कृष्ण में मंत्रणा हुई, वे कहाँ तक नीतिपथगामी थे।

इस प्रकरण के पूर्व जब अकेला बाल वीर अभिमन्यु उनके रचे हुए चक्रव्यूह को चीरता हुआ कौरव दल के सभी शूर सेनापतियों के छक्के छुड़ा रहा था तथा स्वयं उनको आतंकित कर रहा था तब गुरु द्रोण ने कौरव महारथियों को और विशेषकर कर्ण को जोरदार शब्दों में कहा था—

"एक तो यह तरुण राजकुमार स्वयं ही महापराक्रमी है, दूसरे इसका कवच अभेद्य है। अतः यदि इसका धनुष व उसकी प्रत्यंचा काटी जा सके,

घोड़े, पार्श्वरक्षक व सारथी मार दिए जाएँ, वह निरस्त्र कर दिया जाए तभी संहार बच सकता है, अन्यथा नहीं। इसलिए सब महारथी उसे हर तरह से असहाय करके, रण से विमुख करें और पीछे से प्रहार करें। जब तक इसके हाथ में धनुष रहेगा तब तक देवता व असुर कोई इसे जीत नहीं सकते।'' (महाभारत)

क्या आचार्य द्रोण को एक बालक के वध कराने के लिए ऐसी सलाह देना धर्म और नीति के अनुकूल था? क्या दिव्यास्त्रों का उन लोगों पर प्रयोग करना—जो उनका प्रतिकार नहीं जानते—नैतिक, न्यायोचित व धर्मविहित था? ब्राह्मण होकर, धर्मवेत्ता होकर, धनुर्धारी बन इस रणोद्योग में एक पक्ष की ओर से युद्धाग्रणी बन अन्याय व अनीति के पक्ष का प्रबल क्रियात्मक समर्थन करना क्या उनका धार्मिक कृत्य था? ऐसी परिस्थिति में उनकी मृत्यु के उपाय सोचना तथा बतलाना और उन्हें प्रयोग में लाना रण नियमों के प्रतिकूल नहीं माना जा सकता।

भीष्म पितामह का वाक्य है—

''वेद-वेदान्त और शास्त्र को पढ़ लेने पर भी यदि ब्राह्मण हाथ में शस्त्र लेकर आक्रमण करे तो धर्मरक्षक राजा को उचित है कि उस आततायी को धर्मानुसार शिक्षा दे। ऐसे आततायी का वध करनेवाला धर्मनाशक नहीं।'' (महाभारत)

ब्राह्मण के नाते अवध्य होते हुए भी रणकर्मी होने के कारण वे वध्य तो हो ही चुके थे। महाभारत के अन्य प्रकरणों से यह भी विदित होता है कि उन्होंने अपने पुत्र के मोह एवं स्वार्थ के हेतु अपने ब्रह्मोचित स्वधर्म को राजकुमार दुर्योधन की इच्छा व आज्ञा पर बन्धक रख दिया था। प्रसंग इस प्रकार है—

वृद्ध द्रोणाचार्य को युद्ध करते हुए चार दिन व एक रात्रि व्यतीत हो चुकी थी। युद्ध की ऐसी गति देखकर दुर्योधन के मन में शंका हुई और उन्हें उत्तेजित करने के लिए दुर्योधन ने द्रोण से रोषपूर्ण बातें कीं तथा यह लांछन लगाया कि वे दिव्यास्त्रों के धनी होते हुए भी उनका प्रयोग न कर पांडवों का पक्षपात कर रहे हैं।

तब कुपित होकर द्रोण बोल उठे—

''दुर्योधन, मैं वृद्ध होकर भी अपनी शक्तिभर संग्राम कर रहा हूँ। तब भी तुझे मेरे ऊपर सन्देह हो रहा है? अर्जुन को तो तुम अशक्त समझते थे और अपने पिता से डींग हाँककर कहा करते थे कि तुम, कर्ण व दुःशासन तीनों

मिलकर पांडवों को सहज में परास्त कर दोगे। आज तुम व तुम्हारे साथी अपनी बात को पूरी क्यों नहीं करते?

"अपनी इच्छा से तो मैं अशुभ कर्म नहीं करता परन्तु तुम्हारे हेतु मुझे वह भी करना पड़ेगा। बुरा या भला जो कुछ काम तुम कहोगे, वह सब मैं लाचार होकर करूँगा।"

इसके पश्चात् द्रोण ने दिव्यास्त्रों का अनर्थकारी उपयोग कर पांडव सेना का संहार प्रारम्भ किया। उन अस्त्रों की भयंकरता व घातक परिणामों से पांचाल वीरों का हनन होने लगा। उदास पांडव कृष्ण के मुख की ओर ताकने लगे और आशा करने लगे कि विपत्ति-विदारक कृष्ण ऐसी कोई युक्ति बताएँ कि जिससे द्रोण के भयंकर आक्रमण से उन सबको त्राण मिल सके। परिस्थिति की प्रतिकूलता देखते हुए कृष्ण ने भी प्राय: वे ही शब्द दुहराए जो गुरु द्रोण ने अभिमन्यु के लिए कहे थे—"धनुर्वीरों में श्रेष्ठ द्रोण जब तक धनुष धारण किए रहेंगे, इन्द्रादि देवता भी उन्हें परास्त नहीं कर सकते। निरस्त्र हो जाने पर ही उनका वध सम्भव है। जब तक द्रोण के मस्तिष्क में कोई तीव्र मानसिक आघात नहीं किया जाता तब तक वे अपने उद्योग से विचलित नहीं होंगे। द्रोण को संसार में सबसे अधिक प्रिय उनका पुत्र है। उस पुत्र के कारण ही उन्होंने क्षत्रियों का अर्थ-दासत्व स्वीकार किया है। अत: यदि द्रोण के कानों तक अश्वत्थामा की मृत्यु का सन्देश पहुँचाया जा सके तो कदाचित् वे विचलित हो जाएँ।"

अर्जुन ने मिथ्या भाषण करने से तुरन्त इनकार कर दिया, भीमसेन ने मन-ही-मन उसे स्वीकार कर लिया और मालवा के राजा इन्द्र वर्मा का 'अश्वत्थामा' नामक हाथी मार कर हल्ला मचाना शुरू कर दिया कि 'अश्वत्थामा' मारा गया। द्रोण अपने पुत्र की शक्ति और अजेयता जानते थे। उन्होंने उस बात को सुनी-अनसुनी कर दी। भीमसेन द्रोण के पास से वापिस आया और कृष्ण व युधिष्ठिर से कहने लगा कि उसके वचनों पर द्रोणाचार्य विश्वास नहीं कर रहे और जब तक धर्मराज उस कथन की साक्षी न दें तब तक कुपित ब्राह्मण माननेवाला नहीं। युधिष्ठिर पुन: कृष्ण की ओर ताकने लगे। कृष्ण को समझते देर न लगी कि आचार्य द्रोण न तो किसी नैतिक नियम का पालन कर रहे और न धार्मिक नियंत्रण ही मान रहे हैं। तब उन्होंने युधिष्ठिर को कहा—

"किसी-किसी अवसर पर मिथ्या बोलना भी सत्य की अपेक्षा श्रेष्ठ माना जाता है। यदि प्राणियों की प्राण-रक्षा के लिए कभी मिथ्या भी बोलना पड़े तो उसका पाप नहीं लगता।"

अतएव यह तो स्पष्ट ही है कि स्वयं कृष्ण ने कोई असत्य भाषण नहीं किया। भीषण कृत्य को रोकने हेतु यदि कृष्ण ने युधिष्ठिर को उपर्युक्त नीति नियम का उपदेश दिया अथवा मिथ्या भाषण करने की प्रेरणा दी और ऐसे विशेष अवसर पर व्यावहारिक सत्य की व्याख्या कर दी तो उन्होंने सांसारिक नैतिक मर्यादा का कोई अतिक्रमण नहीं किया।

युधिष्ठिर ने भी कोई असत्य भाषण नहीं किया। उनका पूरा-पूरा कथन द्रोण न सुन सके। 'नरो वा कुंजरो वा' का पद बाजों की गड़गड़ाहट या युद्ध के कोलाहल में डूब जाने से अनसुना रह गया तो उससे युधिष्ठिर भी मिथ्यावादी नहीं ठहराए जा सकते। कृष्ण ने सत्य-असत्य की जो मीमांसा की थी वह कहाँ तक धर्मसम्मत व न्यायिक थी, यह भी विचारणीय है। जिस प्रकार गीता में कहा गया है—

''गहना कर्मणो गति:'' (4-17) तथा ''किं कर्म किमकर्मेति कवयोऽप्यत्र मोहिता: (4-14) अर्थात् कर्म की गति अति गहन है, कर्म क्या है और अकर्म क्या है, इसका निर्णय करने में बुद्धिमान पुरुष भी चकरा जाते हैं। उसी प्रकार महाभारत में कहा गया है कि—

''सूक्ष्मा गति र्हि धर्मस्य
सूक्ष्मा त्वात्र सविज्ञातु शक्यते वहू नि निह्नव:''

अर्थात् धर्म के तत्त्व सूक्ष्म हैं। धर्म बहुत चक्कर में डालनेवाला होता है। इन सूक्ष्म और चक्कर में डालनेवाले तत्त्वों का यथार्थ विवेचन जब बड़े-बड़े विद्वान भी सर्वमान्य रूप में नहीं कर पाए तब इस विषय पर मान्य विद्वानों ने जो बुद्धिगम्य विवेचना की है उसका उल्लेख ही उचित होगा।

'धर्म' शब्द बहुत व्यापक है। साधारण भाषा में कर्म वह है जो किया जाता है और 'धर्म' वह है जो धारण किया जाता है। कर्म और धर्म में वही भेद है जो क्रिया और धारणा में है। विश्लेषण करने पर प्रतीत होता है कि 'धर्म' अन्त: करण की एक प्रधान धारणा है और कर्म उसका बाह्य रूप है। इसलिए कहा जा सकता है कि 'धर्म' कर्म का हेतु है। यह हेतु जितना शुद्ध और व्यापक होगा, कर्म भी उतना ही पवित्र और कल्याणकारी होगा।

महात्मा भीष्म के वाक्य हैं—

''बहुत लोग कहते हैं कि 'धर्म' हेतुवाद पर अवलम्बित है। बहुत कहते हैं कि धर्म का मूल सदाचार है और कितने ही कहते हैं कि धर्म का अवलम्ब साधन और युक्तियाँ हैं।''

''निश्चय ही धर्म वही है जिससे धर्मकर्ता का अभ्युदय हो। जो लोगों को अधोगति से बचाता है वही धर्म है।''

''विद्वानों का यही मत है कि धर्म समस्त प्रजा को धारण किए हुए है, जिसमें यह धारणाशक्ति है वही धर्म है।''

उक्त वाक्यों से सिद्ध होता है कि 'धर्म' का आश्रय सदाचार है और सदाचार स्वयं नीति पर अवलम्बित है, अतएव धर्म नीतिमूलक है। आचार भी भिन्न-भिन्न देश व जातियों का भिन्न होता है। वह बदलता रहता है। इन बातों पर विचार प्रगट करते हुए महात्मा भीष्म ने कहा है—

''एक समय जो काम धर्म माना जाता है, दूसरे समय वही अधर्म माना जाने लगता है।''

''एकदेशीय आचार का आश्रय ग्रहण कर संसार में निर्वाह नहीं हो सकता। ज्ञान से ही कर्तव्य समझ में आता है और सत्पुरुषों के आचार से अनुभव अवगत होता है।''

''सदाचार क्या है ? शास्त्र क्या है ? नीति क्या है ? ये प्रश्न वाद-विवाद से अथवा केवल तर्क द्वारा समझ में नहीं आ सकते किन्तु पालन करने से ही वे समझ में आते हैं।''

''कुछ विद्वानों का मत है कि धर्म और सदाचार कुछ नहीं हैं किन्तु लोक व्यवहार के लिए उनकी कल्पना की गई है, परन्तु जो यथार्थ ज्ञानी हैं वे यह मानते हैं कि सदाचार अपने लिए भी है और लोक-कल्याण के लिए भी।''

''सदाचार के विरोधी जन शास्त्र की निन्दा करते हैं। जो निर्धन हैं वे अर्थशास्त्र की विषमता की बातें करते हैं। अत विद्वानों को स्वयं तर्क द्वारा अपने लिए उपयुक्त सदाचार ग्रहण कर तदनुसार बर्ताव करना चाहिए।''

इन सब बातों पर विचार कर आर्य ऋषियों ने धर्म की उपादेयता स्वीकार करते हुए यह लक्ष्य निश्चित किया कि—''यतोऽभ्युदय निः श्रेयस सिद्धिः सधर्मः।'' अर्थात् जिससे इस लोक में उन्नति और परलोक में कल्याण की प्राप्ति हो वही 'धर्म' है। यह धर्मलाभ जिन धारणाओं से प्राप्त होता है, वे हैं— सत्य, अहिंसा, ब्रह्मचर्य, अस्तेय और अपरिग्रह। आर्य धर्म की ये पाँचों मान्यताएँ सार्वभौम हैं। कोई धर्म देश, समाज या व्यक्ति, उनकी मान्यता अस्वीकार नहीं करता। वे सर्वदेशीय, सार्वकालिक हैं, अतएव सार्वजनीन व शाश्वत हैं। धर्म कर्म और ज्ञान सापेक्ष है। केवल धारणा या प्रेरणा ही धर्म नहीं। जब तक प्रेरणा भाव व क्रिया में परिलक्षित नहीं होती तब तक वह अर्थहीन है। कर्महीन धर्म और ज्ञानविहीन कर्म जिस क्षेत्र में उत्पन्न होते हैं वहाँ वे

विद्वेष उत्पन्न कर साम्प्रदायिकता की सृष्टि करते हैं, अतएव श्रुतिसम्मत, युक्तिमूलक, बुद्धि और अनुभूति द्वारा ग्राह्य धर्म ही सार्वभौम हो सकता है। 'धर्म' की ये पाँचों मान्यताएँ व्यवस्थित और उच्च मानवीय जीवन हेतु एक सी वजनदार हैं। वे एक-दूसरे की पूरक व सहायक हैं। फिर भी इस विषम संसार में ऐसे मौके आ जाते हैं जब एक धारणा और दूसरी जटिल समस्या अर्जुन के सम्मुख भी एक बार उपस्थित हो गई थी और वह भी उस दिन उस घड़ी जब वह महावीर कर्ण से अपनी शक्ति व रण कौशल तौलने जा रहा था। उस भयंकर उलझन को कृष्ण ने किस तरह सुलझाया और उस प्रवचन में धर्म-अधर्म एवं सत्य-असत्य तथा हिंसा-अहिंसा के निर्णयार्थ जो मूल सिद्धान्त प्रगट किए थे, वे अत्यन्त महत्त्वपूर्ण विचारणीय व मननीय हैं।

एक राजनीतिज्ञ के रूप में कृष्ण ने जीवन के प्रति जो सकारात्मक रूप अपनाया वह पूर्ण आदर्श कर्म था। 'चातुर्वर्ण्यम् मया सृष्टम्' को आधार मानकर कृष्ण की राजनीतिक दृष्टि का मूल्यांकन करना श्रेयस्कर नहीं होगा। निःसन्देह ही कृष्ण भारतीय-जीवन के मानक-पुरुष थे और रहेंगे।

सत्यप्रिय

अर्जुन की दो गोप्य प्रतिज्ञाएँ थीं। पहिली यह कि यदि कोई उनके गांडीव की निन्दा करेगा तो वह उस निन्दक का वध कर देगा। दूसरी यह कि यदि कोई धर्मराज युधिष्ठिर की निन्दा करेगा तो वह भी वध्य होगा। समरस्थली में युधिष्ठिर को न देख तथा यह ज्ञात कर कि वे कर्ण द्वारा घायल होकर शिविर में पड़े हुए हैं, अर्जुन कृष्ण समेत उनकी सुधि लेने डेरे पर आया। कर्ण के आतंक से रणभूमि परित्याग कर वापिस आ जाने तथा उस अवसाद से क्लान्त और व्यग्र युधिष्ठिर ने अर्जुन से सहसा पूछा कि क्या उसने कर्ण का वध कर डाला? यह सुनकर कि उस समय तक अर्जुन और कर्ण का साक्षात्कार ही नहीं हो पाया था, उसकी भर्त्सना करते हुए युधिष्ठिर ने कह डाला कि तू डरकर रण से भाग आया है। धिक्कार है तेरे गांडीव को और तेरे बल को! तू अपना गांडीव कृष्ण को दे दे और उनका सारथी बन जा। अन्तिम वाक्य सुनते ही अर्जुन ने तलवार खींच ली और युधिष्ठिर की ओर लपकने वाला था कि सदा सचेत कृष्ण ने कहा तलवार क्यों खींची है? अर्जुन ने तुरन्त ही अपनी प्रतिज्ञा और उसकी पूर्ति हेतु युधिष्ठिर का वध करने का निश्चय प्रकट किया। कृष्ण ने उसे रोककर कहा—अर्जुन तूने न तो वृद्धजनों की सेवा की है और न ही उनका सत्संग ही किया है। प्रथम तो तेरी यह प्रतिज्ञा ही मूर्खतापूर्ण है, दूसरे यह तूने बाल्यकाल में जब तेरी बुद्धि परिपक्व न थी तब की थी। तूने उसकी कभी चर्चा भी युधिष्ठिर से नहीं की और तुझे कर्तव्य-अकर्तव्य का ज्ञान भी नहीं। सत्य पर श्रद्धा जता तू अपने को धर्मात्मा मान रहा है। इसमें सन्देह नहीं कि धर्म की रक्षा अवश्य करनी चाहिए, परन्तु इस समय तो तू अधर्म को धर्म समझ बैठा है। तेरे बड़े भाई गुणवान व धर्मात्मा हैं। अपनी मूर्ख प्रतिज्ञा के कारण तू उन्हें मार डालने को उद्यत हो रहा है। इस समय युधिष्ठिर के चित्त पर क्या बीत रही है यह तो सोच? युधिष्ठिर सान्त्वना व दया के पात्र हैं कि वध के? निर्दोष युधिष्ठिर का वध कर देने से तुझे पुण्य मिलेगा या पाप? ऐसे

समय जब जीवन-मरण का युद्ध चल रहा है तब राजा के मारे जाने से अभी तक का किया हुआ सब कार्य चौपट नहीं हो जाएगा! फिर तेरे कर्ण से युद्ध करने और उसे मारने की प्रतिज्ञा पूर्ण करने का अर्थ ही क्या रहेगा? पहिले अपने कर्तव्य का निश्चय कर। धर्म क्या है, अधर्म क्या है, इसका निर्णय कर, फिर आगे कदम बढ़ा। कृष्ण का वक्तव्य सुनकर अर्जुन भौचक्का-सा खड़ा हो गया। उसे सूझता ही न था कि क्या करे? यदि प्रतिज्ञा पूरी नहीं करता तो सत्य से च्युत होता है, यदि पूर्ण करता है तो ज्येष्ठ बन्धु के वध का पाप प्राप्त होता है। अतएव समस्या का हल व सन्तोष के लिए वह कृष्ण के सामने नतमस्तक खड़ा हो गया।

तब कृष्ण ने धर्म-अधर्म, सत्य-असत्य, हिंसा-अहिंसा की सारभूत व्याख्या की—

हे अर्जुन! किसी का प्राण अपहरण न करना (अहिंसा) ही सबसे बड़ा धर्म है। इसके लिए यदि मिथ्या भी बोलना पड़े तो हानि नहीं।

संसार के अधिकांश लोग इस बात को मान्य करते हैं कि जहाँ अहिंसा है वहीं धर्म है और सत्य से बढ़कर दूसरा धर्म नहीं। जो लोग सदा सत्याचरण करते हैं, सत्य भाषण करते हैं वे श्रेष्ठ और आदरणीय माने जाते हैं, परन्तु कभी-कभी ऐसा होता है कि सत्यवक्ता कहे जानेवाले लोग भी सत्य के ठीक-ठीक अर्थ को नहीं समझते। सत्य बोलने पर भी कभी-कभी उनको असत्य का फल मिलता है। अतएव जहाँ असत्य का परिणाम जनहितकारी हो वहाँ असत्य सत्य और सत्य असत्य हो जाता है।

निरपराधी जीवों की हिंसा को रोकना सत्य के महत्त्व के समान धर्म है। यदि कहीं सत्य बोलने या सत्य-पालन से किसी निरपराधी के प्राण जाने का भय हो या किसी का सर्वस्व जाता हो या समाज की हानि हो रही हो तो ऐसे अवसरों पर असत्य सत्य के समान ही माना जाएगा।

वेदानुकूल कर्म से दूसरों को सुख पहुँचाना ही धर्म है, जिस समय किसी के प्राण जाते हों, अथवा हास-परिहास में यदि समाज का अनहित होता हो तो उस अवसर पर असत्य भाषण में हानि नहीं होती। चोरों के बीच यदि कोई फँस जाए तो उसे उचित है कि शपथ खाकर उनसे छुटकारा पा ले। चोरों को या पापियों को कभी धन नहीं देना चाहिए, क्योंकि उनके द्वारा पाप की वृद्धि होती है।

धर्म वह है जो सारे संसार की रक्षा करता है, अतएव ज्ञानी व विद्वान उत्तम कर्म को ही धर्म मानते हैं। शास्त्रों का उचित ज्ञान न रखनेवाले व्यक्ति यदि धर्म

को जाननेवालों से सलाह न लेकर मनमाना कर डालते हैं तो उन्हें निश्चय ही नरक भोगना पड़ता है।

जो केवल सत्य को नाममात्र जानता है और उसके सत्-असत् फल को नहीं विचारता, वह अज्ञानी है। सत्-असत् के परिणाम पर विचार करके जो सत्य का आश्रय लेता है वही यथार्थ धर्म का ज्ञाता है।

धर्म के मुख्य आधार सत्य और अहिंसा के कुछ लक्षण मैंने तुम्हें बतला दिए, अब तुम्हें जो उचित लगे वैसा करो। कृष्ण के इस कथन से निम्न तथ्य स्पष्ट होते हैं—

1. जो धर्मसम्मत है वही सत्य है। जो धर्म विरुद्ध है वह सत्य भी असत्य रूप है।
2. जिससे लोकहित हो वही धर्म है।
3. इसलिए जिससे लोगों का हित हो वही सत्य है।
4. धर्मसम्मत अहिंसा ही परम धर्म है।
5. जिस अहिंसा से लोकहित सिद्ध हो वह धर्मसम्मत है।
6. इसलिए लोगों की प्राण-रक्षा, शील व सम्पत्ति रक्षा एवं देश व राष्ट्र रक्षा के हेतु की जानेवाली हिंसा अहिंसा के समतुल्य है।
7. सत्य और अहिंसा का ऐसा व्यवहार सर्वदा करने योग्य है।

कृष्ण ने सत्य और असत्य की जो व्याख्या महाराज युधिष्ठिर से की, वह कहाँ तक धर्म और नीति की मर्यादा के अन्तर्गत है, इस पर भी विचार कर लेना अपेक्षित है। कदाचित् इसी शंका के समाधान हेतु युधिष्ठिर ने भी यही प्रश्न शर-शय्या सेवित महात्मा भीष्म से किया था जिसका उल्लेख महाभारत में पाया जाता है। युधिष्ठिर ने पितामह से पूछा था—

"हे भगवन्! इस संसार को सत्य व असत्य ने आच्छादित कर रखा है। सत्य क्या है, असत्य क्या है और धर्म मार्ग पर स्थित मनुष्य को कैसा बर्ताव करना चाहिए? किस समय वह सत्य बोले और किस समय असत्य?"

पितामह ने उत्तर दिया—"धर्मानुकूल तो सत्य बोलना ही ठीक है क्योंकि सत्य से बढ़कर कोई तत्त्व नहीं, परन्तु ऐसे अवसर भी आ जाते हैं जहाँ असत्य सत्य के समान और सत्य असत्य के समान हो जाता है। वहाँ सत्य की अपेक्षा असत्य ही उचित माना गया है। यदि कोई चोर या चांडाल प्रश्न करे कि अमुक धनी पुरुष कहाँ है और यदि इस प्रश्न का उत्तर न देने से उस धनी पुरुष की रक्षा हो सकती हो तो उन चोरों को ऐसे प्रश्न का कुछ भी उत्तर न देना ही धर्म है। यदि उत्तर न देने से चोरों के मन में सन्देह उत्पन्न होता हो

तो सत्य बात न कहकर असत्य बोलना ही धर्म हो जाता है। यदि शपथ खाने से निरपराध पुरुष का पापियों के हाथ से छुटकारा देखें तो उसके प्राण-रक्षा हेतु मिथ्या शपथ में भी पाप नहीं लगता। इसी तरह जहाँ तक बन सके पाप कर्म करने के लिए न दान दें, न धन दें। ऐसे पापी, जिनकी धर्म पर श्रद्धा नहीं, का नाश करने में पाप भी नहीं लगता। वे तो निज कर्मों से ही मरे हुए होते हैं।''

नारद-शुक संवाद से भी सत्य का स्वरूप उद्‌घाटित हुआ है। नारद ने शुकदेव से कहा था—

सत्य से बढ़कर कोई पदार्थ नहीं। सत्य बोलना परम हितकर है, परन्तु हित की बात कहना सत्य से भी बढ़कर है। जिससे सब प्राणियों का हित होता हो वही मेरी समझ में सत्य है।

परन्तु इसका यह अर्थ नहीं लगाया जाना चाहिए और न लगाया ही जा सकता है कि असत्य बोलकर किसी हत्यारे के प्राण बचाए जाएँ। परन्तु जहाँ सत्य भाषण से निरपराधी व्यक्तियों की जान जाने की आशंका हो, उस समय क्या करना चाहिए? पश्चिमी नीतिशास्त्र तो ऐसे अवसरों पर मूक हो जाते हैं परन्तु भारतीय धर्मशास्त्र ऐसे प्रसंगों की गणना सत्यापवाद में करते हैं और इन अपवादों के लिए प्रायश्चित्त का विधान भी निर्धारित करते हैं। कतिपय अंग्रेजी लेखकों ने भारतीय शास्त्रकारों पर उपर्युक्त सत्यापवाद स्वीकृत करने के कारण कुछ दोषारोपण किया है। उनके लेखों का भाव यह है कि 'अहिंसा' का अपवाद तो मान्य हो सकता है किन्तु 'सत्य' का अपवाद सम्भव नहीं। परन्तु नीतिशास्त्र के मान्य अंग्रेजी विद्वान भी बहुधा भारतीय मत के समर्थक हैं। लोकमान्य तिलक आदि ने इस विषय का विशद विवेचन किया है। इन सबका संक्षिप्त रूप निम्न प्रकार है—

सत्य के विषय में प्रामाणिक ईसाई धर्मोपदेशक ईसा का शिष्य पाल बाइबिल में कहता है—

> "For if the truth of God hath more abounded through my lie unto His glory why yet am I also judged as a sinner."
>
> (Raman 3 : 7)

यदि मेरे असत्य भाषण से प्रभु के सत्य की महिमा और बढ़ती है (अर्थात् ईसा के धर्म का अधिक प्रचार होता है) तो इससे मैं पापी क्योंकर हो सकता हूँ!

ईसाई धर्म के इतिहासकार मिलमैन ने लिखा है कि प्राचीन ईसाई धर्मोपदेशक इसी तरह आचरण किया करते थे। यह सच है कि वर्तमान समय के नीतिशास्त्रज्ञ किसी को धोखा देकर या भुलावे में डालकर धर्म-भ्रष्ट करना न्याय नहीं मानेंगे, परन्तु वे भी यह कहने को तैयार नहीं हैं कि सत्य धर्म अपवाद रहित है। उदाहरणार्थ सिजविक का नीतिशास्त्र हमें बतलाता है—

'कर्म और अकर्म के सन्देह का निर्णय जिस तत्त्व के आधार पर किया जाता है, उसको सबसे अधिक लोगों का सबसे अधिक सुख कहते हैं।' इसी नियम के अनुसार उसने यह निर्णय किया कि—

छोटे लड़कों को और पागलों को उत्तर देने के समय तथा इसी प्रकार बीमार व्यक्तियों को (यदि सच बात सुना देने से उनके स्वास्थ्य के बिगड़ जाने का भय हो), अपने शत्रुओं को, चोरों को, जो अन्याय से प्रश्न करें उनको उत्तर देते समय अथवा वकीलों को अपने व्यवसाय में असत्य का सहारा लेना अनुचित नहीं है। मिल (Mill) के नीतिशास्त्र के ग्रन्थ में इसी अपवाद का समावेश किया गया है। सिजविक तो यह भी लिखता है, "यद्यपि कहा गया है कि सब लोगों को सच बोलना चाहिए तथापि हम यह नहीं कह सकते हैं कि जिन राजनीतिज्ञों को अपनी कार्यवाही गुप्त रखनी पड़ती है वे औरों के साथ तथा व्यापारी अपने ग्राहकों से, हमेशा सच ही बोला करें।" अन्य स्थान में वह लिखता है, "यही रियायत पादरियों और सिपाहियों को भी मिलती है।"

लेस्ली स्टीफन नामक ग्रन्थकार ने अपने नीतिशास्त्र का जो विवेचन आधिभौतिक दृष्टि से किया है वह ऐसे ही उदाहरण देकर अन्त में लिखता है कि किसी कार्य के परिणाम की ओर ध्यान देने के बाद ही उसकी नीतिमत्ता निश्चित की जानी चाहिए। यदि मेरा विश्वास हो कि झूठ बोलने से ही कल्याण होगा तो मैं सत्य बोलने के लिए कभी तैयार नहीं रहूँगा। मेरे विश्वास में यह अब भी हो सकता है कि इस समय झूठ बोलना ही मेरा कर्तव्य है। (And the certainty might be of such a kind as to make me think it a duty to lie/Science of Ethics)

ग्रीन ने भी नीतिशास्त्र का विचार अध्यात्म दृष्टि से किया है। उक्त प्रसंगों का उल्लेख करके उनका स्पष्ट कथन है कि ऐसे समय नीतिशास्त्र मनुष्य के सन्देह की निवृत्ति नहीं कर सकता। नीतिशास्त्र यह नहीं कहता कि किसी साधारण नियम के अनुसार (सिर्फ यह समझकर कि वह नियम है)

हमेशा चलने में कुछ विशेष महत्त्व है ? किन्तु नीतिशास्त्र का कथन यही है— ''सामान्यत: उस नियम के अनुसार चलना हमारे लिए श्रेयस्कर है। इसका कारण यह है कि ऐसे समय हम लोग केवल नीति के लिए अपनी लोभमूलक नीच मनोवृत्तियों को त्यागने की शिक्षा पाते हैं।'' नीतिशास्त्र के अनेक विद्वान लेखक जैसे बेनव्हेबैल आदि अन्य अंग्रेज पंडितों का भी यही मत है।

अस्तु, जो लोग यह कहने का साहस करते हैं कि सत्य सर्वदा सत्य है, उसको कभी नहीं छोड़ना चाहिए, वे यह भी तो सोचें कि निरपराधी की हत्या करनेवाले और उसकी प्राण-रक्षा के लिए झूठ बोलनेवाले इन दोनों में से कोई एक अधिक पापी है या दोनों एक बराबर हैं ? जहाँ निरपराधी सीधे-साधे या प्रतिकार नहीं कर सकने योग्य पुरुष के ऊपर क्रोधी, उद्दंड या हत्यारे की तलवार खिंची हो वहाँ दो ही बातें सम्भव हैं या तो शक्तिशाली द्रष्टा उस हन्ता का ही अन्त कर दे और स्वयं हत्यारा बने या असत्य भाषण कर मारनेवाले और मरनेवाले दोनों के ही प्राण बचाए। जब केवल सत्य शब्दोच्चारण (वाचक सत्य) और सर्वभूत हित (वास्तविक सत्य) में विरोध आ पड़े तो व्यावहारिक धर्मदृष्टि से असत्य भाषण क्षम्य ही नहीं अपरिहार्य भी माना जा सकता है। यदि कोई धर्मात्मा-नीतिज्ञ यह कहता हो कि नरहत्या होने दो, पर किंचित् भी झूठ न बोलो तो उसका वचन मान्य नहीं हो सकता। सत्य सर्वदा सत्य है, संसार में शाश्वत सत्य का व्यवहार वांछनीय अवश्य है, परन्तु सदा सम्भव नहीं। अतएव अमित नरहत्या रोकने के हेतु यदि कृष्ण ने महाराज युधिष्ठिर को संकटकालीन परिस्थिति में असत्य या कूट सत्य उच्चारित करने की प्रेरणा दे भी दी तो उन्होंने धर्म, न्याय व नीति की मर्यादा का कोई अतिक्रमण नहीं किया।

अब केवल एक प्रश्न रह जाता है कि कृष्ण ने अर्जुन को हिंसा करने का प्रोत्साहन दिया और वह भी उस समय जबकि वह युद्ध करने से विमुख हो गया था। इस विवाद पर विनोबाजी के शब्द ही उपयुक्त होंगे—

अर्जुन कृत निश्चय होकर कर्तव्य भाव से समर भूमि में खड़ा हुआ। क्षात्र वृत्ति उसके स्वभाव में थी। युद्ध को टालने का भरसक प्रयत्न किया जा चुका था, फिर भी युद्ध टल नहीं पाया था। कृष्ण से अपना सारथ्य स्वीकार करा के वह रणांगण में खड़ा होकर वीरोचित उत्साह से कृष्ण से कहता है— ''दोनों सेनाओं के बीच में मेरा रथ खड़ा कीजिए जिससे मैं एक बार उन लोगों के चेहरे तो देख लूँ जो मुझसे लड़ने के लिए आए हैं।''

कृष्ण ने वैसा ही किया। अर्जुन ने चारों ओर दृष्टि डाली और वह खिन्न हो गया। उसकी आँखें गीली हो गईं। क्या उसके मन में अशोक की तरह 'अहिंसा' वृत्ति उदय हो गई थी? इस समय भी यदि गुरु, बन्धु और आप्त सामने न होते तो उसने शत्रुओं के मुँह गेंद की तरह उड़ा दिए होते, परन्तु इस आसक्तिजनक मोह ने उसकी कर्तव्यनिष्ठा को ग्रस लिया और वह तत्त्वज्ञान बघारने लगा।

क्या वह अर्जुन का तत्त्वज्ञान (दर्शन) नहीं, किन्तु कोरा प्रज्ञावाद था? यदि अर्जुन सचमुच अहिंसावादी हो गया होता तो उसे किसी ने कितना ही अवान्तर ज्ञान-विज्ञान बताया होता, असली बात का जवाब मिले बिना उसका समाधान नहीं हुआ होता। परन्तु सारी गीता में इस मुद्दे का कहीं भी जवाब नहीं दिया गया, फिर भी अर्जुन का समाधान हुआ है। इस सबका भावार्थ यही है कि अर्जुन की अहिंसा वृत्ति नहीं थी। युद्ध तो उसकी दृष्टि से स्वभाव प्राप्त और अपरिहार्य रूप से निश्चित कर्तव्य था। उसे वह मोहवश टालना चाहता था और गीता का मुख्य प्रहार इसी मोह पर है।

अर्जुन अहिंसा की तो क्या संन्यास की भी भाषा बोलने लगा था। इस रक्त लांछित क्षात्र धर्म से संन्यास ही अच्छा है। परन्तु क्या अर्जुन का वह स्वधर्म था? अर्जुन संन्यासी का वेश तो बड़े मजे से धारण कर सकता था? संन्यास के नाम पर यदि वह जंगल में जाकर रहा होता तो वहाँ हरिण मारना शुरू कर देता। अत: भगवान ने साफ ही कहा—अर्जुन, जो तुम कह रहे हो कि मैं लड़ूँगा नहीं, यह सब तुम्हारा भ्रम है। तुम्हारा स्वभाव तुम्हें लड़ाए बिना कभी नहीं मानने का। वह तुम्हारा स्वधर्म है। स्वधर्म विगुण भी हो तो उसी में रहकर मनुष्य को अपना विकास कर लेना चाहिए। स्वधर्म ऐसी वस्तु नहीं कि जिसे बड़ा मानकर ग्रहण करें और छोटा समझकर छोड़ दें। वह न बड़ा होता है न छोटा। वह तो विकास का सूत्र है।

कृष्ण को अर्जुन की मानसिक व्याधि तुरन्त समझ में आ गई और उसे दूर करने के लिए अमोघ औषधि के रूप में क्षत्रियोचित स्वभावजन्य स्वधर्म पालन करने की शिक्षा दी तथा अन्त में सचेत करते हुए कह दिया कि उसे मानने या न मानने में वह पूर्ण स्वतंत्र है तथा उसे जो भाए सो करे। इन सब बातों पर शान्तिपूर्वक विचार करने से यही सिद्ध होता है कि कृष्ण न तो स्वयं युद्धप्रिय थे और न रक्त की नदियाँ बहते हुए देखकर चंगेज या तैमूर के समान प्रसन्न होनेवाले व्यक्ति। सम्पूर्ण मानव समाज में परस्पर प्रेम, विश्वास, न्याय, सहयोग और समानता स्थापित करने के लिए उन्होंने

आजीवन आचरण किया। एक भी स्थल ऐसा नहीं जहाँ कृष्ण ने अपनी महत्त्वाकांक्षा पूर्ति या दूसरे की कीर्ति विनष्ट कर अपना ऐश्वर्य स्थापित करने के हेतु युद्ध का व्यापार किया हो। उनके ऊपर कलह-प्रियता या युद्ध-पिपासा का आरोप उतना ही धृष्टतापूर्ण है जितना यह कथन कि उनके कराए हुए भारतीय महायुद्ध के कारण भारतवर्ष में क्षत्रियत्व का विनाश हुआ और भारत पराधीन बना।

यदि उद्दंडता, स्वेच्छाचारिता, निरंकुशता, अनाचारिता और काम-भोगेषु प्रसक्तिता क्षत्रियत्व है तो यह माना जा सकता है कि भारतीय युद्ध ने इस प्रकार के क्षत्रियत्व पर कठिन प्रहार किया। यदि क्षत्रियत्व का अर्थ शौर्य, तेज, चातुर्य, त्याग, रण-निपुणता और संरक्षणता है तो इन गुणों का न कभी लोप हो सकता है और न युद्ध के पश्चात् ही हुआ। यह सही है कि युद्ध के कारण भारतीय क्षत्रियों की संख्या में कुछ न्यूनता आ गई परन्तु उनकी निर्वंशता नहीं हुई। कृष्णकाल से लेकर सैकड़ों-हजारों वर्षों तक भारतवर्ष आजाद रहा और उसकी स्वतंत्रता अक्षुण्ण रही। उसके धर्म, कर्म, न्याय व समदृष्टि की कीर्ति ध्वजा गगन में फहराती रही। काल की गति से पुनः अनेक दुर्गुणों ने क्षत्रियों में अपना निवास बनाया। आपसी फूट, द्वेष, ईर्ष्या अभिमान आदि के कारण वे एक-दूसरे के परस्पर विरोधी व षड्यंत्री बनते चले गए। परिणामतः विदेशियों द्वारा एक-एक करके उनके राज्य नष्ट-भ्रष्ट किए गए और वे पराधीनता के पाश में जकड़े गए। समय-समय पर भारतीयों ने अपनी स्वाधीनता स्थापित करने के उद्योग भी किए। विक्रमादित्य, समुद्रगुप्त, अशोक आदि महापुरुषों ने राष्ट्रीय एक्य स्थापित करने की चेष्टा की परन्तु फिर भी भारतीय सचेत नहीं हुए। सच तो यह है कि यदि वे कृष्ण के बतलाए हुए कर्म व धर्म के सत्य मार्ग को अपनाए रहते, उसका परित्याग न करते तो पराधीनता के दुर्दिन उन्हें नहीं देखने पड़ते। यदि भारतीय अपने-अपने स्वधर्म का विधिवत् पालन करते जाते अपने कर्तव्यों व नीतियों को धारण किए रहते तो उनकी या इस बड़े देश की जो दुर्गति हुई वह कदापि नहीं होती। आज भी देश के सम्मुख यही ज्वलन्त समस्या है। महात्मा भीष्म का कथन कि जहाँ कृष्ण हैं, वहीं सत्य है, वहीं विजय है तथा महर्षि व्यास के शब्द कि जहाँ धनुर्धारी पार्थ और योगेश्वर कृष्ण एक साथ हैं वहाँ श्री विजय विभूति और सत्य-निष्ठा ही अचल नीति है।

कृष्ण की वाणी व आचरण पर विचार करने पर यह स्पष्ट हो जाता है कि वे शान्ति और अहिंसा के विश्वासी थे और जब या जहाँ दोनों भावनाओं का

प्रयोग असफल हुआ वहीं उन्होंने लोलुप आक्रमणकारियों व अत्याचारियों के विरुद्ध "शठं प्रति शाठ्यम्" का पाठ पढ़ाया। निर्वैर, विद्वेषरहित और प्रेम-जीवन ही 'अहिंसा' की सच्ची श्रद्धा है। यह आन्तरिक भावना कृष्ण में किस हद तक विराजमान थी, इसका वर्णन श्री माखनलाल सेन के शब्दों में पठनीय व मननीय है—

"यथार्थ में मानव जाति के शत्रु ही कृष्ण के शत्रु थे। व्यक्तिगत उन्हें किसी व्यक्ति से द्वेष नहीं था और न अपने विरोधियों से बदला लेने की भावना उनके चित्त में कभी उठी। अपने कार्य की पूर्ति हो जाने पर वे एक कदम भी आगे न बढ़े। कृष्ण उन लोगों में से न थे जो अपनी महत्त्वाकांक्षा की पूर्ति के लिए अन्यों पर आक्रमण करते तथा अपनी विजय का डंका पिटवाने के इच्छुक रहते थे। वे मानवमात्र के प्रेमी थे और अपने स्वार्थ के हेतु मक्खी तक की हिंसा उचित नहीं समझते थे। असंख्य प्राणियों की बलि देकर अपनी सामरिक आकांक्षा पूर्ण करनेवाले यूरोप खंड के वीर कैसर अथवा नेपोलियन के सदृश वे नहीं थे। किसी भी युद्ध से उनकी कीर्ति बढ़ेगी या विजय प्राप्ति से प्रसिद्धि होगी, इन भावनाओं से वे सदा विमुक्त रहे। उनके मन की सर्वोच्च उत्प्रेरणा मानव-समाज की भलाई थी और उसी की सिद्धि के मार्ग में जो बाधाएँ अवरोधक हुईं, उनको हटाने में वे सदा अग्रसर रहे। यदि विनाश के बिना उस महत् कार्य का सम्पादन उन्हें सम्भवनीय न दिखा तो अधिकतम मनुष्यों के अधिकतम लाभ, उन्नति व भलाई की दृष्टि से उस कठिन से कठिन कार्य के पूर्णार्थ कृष्ण अपने सम्बन्धियों व सुहृदों तक का बलिदान कर देने में हिचके नहीं।"

कृष्ण के सार्वजनिक जीवन, लोकसंग्रही व राजनीतिक स्वरूप की यही तालिका है। राष्ट्र-शरीर की सुरक्षा हेतु समाज के दूषित व विषाक्त अंगों को सुयोग्य चिकित्सक की भाँति काटकर फेंक देने में उन्होंने संकोच नहीं किया। उनके ये कार्य जो बाह्य रूप में हिंसात्मक दिखते हैं, यथार्थ में अहिंसात्मक ही माने जाएँगे।

विगत द्वितीय विश्वयुद्ध में अमेरिका को सम्मिलित करने का हेतु बतलाते हुए प्रेसीडेंट रूजवेल्ट ने कहा था (We want to fight out this war to end future wars) अर्थात् भविष्य में युद्धों की रोकथाम करने के उद्देश्य से वे युद्ध में भाग ले रहे हैं। अतएव यह स्पष्ट है कि उस काल में कंस, जरासन्ध, भौमासुर, मुर और कौरव सम्प्रदाय की तथा अन्त में अपने ही बन्धु-बान्धवों की राष्ट्रहित में बलि देकर कृष्ण ने लोकहितकारी धर्म की पुनः प्रतिष्ठा हेतु

धर्म साम्राज्य स्थापित करने का जो अनुष्ठान किया था तथा उसमें उन समाज विरोधी तत्त्वों को जो समझाने-बुझाने पर भी अपने दुष्कृत्यों से बाज नहीं आए एवं जनजीवन को त्रस्त करने में नहीं हिचके, उन्हें नष्ट कर जगत् में सुव्यवस्था और शान्ति (Law and Order) स्थापित करने तथा भविष्य में अहिंसा को प्रतिष्ठा हेतु जो हिंसा अनिवार्य रूप में किए जाने का परामर्श दिया, वह हिंसा न मानी जाकर अहिंसा ही मानी जाएगी।

योगेश्वर

अभी तक कृष्ण के जिन रूपों का उद्‌घाटन हुआ, वे मानवीय थे। अब है उनका वह परम दिव्य, पवित्र और आध्यात्मिक स्वरूप जो महायुद्ध के आरम्भ के कुछेक क्षण पूर्व उद्‌भाषित हुआ। वह अपनी महत्ता व अप्रमेयता का आप ही साक्षी है। वह वचन की सीमा के बाहर है। उस अलौकिक, अगोचर और विराट् स्वरूप के किंचित् दर्शन अर्जुन को सम्भव हुए, क्योंकि वह कृष्ण का परम सखा था, परन्तु उसे भी वह अनुभूति भक्त-शिष्य के नाते प्राप्त हुई तथा कृष्ण द्वारा प्रदत्त दिव्यदृष्टि से ही वह उस अचिन्त्य रूप के क्षणिक दर्शन कर सका। हम सबको तो पूज्य विनोबा के शब्दों से ही सन्तोष करना पड़ेगा—

"वह विराट् दर्शन मुझे सहन भी कैसे होगा ? छोटे सगुण सुन्दर रूप के प्रति मुझे जो प्रेम है, जो अपनापन है, जो मधुरिमा है, उसका अनुभव विश्वरूप को देखने से कदाचित् न हो। वही स्थिति अर्जुन की भी हो गई। वह थर-थर काँपते हुए अन्त में कहता है--भगवन्, अपना वही पहिले वाला मनोहर रूप दिखलाइए।"

"आकाश में चमकते हुए तारे कितने शान्त दिखाई देते हैं, ऐसा प्रतीत होता है मानो इतनी दूर से वे मुझसे बातें कर रहे हों। परन्तु दृष्टि को शान्त करनेवाली वही तारिका यदि समीप आ जाए तो वह धधकती हुई आग ही है। मैं खाक होकर ही रहूँगा। ईश्वर के ये अनेक ब्रह्मांड जहाँ हैं, वहीं वैसे ही रहने दीजिए। उन सबको एक कमरे में इकट्‌ठा करने में क्या आनन्द है ?"

"परमेश्वर टुकड़ों में विभाजित नहीं। जो परमेश्वर विराट् विश्व में व्याप्त है वही सम्पूर्ण रूप में एक छोटी-सी मूर्ति में, मिट्‌टी में, मिट्‌टी के एक कण में भी व्याप्त है। अमृत के सिन्धु में जो मिठास व पुष्टि है वही उसके एक बिन्दु में भी होती है। मैं छोटे से रूप पर ही सन्तुष्ट हूँ।"

यह तो हुई उस अनादि, अनन्त, अद्वितीय, अव्यक्त को मूर्त रूप में देखने-सुनने की बात। प्रश्न तो यह है कि वह सौभाग्य जिसकी सामर्थ्य से अर्जुन को वह असम्भाव्य दर्शन सम्भव हो सका उसे किस तरह प्राप्त हुआ? वे कौन-से योग थे जिनके फलस्वरूप अर्जुन अपनी मनोवांछित अभिलाषा कृष्ण से पूर्ण करा सका तथा जिनके कारण कृष्ण योगेश्वर माने गए।

महर्षि पतंजलि ने चित्तवृत्ति-निरोध को 'योग' कहा है। यम, नियम, आसन, प्राणायाम, प्रत्याहार, ध्यान, धारणा व समाधि इस योग के आठ अंग हैं। इस कारण पातंजल-योग अष्टांग योग कहलाता है। उपर्युक्त क्रियाएँ करनेवाला 'योगी' कहलाता है।

प्रसिद्ध महाराष्ट्र सन्त एवं योगी ज्ञानेश्वर महाराज ने स्वरचित गीताभाष्य में इस पातंजल योग की विस्तृत व्याख्या कर उसका फलित वर्णन किया है। जिस समय योगी सिद्धावस्था के निकट पहुँचता है उस समय उसे इस संसार में अनेक चमत्कार कर दिखाने की शक्ति प्राप्त हो जाती है। अणिमा, गरिमा आदि आठों सिद्धियाँ उसके आगे हाथ जोड़े खड़ी रहती हैं।

श्रीमद्भागवत व अन्य पुराणों में वर्णित कृष्ण के विचित्र व साधारणतया समझ में न आ सकनेवाले कार्यों का उल्लेख पाया जाता है। आज के विज्ञान युग में उन पर लोग सहसा विश्वास नहीं करते और उन्हें कपोल-कल्पित चमत्कार (Miracles) कह देते हैं। कृष्ण के अन्य चमत्कारों का वर्णन न कर यहाँ केवल एक का उल्लेख आवश्यक है। अर्जुन द्वारा जयद्रथ के वध के अवसर का। महाभारत में कथा है कि अपने पुत्र अभिमन्यु की हत्या का बदला लेने के लिए अर्जुन ने भीषण प्रतिज्ञा घोषित कर दी कि यदि दूसरे दिन सूर्यास्त के पूर्व वह जयद्रथ का वध न कर सका तो स्वयं चिता रचकर अग्नि में प्रवेश कर जाएगा। दूसरे दिन घनघोर युद्ध करते हुए भी अर्जुन जयद्रथ को न पा सका। कृष्ण अर्जुन की प्रतिज्ञा से चिन्तित थे और समय व्यतीत होता देखकर उन्होंने अपनी माया से सूर्य को बादलों में ऐसा आच्छादित कर दिया कि सूर्यास्त का भान होने लगा। कल्पित सूर्यास्त होते देख कौरवों के दल में हर्ष के नगाड़े बजने लगे और अपनी प्रतिज्ञा पूर्ण न कर सकने के कारण निराश हो अर्जुन चिता रचकर उसमें आत्माहुति देने की तैयारी करने लगा। जयद्रथ उस समय तक अपनी आत्मरक्षा हेतु शकट व्यूह में छिपा हुआ था। दुर्योधनादि अन्य मित्रों की सलाह पर अर्जुन की आत्महत्या देखने को बाहर निकल आया। व्यूह से बाहर निकलते ही आकाश के बादल लोप हो गए और सूर्य

पुनः प्रकाशित हो गया। कृष्ण ने अर्जुन को सचेत करते हुए पश्चिम की ओर अँगुली उठाई और आदेश दिया—

"हे पार्थ! प्रण पूरा करो, देखो अभी दिन शेष है।" अर्जुन ने तुरन्त धनुष-बाण सम्हाला और समस्त कौरवों के देखते-देखते जयद्रथ का सिर धड़ से उड़ा दिया।

यह असाधारण घटना सत्य भी हो सकती है या निरी कपोल-कल्पना है, इस पर लोगों के भिन्न-भिन्न मत हैं, लेकिन इस युग के मनोविज्ञान शास्त्रियों ने जो अनुसन्धान किया है, उसके अनुसार मनुष्य यदि अपनी इच्छाशक्ति (Will Power) जाग्रत् करे तो बादलों जैसी प्राकृतिक वस्तुओं पर भी नियंत्रण कर सकता है और अपनी इच्छानुसार उनके रूप भी परिवर्तित कर सकता है। ड्यूक विश्वविद्यालय के पैरासाइकोलॉजी के विद्वान डॉ. जोसेफ बी. राइन तथा उनके सहयोगी रहस्यमय साधक डॉ. रौल्फ ने इस विषय पर परिश्रम किया और अपने अनुसन्धानों को प्रत्यक्ष प्रमाणित करने की घोषणा की। दिनांक 12 सितम्बर, 1954 को उन्होंने अपनी इच्छाशक्ति के अद्‌भुत करिश्मे दिखलाने का आयोजन किया। उस आयोजन में वहाँ के विज्ञानवेत्ता उपस्थित हुए। संयोजक महाशयों ने अपनी इच्छाशक्ति से निरभ्र आकाश में बादल पैदा करने और उनसे हलकी बूँदाबाँदी कराने का दृश्य सबको दिखलाया। दूसरी बार उन्होंने घोषणा की कि आकाश में छाए हुए बादलों में से जिस बादल को दर्शकगण चुनें, उसे वे अपनी इच्छाशक्ति से गायब कर देंगे। उनके इस प्रयोग को देखने साधारण दर्शकों के अलावा पचासों वैज्ञानिक, पत्रकार फोटोग्राफर व बड़े-बड़े अधिकारी एकत्रित हुए। बहुत से विशेष कैमरे क्षण-क्षण पर बादलों के चित्र उतारने के लिए जमाए गए। डॉ. रौल्फ एलेकजेंडर ने अपने प्रयोग सफलतापूर्वक प्रदर्शित किए। इन घटनाओं का उल्लेख साप्ताहिक 'धर्मयुग' में सन् 1963 के नवम्बर अंक में मय चित्रों के अंकित है। इस योग को उन्होंने 'साइकोकिनासिस' संज्ञा दी है। योगियों व संन्यासियों की ऐसी असाधारण सिद्धियों की मान्यता केवल भारतीयों ने ही नहीं किन्तु अध्यात्म और मनोविज्ञान तथा भौतिक विज्ञान के पश्चिमी साधक व अनुसन्धानकर्ताओं ने भी की है। सर ओलिवर लाज (Oliver Lodge) ने लिखा है—"आश्चर्यजनक घटनाएँ या चमत्कार सदा होते हैं और होते रहेंगे। हरेक धर्म के प्रसिद्ध साधु व ऋषियों के जीवन-चरित्र ऐसी घटनाओं या चमत्कारों से भरे पड़े हैं। कोई उन पर विश्वास करे या न करे। विश्वास न करने से उन महात्माओं की वास्तविक महानता में जरा भी फर्क नहीं पड़ता। बहुधा अपनी

अल्पज्ञता एवं लघु अनुभूति के कारण हम इन विचित्र घटनाओं को चमत्कार कह देते हैं।''

कृष्ण के असाधारण कृत्यों अथवा उन चमत्कारों (जिनका वर्णन भागवत पुराण, महाभारत आदि में पाया जाता है) के कारण ही वे योगीश्वर या योगेश्वर माने गए हों, सो बात नहीं। उन घटनाओं पर विश्वास करने से केवल इतना ही माना जा सकता है कि साधारणजनों की अपेक्षा कृष्ण को दैवी शक्तियाँ अधिक प्राप्त थीं।

पातंजल योग में जिन क्रियाओं व साधनाओं का वर्णन है, उनका समुच्चय रूप 'योग' है? परन्तु योग की यह परिभाषा एकांगी एवं संकुचित है। गीता में 'योग' शब्द का वही अर्थ विवक्षित नहीं। लोकमान्य तिलक के अनुसार— युक्ति, साधन, कुशलता, उपाय, जोड़, मेल आदि अर्थ कुछ हेर-फेर से 'योग' का भावार्थ प्रदर्शित करते हैं। गीता-वक्ता ने स्वयं 'योग' की विभिन्न परिभाषाएँ विभिन्न अर्थों में की हैं। योगः कर्मसु कौशलम् 'समत्वं योग मुच्यते', सांख्यः योगो, योगस्थः कुरु कुर्माणि आदि वाक्य प्रकाशित करते हैं कि 'योग' शब्द गीता में एकार्थी न होकर अनेकार्थी है। उसकी अभिव्यक्ति विस्तृत है। अतः यह जानना आवश्यक हो जाता है कि वे कौन से योग हैं जिनका विवेचन कृष्ण ने किया है और जिनका समुच्चय श्रीमद्भगवद्गीता में है। 'गीता' योगशास्त्र के नाम से प्रख्यात है। उसका प्रत्येक अध्याय किसी न किसी प्रकार के विशेष योग का प्रतिपादन करता है। अध्याय के अन्त में जो संकल्प पाया जाता है, उससे भी स्पष्ट है कि उसमें ब्रह्म-विद्यान्तर्गत योग-शास्त्र वर्णित किया गया है। जिन योगों का वर्णन गीता में है, वे हैं—

सांख्य योग, कर्मयोग, कर्म-संन्यास-योग, ज्ञान-कर्म-संन्यास योग, ध्यान-योग, आत्म-संयम-योग, ज्ञान-विज्ञान-योग, अक्षर ब्रह्मयोग, राजयोग, विभूति-योग, भक्ति-योग, क्षराक्षर-योग, विवेक-वैराग्य-योग, पुरुषोत्तम-योग, शरणागति, आत्मसमर्पण-योग आदि। विश्लेषण करने पर ये समस्त योग तीन योगों में अर्थात् कर्मयोग, भक्तियोग व ज्ञानयोग में समाहित हो जाते हैं। अन्य योग इन्हीं तीनों के अंग स्वरूप हैं।

मनुष्य के आत्मकल्याण के हेतु संसार के सभी महान धर्मों ने दो मार्ग बतलाए हैं। एक प्रवृत्ति मार्ग और दूसरा निवृत्ति मार्ग, अर्थात् एक है कर्म-मार्ग और दूसरा है संन्यास-मार्ग। प्रवृत्ति मुख्यतः कर्म, उन्नति और विकास का पथ है और निवृत्ति त्याग, वैराग्य और चिन्तन का। गीता दोनों मार्गों का समर्थन करती है। वह कर्म को उतना ही विशिष्ट मानती है जितना ज्ञान को।

विनोबाजी के अनुसार, ''कर्मयोग-साधन भी है और निष्ठा भी एवं संन्यास केवल निष्ठा है यानी अन्तिम अवस्था।'' कृष्ण ने इन दोनों निष्ठाओं का सुन्दर कल्याणमय सामंजस्य प्रतिपादित किया है। गीता में ये दोनों मार्ग अर्थात् कर्म और ज्ञान, समानान्तर रूप से चले हैं और इन दोनों के बीच का अन्तर भक्ति-योग से ऐसा समाविष्ट हो गया है कि कर्म भक्ति और ज्ञान का समवेत ही राजमार्ग योग बन गया है। केवल कर्म जड़ है। यदि वह ज्ञान के प्रकाश एवं प्रेम की स्फूर्ति से न किया जाए तो उसे एक उन्मुक्त चांचल्य ही मानना पड़ता है। इसी तरह ज्ञानविहीन कोरी भावुकता उन्माद मात्र मानी जाती है तथा भावना की उष्णता से विहीन कोरा पांडित्य-ज्ञान हृदय को हिम के समान शीतल और जड़ कर देता है। कौन-सा कर्म करना, कौन नहीं करना यानी कर्तव्या-कर्तव्य का ज्ञान तो कर्ता को कोई भी कर्म करने के पहिले होना ही चाहिए। अतएव कर्म में ज्ञान अनुस्यूत है। यदि उस कर्म में हार्दिकता या प्रेम का पुट दे दिया जाए तो वह निर्मल हो जाता है। उस कर्म की कठोरता कोमल और भार हल्का हो जाता है। उसे करने में थकावट नहीं मालूम पड़ती। उत्साह से, कौशल से कर्म उत्तम बन जाता है, उज्ज्वल हो जाता है। परमेश्वर का ज्ञान या परमेश्वर की भक्ति में फर्क ही क्या है ? चिन्तन अथवा साधना के रूप में भक्ति एक कर्म ही है। इस तरह उपासना में कर्मनिष्ठा का अन्तर्भाव है। शुष्क ज्ञान में जब हार्दिकता या प्रेमयुक्त साधना का योग हो जाता है तब ज्ञान भी भाव संयुक्त कर्म हो जाता है। भक्त की प्रेमसाधना भी इसी तरह कर्म व ज्ञान से ओतप्रोत रहती है। इस प्रकार कर्मयोग, भक्तियोग व ज्ञानयोग एक दूसरे से पृथक् या विलग नहीं किए जा सकते। जीवन के किसी भी उद्‌देश्य की पूर्ति के लिए ज्ञान, प्रेम और कर्म तीनों आवश्यक हैं और इन तीनों मूलभूत तत्त्वों को सफल क्रियात्मक रूप देने की 'युक्ति' या कला ही महायोग है। योग का सरल सीधा अर्थ है जोड़ या मिलन। अतएव जीव के प्रभु के साथ युक्त हो जाने की क्रिया का नाम है योग। यह सही है कि गीता सदा योगयुक्त होकर कर्म करने का आदेश देती है और उस संन्यास (जिसका अर्थ नितान्त कर्महीनता माना जाता है) की अपेक्षा कर्मयोग को विशेष प्रोत्साहन देती है, परन्तु संन्यास से विमुख नहीं होती। कर्म-संन्यास के स्थान पर वह कर्म-फल संन्यास का योग प्रतिपादित करती है। मानवी जीवन के पूर्ण विकास और आत्म-कल्याण के लाभार्थ ज्ञान, भक्ति और कर्म की जैसी हृदयग्राही, पवित्र और उच्च मीमांसा गीता में की गई है, वैसी अन्यत्र कहीं उपलब्ध नहीं। कहने-सुनने में ज्ञान, भक्ति और कर्म के मार्ग भिन्न हैं

परन्तु वे तीनों एक-दूसरे पर समाश्रित हैं। आरम्भ में वे त्रिवेणी की तीन धाराओं के समान भले ही भिन्न हों परन्तु तीर्थराज संगम पर तीनों एकत्रित होकर एकरूप हैं।

इस ऐक्य व सामंजस्य को स्थापित करनेवाला केवल योगी ही नहीं योगेश्वर ही माना जाएगा। जिसका मूर्तरूप कृष्ण है।

कुछ विद्वानों की मान्यता है कि गीता धर्म केवल संन्यासियों का मार्ग है। इस विचार को एक नहीं अनेक भारतीय व अन्य देशीय विद्वानों ने भ्रामक व अग्राह्य ठहराया है। जिस उपदेश में 'वर्णव्यवस्था' एक नैसर्गिक संगठन के रूप में कथित की गई हो, जिससे समाज का प्रत्येक व्यक्ति अपने सहज कर्म (स्वधर्म) का पालन करता हुआ सम्पूर्ण समाज व राष्ट्र के हित वर्धन में सहायक व सहयोगी बन सके तथा जिसके उद्योगपूर्ण सहकार्य में सारा समाज शक्तिशाली, समृद्ध व उन्नत हो सके, वह कथन केवल संन्यासियों के या कर्म-विरक्त पुरुषों के लिए ही हो, ऐसा कोई भी विचार कैसे मान्य हो सकता है? गीता तो मुख्यत: कर्म-प्रेरक है। मानवमात्र के शारीरिक, मानसिक, नैतिक और आध्यात्मिक विकास की तालिका है। जिस प्रवचन में एक बार नहीं, किन्तु बारम्बार अर्जुन से यह आग्रह किया गया हो कि वह अनीति, अत्याचार से युद्ध करने में हिचक न दिखाए वरन् उसे स्वधर्म मानकर उस क्लिष्ट कर्म में उद्यत हो, वह उपदेश संसार से विमुख होने अथवा कर्म त्यागकर अकर्मण्य बनने का उपदेश क्योंकर हो सकता है? गीता किसी एक वर्ग या श्रेणी का पक्ष समर्थन नहीं करती। प्रत्येक मनुष्य को नम्र, सदाचारी, कर्मठ और सहिष्णु बनने का उपदेश देती है। ज्ञानी, कर्मयोगी व भक्त का गीता समान रूप से आलिंगन करती है। उसकी समदृष्टि में नि:स्वार्थ, निष्काम कर्मयोगी ही सच्चा ज्ञानी, तपस्वी व संन्यासी है और सर्वभूत हित में रत, विरक्त तपस्वी कर्मयोगी है। विनोबा के शब्दों में—''एक अनेकों कर्म करता हुआ भी अकर्ता है और दूसरा ऊपर से कोई कर्म न करता हुआ भी महान कर्मी है।'' समस्त विश्व में एक ही वासुदेव का प्रादुर्भाव मानकर समद्रष्टा भक्त ज्ञानी भी है और कर्मयोगी भी। दूसरों के कष्ट निवारणार्थ परिश्रम करना, संवेदना प्रगट कर दुखियों को आश्वस्त करना और उनका कष्ट निवारण करने की चेष्टा करना यदि भगवद्भक्ति या भगवान की पूजा नहीं तो और क्या है? लोकसेवा ही भगवद्भक्ति है। वही सच्चा भक्तियोग है। बिना किसी भेदभाव के गीता जगत् के समस्त स्त्री, पुरुष, धनी, दरिद्री, राजा व रंक को एक ही प्रेरणा देती है। गीता की सहिष्णुता इतनी विशाल है कि अन्य कोई धर्म उसकी समता नहीं

कर सकता, वह किसी भी व्यक्ति को अपना धर्म-परिवर्तन करने का आग्रह नहीं करती। उसकी स्पष्ट घोषणा है कि हार्दिक श्रद्धा से मनुष्य जिस देव की मान्यता व पूजा करता है वह उसी एक नित्य, अनन्त और अखंड परमात्मा की अर्चना करता है, जिसके नाम भले ही भिन्न हों परन्तु जिसका वर्णन वेदों ने 'एको सद् विप्रा बहुधा वदन्ति' कहकर किया है। गीता की यह विशेषता उसके उपदेश में निहित सार्वजनीन सांस्कृतिक व आध्यात्मिक विशालता का प्रत्यक्ष प्रमाण है। ऐसे व्यापक व विशाल योग का अधिष्ठाता 'योगेश्वर' ही माना जाएगा।

गीता भौतिक उन्नति का भी विरोध नहीं करती। हाँ, यह अवश्य है कि वह 'धर्म' को अर्थ का आश्रय मानती है। धर्म की मर्यादा का उल्लंघन न करते हुए अर्थोपार्जन करने तथा उसके नियमित संचय और विवेकपूर्ण वितरण (दान) का मनुष्य को पूर्णाधिकार प्रदान करती है। इतना ही क्यों? वह धर्मसम्मत समस्त मानवीय कामनाओं की संयमित तृप्ति को भी ग्राह्य मानती है। अस्तु, यह निश्चित रूप से कहा जा सकता है कि गीता का वेदान्त केवल मानसिक क्रीड़ा या वैचारिक उछल-कूद नहीं वरन् सम्पूर्ण मानवमात्र का आचरणशास्त्र है। उसका वेदान्त ऐसा व्यावहारिक धर्म है जो न तो जगत् को मिथ्या बताता है और न संसार का परित्याग कर मनुष्य को लँगोटी लगा वन-विहार करने या किसी कन्दरा में वास कर एकान्त जीवन यापन करने का उपदेश देता है। वह हर एक को अपना भाग्य व भविष्य निर्माण करने की पूर्ण स्वतंत्रता प्रदान करता है और जीवन-साफल्य का क्रियात्मक साधन बतलाता है। परस्पर प्रेमपूर्वक नैतिक व्यवहार, समाजसेवा, दान, त्याग, लोकसेवा, राष्ट्रभक्ति आदि सभी क्षेत्रों में गीता कथित योग वैयक्तिक व सामूहिक उत्कर्ष व मोक्ष प्राप्त करने का पवित्र संकल्प है।

समस्त लोक और उनकी समझ न पड़ने वाली इस संसार की गतिविधि गीतानुसार एक महान ईश्वरीय विधान है। गीता और अध्यात्म के साथ-साथ लोक-व्यवहार व सदाचरण के नीति-नियमों को गुम्फित कर देनेवाले, स्वार्थ के साथ परमार्थ सिद्धि का योग बतलानेवाले परम योगी कृष्ण सर्वतोभावेन 'योगेश्वर' हैं।

उनके इस योगेश्वर रूप के दर्शन पुराणों व महाभारत में यत्र-तत्र होते हैं, परन्तु वह स्वरूप गीता में पूर्ण प्रकाश से चमक उठा है। ज्ञान का कर्म में, कर्म का भक्ति में और भक्ति का ज्ञान में परस्पर विनियोग उनका परम योग है। जब बड़े-बड़े ज्ञानी 'किंकर्म किम् कर्णेति' कहते हुए रह जाते हैं, उस कठिन समय

में जो पुरुष युक्ति से कुशलतापूर्वक, कार्य करता हुआ, साध्य के पार पहुँच जाता है, वही योगेश्वर है। निःशस्त्र और निहत्थे होकर एक वृहत् राज्य की स्थापना कर देने से बढ़कर योग और कौन सा हो सकता है ? इस अद्भुत योग का योजक योगेश्वर ही माना जाएगा।

सत्य, सनातन, सृजनकारी, प्रगतिशील और समस्त लोक हितकारी उपदेश द्वारा, नररूप अर्जुन को मोहान्धकार से मुक्त कर जीवन रण में प्रवृत करनेवाले गीता के समस्त योगों के अधिकारी कृष्ण योगीश्वरों के योगेश्वर हैं।

पुरुषोत्तम

छान्दोग्य उपनिषद में एक कथा है कि प्राचीनकाल में आरुणि नामक ऋषि बड़े महात्मा और ब्रह्मतत्त्व ज्ञाता थे। उनका पुत्र श्वेतकेतु गुरुकुल से विद्योपार्जन कर जब घर आया तब उसने अपने पिता से कहा कि वह समग्र विद्याओं को पढ़ चुका और उनका पूर्ण ज्ञाता हो गया है। पुत्र के इस मिथ्याभिमान को आरुणि ताड़ गए। एक दिन एकान्त में बुलाकर ऋषि ने अपने पुत्र से प्रश्न किया—

"वह कौन तत्त्व है जिसको एक बार सुन लेने पर फिर संसार में सुनने के लिए कुछ शेष नहीं रह जाता और तर्क तथा श्रद्धा द्वारा एक बार हृदयंगम कर लेने पर संसार के सभी विषय ज्ञानगम्य हो जाते हैं, और कुछ भी जानने के योग्य शेष नहीं रहता?"

प्रश्न को सुनकर श्वेतकेतु चकित रह गया। कोई उत्तर न दे सका। तब पिता ने श्वेतकेतु को उस गूढ़ तत्त्व का आशय समझाया। श्वेतकेतु जैसी ही परिस्थिति में अर्जुन को पाकर योगेश्वर कृष्ण ने, उक्त प्रश्न का उत्तर देते हुए अर्जुन से कहा—

"ज्ञानं तेऽहं सविज्ञानमिदं वक्ष्याम्यशेषतः।
यज्ज्ञात्वा नेह भूचौऽन्य ज्ञातव्यमवशिष्यते॥"

"हे अर्जुन! अब मैं तेरे लिए विज्ञान सहित तत्त्वज्ञान को सम्पूर्णतया कहूँगा जिसके जान लेने से इस लोक में फिर और कुछ जानने को शेष नहीं रहता।"

इससे सिद्ध होता है कि गीता ज्ञानमयी होने के साथ विज्ञानमयी भी है। ज्ञान क्या है, विज्ञान क्या है, एक-दूसरे का परस्पर क्या सम्बन्ध है, आदि अनेकों प्रश्न यहाँ उपस्थित होते हैं?

संसार के विविधत्व या अनेकत्व में एकत्व देखने-समझने की कला ज्ञान है तथा एकत्व से विविधत्व किस प्रकार उद्भासित हुआ, यह खोजने की

प्रक्रिया विज्ञान है। यथार्थतः ज्ञान द्वारा उद्भासित सत्य और विज्ञान द्वारा शोधित सत्य भिन्न-भिन्न नहीं हो सकते, क्योंकि सत्य तो एक ही है। सत्य की उपलब्धि हेतु प्राचीन भारतीय विचारक वैज्ञानिक शोध से कभी कतराए नहीं, वरन् उसका स्वागत करते रहे। उपनिषदों की वार्ताओं से पता चलता है कि आर्य ऋषि तत्त्व की खोज में कितनी स्वतंत्रता एवं स्पष्टता से दत्तचित्त रहे हैं। उन उपनिषदों में 'परा' और 'अपरा' नामक दो विद्याओं का उल्लेख है। वे यथार्थ में तत्त्वज्ञान (Philosophy) और पदार्थ विज्ञान (Physical Science) के द्योतक हैं।

उपनिषद का ऋषि कहता है—"इन दोनों विद्याओं के जाने बिना सर्वज्ञता प्राप्त नहीं होती। विज्ञान के द्वारा ज्ञान में एकसूत्रता आती है, अतएव विज्ञान से भयभीत होने का कोई कारण नहीं, प्रत्युत विज्ञान उपासना-बल उत्पन्न करता और कर्म करने की सामर्थ्य बढ़ाता है। यहाँ इस बात को स्पष्ट कर देना भी आवश्यक है कि आर्य ऋषियों ने विज्ञान का उपयोग 'अमृतत्त्व' की प्राप्ति अर्थात् अध्यात्म की ओर किया और पश्चिमी वैज्ञानिकों ने अमृतत्त्व के विपरीत विषयों की वृद्धि और भोग हेतु उसका उपयोग करना प्रारम्भ किया। परिणाम यह हुआ कि यूरोप-खंड में उत्तरोत्तर बढ़ती हुई विज्ञान प्रक्रिया व भौतिक शास्त्र के नए सिद्धान्तों के प्रबल प्रहार से प्रचलित ईसाई धर्म की सरल नीति हिल गई और केवल श्रद्धा के पाये पर खड़े हुए धर्मप्रेमियों के पैर उखड़ गए। भारत में भी भौतिक विज्ञानवादियों ने अपना प्रभुत्व प्रसारित किया। वे भारतीय, जो उपनिषद और गीता के दर्शन से अनभिज्ञ थे अथवा वैज्ञानिक चमत्कारों की चकाचौंध में जिनके ज्ञान-चक्षु तिरोहित हो गए थे, अध्यात्म से विमुख होकर भौतिकवाद की ओर झुक गए।"

आधुनिक भौतिकवाद, जिसका संसार में बोलबाला है, निरा जड़वाद है। वह अनीश्वरवादी ही नहीं, किन्तु नैतिक आधार से शून्य भी है। अध्यात्म क्षेत्र के प्रसिद्ध अद्वैतवादी आचार्य शंकर के समान, इस जड़वाद के अद्वैतवादी आचार्य हेकेल (Haeckel) नामक आधिभौतिक वक्ता के सूत्र संक्षेप में इस प्रकार हैं—

सृष्टि के समस्त पदार्थ जड़ (Matter) हैं। जड़ तत्त्वों के परस्पर संघात से शक्ति (Force) उत्पन्न हुई जिसका रूपान्तर गति (Matter) और ताप (Heat) में हुआ, जड़ तत्त्व और तज्जनित शक्ति के सम्मेलन से सृष्टि का विकास हुआ। यह विकास नैसर्गिक है, अतएव सृष्टि की उत्पत्ति, विकास या संचालन के हेतु किसी अपर इच्छाशक्ति या ईश्वरीय शक्ति की आवश्यकता

नहीं। समस्त सृष्टि एक नियमबद्ध जड़ यंत्र है और मनुष्य इस वृहद् यंत्र का एक छोटा-सा अंश या भाग है। मनुष्य में जो विचार, इच्छाएँ और भावनाएँ आदि दृष्टिगोचर होती हैं वे सृष्टि के इतर अंशों से कुछ भिन्न अवश्य दिखाई पड़ती हैं, परन्तु वे किसी अन्य चेतनसत्ता के कारण नहीं, अपितु जड़ द्रव्यों के विविध प्रकार के सम्मिश्रण, संघटन एवं संघात के परिणाम हैं। इसलिए इच्छा-स्वातंत्र्य या विचार-स्वातंत्र्य सरीखी बातें यथार्थ नहीं। जो-जो कार्य मनुष्य करता है वे निसर्ग के अपरिवर्तनीय नियमों के अनुसार आप ही आप घटित होते रहते हैं। सर जेम्सग्रीन (Green) अपने प्रसिद्ध ग्रन्थ (The Misterious Universe) में फरमाते हैं—

"उन्नीसवीं शताब्दी के आरम्भ तक यह मान्यता कायम रही कि मानवी जीवन तत्त्व (चेतन-सत्ता) भौतिक जड़ द्रव्य (अचेतन) से भिन्न है, परन्तु इसके पश्चात् जो वैज्ञानिक अनुसन्धान हुए उनसे प्रकट हुआ कि जीवित कहे जानेवाले कोई (Live cells) जड़ द्रव्य के रासायनिक परमाणुओं से भिन्न नहीं और वे एक ही प्राकृतिक नियम से नियंत्रित हैं। तब भौतिकशास्त्रियों ने यह अनुमान ही नहीं निकाला वरन् वे जोरदार शब्दों में यह प्रतिपादित करने लगे कि विश्वरूपी जड़यंत्र का जो कार्य-कारण भाव है वही जीव तत्त्वों का है। इस तरह न्यूटन और उसके समान अन्य पुरुषों के मनों में जो अन्तर पाया जाता है वह अन्य यंत्रों जैसी जटिलता का अन्तर ही है। जिस प्रकार रेल का इंजन, छापेखाने की मशीन या वाष्प द्वारा चालित आरा यंत्र बाह्य उत्तेजना से क्रियाशील होता है उसी प्रकार मानवी मनोयंत्र का हाल है। इस कारण मानवीय इच्छा-स्वातंत्र्य, विचार-स्वातंत्र्य, सदाचार एवं नीति का कोई आधार नहीं।"

इस भयंकर यांत्रिक-जड़वाद का समाज पर कितना कठोर आघात हुआ, इसका अनुमान ही लगाया जा सकता है। उसने जगत् से आत्मा या ईश्वर का ही निष्कासन नहीं किया किन्तु मानव-मन की कोमल मनोभावनाओं, सहृदयता, प्रेम, करुणा, क्षमा, दया, परोपकार आदि दैविक गुणों पर भी प्रहार कर सामाजिक संगठन के आधार को भी उखाड़कर फेंक दिया। परिणाम यह हुआ कि मानवी-जीवन भी जड़ यंत्रवत् हो चला। सद्गुण, सदाचार, नीति के अनादि पाये हिल गए। मनुष्य-मनुष्य, समाज-समाज, राष्ट्र-राष्ट्र के परस्पर सम्बन्धों या व्यवहारों का कोई नैतिक ठोस तात्विक आधार न रह जाने से संसार के सामने विकट समस्याएँ खड़ी हो गईं। इन जड़वादी कल्पनाओं का तात्त्विक व युक्तिसंगत विरोध भी कतिपय विचारकों ने किया, परन्तु उनकी

हँसी ही उड़ाई गई। इसी जड़वादी सिद्धान्त पर आधुनिक पश्चिमी राजनीति स्थापित हुई। परिणामतः संसार दो तंत्रों में विघटित हो गया। एक का नामकरण हुआ प्रजातंत्र (Democracy) और दूसरे का साम्यवाद (Communism)। नामों और कुछ-कुछ अर्थों में विभिन्नता होते हुए भी दोनों तंत्र जड़वादी हैं। इस जड़वादिता के कारण परस्पर संघर्ष, कलह, विद्वेष बढ़ा और संसार ने दो महायुद्धों के वे दृश्य देखे जिनकी स्मृति और कल्पना से प्रत्येक संवेदनशील मानव का हृदय सिहर उठता है।

ज्ञान की जिज्ञासा केवल वादों में समाप्त नहीं हो जाती। सच्चे जिज्ञासु अपनी विचारधारा, शोध व अन्वेषण को अन्तिम सत्य मानने में शीघ्रता नहीं करते। वे अपनी भूलें स्वीकार करने में भी संकोच नहीं करते। आधुनिक शताब्दी के साम्प्रत चरण में वैज्ञानिक विद्वान इस निष्कर्ष पर शनैः-शनैः पहुँच रहे हैं कि इस सृष्टि का मूल तत्त्व जड़ नहीं किन्तु गतिशील चेतन-सत्ता है।

इन सब कथनों का तात्पर्य यही है कि सम्पूर्ण विश्व एक अद्‌भुत, अपूर्व और अनिर्वचनीय शक्ति गति या लीला है जो—"चेतन को जड़ करे, जड़हि करै चैतन्य।"

बड़ी दौड़-धूप और अन्वेषणों के पश्चात् भौतिक विज्ञान ने अब अध्यात्म की ओर मोड़ लिये हैं, अब तो वैज्ञानिकों का सर्वमान्य प्रामाणिक सिद्धान्त यह निश्चित हो चुका है कि जगत् का प्रत्येक परमाणु (Atom) अत्यन्त उत्तेजित (क्रियाशील) और शक्तिसम्पन्न है। प्रत्येक कण अकथ चैतन्य से संयुक्त है। जब तक वैज्ञानिकों ने इलेक्ट्रॉन्स, प्रोटॉन्स और न्यूट्रॉन्स शोधन ही किए थे तब तक जड़ द्रव्य की परिभाषा ही भिन्न थी। अब तो वैज्ञानिकों की खोजों ने यह सिद्ध कर दिया कि जगत् की समस्त हलचल क्रिया गति विद्युत परमाणुओं पर अवलम्बित है। इन गति विद्युत परमाणुओं के संघातों से ही पदार्थ की प्रारम्भिक अवस्था निर्धारित होती है। इस तरह इन विद्युत परमाणुओं की संख्या के अनुपातों का समीकरण कर देने से प्रकाश, ध्वनि और ताप एक-दूसरे में परिवर्तित किए जा सकते हैं और आजकल किए जा रहे हैं। यही नहीं, किन्तु इन परमाणुओं के प्रोटॉन्स, इलेक्ट्रॉन्स की संख्या के परिवर्तन से संरचना पदार्थ के और गुण भी परिवर्तित किए जा सकते हैं, अर्थात् ताँबा चाँदी में और चाँदी स्वर्ण में परिवर्तित की जा सकती है।

वैज्ञानिक-अनुसन्धान अब इस स्थिति पर तो निश्चयात्मक रूप से पहुँच चुके हैं कि सृष्टि के मूल में जो जड़ता दिखाई देती है वह अचेतन नहीं किन्तु सचेतन है। उन्हें अभी यह सन्देह है कि अणु-केन्द्र में जड़ता का अंश कहीं

छिपा हुआ है जो प्रगट नहीं हो रहा अथवा जिसका साक्षात्कार नहीं हो सका है। वे यह भी मानते हैं कि वह जड़-अंश उपेक्षणीय है, यद्यपि उसके उद्घाटन हेतु उनके प्रयत्न जारी हैं। परन्तु भौतिक शास्त्र आज तक इस समस्या का उत्तर नहीं दे सका कि जड़-चेतन का यह अद्भुत और द्वन्द्वात्मक संयोग आदि रूप में क्यों व कैसे हुआ? भारत के तत्त्वज्ञान ने इस जटिलता या द्वन्द्व का समाधान इस तरह किया है—

इस रहस्यमय ग्रन्थि को सुलझाने में भारतीय शास्त्र हमें बहुत सहारा देते हैं। उनका आशय है कि—

"ब्रह्म के अमूर्त और मूर्त दो रूप हैं। अमूर्त रूप नित्य है और मूर्त रूप परिवर्तित होनेवाला। अमूर्त रूप मूर्त रूप का आधार है। आकाश व वायु अमूर्त एवं जल व पृथ्वी मूर्त रूप हैं। तेज मूर्त रूप का ही साथी या संहतावस्था का सहायक है। सभी पदार्थ अमूर्त अवस्था (अव्यक्त) से मूर्त अवस्था (व्यक्त रूप) में आए हैं एवं फिर मूर्तावस्था से अमूर्तावस्था को प्राप्त हो जाएँगे। एक ही उपादान शक्ति (Force) या ऊर्जा (Energy) की दो अवस्थाएँ हैं। पहिली सूक्ष्म और दूसरी स्थूल। जो पहिले व्यापक था, या सूक्ष्मावस्था में था वही पीछे घनीभूत होकर स्थूल रूप में आया है, इसी कारण आकाश व वायवीय अवस्था को अमूर्त एवं तैजस् व जलीय व पार्थिव अवस्था को मूर्त रूप कहा है। ये एक ही प्राण शक्ति के दूसरे रूप हैं।" यही बात कोकिलेश्वर भट्टाचार्य ने 'उपनिषद के उपदेश' में इस तरह कही है—

"जगत् के समस्त पदार्थों के दो रूप हैं। एक उनका बाह्यांश और दूसरा अन्तरांश। बाह्यांश को जड़ और अन्तरांश को चेतन या प्राणांश कहा जा सकता है। बाह्यांश अप्रकाशक, क्षय और वृद्धिशील होता है और अन्तरांश प्रंकाशक (अमूर्त रूप) अपरिवर्तनीय है।"

जब भारतीय विचारधाराओं से पूर्व-कथित वैज्ञानिक सिद्धान्तों का मिलान किया जाता है, तब अद्भुत साम्य के साथ ही साथ विचित्र विभिन्नता का भी दर्शन होता है। इस जगत् का सृजन कैसे हुआ, वह कहाँ से आया और कहाँ जा रहा है तथा मैं कौन हूँ, क्या हूँ? कहाँ से आया हूँ और कहाँ जा रहा हूँ आदि प्रश्नों के उत्तर अत्यन्त महत्त्वपूर्ण हैं। सृष्टि-विन्यास का विशेष वर्णन भारतीय वाङ्मय के दो शास्त्रों में उपलब्ध होता है। एक है कपिल का सांख्यशास्त्र और दूसरा है गीताशास्त्र। उपनिषदों में इस विषय पर जो ज्ञान उपलब्ध होता है वह एक तो आदि से अन्त तक पूर्ण नहीं, दूसरे उनमें मतभेद भी है। यद्यपि कपिल के सांख्यशास्त्र की मीमांसा यहाँ वांछनीय नहीं, परन्तु

यह अवश्य कहना पड़ता है कि वेदान्त दर्शन उसे अंगीकार करके आगे बढ़ा है और गीतावक्ता कृष्ण ने उसकी त्रुटियों की पूर्ति कर उसे सुधारा, सँवारा और परिमार्जित किया है। इसमें सन्देह नहीं कि सांख्य का चिन्तन बड़ा मौलिक और साहसपूर्ण है। इससे भी इनकार नहीं किया जा सकता कि सांख्य दर्शन कुछ अंश तक निरीश्वरवादी है। सांख्य की मान्यता है कि 'पुरुष के संयोग से प्रकृति' अव्यक्त से व्यक्त होकर विकासशील हो रही है अर्थात् जड़ और चैतन्य के इस अद्‌भुत संयोग से यह जगत् उत्पन्न हुआ और चल रहा है। यह संयोग टूटा या किसी पुरुष ने (सांख्य में पुरुष एक नहीं अनेक हैं) प्रकृति से मुँह फेर लिया, तो वह मुक्त हो गया। पुरुष संख्यातीत होने के कारण सृष्टि क्रम में विविधता प्रकाशित हो रही है।

तुलनात्मक रूप में विविध दर्शनों का दर्शन करते हुए यह मानना पड़ता है कि इस विश्व का जितना तर्कसम्मत वैज्ञानिक व आध्यात्मिक उद्‌घाटन गीता में हुआ, वह अन्यत्र कहीं नहीं हुआ। गीता-काल तक पूर्व विचारकों के सिद्धान्तों का तथा भौतिक-विज्ञानवादियों के समय-समय पर गढ़े गए सूत्र व निष्कर्षों का गीता में विवेचन है।

अणुवाद, जड़वाद, विकासवाद, जड़-चैतन्यवाद, मायावाद, चैतन्यवाद आदि विविध सिद्धान्तों का समावेश व समन्वय उसमें किया गया है। इन सब वादों के अतिरिक्त गीता में एक ऐसा सिद्धान्त प्रतिपादित है जो अद्वितीय है और मानवी बुद्धि व हृदय को शान्ति व सन्तोष प्रदान करता है। वह सिद्धान्त उस अगाध सागर की भाँति व्यापक व गम्भीर है जिसमें भिन्न-भिन्न वादों की सरिताएँ विलीन होकर नाम शेष रह जाती हैं।

सांख्य मतानुसार, इस जगत् की उत्पत्ति 'पुरुष' और 'प्रकृति' के संयोग से हुई है। गीता इस सिद्धान्त को तो ग्रहण करती है, परन्तु उपर्युक्त 'पुरुष' को वह संख्यातीत नहीं मानती, किन्तु इसे परमात्मा की 'परा' नामक प्रकृति और सांख्योक्त प्रकृति को 'अपरा' नामक प्रकृति उद्‌घोषित करती है। उसके अनुसार ये दोनों अर्थात् 'परा' (सांख्योक्त पुरुष) और 'अपरा' (सांख्योक्त प्रकृति) परम तत्त्व नहीं। इन दोनों से परे एक मूल तत्त्व और है और ये दोनों उसी तत्त्व के द्विविध प्रकाश मात्र हैं। कृष्ण के वाक्य हैं कि—

पृथ्वी, जल, अग्नि, वायु, आकाश तथा मन, बुद्धि और अहंकार मेरी जड़ अथवा अपरा प्रकृति और मेरी जीवरूपा अर्थात् चेतन प्रकृति है, जिसके द्वारा यह सम्पूर्ण जगत् धारण किया जाता है। सम्पूर्ण भूत इन दोनों (परा व अपरा) प्रकृतियों से उत्पन्न हुए हैं और मैं सम्पूर्ण जगत् का उत्पत्ति तथा प्रलय रूप हूँ।

मेरे अतिरिक्त कोई भी दूसरी वस्तु या सत्ता नहीं। यह सम्पूर्ण जगत् सूत्र में मणियों के सदृश मुझ में ही गुम्फित है। सम्पूर्ण भूतों का सनातन कारण मैं ही हूँ। जो कुछ सात्त्विक, राजस या तामसिक भाव या पदार्थ हैं वे सब मुझसे ही हुए हैं। वे मुझमें हैं, परन्तु मैं उनमें नहीं। इन भावों से मोहित होकर यह संसार इनसे परे के (अर्थात् निर्गुण) मुझ अव्यय को नहीं जानता। मेरी यह गुणात्मक और दिव्य माया दुस्तर है। इस माया को वे ही पार कर पाते हैं जो मेरी शरण में आते हैं।''

यहाँ जिन पदों को 'परा' व 'अपरा' प्रकृति बतलाया गया है उनकी पूर्ण व्याख्या गीता के पन्द्रहवें अध्याय में हुई है जिसका भावार्थ यह है कि—

इस लोक में 'क्षर' और 'अक्षर' दो पुरुष हैं। सब नाशवान भूतों को क्षर कहते हैं और कूटस्थ को अर्थात् इन सब भूतों के मूल में रहनेवाले (प्रकृति रूप अव्यक्त तत्त्व) को अक्षर कहते हैं। परन्तु उत्तम पुरुष इन दोनों से भिन्न है। उसको परमात्मा कहते हैं। वही अव्यय ईश्वर त्रैलोक्य में प्रविष्ट होकर त्रैलोक्य का पोषण करता है। मैं क्षर और अक्षर से परे का उत्तम पुरुष हूँ। लोक-व्यवहार और वेद में भी मैं पुरुषोत्तम नाम से प्रसिद्ध हूँ। इस विषय पर योगिराज अरविन्द का स्पष्टीकरण मननीय है—

''परम पुरुष भगवान के तीन चिरन्तन, शाश्वत पद हैं। एक सनातन अक्षर स्वरूप है जो सब पदार्थों का मूल और आश्रय है। दूसरा प्रकृतिस्थ क्षर स्वरूप है जो सब प्राणियों व पदार्थों के रूप में प्रकृति के द्वारा व्यक्त होता है। तीसरा वह परम पुरुष स्वरूप है जो एक साथ दोनों हो सकता है—विशुद्ध अकर्ता आत्मा भी और साथ ही साथ कर्मकर्ता जीव और जगत् का जीवन भी, क्योंकि वह इन दोनों से अन्य अतीत और उत्तम है अलग-अलग और एक साथ भी। हमारे अन्दर वह इसी परम पुरुष का अंश है, इसी परम पुरुष की एक चित्त शक्ति है। यह जीव वह पुरुष है जिसके अन्तस्थल-आत्मस्वरूप में समग्र, सर्वव्यापक, सर्वान्तर्यामी भगवान विराजते हैं और जो प्रकृति के अन्दर विश्वात्मा में रहता है। यह जीव कोई क्षणिक सृष्टि नहीं है बल्कि सनातन अन्तरात्मा है जो सनातन पुरुष में शाश्वत अनन्त में रहती और कर्म करती है।

''भगवान ने यह सारा जगत् अपनी ब्रह्मसत्ता से अपनी ही अनन्तसत्ता में आप ही व्यक्त किया है और इस जगत् में अपने आपको भी व्यक्त किया है। सब पदार्थ उन्हीं की शक्तियाँ और अभिव्यक्तियाँ हैं और इन शक्तियों व अभिव्यक्तियों का कोई अन्त नहीं।''

यह परम तत्त्व—'पुरुषोत्तम' यद्यपि सारे व्यक्त जगत् से परे है, परन्तु इसका यह मतलब नहीं कि वे सनातन पद पर रहते हुए जो कुछ इस जगत् में हो रहा है, उससे कोई लगाव नहीं रखते या जगत् और प्रकृति से तथा उसके सब प्राणियों से अलग रहते हैं। वे ही अनिर्वचनीय परब्रह्म हैं, वे ही अव्यक्त ब्रह्म हैं और वे ही 'सर्व भूतानि' हैं। आत्मा, प्राण और जड़ शरीर, अन्तरात्मा और प्रकृति तथा प्रकृति के सब कर्म उन्हीं की अनन्त सत्ता के विभिन्न अंग और कर्म हैं। वे परमात्मा हैं और सब आत्माएँ इसी एक पावन आत्मा के चिरन्तन स्फुलिंग हैं। सब प्राणी उन्हीं एक पुरुष के अमर अंश हैं। वही पुरुषोत्तम कृष्ण हैं।

शरीर के भीतर स्थित होता हुआ भी वह परम त्रिगुणमयी माया से सर्वथा अतीत है तथा एक ही परब्रह्म भिन्न-भिन्न निमित्तों से भिन्न-भिन्न नामों से पुकारा जाता है। आचार्य भावे के अनुसार—

"जब तक मन में इस देह स्थित आत्मा का विचार नहीं आता, जब तक मनुष्य साधारण दैहिक क्रियाओं में तल्लीन रहता है, तब तक आत्मा सिर्फ शान्ति के साथ उन क्रियाओं का केवल साक्षी रूप देखती रहती है। अन्तर्यामी रूप से वह सबके सभी शुभ कर्मों का निरीक्षण करनेवाला है, इसलिए उपद्रष्टा है। परन्तु जब मनुष्य दैहिक भावना से ऊपर उठ नैतिक भूमिका पर कदम बढ़ाता है, कर्तव्या-कर्तव्य का विचार करने लगता है, विवेक से काम लेने लगता है, तब वह शान्त साक्षी उसके कर्मों का अन्दर से अनुमोदन करनेवाला 'अनुमन्ता' हो जाता है। नैतिक जीवन में कर्म करते हुए ऐसे अवसर आते हैं जब मनुष्य अपनी शक्ति से आगे नहीं बढ़ सकता, वह थक जाता है, निराश हो जाता है या घबराने लगता है और अन्तस् से सहायता प्राप्ति की प्रार्थना करता है। तब 'अनुमन्ता' सहायक, रक्षक या पालनकर्ता के रूप में 'भर्ता' हो जाता है। जब मनुष्य अपने कर्मों को ईश्वरीय कर्म समझकर करना प्रारम्भ करता है तब आत्मा केवल भर्ता न रहकर 'भोक्ता' हो जाती है और जब मनुष्य अपने संकल्प करना ही छोड़ देता तथा केवल प्रभु आज्ञा पर जीवन व्यतीत करने लगता है, तब आत्मा 'महेश्वर' हो जाती है। विकास होते-होते सारा जीवन परमेश्वरमय हो जाता है, सिर्फ देह का पर्दा बाकी बच रहता है। जब वह हट जाता है तो जीव और शिव, आत्मा व परमात्मा एक ही हो जाते हैं।"

गीतोक्त पुरुषोत्तम तत्त्व इस समस्त विश्व में व उसके बाहर भी जहाँ तक अनुमान जा सकता है, एक रूप से व्याप्त है। यह विश्व तो उसके ऐश्वर्य-

योग का एक अंश मात्र है। गीता में जिस अक्षर ब्रह्म को सम्पूर्ण तत्त्वों में सर्वापेक्षा श्रेष्ठ, शुद्ध, बुद्ध और चरम तत्त्व कहा गया है, उस ब्रह्म की प्रतिष्ठा व एकमात्र आश्रय यही पुरुषोत्तम तत्त्व है और गीता के अनुसार भगवान कृष्ण इसी परम तत्त्व के दिव्य, मूर्त स्वरूप हैं। इस रूप में वे निर्गुण व निराकार भी हैं तथा सगुण व साकार भी। वे अज हैं, अविनाशी हैं, अव्यय हैं। किसी के मित्र नहीं, शत्रु नहीं, परन्तु साधुओं का उद्धार और दुष्टों का संहार करने के हेतु समय (काल) की आवश्यकतानुसार प्रकट भी होते हैं। अपनी ही प्रकृति को अपने अधीन करके अपनी ही शक्ति (माया) से वे प्रकट होते और उद्देश्य की समाप्ति पर पुनः अपने मूल रूप में विलीन हो जाते हैं।

भगवान कृष्ण का यह विश्वरूप गीता के ही शब्दों में इस प्रकार वन्दनीय है—

"स्वयमेवात्मनाऽऽत्मानं वेत्थ त्वं पुरुषोत्तम
भूत भावन भूतेश देव देव जगत्पते
योगेश्वर नतोऽष्मि त्वां त्वच्चितं संतं तं कुरु।"

विभूति व अवतार

कुछ विवादग्रस्त प्रश्न सहसा उपस्थित होते हैं। क्या यह आदि तत्त्व जिसका स्मरण परमात्मा, परब्रह्म या पुरुषोत्तम नाम से किया जाता है तथा जो निराकार, अव्यक्त, निर्विकार, सर्वशक्तिमान और सर्वव्यापक है, अनन्त-अजन्मा और अमर है, वह अवतरित भी होता है? क्या मनुष्य देह या किसी भी देह में अवतरित होने पर वह स्वयं प्रकृति के बन्धन में बँधकर अपने सीमत्व को परिधि में बाँधता है?

अर्जुन की जिज्ञासा पर योगशक्ति और विभूतियों का वर्णन करते हुए भगवान कृष्ण ने कहा—

"वृष्णि नां वासुदेवऽस्मि पांडवा नां धनंजय।"

अर्थात् मैं वृष्णियों अर्थात् यादवों में वासुदेव (वासुदेव पुत्र) और पांडवों में 'धनंजय' (अर्जुन) के नाम से प्रख्यात हूँ। अध्याय के अन्त में उनका कथन है कि "जो वस्तु इस जगत् में वैभव, लक्ष्मी या प्रभाव से युक्त है, जो ऐश्वर्य, कान्ति और शक्ति सम्पन्न है वह सब मेरे ही तेज के अंश की अभिव्यक्ति है। इन सब बातों अर्थात् मेरे विस्तार को जानकर तुझे करना ही क्या है? सारांश तो यह है कि मैं अपनी योगशक्ति के एक अंश-भाव से सम्पूर्ण जगत् को धारण किए हूँ।" इस स्थान पर तो योगेश्वर कृष्ण ने अपने वासुदेव रूप को विभूति कहा तथा इसके पूर्व यह भी कहा था कि—

यदा यदाहि धर्मस्य ग्लानिर्भवति भारत।
अभ्युत्थानं धर्मस्य तदाऽत्मानं सृजाम्यहम्॥

अर्थात् जब-जब धर्म की हानि होती है तब-तब जगत् की सुस्थिति स्थिर रखने और उसका कल्याण करने के लिए मैं साकार रूप से प्रकट होता हूँ अतएव यहाँ शंका उपस्थित हो जाती है कि कृष्ण ईश्वरीय विभूति थे अथवा अवतार?

यों तो सारा जगत् भगवान की त्रिगुणात्मक रचना होने के कारण विभूतियुक्त है, परन्तु सकल पदार्थों के समस्त गुण दिव्य विभूति के अन्तर्गत

नहीं आ सकते। गीता में जिन विभूतियों का वर्णन है, वे दिव्यतायुक्त हैं। तेज, बल, विद्या, ऐश्वर्य, कान्ति, शक्ति आदि में से किसी एक या अनेक गुणों का जहाँ विशेष रूप से विकास पाया जाता है, वहीं दिव्य विभूति मानी जाती है। यादव वंश में उक्त गुणों से सम्पन्न वसुदेव व देवकी के पुत्र वासुदेव रूप में तथा पांडव वंश में धनंजय रूप में दोनों पुरुष दिव्य विभूतिवान् थे। अतएव उस परिमित क्षेत्र में अपने आपको वासुदेव रूप से और शस्त्रधारी रूप में धनंजय को योगेश्वर ने अपनी विभूति कहा तथा उस हीले से यह भी संकेत दे दिया कि हे अर्जुन, यथार्थ में जो मैं हूँ वही दूसरे नाम रूप में तू है अर्थात् तू मेरा ही विभूतिरूप है। कुरुक्षेत्र में युद्ध करने के हेतु जो तू खड़ा हुआ और अपने आपको युद्धकर्ता मान रहा है, वह तेरा भ्रम है। युद्ध के लिए उपस्थित कौरव समुदाय व भीष्म, द्रोण इत्यादि से यथार्थ में मैं ही तेरे रूप में युद्ध करने व उनका विनाश करने खड़ा हूँ। तू तो इस अर्जुन नामधारी रूप से मेरा एक निमित्त मात्र है।

विभूतियों में गुण विशेष की अपूर्वता या विलक्षणता ही भासित होती है, पूर्णता नहीं। किन्तु अवतार में अपूर्वता के साथ-साथ पूर्णता भी प्रकाशित होती है। पौराणिक मान्यता के अनुसार अवतारों के श्रेणी भेद भी होते हैं। इनमें से कोई आवेश या आवेशावतार, कोई अंशावतार, कोई कलावतार माने गए हैं।

वैदिक काल के ऋषि, मुनि, सिद्ध, आचार्य, नाथ, देवदूत, ईश्वर पुत्र आदि इस श्रेणी में आते हैं। विशेष परिस्थितियों में जो विशिष्ट रूप प्रकट होता है, वही अवतार की गणना में आता है। जिस 'धर्म संस्थापन' के हेतु गीता में अवतार का होना बतलाया गया है, वह किसी जाति विशेष या सम्प्रदाय का धर्म नहीं। जो धर्मोद्धार वहाँ अभिप्रेत है, वह पूर्ण दैवी जीवन उत्पन्न होने के हेतु अन्तर-बाह्य, जीवन-पद्धति का मार्ग है। धर्म का अर्थ बाह्य सदाचार के साथ ही आन्तरिक युद्ध भावना है जिससे सारी जड़ता भेद करके पूर्ण दैवी जीवन सिद्ध हो सके। यह सिद्धि एकाध मनुष्य से नहीं किन्तु सम्पूर्ण मानवता से सम्बन्धित होती है। इस देवत्व की प्राप्ति के मार्ग में जो विघ्न, रुकावटें या अवरोध पैदा हो जाते हैं उनको दूर कर, मानवता के उत्थान का मार्ग प्रशस्त व सुलभ करना तथा विरोधी तत्त्वों पर विजय प्राप्त कर, दुष्प्रवृत्तियों को नष्ट कर, सुष्ट प्रवृत्तियों की सुरक्षा करना है 'परित्राणाय साधुनां विनाशाय च दुष्कृताम' है। इस महत् कार्य को सम्पादन करनेवाला जो भी मानवी रूप पृथ्वी पर प्रकट होता है, जन-जन उसकी श्रद्धा, पूजा व अभ्यर्थना करता है। मनुष्य

रूप में प्रकट कृष्ण इस प्रकार युग-पुरुष भी थे, विभूति भी थे और अवतार भी। कभी-कभी वे विभूति और अवतार दोनों रूप थे। सभी विभूतियाँ, अवतारों की श्रेणी में नहीं आतीं। दैवी सम्पत्ति का अधिकारी मानव-विभूति माना जाता है, इसी कारण व्यास, अर्जुन आदि विभूति श्रेणी में आते हैं न कि अवतार में।

अवतार केवल प्रकृतिजन्य कार्यों के हेतु नहीं होता। बहुत लोग जो ऐसा सोचते हैं, वे भूल करते हैं। केवल बौद्धिक और व्यावहारिक क्षेत्र में क्रान्ति करने के हेतु जो सामर्थ्य व शक्ति का प्रवाह निरन्तर रहता है, उसमें जो विशिष्ट व्यक्ति प्रमुख सहायक के रूप में प्रकट होकर मानव चित्त को आकर्षित कर, युग परिवर्तन को प्रोत्साहन देते हैं, वे विभूति माने जाते हैं। ऐसे प्रसंग विशेषकर राजकीय, सामाजिक या आर्थिक क्षेत्रों में उपस्थित होते रहते हैं। आध्यात्मिक प्रसंग ही अवतार की आवश्यकता का हेतु होता है।

स्वामी विवेकानन्द का कथन है—

"यह विश्व तरंगों की भाँति गतिमान है। वह एक बार उठता है और उन्नति की पराकाष्ठा प्राप्त कर लेता है, तदनन्तर उसका पतन प्रारम्भ होता है। कुछ समय वह अवनति के गर्त में पड़ा रहता है, मानो पुनः उत्थान के लिए शक्ति संग्रह कर रहा हो। सागर की भीमकाय तरंगों के समान निरन्तर उत्थान-पतन, पतन-उत्थान ही विश्व की गति है। राष्ट्रों के इतिहास भी इसी उत्थान-पतन की कहानियाँ हैं। विश्व प्रवाह में उच्चतम कार्य करनेवाले व उदार आदर्श स्थापित करनेवाले महापुरुष समय-समय पर जन्म लेते व जनसमूह को आकर्षित कर विलीन हो जाते हैं। सदैव यही देखा जाता है कि जागृति की विशाल तरंग के उच्चतम शिखर पर कोई दिव्य महापुरुष विराजमान रहते हैं। एक ओर जहाँ वे उस तरंग, उस युग के अभ्युत्थान के शक्तिदाता होते हैं, वहीं दूसरी ओर वे स्वयं उसी महती शक्ति के फलस्वरूप होते हैं जो उस अभ्युदय तरंग का मूल है। वे परस्पर स्रष्टा और सृजक हैं—जनक और जन्य हैं। वे ही संसार के महान विचारक एवं कर्मशील मनीषी होते हैं। वे ही इस दुनिया के पैगम्बर, जीवन-दर्शन के सन्देश-वाहक, ऋषि व ईश्वर के अवतार कहलाते हैं।"

मानव जाति के ये महान आचार्य पृथ्वी पर अवतीर्ण जीवन्त ईश्वर-स्वरूप हैं। इनके अतिरिक्त हम और किनकी उपासना करें। मैं अपने मन में ईश्वर की धारणा करने का प्रयत्न करता हूँ और अन्त में पाता हूँ कि मेरी

धारणा अत्यन्त क्षुद्र और मिथ्या है। जब आँखें खोलकर पृथ्वी की इन महान आत्माओं का चरित्र व उनकी लीलाएँ देखता हूँ, उन पर विचार करता हूँ तो मुझे यही प्रतीत होता है कि मेरी उच्च से उच्च धारणा से भी वे कहीं उच्चतर और महान हैं।

हम ईश्वर का मानवीय भाव में ही दर्शन कर सकते हैं। हममें से कौन ऐसा है जो ईश्वर की मानवातिरिक्त अन्य भाव में कल्पना कर सकता है? केवल मनुष्य रूप में, मानवता के माध्यम से ही हम ईश्वर दर्शन कर सकते हैं। जब इन महान ज्योतिर्मय आत्माओं का विश्व में आविर्भाव होता है तभी मनुष्य को ईश्वर का साक्षात्कार होता है। हिन्दू, बौद्ध व ईसाइयों में किसी-न-किसी अंश में अवतारवाद मान्य है। अन्य धर्म भी इससे इनकार नहीं करते कि महामानव विश्व के विकास व प्रगति की धारा की महत्त्वपूर्ण उपज है। डॉ. भगवानदास ने इस सम्बन्ध की पौराणिक कल्पना को इस तरह व्यक्त किया है—

"इन महापुरुषों के सम्बन्ध में पौराणिकों का निजी सिद्धान्त है। ये महापुरुष अकस्मात् प्रकट नहीं होते। ये अनेक जीवन धारण करने के उपरान्त लघु से महान होते हैं। इनके कई वर्ग या भेद होते हैं जो इनकी शक्तियों पर अवलम्बित होते हैं। विशेष परिस्थितियों के विशेष कारणों से वे प्रकट होते हैं। इस विश्व और उसकी प्रकृति की उत्पत्ति, स्थिति, विकास और प्रलय सम्बन्धी जो पौराणिक सिद्धान्त हैं उन्हीं के अनुसार इन महापुरुषों का उद्‌भव होता है या यों कहा जा सकता है कि ये महापुरुष महान विश्व-योजना चक्र के अंग रूप होते हैं।"

युगावतार विषयक इस सुन्दर कल्पना का एक पहलू यह भी है कि जब भगवान अवतार लेते हैं, तब उनके कायाव्यूह के साथ-साथ अन्य दैविक शक्तियाँ भी उस अवतार की सेवा, सहयोग व सहायता के लिए अवतरित होती हैं। भागवत की कथा है कि दुष्ट राजाओं व उनके कुकृत्यों से आक्लान्त होने पर जब गौरूप पृथ्वी ने अपनी कष्ट-गाथा ब्रह्मा को सुनाई तब ब्रह्मा समाधिस्थ हुए और उस अवस्था में उन्हें आकाशवाणी सुनाई दी जो उन्होंने देवताओं को सुनाई—

"हे देवगणो, भगवान को पृथ्वी के कष्ट का पूरा ज्ञान है। वे ईश्वरों के भी ईश्वर हैं। अतः अपनी कालशक्ति के द्वारा पृथ्वी का भार हरण करने के लिए जब पृथ्वी पर लीला करें तब तुम लोग भी अपने-अपने अंशों सहित यदुकुल में जन्म लेकर उनकी लीला में सहयोग दो।"

उक्त वाक्यों से यही प्रतिपादित होता है कि जब नवीन प्रगति-धर्म की संस्थापना का योग उपस्थित होता है और उसका महान भार उठाने को कोई विशेष शक्ति प्रकट होती है, तब उसके साथ-साथ अन्य सशक्त सहयोगी, उत्कट विचारक तथा दैवी-सम्पत्ति युक्त अनेक व्यक्ति भी जन्म धारण करते हैं, अर्थात् जगत् में जब भगवान का अवतार होता है तब दैवी शक्ति, आन्तरिक प्रेरणा व अदम्य स्फूर्ति का भी प्रादुर्भाव होता है, जो अवतार के संकल्प की पूर्ति में सहायक होता है। गीता में वर्णित दैवी सम्पत्ति प्रगति-पोषक और आसुरी सम्पत्ति प्रतिक्रियागामी, विरोधक शक्तियों का ही वर्गीकरण है। उच्च भावनाओं का अधिकांश जनता में प्रचार व प्रसार होना तथा उनमें ऐक्य और उच्च आकांक्षा का उदय होना आदि बातें उन दिव्य शक्तियों के प्रकाश हैं। पुरातन इतिहास इस तथ्य की साक्षी देता है कि राम के समय ऋषि वशिष्ठ, कृष्ण के समय व्यासदेव, अलक्षेन्द्र (Alexander) के समय सुकरात, शिवाजी के समय समर्थ रामदास एवं महात्मा गांधी के समय आचार्य मश्रुवाला व आचार्य भावे आदि का उपस्थित रहना इसी तथ्य को प्रमाणित करते हैं। कोई भी महान पुरुष या महान शक्ति, जब तक उसे प्रबल जन सहयोग प्राप्त न हो, अकेले आप ही क्रान्ति को सफल नहीं कर सकता। उत्तम आदर्श की सफलता के हेतु उच्च विचारों का प्रसार भी जरूरी होता है।

अवतारवाद पर योगिराज अरविन्द का तर्कयुक्त तात्त्विक विवेचन विशेष रूप से मननीय है—

''ईश्वरीय जन्म के दो दृष्टिकोण या रूप हैं। एक वह है जिसे 'अवतरण' या अवरोहण कहा जाता है—जिसमें ईश्वर मानवता में प्रकट होकर मानवी रूप और स्वभाव में अपना ईश्वरत्व प्रकाशित करता है। यह शाश्वत अवतार है। दूसरा भाव 'आरोहण' (विकास) है जिसमें मनुष्य ईश्वरत्व में जन्म लेता है। उसमें उसका स्वभाव व चेतना (मदवं आगता) दैवी हो जाती है। यह जीवात्मा का पुनर्जन्म है। यह दूसरा जन्म या विशिष्टावस्था मानवी जीवन को दिव्य जीवन में रूपान्तरित करने के हेतु 'अवतार' है अर्थात् यह नवीन जन्म या रूपान्तरित अवतार धर्म-संस्थापन का हेतु होता है।''

अरविन्द द्वारा कथित उपर्युक्त नवीन जन्म के निष्कर्ष से विकासवाद भी असहमत नहीं हो सकता। मानवीय विकास या पुरुषार्थ का अन्तिम लक्ष्य गीता व वेदान्त में मोक्ष अर्थात् जीवात्मा का परमात्मा में लय हो जाना या

जीवन ईश्वरमय हो जाना ही है। व्यक्ति जब व्यष्टि से समष्टि की ओर गतिवान होता है, तब उसके मन का वृत्त (या चिन्तन की परिसीमा) विस्तृत होकर समाजमय हो जाता है। फिर जब मनुष्य में राष्ट्रीयता जाग्रत् होती है तब वह समाज के दायरे से निकलकर राष्ट्र में अपने आपको विलीन कर देता है और राष्ट्रीयता के क्षेत्र से जब वह अन्तर्राष्ट्रीय मैदान में प्रसरण करता है, तब वह एक ऐसे नवीन संसार की सृष्टि करता है जिसमें 'वसुधैव कुटुम्बकम्' की वाणी स्वयमेव प्रतिध्वनित होने लगती है। उस समय वह अपने आपको विश्वमय और विश्व को आत्ममय देखने व प्रतीत करने लगता है। बहुत-कुछ यही उसका ईश्वरत्व में नवीन जन्म है।

'पत्रावली' में श्री अरविन्द ने समय-समय पर 'अवतार' के विषय पर जो चर्चा की है वह अत्यन्त विशद, सुन्दर व तर्कपूर्ण है। उनका संक्षिप्त सारांश यहाँ उद्धृत किया जाता है—

"मानव समाज को उच्च ज्ञान का मार्ग दर्शाने के हेतु अवतार होता है। यों तो परमेश्वर सर्वशक्तिमान है और उसे मनुष्यों को उन्नत करने अथवा ऊँचा उठाने के लिए अवतार धारण करने की किंचित् आवश्यकता नहीं। हाँ, यदि विश्व योजना के अन्तर्गत कोई ऐसा विशेष कार्य कि मानवता का भार उठाए बिना उन्नति का मार्ग न खुल सके, अवरुद्ध ही बना रहे तो ऐसी अवस्था में अवतार का कुछ अर्थ भी होता है, अन्यथा नहीं।"

मनुष्य में जो दिव्यत्व है उसे उसका ज्ञान कराने और उसे धारण कराने के हेतु ही ईश्वर अपनी दिव्यता प्रकाशित करता है। अवतरित सत्ता अपने प्राकट्य का स्थान, शरीर और काल स्वयं निर्धारित करता है। वह द्विरूपी होता है। उसका प्रत्यक्ष रूप मानवी और आन्तरिक रूप दैवी होता है।

मत-मतान्तर के चौखटों से, धर्म को निकाल मानव के अन्तर व बाह्य जीवन को उन नियमों व धारणाओं में बद्ध करना, जिनके सहारे मनुष्य आत्म-निर्माण के मार्ग पर चल अपनी दिव्यता में स्थित हो सके, यही उस परमेश्वर का धर्म-संस्थापन है। मनुष्य के जीवन में दैवी शक्ति उत्पन्न करने, उसकी पतित अवस्था, जड़ता नष्ट करने और उसे पूर्ण स्वातंत्र्य, निरहंकारिता, निर्भयता, समता, निश्छल प्रेम आदि की शिक्षा देने तथा अन्त में दिव्यकर्मा बनने का प्रत्यक्ष दर्शन करा देने के हेतु ही अवतार होता है।

इस विवादग्रस्त विषय के विवेचन में संसार के प्रसिद्ध दर्शन-शास्त्री डॉ. राधा कृष्णन के विचार ध्यान देने योग्य हैं, वे कृष्ण के वक्तव्य का उदाहरण देते हुए कहते हैं—

''जब-जब धर्म की ग्लानि होती है और अधर्म की प्रबलता फैल जाती है, तब-तब मैं स्वयं प्रकट होता हूँ। साधुओं की संरक्षा और दुष्टों का नाश करने के निमित्त युग-युग में धर्म की संस्थापना के निमित्त मैं अवतार लेता हूँ।'' यह सिद्धान्त एक पवित्र दैवी-सन्देश है। आध्यात्मिक जगत् के नियमन का यह सशक्त वाक् प्रमाण है। यदि परमेश्वर मनुष्य का त्राणकर्ता माना जाता है तो जब-जब पापयुक्त विकारों द्वारा मानवता के मूल्यों के ह्रास का भय उत्पन्न होता है, तब-तब उसे मानवता की रक्षा हेतु प्रकट होना ही चाहिए। यों तो मुक्ति का कार्य ईश्वर द्वारा सदैव निरन्तर रहता है, परन्तु अवसर विशेष पर उसकी आवश्यकता प्रबल हो जाती है। ईश्वर का मनुष्य रूप में प्रकट होना ही 'अवतार' है, न कि मनुष्य का ईश्वरत्व में प्रविष्ट होना। यद्यपि प्रत्येक अभिज्ञ आत्मा इस प्रकार का अवतरण है परन्तु वह आवरणयुक्त है, 'प्रच्छन्न नारायण' है। दैविक आत्म-चैतन्य तथा अज्ञान के परदे से ढँकी हुई चेतना में अन्तर है। मनुष्य यदि संसारी माया पार कर श्रेष्ठता प्राप्त कर ले तो वह भी अवतार की श्रेणी में आ सकता है। सृष्टिकर्ता पुरुषोत्तम सृष्टि के प्राणियों से विलग नहीं किया जा सकता (अर्थात् सृजक का सृजन से विलगाव नहीं हो सकता)। वह (ईश्वर) संसार में अपनी व्यापकता प्रकाशित करता है।'' वे इसे विस्तार देते हुए कहते हैं कि ''जगत् के कल्याण हेतु प्रकटित इन महान आत्माओं के पावन चरित्रों में कुछ बातें विशेष रूप में पाई जाती हैं। एक तो वे अपने उस लक्ष्य या विशेष उद्देश्य से, जिसे सम्पादन करने हेतु संसार में अवतीर्ण होते हैं, कभी विचलित नहीं होते। दूसरे यह कि उनकी आत्मप्रतीति या आत्मविश्वास अत्यन्त प्रबल और अटल होता है। तीसरे उनकी वाणी सत्य तपो-भूत होती है। उनके मुख से उच्चारित शब्दों के पीछे एक प्रचंड शक्ति दर्शित होती रहती है। वे तर्क नहीं करते। उनके विचार, कामना और व्यवहार में सामंजस्य रहता है। आदेश न देकर वे उपदेश देते हैं। उनकी वाणी भूले-भटकों को और घने अन्धकार या संशय में नहीं ढकेलती, वरन् उन्हें प्रकाश देती और उनकी व्यग्रता को शान्त कर मार्ग प्रदर्शन करती है। गीता में भगवान की वही शक्तिशाली, अधिकारयुक्त और अमरवाणी गूँजी है जो उनके आत्मरूप में स्थित अटल आत्मविश्वास व आत्म-प्रतीति की द्योतक है। उसमें तर्क नहीं, वितर्क नहीं सीधा-सच्चा 'सत्य दर्शन' है, जिसका विवेचन वही कर सकता है, जो स्वयं सत्य स्वरूप हो या जिसने उस शाश्वत तत्त्व के पूर्ण दर्शन कर उसे आत्मसात् किया हो।''

भगवान के ये वाक्य कि उनके अनन्य चिन्तक चाहे किसी श्रेणी के, किसी जाति या देश के स्त्री पुरुष हों, उन सबके लिए उनके हृदय के द्वार सदा खुले रहते हैं। वे यदि उनका स्मरण करते हैं तो भगवान भी उनका स्मरण करते हैं, भक्त उनमें हैं और वे भक्तों में हैं। आन्तरिकता से उनकी शरण में जानेवाले, उन्हें अपना परम साध्य आश्रय माननेवालों का कभी अनिष्ट या पतन नहीं होता। यह वाणी कितनी संवेदना व शान्ति प्रदायक है और अन्त में उस महानतम का यह निश्चित आश्वासन है कि--

''मन्मना भव मद्भक्तो मद्या जी मां नमस्कुरु।
मामे वैष्यति सत्यं ते प्रति जाने प्रियोऽस्मि मे॥
सर्व धर्मान् परित्यज मामे कं शरणं व्रज।
अहंत्वां सर्व पापेम्यो मोक्षयिष्यामि या शुचः॥''

गीतोपदेश के अन्तर्गत अर्जुन ने अपने महाभाग्य एवं प्राप्त दिव्य दृष्टि से गीता-वक्ता के विराट् रूप के दर्शन पलक मारते तक भले ही कर लिये हों, परन्तु हम सब साधारण चर्म चक्षु धारण करनेवाले मानवों को तो उस परम तत्त्व के व्यापक रूप का जो शब्द-चित्र उनके उपदेश में उपलब्ध होता है वही 'पुरुषोत्तम' कृष्ण का दिव्यातिदिव्य विश्वरूप है। यह प्रयत्न करते हुए भी हमारे मानस-पटल में समाता नहीं। गीता-ज्ञान ही उस सर्व ज्ञानमय का विराटत्व प्रकट करता है। अपनी-अपनी साकार, निराकार, निर्गुण-सगुण भावना व धारणा से प्रत्येक साधक अपनी-अपनी बुद्धि के अनुसार उसे सदैव देख सकता है, उसके प्रति नमन कर सकता है। और उसे यथाशक्ति आत्मसात् करने की चेष्टा कर सकता है।

मानव जाति के इतिहास में जिन प्रमुख विभूतियों ने समय-समय पर विश्व कल्याण के हेतु योगदान दिया है और जो 'अवतार' की श्रेणी में स्थान पाने योग्य हैं, उनके सम्बन्ध में यह कहना कि उनमें कौन बड़ा और कौन छोटा है, यह अनधिकार चेष्टा के साथ-साथ अपराध भी है। वे सब अपने-अपने युग के युगपुरुष थे, महान थे, दिशा-निर्देशक थे, अपने-अपने क्षेत्र के मान्य नेता थे। इस बात से इनकार नहीं किया जा सकता कि प्राच्य जगत् (एशिया खंड) की आवाज सदैव धर्म की आवाज रही है और पाश्चात्य जगत् (यूरोप खंड) सदा राजनीति की भाषा बोलता रहा है। सम्भवतः यही कारण है कि वे अवतारी पुरुष, जिन्होंने धर्म का आश्रय लेकर लोक--कल्याण किया वे प्रायः सभी पूर्व अर्थात् एशिया खंड से प्रकट हुए। ईरान के प्रकाश वृत्त जरतुश्त यहूदी, सन्त अब्राहम जेकब, मूसज, नाजरथ के सन्त ईसा, मक्का के हज़रत

मुहम्मद, चीन के साधक लाओत्से व तत्त्वदर्शी कन्फ्यूशियस, भगवान बुद्ध व महावीर स्वामी, आचार्य श्रेष्ठ शंकर, गुरुनानक, गुरुगोविन्द सिंह, स्वामी रामकृष्ण परमहंस, स्वामी विवेकानन्द, महात्मा गांधी आदि पूर्व ही की पवित्र उपज थे। हृदय के अन्तर्तम प्रदेश में सत्य की अनुभूति प्राप्त कर उन्होंने धर्म के आश्रय से लोक-कल्याण अर्जित किया। स्वामी विवेकानन्द ने स्पष्ट कहा है कि "जहाँ कहीं भी यथार्थ धर्म का विकास हुआ है, वह दिव्य ब्रह्म संसर्ग से हुआ है। उन महात्माओं को ईश्वर का साक्षात्कार हुआ है। आत्मा द्वारा उन्हें परमात्मा की प्रत्यक्ष उपलब्धि हुई है।"

अन्धविश्वास के कट्टर विरोधी, मानव-सेवा के अखंडव्रती महात्मा जरतुश्त ने अपनी एक प्रार्थना में अपने हृदय के विचार व्यक्त करते हुए कहा था—

"प्रभो, तुम नित्य प्रकाश हो। मेरा विश्वास है कि मानव हृदय के अन्धकार को अवश्य दूर करोगे। मनुष्य की इच्छाशक्ति जाग्रत् होगी। वह अपने मनोबल से अज्ञान का परदा हटाकर ज्ञान के पथ पर अग्रसर होगा। मनुष्य कर्म करने को स्वतंत्र है, कर्म ही उसका जीवन है। कर्म से ही उसका भाग्य-निर्माण होता है। कर्म किए बिना वह एक क्षण भी बैठ नहीं सकता।" महात्मा ईसा ने स्वयं वैराग्य व त्याग का जीवन व्यतीत करते हुए परस्पर प्रेम, सेवा, सहानुभूति का मंत्र उच्चारित किया और अपनी महान वाणी से घोषित किया—

"दुनिया के लोगो, इस बात को भलीभाँति जान लो कि स्वर्ग का राज्य (Kingdom of God) तुम्हारे अभ्यन्तर में अवस्थित है तथा मैं और मेरे पिता अभिन्न हैं। अपने विकारों का नाश करो, मन और इन्द्रियों को जीतो, भोग की इच्छा स्वार्थ-वृत्ति और विलासिता को त्यागकर पुरुषार्थी बनो। अपने पार्थिव जीवन के अन्तिम क्षण में सूली पर चढ़े हुए उन्होंने ईश्वर को समर्पित करते हुए यही कहा—

"अपने आपको, स्वर्ग स्थित पिता अपनी आत्मा को तुझे सौंपता हूँ।"

हज़रत मुहम्मद ने अरब-निवासियों में फैला हुआ अन्धकार, अनेक देववादिता और आपसी विग्रह को दूर करने हेतु एकेश्वरवाद का बिगुल बजाया और सब ईमानदार यानी मुसलमानों में बन्धुत्व और समता का सन्देश प्रसारित किया।

ईसा-जन्म-पूर्व छठी शताब्दी में चीन में प्रचलित भाव (Mao) धर्म मार्ग था, जो भारतीय हठ योग का ही संस्करण था। उसके तपस्वी और मौन

साधक लाओत्से ने व्यष्टि को समष्टि का मूल मानकर व्यक्तिगत उच्चता में समष्टि के विकास को देखा। वह अपने शिष्यों से बहुधा कहा करता था कि अपने आपको सँभालो, लोग सँभल जाएँगे। केवल बातों से लोगों की इच्छाओं को विकृत मत करो। समाज में स्वप्निल महत्त्वाकांक्षा की आँधी मत फैलाओ अन्यथा मारकाट, धोखाधड़ी के सिवाय दुनिया के हाथ कुछ न लगेगा।

महात्मा गांधी ने स्पष्ट कहा है—युद्ध की अपेक्षा शान्तिपूर्ण उपायों से विजय की अधिक सम्भावना होती है। बड़ी-बड़ी मशीनों और बड़े-बड़े आविष्कारों से केवल धनवानों को अधिक धन और शक्तिवानों को अधिक शक्ति प्राप्त होती है। बड़ी मशीनें गृह उद्योगों को नष्ट कर जनता को और भी पराधीन बना देती हैं।

भगवान बुद्ध ने यह मानकर कि संसार में चारों ओर दुख ही दुख है, दुख का अभाव ही सुख का मूल हो सकता है, उन्होंने अत्यन्त कष्टमय साधना के पश्चात् निर्वाण का मार्ग घोषित किया। उनके सन्देश का मर्मांश है कि मनुष्य-मात्र को चाहिए कि वह अपनी इच्छाओं व वासनाओं को घटाते हुए चरित्रवान बने।

तत्त्वदर्शी कन्फ्यूशियस विश्वप्रेमी दार्शनिक था। वह विश्व की एकता का समर्थक था। इसलिए उसका कथन है—"संसार के सभी मनुष्य समान हैं। प्रत्येक नर-नारी के व्यक्तित्व की सुरक्षा आवश्यक है। जब संसार में एक विश्व-प्रजातंत्र की स्थापना हो जाएगी, तब दुनिया में उत्साह की एक नई लहर दौड़ जाएगी। नागरिकों के सम्मिलित श्रम से उत्पादित सम्पत्ति का प्रवाह सम्पूर्ण जगत् को सींचकर हरा-भरा कर देगा। वह राजनीतिज्ञों की दुनिया से बाहर नहीं गया और जीवन भर 'राज्य' को सुधारने का प्रयत्न करता रहा।"

कृष्ण के व्यवहार और आचरण में जहाँ भाव-प्रवणता, सहज स्नेह व अभेदत्व के दर्शन होते हैं, वहीं शक्ति और सामर्थ्य के रूप में कर्मठता शौर्य, त्याग, संरक्षणता, धैर्य, परहितरतता, शील, निर्मलता, निरासक्ति, निर्वैरत्व, बुद्धिमत्ता, सौजन्यता आदि के दर्शन होते हैं। इन सद्गुणों के सहयोग के साथ-साथ उनके विरोधी गुणों का सह-अस्तित्व भी उस चरित्र में यदा-कदा दिखाई दे जाता है। परस्पर विरोधी गुणों की एक साथ ही एक ही स्थान में स्थिति ईश्वरत्व की द्योतक मानी जाती है। विश्वरूपता के दिव्य प्रकाश से प्रदीप्त वह रूप शब्दों की सीमा में नहीं बाधा जा सकता है। उस महान

रूपाकाश के अन्तर्गत अन्य अवतार व पैगम्बर अपनी-अपनी कक्षा में चमकते हुए दृष्टिगोचर होते हैं। उनके गीतारूपी दिव्य संगीत में जेन्दावस्ता ताव-ती, धम्मपिटक, अंजील, कुरानशरीफ व अन्य धार्मिक ग्रन्थ स्वर मिलाते और वह राग आलापित करते हुए स्पष्ट सुनाई देते हैं कि—"एको सद्विप्रा बहुधा वदन्ति।" इस सर्वांगीण और सार्वजनीन पवित्र चरित्र के नायक और उनके चारित्र्य से प्रभावित होकर यदि भागवतकार ने उस रूप को पूर्णावतार घोषित करते हुए यह धारणा उपस्थित कर दी कि-

"ऐशेचांशकला पुंस: श्रीकृष्ण भगवान स्वयं।"

इस प्रसिद्ध कथन में अतिशयोक्ति न होकर उचित युक्ति ही दर्शाई है। यथार्थ में कृष्ण और सम्पूर्णत्व दोनों समानार्थी हैं।

जगत्-गुरु

श्रीमद्भगवद्गीता में मानव धर्म का जो महान तत्त्व प्रतिपादित हुआ है, उसमें विश्व व्याप्त परमेश्वर का अतीव आकर्षक विशद और स्पष्ट वर्णन है, परन्तु आधुनिक काल की विलक्षणता यह है कि आज का पढ़ा-लिखा मनुष्य न तो ईश्वर को जानने के सम्बन्ध में कोई रुचि रखता है और न उस धर्म की ओर (जिसके आश्रय से यह जगत् संचालित होता है) आकृष्ट होता है। वर्तमान की भाषा में 'धर्म' को एक भ्रम या नशा कहा जाता है, जो भावात्मक कल्पनाओं से मनुष्य की तार्किक बुद्धि को कुंठित कर उसे मिथ्या जगत् में ढकेल देता है और ईश्वर, वह तो केवल कल्पना या भ्रान्ति है जिसके अस्तित्व का कोई ठोस प्रमाण नहीं। यदि कभी उसकी सामाजिक आवश्यकता रही भी हो तो आज के वैज्ञानिक युग में न तो उसका कोई अस्तित्व है और न आवश्यकता। फिर उस निरर्थक अस्तित्वहीन विषय को सोचने, समझने या देखने की चेष्टा करने की जरूरत ही क्या? आधुनिक युग भगवान को त्याग रहा है और उसके पूर्वजों ने जिस पद पर ईश्वर को आरूढ़ किया था, वह स्थान रिक्त है। आधुनिक विद्वान उस पीठिका पर मनुष्य को आसीन कर रहा है। योगिराज अरविन्द के कथनानुसार, "भगवान के स्थान में मनुष्य ही यूरोप का उपास्य देव बना है और मानव समाज ही उसका दृश्य-विग्रह बन गया है।" यूरोप में भगवान और अध्यात्म की चर्चा न होकर अब समाज-सेवा, देश-सेवा, मानव-सेवा आदि के आदर्श प्रचलित हो रहे हैं। ये आदर्श उत्तम हैं, ग्रहण करने योग्य हैं, इनसे किसी को विरोध नहीं। वर्तमान युग में कार्यकुशलता, परोपकार, समाज-सेवा आदि मानव कल्याण के उपयुक्त साधन हैं और युगधर्म हैं, परन्तु वे सम्पूर्ण 'धर्म' नहीं। आज के वैज्ञानिक की धारणा में जब भगवान ही नहीं तब अध्यात्म यानी भागवत भाव का ठिकाना ही कहाँ? सारांश यह कि आधुनिक युग में ईश्वर के स्थान पर मानव और अध्यात्म की जगह 'मानवतावाद' पदस्थ हो रहे हैं। ईश्वर के सम्बन्ध में तो

भौतिक विज्ञानवादी कुछ समय पूर्व से ही शंकित था, परन्तु धीरे-धीरे उस शंका का स्थान विश्वास ने ले लिया। पश्चिम के इस अनीश्वरवाद को, प्रचलित करने का विशेष श्रेय भयानक क्रान्तिकारी विचारों के ऋषि कार्लमार्क्स को है, जिन्होंने 'समाजवाद' या 'साम्यवाद' (Communism) को प्रतिपादित किया है।

कार्लमार्क्स कट्टर जड़वादी, नितान्त अनीश्वरवादी थे। उन्होंने आकाश या अदृश्य में स्थित किसी देवता को नहीं वरन् धरती के मनुष्य को मान्यता दी। आर्थिक और ऐतिहासिक दृष्टिकोण से उन्होंने संसार में सर्वत्र फैली हुई असमानता पर दृष्टि डाली और एक वर्ग द्वारा दूसरे वर्ग के मनुष्यों की भीषण शोषण प्रक्रिया से विचलित होकर श्रमिक वर्ग के हेतु आर्थिक समानता और सामाजिक स्वतंत्रता का मार्ग प्रदर्शित किया।

गौतम बुद्ध को अमित कष्ट, साधन व तपस्या के पश्चात् इस ज्ञान की प्रतीति हुई कि संसार दुखमय है और सब प्राणियों के दुख का कारण अविद्या या अज्ञान है। वह अज्ञान दूर हो सकता है और उसे दूर करने एवं निर्वाण प्राप्त करने के हेतु मनुष्य को अपनी समस्त इच्छाओं (वासनाओं) का निःशेषीकरण करना चाहिए। ऐसी ही कुछ अनुभूति कार्लमार्क्स को हुई। सर्वहारा या श्रमिक वर्ग को शोषण-संकट से मुक्त करने और उसे स्वतंत्र सत्ताधारी बनाने के लिए उसे जो मार्ग सूझा वह एक ऐसे समाज की रचना थी जो वर्गहीन और राजहीन हो। जिस प्रकार नय और अनय, सत्य एवं मिथ्या के पांडव-कौरव दलों के प्रतीकों के मध्य खड़े होकर, समस्त संसार के कल्याणार्थ कृष्ण ने ज्ञान गीता सुनाई, बहुत-कुछ उसी तरह मार्क्स ने अहंकारी व मदोन्मत्त पूँजीपतियों और अज्ञानग्रस्त व त्रस्त श्रमिकों के कुरुक्षेत्र में खड़े होकर शोषित मानव वर्ग के उत्थान हेतु आधुनिक साम्यवाद की क्रान्ति गीता प्रसारित की।

मार्क्स का दूसरा मुख्य संक्षेप सूत्र यह है कि प्रत्येक व्यक्ति का मूलधन उसकी श्रम-सम्पत्ति है। प्रत्येक मनुष्य को अपनी क्षमता के अनुसार श्रम करना आवश्यक है। यदि वह श्रम द्वारा सम्पत्ति का उपार्जन नहीं करता तो उसे समाज में जीवित रहने का अधिकार नहीं। अपंग, अन्धे या अन्य शारीरिक विकृति से ग्रस्त मनुष्यों को वह अपवाद रूप में देखता है।

उसका कथन है कि इन सूत्रों को कार्यान्वित करने-कराने का उत्तरदायित्व राजसत्ता पर रहना चाहिए। वह सत्ताधिकारी पूर्णाधिकार सम्पन्न होगा। उसकी आज्ञा या निर्देशों की अनुज्ञा नहीं होगी। इस तरह मार्क्स एकतंत्री व निरंकुश राजसत्ता का स्पष्ट प्रतिपादन करता है। साम्प्रदायिक धर्म व धार्मिक

संस्थानों से राज्य का कोई वास्ता नहीं। धर्म का प्रचार या धार्मिकता का प्रदर्शन सर्वथा वर्जनीय रहेगा।

इस सामाजिक परिस्थिति को उत्पन्न करने व उसे सफलतापूर्वक बलशाली बनाने के हेतु श्रमिक वर्ग को एक सूत्र में बाँधकर सम्पत्तिवान या अन्य राज्य सत्ताधारियों के विरुद्ध विप्लव कर उन्हें सम्पत्ति व पद से च्युत कर देना चाहिए।

मानव महान है। यह सिद्धान्त प्राचीन काल से धर्मावलम्बी आचार्यों, मनीषियों और चिन्तकों ने स्वीकार किया है। गौतम बुद्ध, कन्फ्यूशियस, सुकरात, अरस्तू, सन्त ईसा, हजरत मुहम्मद आदि सबने मनुष्य की मनुष्यता का गुणगान किया है। फ्रांस की राज्य-क्रान्ति के जनक रूसो ने स्वतंत्रता, समानता और बन्धुत्व को सामाजिक जीवन का मुख्य तत्त्व माना है। ईश्वर एक है, अतएव सब मनुष्य उसी से सम्भूत होने के कारण एक हैं। सब उसी की चिनगारियाँ हैं। ये शब्द इमरसन के हैं। बंग भाषा के प्रसिद्ध कवि चंडीदास ने मनुष्य की उच्चता स्थापित करते हुए कहा है—

शुनो, शुनो रे मानुष भाई।
शाक्रात ऊपर मानुष श्रेष्ठ, तोहार ऊपर नाई॥

गीता के अनुसार, विश्व में मनुष्य रूपधारी जीव को यह अवस्था विकास की कई मंजिलें पार करने के पश्चात् प्राप्त हुई है और यह शरीर प्राप्त कर लेने पर भी जीव का विकास समाप्त नहीं हो जाता। मनुष्य अपनी कृति से ही ऊँचा उठ सकता और पृथ्वी को स्वर्ग तथा अपनी दुष्कृति से नरक बना सकता है। यदि यह कहा जाए कि इस जगत् को जगदात्मा से जोड़नेवाली एक अदृश्य शृंखला है और उसमें मानव एक मध्यस्थ केन्द्र की कड़ी है तो उपयुक्त होगा। गीता के अनुसार तो 'पुरुषोत्तम' का अव्यक्त और निर्गुण तत्त्व बहुत बड़े अंश में मानवरूप में व्यक्त और सगुण हुआ है। इससे ऊँचा पद मनुष्य को और क्या दिया जा सकता है ? परन्तु उसकी आकांक्षाएँ इतनी उग्र और प्रबल बनाई जा रही हैं कि वे इस धरातल से ऊँची उड़कर आकाश में विचरते ग्रहों-उपग्रहों पर भी आधिपत्य जमाने को व्यग्र हो रही हैं। मनुष्य ससीम होते हुए भी, उस अपरिमित की शालीनता एवं असीमता को भूलकर, हिरण्यकशिपु की भाँति अपने आपको इस अनादि-अनन्त प्रकृति का नियामक व शासक समझने लगा है। गीता के अनुसार, जड़ सृष्टि (क्षर प्रकृति) और पुरुषोत्तम तत्त्व के मध्य जड़ आच्छादित सृष्टि (अक्षर-प्रकृति) मनुष्य रूप (जीव, जन्तु) में आत्मचैतन्य से युक्त अमर शक्ति है। मनुष्य ईश्वरत्व में लीन हो

सकता है। नर से नारायण बन सकता है। गीता केवल मनुष्य में ही नहीं, किन्तु चराचर सृष्टि में सर्वत्र ईश्वरीय सत्ता प्रतिपादित करती है। जितने लोग इस संसार में हैं, वे सब भगवान की मूर्तियाँ हैं, उनके नाम और रूप भले ही भिन्न हों। इस आत्मिक एकता, मूलभूत ऐक्य को खंडित करके, वर्ग भेद स्थापित कर, एक वर्ग का विनाश और दूसरे वर्ग का उत्थान गीता के मत से कभी मेल नहीं खा सकता है।

मानवरूपी असंख्य ईश्वरों को दो प्रतिद्वन्द्वी भागों में बाँटकर, सत्ता व सम्पत्ति की छीना-झपटी हेतु भयंकर युद्ध करने का आह्वान गीतामत के विपरीत है। वह आसुरी सम्पत्ति ग्रहण करने का मार्ग है—

"असौ मयातहत: शत्रुर्हनिष्ये चापरानपि।
ईश्वरोऽह महं भोगी सिद्धोऽहं बलवान सुखी॥"

अर्थात् मैंने आज अमुक शत्रु को मार डाला, अन्य शत्रुओं को भी उसी तरह मौत के घाट उतार दूँगा। मैं ईश्वर हूँ, ऐश्वर्य भोगने का मेरा अधिकार है। मैं सब सिद्धियों से युक्त होकर बलवान व सुखी बनूँगा। यह आसुरी दृष्टिकोण है।

इन सिद्धान्तों के विपरीत गीता यद्यपि मनुष्य को प्रकृति की सर्वोच्च कृति एवं ईश्वरांशी मानती है, परन्तु उसे एकदम 'ईश्वरीय पद' पर अभिषिक्त नहीं करती। वह साधनों द्वारा उसे 'अंशी' से पूर्ण बनने का उपाय बतलाती है। वह जगत् के मनुष्यों को प्रतिद्वन्द्वी वर्गों में विभाजित न कर वर्णों में क्रमबद्ध करती है। गीता वर्ग-विरोध को अमान्य कर वर्ण-सहयोग पर राष्ट्र-शरीर की स्थिति मानती है और समानता का व्यावहारिक और पारमार्थिक अर्थ प्रतिपादित करती है। सम्पत्ति की विषमता हटाने की योजना निरुपित करती है और वह मार्ग निर्धारित करती है जिस पर चलकर व्यक्ति ही नहीं समाज के सब अंग अपना भौतिक व जागतिक जीवन स्वतंत्रतापूर्वक व्यतीत करते हुए अन्त में परम पद के अधिकारी हो सकते हैं।

गीता लोक-व्यवहार शास्त्र भी है और परमार्थ शास्त्र भी। वह व्यवहार की शुद्धता पर परमार्थ की सिद्धि मानती है। 'गीता प्रवचन' के आधार पर गीता धर्म या गीता का सन्देश संकलित किया जा रहा है।

गीता जीवन के तीन महा सिद्धान्त निश्चित करती है—आत्मा की अखंडता व अमरता, देह (शरीर) की क्षुद्रता व नश्वरता और स्वधर्म की अबाध्यता। गीता में कर्म शब्द 'स्वधर्म' के अर्थ में व्यवहृत हुआ है। जीवन के इन सिद्धान्तों को व्यवहार में लाने की जो कला या युक्ति है, उसी को 'योग' कहते हैं। सिद्धान्तरूपी शास्त्र और कला दोनों के योग से जीवन सौन्दर्य खिलता है।

'स्वधर्म' हमें निसर्गतः प्राप्त हो जाता है। उसे कहीं खोजने नहीं जाना पड़ता। हमारे जन्म के साथ ही स्वधर्म जन्मता है। वस्तुतः वह हमारे जन्म का हेतु है। अतः स्वधर्म (कर्म) का आश्रय कभी छोड़ना नहीं चाहिए। वह हम सबको इतना सहज प्राप्त है कि उसका पालन हम सबसे स्वतः ही होना चाहिए। परन्तु अनेक प्रकार के मोहों के कारण ऐसा नहीं होता। स्वधर्म के मार्ग में काँटे बिखेरनेवाले इन मोहों की गिनती नहीं। परन्तु विश्लेषण करने पर उन सबकी तह में एक ही बात दिखलाई पड़ती है और वह है—"हमारी संकुचित और छिछली देहबुद्धि।" मैं तथा मेरे शरीर से सम्बन्ध रखनेवाले जितने प्राणी हैं, जितने लोग हैं, वही मेरे हैं, बाकी सब गैर हैं। भेद की ऐसी दीवार यह देहबुद्धि खड़ी कर देती है। इसका नतीजा होता है—हीन जन्तुओं की बाढ़ और स्वधर्मरूपी शरीर का आरोग्य-नाश।

जीवन में यह स्वधर्म-निष्ठा अकेली पर्याप्त नहीं होती। उसके लिए दो सिद्धान्त सदैव जाग्रत् रखने पड़ते हैं। एक है कि 'मैं यह मरणशील देह नहीं हूँ।' देह तो ऊपर की पपड़ी है। दूसरा यह कि 'मैं कभी न मरने वाली, अखंड और व्यापक आत्मा हूँ।' इन दोनों को मिलाकर तत्त्वज्ञान पूरा होता है। इतना तत्त्वज्ञान यदि मन में अंकित हो जाए, तो फिर 'स्वधर्म' बिलकुल भारी नहीं पड़ता।

यह देह प्रतिक्षण बदलती रहती है। बचपन, जवानी और बुढ़ापा, इस चक्र का अनुभव किसे नहीं? यह जितना परिवर्तनशील है, 'आत्मा' उतनी ही स्वच्छ, स्वस्थ और नित्य है। यह देह तो वस्त्र की तरह है। पुराने कपड़े फट जाने या जीर्ण हो जाने पर नए वस्त्र धारण करने पड़ते हैं। परन्तु आत्मा अविनाशी है। वह एक सदा बहता हुआ अखंड झरना है। यह शरीररूपी घड़ा आज नहीं तो कल फूटने ही वाला है। फिर उससे इतनी आसक्ति क्यों? परन्तु मनुष्य की मृत्यु तो अवश्यम्भावी है, निश्चित है, टल नहीं सकती। इससे अधिक भय लगता है। उसे 'मृत्यु' शब्द ही नहीं सुहाता। अतएव मनुष्य को मृत्यु के भय से बिलकुल रहित हो जाना चाहिए। मृत्यु-भय से मुक्त हो जाने पर जीवन में प्राप्त होनेवाले अन्य हानि-लाभ उसे चिन्तित व शोकाकुल नहीं कर सकते। परन्तु यह देह भी अविचार या कुविचार द्वारा नष्ट कर देने की वस्तु नहीं। यह शरीर भी एक न्यास है जो केवल स्वधर्म पालन करने के हेतु रचा गया है। लेकिन हम उसे साधन रूप से काम में न लाकर उसी में डूब जाते हैं और देह-पूजा को ही अपना साध्य मान, असली साध्य 'स्वधर्माचरण' को भूल बैठे हैं। इस देह के नाश होने पर या उससे सम्बन्धित व्यक्तियों की मृत्यु

पर अधिक शोकाकुल और व्यथित हो, हम अपने कर्तव्य-पथ पर से हट जाते हैं। यथार्थतः मृत्यु तो एक लम्बी निद्रा है। इसलिए मृत्यु का भय निराधार और कल्पित है। गीता प्रत्येक व्यक्ति को अपना भाग्य-निर्माता मानती है।

"उद्धरे दात्मतात्मानं नात्मानम् व साध्येत्।"

अर्थात् प्रत्येक मनुष्य को मृत्युभय से रहित होकर अर्थात् अभय होकर अपना भाग्य निर्णय आप ही करना होगा। निर्भयतापूर्वक हिमालय की चोटियों पर चढ़ने, अनन्त आकाश में विचरण करने की हिम्मत उसे रखनी चाहिए। वह निर्बल और क्षुद्र जीव हैं, ऐसा सोचकर उसे अपने मन की शक्ति मारनी नहीं चाहिए वरन् भय रहित होकर, कर्तव्य-कर्म पथ पर बढ़ना उसका प्रथम धर्म है। (विनोबा भावे)

"स्वधर्म सम्पादन के हेतु गीता जिस योजना को प्रस्तुत करती है, वह विद्वेष और पारस्परिक संघर्ष की नहीं परन्तु पारस्परिक सहयोग की है। 'मानवता' को खंड-खंड में विभाजित करना गीता का अभीष्ट नहीं। उसकी विशाल दृष्टि में प्रत्येक मनुष्य अपनी-अपनी योग्यता, गुण-स्वभाव व शक्ति के अनुसार 'विश्व-विधान' में सहयोग देने के लिए उत्तरदायी है। वह मानव-समाज को एक-दूसरे से द्वेष रखनेवाले या परस्पर विद्रोही वर्गों में विभाजित न कर, वर्णों में आयोजित करती है। ठीक उसी तरह जिस तरह मानव शरीर में मस्तिष्क, हाथ, पैर आदि हैं। वे सब अवयव सम्पूर्ण शरीर को स्वस्थ और संचालित रखने के लिए जिस पारस्परिक सहयोग व आदान-प्रदान से अपना-अपना कार्य करते हैं, ठीक उसी तरह मानव समाज के चातुर्वर्ण्य से गीता अपेक्षा करती है कि वे राष्ट्र-शरीर को स्वस्थ, शक्तिशाली व उन्नत बनाने में कर्मशील रहें। यहाँ यह अवश्य उल्लेखनीय है कि जिस वैदिक योजना पर गीता की समाज-योजना आधारित है, वह कालान्तर से अन्य विचारधाराओं के सम्पर्क व प्रभाव के कारण अपना मूल रूप कायम रखने में आज असमर्थ दिखाई पड़ती है। भौतिक जड़वाद और प्रचलित राजनीतिक विचारों के प्रभाव से वह प्राचीन व्यवस्था खंडित हो गई है। वर्णों ने भिन्न-भिन्न जातियों व समूहों का रूप धारण कर समाज में भेदाभेद, छुआछूत आदि दोष उत्पन्न कर दिए हैं। वर्णों में सहयोग की भावना लोप हो गई है और प्रचलित जीवन-मूल्यों में हेर-फेर हो जाने से स्पर्धा और छीना-झपटी की वृत्तियाँ घर कर गई हैं। वर्णरहित समाज जिसमें प्रत्येक व्यक्ति मनमाना स्वधर्म कर सके, स्थापित हो रहा है। आनेवाले नवीन युग में समाज का नवीन संगठन होना आश्चर्यजनक नहीं। होना भी चाहिए।

अंग्रेज कवि लॉर्ड टेनीसन का कथन है—

"ईश्वर पुरानी व्यवस्था में परिवर्तन कर उसके स्थान पर नवीन पद्धतियाँ स्थापित कर विश्व की न्यूनताएँ परिपूर्ण करता रहता है, ताकि एक ही उपयोगी मानी जानेवाली प्रथा संसार को भ्रष्ट न कर दे।"

वर्ण-व्यवस्था में जाति-पाँति, ऊँच-नीच का भेद आने से, परस्पर सहयोग का लोप होने से, स्वार्थ व मिथ्याभिमान के कारण जो त्रुटियाँ उत्पन्न हुई हैं उनको निकाल फेंकना वर्तमान की आवश्यकता है। प्रचलित वर्ण-व्यवस्था की शुद्धि भले ही किसी रूप में हो, परन्तु वर्ण बने ही रहेंगे, वे अमिट हैं। आज भी जो सामाजिक व्यवस्था अन्य देशों में प्रचलित है, उसमें भी ज्ञानवान, विचारवान, शक्तिवान और शौर्यवान, व्यापारी, किसान, यांत्रिक, कारीगर और केवल शारीरिक श्रम करनेवाले मजदूर अवस्थित हैं और जब तक समाज रहेगा वर्ण बने ही रहेंगे, वे निर्मूल नहीं हो सकते। गीता की वर्ण-व्यवस्था—जो गुण, कर्म, स्वभाव पर आश्रित है—अमिट है, नैसर्गिक है।

देह और आत्मा की भिन्नता का मर्म जिस दिन मनुष्य ने समझ लिया और धारण कर लिया, उसी समय से उसके सच्चे शिक्षण का आरम्भ होगा। अत: यह आवश्यक है कि हम सब हृदय में यह अंकित कर लें कि देह तो निमित्तमात्र साधन है, परमेश्वर का दिया एक औजार है। जिस दिन उसकी जरूरत समाप्त हो जाएगी, उसी दिन उसे फेंक देना है। जब तक देह और देह-स्थित आत्मा का ज्ञान मन में नहीं समाता, तब तक मनुष्य साधारण क्रियाओं में तल्लीन रहता है, अच्छे-बुरे कर्म मनमाने ढंग से करता रहता है। परन्तु जब यह जीव नैतिक भूमि पर पैर रखता है, विचार और विवेक से काम लेने लगता है, तब स्वच्छन्दता की जगह संयम आता है। मनुष्य सोचने लगता है कि कौन सा कर्म करने योग्य है, कौन नहीं।

कृष्ण के गीता के कर्मयोग की यही भूमिका है। कर्तव्या-कर्तव्य का निश्चय हो जाने पर कर्म का योग प्रारम्भ होता है। कर्म की दोहरी भावना होती है। एक तो यह कि अपने कर्म का फल हम अवश्य चखें, यह हमारा अधिकार है। दूसरा यह कि यदि हमें फल चखने को नहीं मिलता तो हम कर्म करें ही क्यों? गीता कहती है कि कर्म तो अवश्य करो, परन्तु उसके फल पर अपना अधिकार मत मानो। कर्म को उत्तमता और दक्षता से करो। शुद्ध बुद्धि और पूर्ण मनोनियोग से करो। कर्म में निष्कामना स्वयं ही एक महान फल है। उस फल में और क्या फल लगेगा? इसलिए निष्काम कर्म बन्धक न होकर आत्म-विकासक है। निष्काम कर्म में अद्‌भुत सामर्थ्य है।

कर्मयोगी जो अभिमंत्रित कर्म करता है, उससे स्वयं उसकी चित्तशुद्धि तो होती ही है, समाज को भी आदर्श मिलता है और सदैव कर्मरत रहने के कारण जीवन में आनन्द प्राप्त होता है। जिस समाज में सच्चे कर्मयोगी पैदा होते हैं, उसमें सुव्यवस्था, समृद्धि और सौमनस्य तो रहे ही हैं, उस समाज के संसर्ग और सम्पर्क से अन्य समाज भी व्यवस्थित होने लगते हैं। इस प्रकार के कर्म को विकर्म और अकर्म करने की युक्ति ही गीता के कर्मयोग का प्रथम सोपान है।

मनुष्य का जीवन अनेक संस्कारों से युक्त होता है। जितनी क्रियाएँ वह करता है उन सबके संस्कार उसके मन और बुद्धि पर अंकित होते रहते हैं। उनमें बहुत से उथले और थोड़े से गहरे होते हैं। ये गहरे संस्कार ही उसके जीवन को मोड़ देते हैं। इसलिए जरूरी है कि मन पर पवित्र संस्कार पड़ते रहें। बिना उदात्त विचारों के पवित्र संस्कार उदय ही नहीं होते, अतएव यह आवश्यक है कि बाहर से स्वधर्माचरण करते हुए भीतर से ईश्वर का स्मरण चलता रहे। दोनों कार्य एक साथ ही होते रहें। इसलिए भगवान कहते हैं—

"तस्मात् सर्वेषु कालेषु मामनुस्मर युध्य च।"

अर्जुन को तो इस पद द्वारा भारतीय महायुद्ध लड़ने का प्रोत्साहन है, साथ ही जगत् के अन्य मनुष्यों को मानवी दुर्गुणों से युद्ध करने का आदेश है। कुरुक्षेत्र हमारे भीतर भी है और बाहर भी। बाहर का शत्रु तो दिखता है, उसके आक्रमण से बचाव भी किया जा सकता है, किन्तु मन के कुरुक्षेत्र में एक ओर दुर्गुणरूपी आसुरी सेना और दूसरी ओर सद्गुण रूपी दैवी सेना एक-दूसरे के सामने खड़ी रहती है। उनके संघर्ष में विजय प्राप्त करने के लिए कर्मयोग के साथ-साथ भगवत्-श्रद्धा आवश्यक है। स्वधर्म सम्पन्न करने का यह बहुत ही सुन्दर व आनन्दमय योग है। यही नहीं, इस योग से दूसरा योग भी सिद्ध होता है जिसे गीता ने 'राजयोग' कहा है।

कर्म को करते हुए फलाशा का परित्याग करने की दूसरी युक्ति यह है कि कर्म के फल को स्वतः इच्छा न करते हुए भी फेंका नहीं जाए, वरन् उसे ईश्वर को अर्पण कर दिया जाए। ईश्वरार्पण बुद्धि द्वारा प्रत्येक इन्द्रिय से काम लेना अर्थात् कर्म ही ईश्वर को सौंप देना भी कर्म करने का एक तरीका है, युक्ति है, योग है। इस योग में स्वधर्माचरण परमेश्वर की पूजा हो जाती है। इस योग में समस्त कर्म यज्ञ-रूप हो जाते हैं। इसी दृष्टि से भगवान ने कहा है—

"यत्करोषि यदश्नाति यज्जुहोषि ददासियत्।
यत्त पस्यति कौन्तेय तत्कुरूष्व मदर्पणम॥"

हे अर्जुन तू जो कर्म करता है, जो खाता है, जो हवन करता है, जो दान देता है और जो तप करता है वह सब मुझे अर्पण कर, तथा—

"मयि सर्वाणि कर्माणि संन्स्याध्यात्म चेतसा।
निराशी निर्ममोभूत्वा युद्धस्व विगत ज्वरः॥"

अर्थात् "मुझ अन्तर्यामी परमात्मा में लगे हुए चित्त द्वारा सम्पूर्ण कर्मों को मुझ में अर्पण कर। फलाशा रहित, आसक्ति रहित और सन्ताप रहित होकर युद्ध कर।" कर्मयोग का यह दूसरा सोपान है।

कर्म का महत्त्व स्थापित करते हुए गीता बतलाती है कि जिस ब्रह्मशक्ति ने यह जगत् उत्पन्न किया उसने ही इसे स्थित रखने के लिए कर्मरूपी यज्ञ की आज्ञा दी है। स्वधर्मरूपी यह कर्म-यज्ञ मानव समाज को उन्नत करने का हेतु है। कर्म ही सब आवश्यकताओं की पूर्ति करता है। इसलिए अपना कर्तव्य-पालन किए बिना भोगों का उपभोग करनेवाला चोर है। यज्ञ से बचे हुए अन्न को खानेवाले श्रेष्ठ पुरुष सब पापों से मुक्त हो जाते हैं। गीतावक्ता कृष्ण ने यह स्पष्ट कहा है कि यद्यपि मुझे कर्म करने की आवश्यकता नहीं, न मेरा कोई कर्तव्य है और न प्राप्त करने योग्य कोई वस्तु मुझे अप्राप्य है, तथापि मैं कर्मों में लगा रहता हूँ चाहे वे लोक-संग्रह के लिए हों अथवा दूसरों को मार्ग अनुसरण कराने के लिए। गीता की वचनावली कर्म की श्रद्धा, महत्ता, आवश्यकता और निष्क्रिय पुरुषों की दुर्दशा व अधोगति पर विशेष बल देती है। गीता इस यज्ञ-चक्र को विश्व-विधान का विशिष्ट अंग मानती है। विश्व को कायम रखने और उसके विकास के लिए गीता की अनुपम योजना है।

आचार्य विनोबा का कथन है—

"हम पैदा होते ही तीन संस्थाएँ साथ लेकर आते हैं। पहिली, हमारे आसपास लिपटा हुआ यह शरीर। दूसरी, हमारे चारों ओर फैला हुआ यह विशाल ब्रह्मांड—यह अपार सृष्टि जिसके कि हम एक अंश हैं और तीसरी, वह समाज जिसमें हमारा जन्म हुआ। हम रोज इन तीनों संस्थाओं का उपयोग करते हैं। गीता चाहती है कि हमारे द्वारा इन संस्थाओं में जो छीजन आती है, उसकी पूर्ति के लिए हम सतत प्रयत्न करें। इन संस्थाओं के प्रति हमारे जन्मजात कर्तव्य हैं। इन कर्तव्यों की पूर्ति की योजना यज्ञ, दान और तप इन तीनों के योग से बनी है। अगर हम इन शब्दों का अर्थ समझ लें तो ये संस्थाएँ सफल हो जाएँ और हमारा जीवन भी।"

यज्ञ से सृष्टि-संस्था में साम्यावस्था प्राप्त होती है। दान से समाज में और तप से शरीर में। यही तो सेवा है। सेवा करनी है तो उसके लिए कुछ भोग

भी ग्रहण करना आवश्यक हो जाता है। वह भोग भी यज्ञ का ही अंश है। इस भोग को गीता 'आहार' कहती है। यज्ञ-साधन-रूप कर्म भी यज्ञ ही है। इन सब बातों के मूल में श्रद्धा की जरूरत है। सारी सेवा को ईश्वरार्पण करने का भाव मन में होना चाहिए, परन्तु हम अपनी सब क्रियाएँ ईश्वर को तभी अर्पित कर सकेंगे जब वे सात्त्विक होंगी, अतएव हमारे सभी कर्म सात्त्विक होने चाहिए।

यहाँ तक तो उस 'कर्मयोग' का वर्णन है जिसका प्रत्यक्ष रूप में जगत् से सम्बन्ध है। गीता अपना कर्मयोग यहीं समाप्त नहीं कर देती। इस पद से भी आगे का जो सर्वोच्च पद है, उसकी ओर गीता साधक का ध्यान आकर्षित करती है।

जगत् के संगठन और विघटन का ज्ञान प्राप्त कराकर, विश्वात्मा और जीवात्मा का सम्बन्ध निश्चित हो जाने पर, उस परम पद की भूमिका प्रारम्भ होती है। यहाँ से आध्यात्मिक क्षेत्र प्रारम्भ होता है। इस क्षेत्र में विचरण की योग्यता प्राप्त होने पर साधक को यह ज्ञान लेना है कि जो कर्म करने का अधिकार उसे प्राप्त था, वह कर्म वह स्वयं नहीं करता। उसका कर्ता वास्तविक रूप में वह नहीं। कर्मों की सारी क्रिया प्रकृति के गुणों द्वारा होती है (गुणागुणेशु वर्तन्ते)। जब वह कर्म ही नहीं करता तो उसका अधिकार ही निर्मूल हो जाता है और कर्मफल के अधिकार का प्रश्न ही नहीं उठता। इस प्रकार कर्म करने सम्बन्धी समस्त अहंकार छिन्न-भिन्न हो जाता है।

योगिराज अरविन्द का कथन है—

''प्रकृति का कर्तव्य गीता की अन्तिम बात नहीं। इच्छा की समता एवं कर्मफल परित्याग तो चित्त, मन और बुद्धि के द्वारा भगवत् चैतन्य में प्रवेश करने एवं उनमें निवास करने के उपाय मात्र हैं।'' गीता ने स्पष्ट कहा है कि जब तक शिष्य इस उच्च-अवस्था को प्राप्त नहीं करता, तभी तक उसे इनको उपाय रूप में व्यवहार करना होगा। इसके उपरान्त उस साधक को प्रकृति के गुणों के ऊपर उठना होगा, उसे त्रिगुणातीत होना होगा। उसको अपना मन, बुद्धि, चित्त, इच्छा, संकल्प सबको निविष्ट करके, आत्म सम्बन्धी, जगत् सम्बन्धी, ईश्वर सम्बन्धी ज्ञान से युक्त होकर पूर्ण आत्मदान के साथ सकल कर्म तथा सकल यज्ञ प्रभु के पूजा स्वरूप करने होंगे। उनकी इच्छा के साथ अपनी इच्छा को, उनकी चेतना के साथ अपनी चेतना को मिलाना होगा। यही चेतना आगे के कर्मों का निर्णय करेगी और कर्म के लिए प्रेरणा देगी। इसी हेतु गीता-शिक्षा का अन्तिम उपदेश—

हे भारत, सर्वभाव से हृदय स्थित ईश्वर की शरण ले, उनके प्रसाद से तुझे परम शान्ति एवं परम पद, नित्य-स्थान प्राप्त होगा। और तब वह गोपनीय से गोपनीय महावाक्य उच्चारित किया—

"मन्मना भव मद्भक्तो मद्याजी मां नमस्कुरु।
मामेवैष्यसि सत्य ते प्रति जाने प्रियोस्मि मे॥
सर्व धर्मान परित्यज मामेकं शरणं ब्रज।
अहं त्वां सर्व पापेभ्यो मोक्षभिष्यामि माशुचः॥"

मुझमें अपना मन रख, मेरा भक्त हो, मेरा यजन (पूजा) कर और मेरी वन्दना कर। मैं तुझसे सत्य प्रतिज्ञा करता हूँ कि तू मुझमें ही आ मिलेगा। तू मेरा प्रिय भक्त है। सब धर्मों को छोड़कर तू केवल मेरी शरण में आ जा। मैं तुझे सब पापों से मुक्त कर दूँगा। डर मत।

गीता का यह लोकार्थी और परमार्थी दिव्य ज्ञान समस्त विश्व को विश्वात्मा कृष्ण की अमूल्य देन है। कर्म, ज्ञान और भक्ति-योगों की यह समवेत अमृत-धारा इस धरा पर इसी हेतु प्लावित हुई कि उसमें बिना किसी भेद-भाव के अवगाहन कर, जगत् के समस्त मानव अपनी-अपनी बुद्धि, शक्ति व सामर्थ्य के अनुसार मनचाहा सुधा पान कर अपना आत्मोद्धार कर लें।

इन सिद्धान्तों का अनुशीलन करने पर मसीही पादरी रेवरेंड आर्थर मेसी ने गीता के इस व्यापक भाव को लक्षित कर अतीव श्रद्धायुक्त वाणी में कहा—

"जगत्गुरु कृष्ण ने भगवद्गीता के रूप में जगत् को एक अनुपम देन दी है। गीता के उपदेश पर कोई शंका नहीं कर सकता, क्योंकि वह ठीक मर्मस्थल को स्पर्श करता है। वह सबकी आवश्यकताओं की समान रूप से पूर्ति करता है। उसमें विकास की प्रत्येक श्रेणी पर विचार किया गया है।"

वह दिव्य ईश्वरीय संगीत चारों ओर फैली हुई माया पर विजय प्राप्त करने की सामर्थ्य प्रदान करता है और सुधार का मार्ग बतलाता है। गीता के अनुसार, 'पाप के साथ युद्ध करना' सर्वोत्तम मार्ग है। जगदीश्वर की यही इच्छा है। ईसा मसीह ने बाइबिल में कहा है कि—

"जो कोई स्वर्ग में रहनेवाले मेरे पिता की इच्छानुसार चलेगा, वही मेरा भाई, वही मेरी बहिन और वही मेरी माता है।"

अर्जुन अपना गांडीव उठाकर खड़े हो जाओ और युद्ध करो। भगवान की इन शब्दों की प्रतिध्वनि गीता में बार-बार सुनाई देती है। युद्ध करो कि जिससे तुम अपने चारों ओर फैले हुए अन्धकार के बादलों को विलीन कर सको, युद्ध करो कि तुम इन्द्रियों पर विजय प्राप्त कर सको।

अंग्रेजों का ध्यान भारतीय संस्कृति और साहित्य की ओर आकर्षित करने का श्रेय ईस्ट इंडिया कम्पनी के भारत में पहले गवर्नर जनरल वारेन हेस्टिंग्ज (Waren Hastinge) को है। उसने जब गीता पढ़ी या सुनी तब वह अपने आपको रोक नहीं सका और लिख बैठा कि—

"भगवद्गीता मानवता का उपहार है। वह अत्यन्त मौलिकता, विचार-सौष्ठव और वाक् सरणि की अनुपम कृति है। वह ऐसी उपलब्धि है जो उस समय भी जीवित रहेगी जब भारत से अंग्रेजों के आधिपत्य की विलुप्ति हो जाएगी एवं उनके अर्थ व शक्ति के साधन भी विस्तृत हो जाएँगे।"

यही यथार्थ है। भगवद्गीता ने कितनी उथल-पुथल, कितनी शक्तियों व सत्ताओं का उत्थान व पतन देखा है। उनमें से अनेकों विस्मृति के गर्भ में विलीन हो गईं, परन्तु गीता-ज्ञान का सूर्य आज भी चमक रहा है और भविष्य में भी प्रेरणा देता रहेगा, महात्मा थोरो ने गीता-भक्ति का उल्लेख करते हुए कहा—

"प्राचीन युग की सभी स्मरणीय वस्तुओं में भगवद्गीता से श्रेष्ठ कोई वस्तु नहीं। गीता के साथ तुलना करने पर जगत् का आधुनिक समस्त ज्ञान मुझे तुच्छ लगता है।"

प्रसिद्ध दार्शनिक अडोलस हक्सले (Adolus Huxley) ने गीता की व्यापकता पर लिखा—

"चिरस्थायी दर्शन-शास्त्र की सबसे विस्तृत और शुद्ध मीमांसा यदि कहीं प्राप्त होती है तो वह गीता में है। इसी कारण वह केवल भारतवासियों के लिए ही नहीं, किन्तु समस्त मानवमात्र की उपलब्धि है।"

जॉर्ज सिडनी अरंडेल थियोसोफिकल सोसाइटी के प्रधान थे। उन्होंने भी हक्सले के स्वर में स्वर मिलाते हुए कहा है—"गीता एक ऐसा ग्रन्थ है जिसे कुछ लोग हिन्दुओं की सम्पत्ति कह सकते हैं? परन्तु उदार मनोवृत्ति वाले निश्चय ही इसे समस्त धर्मों के बाह्य रूप से परे समझते हैं।"

उसके सिद्धान्तों से प्रभावित होकर एफ.टी. ब्रुक्स महोदय ने स्पष्ट घोषणा ही कर दी—

"विश्व के भावी सार्वभौम धर्म का सूत्र ग्रन्थ स्वीकृत किए जाने के योग्य 'गीता' ही सर्वथा उपयुक्त है।"

इस तरह एक नहीं अनेकों विदेशी व अन्य धर्मों के विचारकों ने गीता-ज्ञान की उपादेयता स्वीकृत कर, उसके सिद्धान्तों को जीवन में उतारकर अखिल मानव-समाज की उन्नति का पथ प्रशस्त करने की मंत्रणा दी है।

विस्तार से उनका उल्लेख न कर कतिपय शीर्षस्थ विद्वानों के विचार ही उद्धृत करना समीचीन होगा।

'गीता की सार्वदेशिकता' पर डॉ. मुहम्मद हाफिज सैयद का कथन है, "भगवद् गीता में जिस मोक्ष-मार्ग का इतने स्पष्ट रूप में निर्देश किया गया है, वह हिन्दू धर्म या किसी धर्म की विशिष्ट सम्पत्ति नहीं। वह वास्तव में सार्वभौम है।" धार्मिक कलहों ने मानव जाति के इतिहास को कलंकित कर दिया है। हम देखते हैं कि मानवजाति के समस्त महान धर्मगुरुओं में अकेले कृष्ण का ही उपदेश अत्यन्त उदार एवं व्यापक है। उनके अमृत वचन हैं—

"ये यथामां प्रपद्यन्ते, तास्तथैव भजाम्यहम्।"

"भगवद्गीता पर बाहर वालों का तथा अहिन्दुओं का उतना ही अधिकार है जितना कि किसी भारतीय अथवा हिन्दू कहलानेवाले का है।"

मैंने गीता से क्या पाया? शीर्षक में पारसी विद्वान प्राचार्य तारापोरवाला लिखते हैं—"मेरे पिताजी गीता को 'मानवमात्र की बाइबिल' कहा करते थे। जब से गीता से मेरे घनिष्ठ सम्बन्ध का श्रीगणेश हुआ तब से वह मेरे जीवन का एक अंग बन गई, मेरे आध्यात्मिक जीवन का आधार बन गई और मेरे सारे कार्यों का संचालन गीता के प्रकाश में होने लगा। गीता में मुझे जीवन की वह व्याख्या, वह दार्शनिक मीमांसा मिली जिसने मुझे पूर्णतः तुष्ट कर दिया। गीता के सहारे मैं भगवान की लोक-मंगल-कामना को, यत्किंचित् ही सही, हृदयंगम कर सका हूँ। गीता चिर नवीन है, उसका सन्देश प्रत्येक व्यक्ति के लिए है। उसने सबसे अधिक आश्वासन तब दिया जब मैं अपने धर्मगुरु ईरान के महर्षि जरतुश्त की दिव्य वाणी का अनुशीलन करने लगा। जब मैंने जाना कि हमारी जातीय परम्परा से प्राप्त धर्मशास्त्रों का आदेश ठीक वही है जो गीता का है, तब मेरे आनन्द का ठिकाना न रहा। गीता ने मुझे अपने विश्वासों में अधिक दृढ़ कर दिया। सबसे अनोखी बात तो यह है कि गीता के द्वारा ही सब धर्मों की एकता तथा आत्मीयता का रसास्वादन मैंने किया है।"

'सर्वशास्त्र मयी गीता' के लेख में प्रोफेसर फीरोज कावस जी दावर के वचन हैं—

"वर्तमान सभ्यता (इसे सभ्यता भी कैसे कहें?) आँधी की तरह तूमार बाँधे चल रही है। नित्य नई-नई बातें, नए-नए अनुसन्धान। ऐसा प्रतीत होता है मानो धर्म के गढ़ को गिराने पर ही विज्ञान तुला हुआ है परन्तु जहाँ एक ओर यह भाव है वहाँ यह भी दिखता है कि अन्ततोगत्वा विज्ञान धर्म का बाधक न होकर साधक ही होगा और धर्मोन्माद के स्थान पर वास्तविक

'विश्वधर्म' की प्राण-प्रतिष्ठा होगी, जिसमें सब धर्म एक सम्मिलित रूप से योग देंगे। उस समय मानवमात्र के लिए (जब एक अखिल विश्वधर्म की प्राण-प्रतिष्ठा होने लगेगी तब) एकमात्र गीता का ही सहारा रह जाएगा, क्योंकि यह निस्संकोच कहा जा सकता है कि विश्वधर्म के मौलिक प्राणतत्त्वों का जितना सुन्दर समावेश गीता में है, उतना किसी अन्य धर्म के किसी भी ग्रन्थ में नहीं है।''

यूरोप, एशिया-खंड तथा अमेरिका की प्राय: सभी बड़ी भाषाओं में गीता के अनुवाद हो चुके हैं और विदेशी विद्वानों का गीता के सिद्धान्तों पर श्रद्धा और उनका प्रसार दिन-प्रतिदिन बढ़ रहा है। गीता के विचार एकयुगीन नहीं, एकदेशीय नहीं। वे चिर नवीन हैं, विशाल व व्यापक हैं, सनातन हैं अतएव हर एक प्रबुद्ध चिन्तक उनका समर्थन करता है। लगता है, फीरोज दावर की यह भविष्यवाणी सच होकर रहेगी। जिस रूप में सार्वभौमिकता का गीता में निरूपण हुआ है वह विशुद्ध भारतीय है किन्तु यथार्थ में यह मार्ग न तो प्राच्य है और न ही पाश्चात्य। यह समस्त धर्मों की मूल भित्ति है। कृष्ण यहीं सम्पूर्ण जगत् के गुरु सिद्ध हो जाते हैं और उनकी सार्वदेशिकता भी।

उपसंहार

व्यासदेव प्रणीत 'महाभारत' ग्रन्थ में भारत के राष्ट्रीय युग-परिवर्तन का इतिहास है। वह उस दीप-स्तम्भ के समान है, जिसके प्रकाश में अतीत की चित्रावली के साथ-साथ युग-क्रान्ति के पश्चात् स्थापित होनेवाली नवीन राजसत्ता, समाज और व्यक्ति के नवीन रूप, नवीन उत्साह और नवीन आकांक्षाओं की भी झलक प्राप्त होती है। पंडित बाल शास्त्री हरदास ने महाभारत पुराण को नर-नारायण की विजय का इतिहास माना है, जिसमें नररूप अर्जुन और नारायणरूप कृष्ण के योग ने धर्म की प्रतिष्ठा कर मानव जगत् के शाश्वत कल्याण का मार्ग प्रदर्शित किया है। यद्यपि उस ग्रन्थ में कौरव-पांडवों के भीषण युद्ध का वर्णन है, परन्तु रचना के मूल नायक कृष्ण हैं। कृष्ण के जिन स्वरूपों का उक्त ग्रन्थ में उद्‌घाटन हुआ है उनमें युग-पुरुष, विभूति, तत्त्वज्ञ, तथा पूर्णावतार मुख्य हैं। यदि कृष्ण के अवताररूप को वादग्रस्त भी मान लिया जाए तब भी उनके शेष तीन रूप ही उन्हें मानवेतर या महामानव के पद पर आसीन करने को पर्याप्त हैं। उनका चरित्र इतना विशाल और गूढ़ है कि उसका पूर्ण दर्शन सम्भव नहीं। मानवीय जीवन का कोई भी पक्ष ऐसा नहीं जो उनके क्रियात्मक रूप से अछूता बचा हो। प्रथम रूप में वे अपने युग के नरोत्तम, दूसरे में महामानव और तीसरे में जगद्‌गुरु हैं। इन सब कारणों से वे पूर्ण पुरुष कहे व माने जाते हैं। यद्यपि महाभारत में कृष्ण के बाल-चरित्र का गान नहीं, केवल संकेत मात्र है, परन्तु विष्णु पुराण, ब्रह्मपुराण, श्रीमद्‌भागवत और महाभारत के पिरिशिष्टांक, हरिवंश में उस चरित्र का जो विमोचन है, उसे सम्मिलित कर देने से उनका पूर्ण चरित्र-चित्र इतना ज्योतिर्मय हो जाता है कि उस पर सहसा आँख नहीं ठहरतीं। जैसे परमेश्वर का त्रिविध प्रकाश है वैसे ही अवतीर्ण कृष्ण का त्रिविध प्रकाश उनकी लीलाओं में है। कुरुक्षेत्र में कृष्ण सत् और ज्ञान शक्ति-प्रधान हैं। द्वारका और मथुरा में पूर्णतर चित्त और क्रियाशक्ति प्रधान हैं एवं वृन्दावन में वे पूर्णतम आनन्द और

इच्छाशक्ति प्रधान हैं। सत् की कथा, पराक्रम, शक्ति अथवा सत्ता की कथा मत्स्य, कच्छप, नृसिंह, वामन, परशुराम आदि अवतारों की मिल सकती है। चित्त की कथा, ज्ञान, कर्तव्यनिष्ठा, चैतन्य आदि की कथा राम और बुद्ध अवतारों में मिलती है, परन्तु उनके आनन्द की कथा, उनके माधुर्य, सौन्दर्य प्रेम आदि भावों की कथा केवल कृष्णावतार के बाल-चरित्र में प्राप्त होती है।

कृष्ण का बाल-चरित्र जो गोपाल रूप में प्रस्फुटित हुआ है, वह अत्यन्त मनोरम, आकर्षक और हृदय को प्रेमसुधा से परिप्लावित कर देनेवाला है। पश्चात् काल के आचार्यों एवं उनके अनेकानेक भक्तों ने गोपाल कृष्ण को इस द्वन्द्वात्मक जगत् के वातावरण से परे उठा, उनकी आह्लादिनी शक्ति के साथ संयुक्त कर, उस युगल स्वरूप को भक्ति-भावना का मूल केन्द्र माना है। उस प्रक्रिया में उन्हें उपासना-क्षेत्र में स्थापित कर, उन सन्तों व भक्तों को जिन मधुर अनुभूतियों की उपलब्धि हुई, वे उनकी अपनी साक्षियाँ हैं। इस रूप में वे दिव्य प्रेम के अद्वितीय देवता हैं, जिनकी आनन्दमयी लीलाओं के रस-सागर में उनके उपासक डूबते-उतराते रहते हैं। वह भक्ति ऐकान्तिक है, सार्वभौमिक नहीं। जिनकी इस ओर अभिरुचि नहीं अथवा जो कृष्ण-चरित्र को मानवी दृष्टि और मानव-हित की अपेक्षा से अवलोकन करना चाहते हैं, उनकी दृष्टि में गोपाल कृष्ण गोपालक हैं। गोपों के अनन्य सखा हैं, गोपी जन-वल्लभ हैं और समस्त ब्रज-मंडल में अपने अहैतुक प्रेम का पुरस्कार वितरण करनेवाले मुरली मनोहर बालक हैं। सार्वजनिक सेवा उनका व्रत है। समस्त भूत प्राणियों के प्रति उनके प्रेम का यह अवश्यम्भावी परिणाम हुआ कि ब्रजमंडल के हिंसक पशु भी अपनी नैसर्गिक हिंसावृत्ति को भूल उनके साथ निःशंक खेलते थे।

"यत्र नैसर्ग दुर्वैराः सहासन्न मृगादयः"

गोपाल कृष्ण ने सच्चे प्रेम की ऐक्योत्पादक शक्ति का दर्शन करा के ब्रजभूमि में प्रेम भरी सेवा का साम्राज्य स्थापित कर दिया। इस बाल-रूप में उनकी अकाल-प्रौढ़ता, निर्भयता, अन्यों के हेतु संकट झेलने की तीव्र उत्कंठा व निपुण क्रियाशीलता आदि के दर्शन होते हैं जो उनकी भावी महानता के संकेत हैं। उनका चमत्कारी व्यक्तित्व उस स्वच्छ दर्पण की भाँति है जिसमें भिन्न-भिन्न दर्शक अपनी हृदयस्थ भावनाओं के चित्र एक ही रूप में प्रतिबिम्बित पाते हैं। मथुरा में कुवलयापीड़ हाथी को मारकर उसका एक दन्त अपने कर में लिये, रक्तरंजित वेश में जब कृष्ण ने अपने साथियों समेत कंस की रंगशाला में पदार्पण किया तब उस समय उनके रूप को देखकर

उपस्थित नर-नारियों के समुदाय में जो भाव उमड़े, उनका दिग्दर्शन भागवतकार ने इस प्रकार किया है—

> *"मल्लानाम शनिर्नृणां नरवरः।"*
> *स्त्रीणां स्मरो मूर्तिमान।*
> *गोपानां स्वजनोऽस्तां क्षिति भुजां शास्ता स्वयिभो शिशुः*
> *मृत्युर्भोजपते विराड विदुषां तत्त्व परंयोगिनां*
> *वृष्णी नां परदेव तेति विदितो रङ्गतः साग्रजः।*

अर्थात् उस समय बड़े-बड़े पहलवानों ने यह समझकर कि इनका शरीर वज्र-सा कठोर है, रौद्र-रस का अनुभव किया। साधारण मनुष्यों ने समझा कि वे महापुरुष हैं। उनकी विचित्रताओं का स्मरण कर उन्हें अद्‌भुत-रस की अनुभूति हुई। स्त्रियों ने उन्हें मूर्तिमन्त कामदेव के रूप में देखा और वे शृंगार-रस में तन्मय हो गईं। ग्वाल-बालों ने उन्हें अपना स्वजन माना और वे प्रसन्नतापूर्वक हास्य-रस का आस्वादन करने लगे। दुष्ट शासकों ने यह समझकर कि वे उनका शासन करनेवाले हैं, वीर-रस का अनुभव किया। माता-पिता के समान वृद्धजनों ने उन्हें बाल्यरूप में अखाड़े में जाते देखा। वे करुण-रस से द्रवीभूत हो गए। कंस को वे साक्षात् काल के रूप में दृष्टिगोचर हुए, वह भयानक-रस की अनुभूति में डूब गया। अज्ञानियों ने उनके शरीर पर हाथी का रक्त, मद आदि लगा देखकर विकृत रूप की कल्पना की, उन्हें वीभत्स-रस का अनुभव हुआ। योगियों ने उन्हें परम तत्त्व मानकर शान्ति-रस का साक्षात्कार किया। भक्त और उनके प्रेमी वृष्णिवंशियों ने उन्हें अपना इष्टदेव समझा और वे प्रेम और भक्ति के रस में सराबोर हो गए। इस प्रकार एक ही रूप को भिन्न-भिन्न दृष्टियों व भावनाओं से देखनेवालों को भिन्न-भिन्न अनुभूतियाँ एक ही समय हुईं और वह एक ही रूप सब रसों का समुच्चय रस-राज-शिरोमणि बनकर प्रतिष्ठित हुआ।

इस जीर्ण-शीर्ण रक्त प्लावित धरा पर कृष्ण एक महान सन्देश लेकर अवतरित हुए। मानवी जीवन में उन्होंने एक नया युग उपस्थित किया। उस सृजनशील सन्देश को गोकुल और वृन्दावन की पुण्य वनस्थली में मुरली के मोहक स्वर में तथा कुरुक्षेत्र की धर्मस्थली में अपनी पवित्र वाणी द्वारा प्रसूत किया।

वे युगद्रष्टा थे। तारुण्य और युवावस्था के प्रथम चरण में ही उन्हें कंस, जरासन्ध, कालयवन आदि से संघर्ष करना पड़ा था। द्वारावती में निवास करने के पश्चात् देश में प्रचलित अव्यवस्था, अधार्मिकता और अनाचार की बढ़ती

हुई प्रवृत्तियों ने उनका ध्यान आकर्षित किया। उन विकृतियों को दूर करने के हेतु जो सतत प्रयास उन्होंने किया, उसका परिणाम युधिष्ठिर के प्रथम धर्म-साम्राज्य के रूप में प्रकट हुआ। इस काल में कृष्ण की असाधारण कर्तव्यनिष्ठा, नैतिकता और वीरता की प्रभा प्रकाशवान हुई। उनकी चमत्कारी बुद्धि, लोकहित चिन्तन, अधर्म-उत्खनन एवं धर्म-संरक्षण की उत्कट भावना और अविरल कर्मशीलता पग-पग पर लक्षित होती है। इन सब सद्‌गुणों के कारण राजसूय यज्ञ में उपस्थित प्रतिष्ठित राज-समुदाय में वे युगपुरुष के रूप में पूजनीय माने गए।

वह प्रथम साम्राज्य शीघ्र ही काल-चक्र के फेर में विलीन हो गया। बड़े परिश्रम से उठाया वह महल धराशायी हो जाने पर भी वे हतोत्साह न हुए और पुनः उसे नवीन धरातल पर स्थापित करने के सदुद्योग में क्रियाशील हुए। देश में फैली हुई परतंत्रता एवं अनैतिकता तथा राजन्यवन में गहरी जड़ जमाए हुई निरंकुशता व स्वेच्छारिता को नष्ट कर स्वतंत्रता, समता और सहयोग के नवीन मानव-मूल्यों के आधार पर उस दिव्य भवन के पुनः निर्माण हेतु वे अग्रसर हुए। इस काल में उनमें तेजस्विता, उत्साह, शिष्टता, निर्वैरत्व, औदार्य, निरभिमानता और पूर्ण निर्भयता आदि अनेक सद्‌गुणों का जैसा सहज आविष्कार हुआ है, वह अन्यत्र अप्राप्य है। उनका लोकसंग्रही, राजनीतिक व धर्म-संस्थापक रूप अपनी-अपनी विशेषताओं से आविर्भूत है। राज व समाज के क्षेत्र में उनका ऐश्वर्य प्रज्वलित है। मानव जीवन के प्रत्येक क्षेत्र में उनका चरित्र आदर्श है। सारांश यह है कि राष्ट्र-जीवन के प्रत्येक अंग में दैवी सम्पत्ति से पूर्ण उनके व्यापक विभूतित्व के दर्शन होते हैं। सत्य, न्याय, समता व आत्म-स्वातंत्र्य के प्रबल समर्थक और समस्त मानव समाज के निष्पक्ष तथा निस्पृह शुभचिन्तक महामानव के महान रूप में कृष्ण की दिव्य प्रभा आलोकित होती है।

ज्ञान-राज्य के तो वे अद्वितीय अधिष्ठाता ही थे। इस क्षेत्र में वे जगद्‌गुरु के रूप में प्रकाशवान हैं। गुरु का धर्म शिष्य को कुमार्ग से हटाकर सन्मार्ग पर आरूढ़ करना है। अपने परम विश्वासी व आज्ञाकारी सखा रूप शिष्य अर्जुन के नाते सब संसार को सन्मार्ग पर अग्रसर करने-कराने का एकमात्र श्रेय योगेश्वर कृष्ण के तत्त्वज्ञान को जाता है। जिस धर्म का उन्होंने प्रतिपादन किया है, उसकी सफलता के हेतु जिन सद्‌गुणों की आवश्यकता होती है, उनकी उपलब्धि तथा उसके विरोधी आसुरी गुणों का परित्याग ही उनके धर्म-संस्थापन की भूमिका है। जिन योगों से मानवों में दैवी जीवन की उत्पत्ति व

वृद्धि हो वह धर्म और जिन कारणों से उस दिव्य जीवन में व्याघात हो उनको अधर्म घोषित कर, उस महाप्राण ने मानवता के उच्चातिउच्च विकास के हेतु धर्म का संरक्षण प्रतिपादित किया है। जिस विश्व के आदि और अन्त का मनुष्य को पता नहीं किन्तु जिस वर्तमान में वह अपना जीवन-विलास कर रहा है, उसमें जब दैवी और आसुरी गुणों का प्रचंड संघर्ष उत्पन्न हो जाता है तब दैवी सम्पत्ति का ह्रास तथा आसुरी सम्पत्ति का प्राबल्य मात्रा से अधिकाधिक बढ़ जाता है। यथा विधिवत् विश्व-संचालन के हेतु उसमें साम्यावस्था स्थापित करने के हेतु किसी न किसी रूप में ऐसी प्रबल शक्ति की आवश्यकता जन-जन में जाग्रत् होती है, जो व्यवस्था स्थापित कर दे। निराशा के अन्धकार से ग्रस्त तथा सांसारिक अत्याचारों व अनाचारों से त्रस्त मानवता को युग-युग की आवश्यकतानुसार नवीन आशा का आलोक प्रदान करने व अव्यवस्था को सुव्यवस्थित करने की अटल प्रतिज्ञा गीता के पुरुषोत्तम ने उद्‌घोषित की है।

योगेश्वर कृष्ण ने जिस अध्यात्म की चर्चा की तथा जिस स्थिति को प्राप्त करना प्रगतिशील मानवी जीवन की सबसे उत्कृष्ट उपलब्धि बतलाई है, वह इस जीवन से विलग किसी अन्य क्षेत्र की गतिविधि नहीं। यथार्थ में गीता प्रतिपादित अध्यात्म मानवी जीवन का ही विषय है और उसी का अंग है। वह संसार के व्यवहार से सम्बन्धित है। वह व्यक्तिगत व सामाजिक व्यवहार शुद्धि पर अवलम्बित है। आसुरी वृत्ति का त्याग और सात्त्विकता का अर्जन उस मार्ग के दिशा-सूचक संकेत चिह्न हैं।

कृष्ण ने प्रत्येक मनुष्य को अपना त्राणकर्ता, अपना भाग्य निर्णायक माना है तथा मार्ग-प्रदर्शन कर उस पर अग्रसर होने का आग्रह किया है। उन्होंने मनुष्य को—

"स्वयं उठाया नहीं, उन्हें उठना सिखलाया।
कर्म मार्ग पर बढ़ो, स्वावलम्बन सिखलाया।"

गीता धर्म या गीता ज्ञान की यही विशेषता है। गीता की उपादेयता पर चर्चा करते हुए एक अंग्रेज विद्वान हावर ने लिखा है—"गीता बतलाती है कि अपना समय इस बकवास में व्यर्थ नष्ट न करो कि जीवन क्या है? उसका क्या अर्थ है? किन्तु वह अपेक्षा करती है कि हम स्वयं अपने कर्तव्य-कर्मों को पूरा करके जीवन को अर्थ प्रदान करें अर्थात् सार्थक बनाएँ और उसकी पहेली सुलझा लें।"

उपर्युक्त कथन यह प्रमाणित करता है कि गीता केवल विचारों का या सिद्धान्तों का विज्ञापन नहीं किन्तु वह चाहती है कि वे सिद्धान्त बुद्धि द्वारा

ग्रहण कर मन के अन्तस् में उतारे जाएँ, हृदय में बैठाए जाएँ और अमल में लाए जाएँ। जब वे हमारे शरीर की रग-रग में भिद जाएँगे, रक्त बिन्दुओं के अणु-अणु में व्याप्त हो जाएँगे, तब वह ज्ञान जाग्रत् होगा जिसके सौम्य प्रकाश में सम्पूर्ण चराचर में मनुष्य को परमेश्वर का साक्षात्कार होने लगेगा। मनुष्य स्वयं ईश्वर-भाव में प्रवेश पा जाएगा। यह स्थिति केवल विचार या सिद्धान्त सुन लेने या समझ लेने से ही प्राप्त नहीं हो जाती। संस्कार-शुद्धि, व्यवहार-शुद्धि, आचार-विहार-विचार-शुद्धि, निश्चयात्मक बुद्धि, एकाग्रचित्तता, सतत उद्योग (उपासना, ध्यान, धारणा) आदि अनेक साधनों द्वारा प्राप्त होती है। यही स्थिति मानव की साम्यावस्था है, समाज का सच्चा साम्यवाद है और गीता कथित स्थितप्रज्ञ का यथार्थ रूप है। केवल सिद्धान्तों का कथन और उनका वाद-विवाद प्रज्ञावाद है--जो मूल्यहीन है। इस तरह जीवन क्या है, उसके क्या अर्थ हैं आदि बातों पर महत्त्व न देकर, उनकी चर्चा न कर, गीता प्रत्येक मानव को आदेश देती है कि वह अपना स्वधर्म निष्काम भाव से करता हुआ अपने जीवन को सार्थक बना जीवन की समस्या स्वयं हल कर ले।

गीता चाहती है कि प्रत्येक नर अपने में नारायणत्व की खोज करे। यही सच्ची साधना है, सच्चा पुरुषार्थ है। डॉ. राधाकृष्णन का कथन है—"अर्थात् मनुष्य में ईश्वरत्व एक तथ्य ही नहीं किन्तु एक श्रमसाध्य अन्तिम कर्तव्य है। वह केवल एक समस्या ही नहीं अपितु एक मूल्यवान उपलब्धि भी है।"

इस परम ज्ञान को धारण करनेवाला तथा विश्व को उसे प्रदान करनेवाला प्रदाता पूर्ण पुरुष या पूर्णावतार न माना जाए तो उसे अन्य किस उपाधि युक्त नाम या विशेषणयुक्त संज्ञा से स्मरण किया जाए?

यह पथ-प्रदर्शन करनेवाले, गीता के अद्वितीय वक्ता, कर्मयोगियों के कर्मयोगी, ज्ञानियों के ज्ञानी एवं महापुरुषों के उत्तम पुरुष सहस्रों वर्ष पूर्व इस धरा पर लगभग सौ-सवा सौ वर्ष मानव शरीर में विचरण करते रहे। वे विभूति थे या पूर्णावतार यह विवाद निरर्थक है। उनको किसी भी रूप में मानना या न मानना यह जगत् की धारणा पर निर्भर है। लोगों के महत्त्व देने से उनका विशिष्टत्व बढ़ता नहीं और न देने से घटता नहीं। यद्यपि उनका वह गोपाल रूप, वीर रूप, योगेश्वर रूप आज हमारे चर्म-चक्षुओं से ओझल है, परन्तु उनका वह महामहिम स्वरूप, जिसे पल भर देखने में ही अर्जुन की आँखें झप गई थीं, शाश्वत है। उनका दिया हुआ सार्वभौम उपदेश आज भी वैसा ही उज्ज्वल व पवित्र है जैसा कुरुक्षेत्र के समरस्थल में था। गीता ज्ञान अमर ही नहीं, किन्तु अमरता का सन्देश है।

परन्तु दुर्भाग्य तो यह है कि जिस भारत भूमि में ब्रह्मविद्या ने जन्म पाया, जिस भूमि को श्रीराम व श्रीकृष्ण ने अपने चरण-रज से पवित्र किया, जिस पावन स्थल पर वेद, उपनिषद और गीता ज्ञान का उच्चार हुआ, उस देश के निवासी श्रीराम व श्रीकृष्ण के वंशज, जो अपने महान पूर्वजों के उत्तराधिकारी व उनकी ज्ञान-सम्पत्ति-रूपी विरासत के रक्षक हैं वे ही उन उपदेशों को भूल गए और भूलते जा रहे हैं। हम उन पुण्य नामों की जयघोष बोलकर अथवा उनकी अक्षय कीर्ति का सिंहनाद कर अपने कर्तव्य की, अपने उत्तरदायित्व की इतिश्री समझ लेते हैं। हमारा देश व हमारा समाज, छोटे-बड़ों के दल-दल में विभक्त है, जातियों के गर्त में डूबा हुआ है, पक्षों के पक्षाघात से पीड़ित है। हमारा राष्ट्र-शरीर इन सब आधिव्याधियों से जर्जरित हो रहा है। मृत्यु का इतना भय अन्य देशवासियों में नहीं। कहा जाता है कि यह दीर्घकालीन परतंत्रता का परिणाम है। किन्तु क्या यह यह सच नहीं कि मृत्यु के भय ने ही हमें परतंत्रता की बेड़ियों में जकड़े जाने को बाध्य किया था? क्या यह सत्य नहीं कि गीतोपदेश को विस्मरण कर उसके सिद्धातों को तिरस्कृत करने से, कायरता, लम्पटता, विद्वेष और एक-दूसरे को नीचा दिखाने की प्रवृत्ति ने ही इस देश की आजादी को विदेशियों के पैरों से कुचल जाने दिया?

गीता तो हमें कर्म करने का अधिकारी मानती है, उसके फल का नहीं, परन्तु हमारी वृत्ति तो यह है कि हम बिना कर्म किए हुए भी फल के भोक्ता बनना चाहते हैं। आलस्य व अकर्मण्यता के आक्रमण से, दूसरों के चाँदी-सोने के टुकड़ों के लोभ से, मृत्यु के भय से यह देश अन्य स्वतंत्रताप्रिय, कर्मशील राष्ट्रों के साथ चलने में अक्षम हो रहा है। क्या भारत आज भी भगवान की अर्जुन को दी गई वह ललकार नहीं सुनना चाहता है—

'अर्जुन, निराशा और मोह का परित्याग कर उठ खड़ा हो, अपना गांडीव उठा और सम्मुख खड़े हुए दुर्गुणों के प्रतीकों पर अपने बल की परीक्षा कर। रण से विमुख होना कायरता है, मोह पाप है, निराशा नास्तिकता है। सत्य के लिए, समाज के हित के लिए, मानवता की रक्षा के लिए शर-सन्धान। इसमें विजय तेरी कीर्ति को उज्ज्वल करेगी और मृत्यु तेरी अमरता निश्चित करेगी। कर्तव्य पालन करते हुए जो मृत्यु होती है वह अमर जीवन देती है, वह मृत्यु की भी मृत्यु है।'

सारांश में गीता के कर्मयोगी का उद्देश्य मानव जीवन का सर्वोपरि उद्देश्य है। गीता की भक्ति नर में नारायण की पूजा है, मानवता का सत्कार है, सेवा का मार्ग है। गीता के पथ से विपथ हो जाने के कारण हमारी दुर्दशा

हुई। उस पथ पर पुनः आरूढ़ हो जाने में हम सबका अभ्युदय व श्रेय निश्चित है। श्रीकृष्ण को सारथी बनाकर अर्जुन ने अपने घोड़ों की गुर ही उनके हाथों में नहीं थमाई वरन् अपनी सारी मनोवृत्तियों की लगाम भी उनके हाथों में सौंप दी थी। आचार्य विनोबा के शब्दों में

"आइए, हम भी अपनी मनोवृत्तियों की लगाम श्रीकृष्ण के हाथों में सौंप देने की तैयारी करें। अर्जुन के पास तो कृष्ण थे, हमें कृष्ण कहाँ मिलेंगे, ऐसा हम न कहें। अन्तर्यामी के रूप में कृष्ण हम प्रत्येक के हृदय में विराजमान हैं। सबसे अधिक निकट वही हैं। हम अपने सब छल-बल उनके सामने रख दें और उनसे कहें भगवन! हम तेरे हैं। आप मेरे अनन्य गुरु हैं—मुझे उचित मार्ग दिखाइए। जो मार्ग आप बतलाएँगे, हम उस पर चलेंगे। हम यदि ऐसा करेंगे तो वह पार्थ सारथी हमारा भी सारथ्य करेगा, अपने श्रीमुख से हमें गीता सुनाएगा और हमें विजय-लाभ देगा।"

'न हि मनुष्यात् श्रेष्ठतरं किंचित्' कृष्ण एक ऐसा ही शाश्वत सत्य है जो उपनिषद काल से वर्तमान तक सूर्य ऊर्जा के समान निरन्तर प्रवाहित है और सम्पूर्ण विश्व के शुभ के लिए आलोकित है—

ॐ दामोदराय विद्महे
केशवाह धीमहि
ॐ तनः कृष्णः प्रचोदयात्।

□□□